ÉCRIVAINS ET POÈTES

DE

L'ALLEMAGNE

PAR

M. HENRI BLAZE

— Wieland — Klopstock — Bürger —
— Schiller — Goethe — Jean-Paul — Novalis —
— Tieck — Arnim — Immermann — Grabbe —
— Bettina — Clément Brentano —
— Caroline de Günderode — La comtesse Stolberg —
— Uhland — Justin Kerner — Rückert —
— Moerike — Heine —
— Freiligrath — Anastasius Grün —

PARIS

MICHEL LÉVY FRÈRES, LIBRAIRES-ÉDITEURS

DES OEUVRES D'ALEXANDRE DUMAS, FORMAT IN-18 ANGLAIS

RUE VIVIENNE, 1.

1846

ÉCRIVAINS ET POÈTES

DE L'ALLEMAGNE.

DU MÊME AUTEUR.

SOUS PRESSE :

Traduction complète et revue du Faust de Goethe, édition
   illustrée par Tony Johannot...................... 1 v
Essais de philosophie et de critique musicale .... 1 v
Romans et Nouvelles................................. 1 v
Un nouveau volume de poëmes....................... 1 v

OUVRAGES PARUS :

Poésies (bibliothèque Charpentier)....................
Traduction des Poésies de Goethe (id.)...............
Essai sur Goethe et le mouvement littéraire de Weimar...

ÉCRIVAINS ET POÈTES

DE

L'ALLEMAGNE

PAR M. HENRI BLAZE.

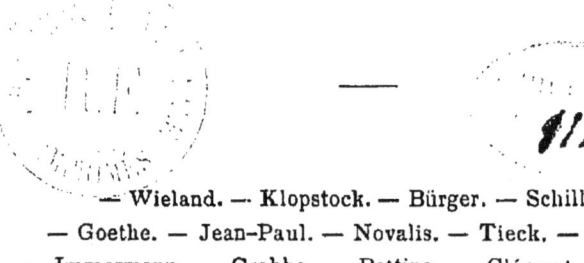

— Wieland. — Klopstock. — Bürger. — Schiller. —
— Goethe. — Jean-Paul. — Novalis. — Tieck. — Arnim. —
— Immermann. — Grabbe. — Bettina. — Clément Brentano. —
— Caroline de Günderode. — La comtesse Stolberg. —
— Uhland. — Justin Kerner. — Rückert. — Moerike. —
— Heine. — Freiligrath. — Anastasius Grün. —

PARIS

MICHEL LÉVY FRÈRES, LIBRAIRES-ÉDITEURS

DES OEUVRES D'ALEXANDRE DUMAS, FORMAT IN-18 ANGLAIS

RUE VIVIENNE, 1.

1846

DE
LA POÉSIE LYRIQUE
EN ALLEMAGNE.

Le Lied. — Période populaire. — Période littéraire.
— Klopstock. — Bürger. — Schiller. — Goethe. — Novalis. —
Tieck. — Arnim. — Wilhelm Müller. — Théodore Koerner. — Arndt.
Max de Schenkendorf. — Uhland. — Justin Kerner. — Gustave Pfizer. —
Rückert. — Anastasius Grün. — Platen. — Freiligrath. —
Henri Heine. — Herwegh. — Dingelstedt.

DE

LA POÉSIE LYRIQUE

EN ALLEMAGNE.

Le Lied. — Période populaire. — Période littéraire.

I.

Il y a au delà du Rhin toute une poésie qu'on ignore encore chez nous, et qu'il serait peut-être bon d'introduire dans les lettres françaises. A une époque où les différentes écoles étrangères ont été sérieusement étudiées, où la rêverie intime des *lackistes*, l'entrain cavalier des romances espagnoles, ont conquis droit de cité chez nous, grâce à la médiation intelligente des esprits les plus nobles et les mieux inspirés, une poésie qui se recommande par des noms tels que ceux d'Uhland, de Rückert, de Goethe lui-même, qui l'a cultivée avec tant d'amour dans le coin le plus mystérieux de son œuvre immense, une telle poésie ne saurait demeurer à l'écart. Le *Lied* allemand, si vaporeux qu'il puisse paraître au premier abord, a bien aussi son côté réel, humain, et nous ne désespérons pas trop de le voir un jour prendre racine en France. Il arrive un peu tard peut-être, et cependant on ne lui reprochera pas d'être né d'hier : de quelque côté qu'on se tourne en Allemagne, si loin qu'on remonte à travers le crépuscule des temps, on le retrouve partout, soit qu'il chante au bord d'une haie le *Lebewohl* mélancolique du jeune meunier devenu reître et saluant une dernière fois sa maîtresse avant de monter à cheval, soit qu'il psalmodie le *coucou* dans la chambrette de quelque naïve jeune fille, type adorable de la Claerchen d'*Egmont*. Si nous avons toujours ignoré cette poésie, c'est que, pareille aux *Vergissmeinnicht* du Rhin et du Danube, elle se cache sous les grandes herbes qui bordent le fleuve de la littérature, et n'envoie ses mystérieuses bouffées qu'à ceux qui s'attardent au cœur de la nationalité germanique.

En France, nous n'avons rien qui puisse donner une idée de cette poésie. Ce n'est ni la fable de La Fontaine, ni l'épigramme latine d'André Chénier, ni le couplet de Béranger ; et cependant, il faut le dire, le *Lied* se compose de certains éléments essentiels de chacun de ces trois genres de poésie. Ainsi, de la fable telle que nous l'entendons, il gardera la bonhomie, et la moralité moins évidente, moins palpable, se dissimulant davantage sous les contours d'une forme élaborée avec le soin le plus curieux. Ses personnages, si par hasard il lui arrive d'en mettre en scène, appartiendront presque toujours au monde de la fantaisie ; ce seront des étoiles, des fleurs, des gouttes de rosée ou des brins d'herbe. Rarement les animaux apparaîtront, et, s'ils interviennent, la fable allemande, le *Lied*, choisira de préférence ceux qui relèvent plus immédiatement de la vie de la nature, ceux dont la végétation universelle provoque l'existence éphémère, les insectes. Donnez au *Lied* la nature dans toute sa pompe du printemps, donnez-lui la cascade, le jardin en fleur, le clair de lune, et soyez sûr qu'il n'en demandera pas davantage. Le *Lied* procède un peu à la manière des comédies poétiques de Shakspere ; il s'efforce parfois de reproduire, sous des dimensions microscopiques, ces contrastes éternels que l'auteur de *la Tempête* ébauche à si grands traits. La nature a ses fous de cour, ses bouffons, ses caricatures extravagantes, qui tombent dans le domaine de la fantaisie, aussi bien que ses plus radieuses merveilles. On connaît ce singulier personnage du conte d'Hoffmann, avec lequel l'archiviste s'entretient fort sérieusement pendant plus d'un quart d'heure, et qui se trouve n'être qu'un vieux perroquet affublé d'une paire de lunettes. Le *Lied*, en tant que fable, emploie assez volontiers ce genre de comique ; il plonge aussi loin qu'il le peut dans la vie de la nature ; et des phénomènes variés qu'il y surprend, compose ensuite une sorte d'épopée où l'arc-en-ciel joue le rôle du merveilleux, où le beau et le grotesque, le Caliban et la Miranda, sont représentés par quelque ridicule scarabée amoureux d'une rose. Le *Lied* allemand dépasse le comique si naïf de Jean Lapin pour aller atteindre le grotesque ; il idéalise, il est à la fable de La Fontaine ce que la comédie poétique de Shakspere est à la comédie réelle de Molière.

Lied veut dire chanson ; il arrive souvent que le lied se divise par couplets, et même qu'il se termine en refrains à la manière de nos chansons. On pourrait citer à ce propos, dans la première partie du charmant petit poëme de Wilhelm Müller, intitulé *la Belle Meunière*, le morceau qui commence et finit par ces vers :

> O Wandern, Wandern meine Lust,
> O Wandern !

Cependant le véritable lied, le lied-chanson, n'a d'ordinaire qu'une strophe, deux au plus, qui se répondent l'une à l'autre, ainsi que la voix et l'écho. N'oublions pas que l'essence de cette poésie est le vague, l'indéfinissable, et qu'il faut que notre âme, comme dans certaines phrases de la musique, y trouve l'expression du sentiment qui l'affecte. On le voit, la chanson et le lied, qui semblent au premier aspect de la même famille, se séparent bien vite, pour peu qu'on y prenne garde ; l'une vient de la tête, l'autre du cœur. L'une, enjouée et badine, indique une société de bonne humeur, sceptique, portée au plaisir, aimant l'ivresse plus que l'enthousiasme ; une société où l'esprit règne en maître, où l'éclat de rire de Voltaire aura tôt ou tard raison de toute croyance, de toute sensibilité ; l'autre, au contraire, sérieux même dans ses manifestations en apparence les plus légères, plein de je ne sais quel myticisme où le dieu de Spinosa se révèle sans cesse, rapportant toute chose à l'idéal, est l'expression d'un pays où les sources élémentaires de la poésie coulent encore, où l'homme vit en communion avec l'être universel, où les cascades qui bouillonnent, les acacias en fleur, le ciel étoilé, signifient encore quelque chose, où la porte donnant sur la nature n'a point été murée. Le lied est le chant familier de l'Allemagne, de l'Allemagne rêveuse, mélancolique, chevaleresque : que la guerre éclate, et Koerner va remplacer Novalis, et le lied du printemps va se dire, comme le poëte latin : *Paulo majora canamus*. Adieu les marguerites, les insectes d'or et de feu, qui l'occupaient la veille à ses heures de loisir, la veille, lorsque la patrie était calme et que les voiles de l'occident s'étendaient comme un manteau de pourpre sur la vallée paisible ! Hurrah ! voici le canon ; ce n'est plus un brin d'herbe, ce n'est plus la tige d'un lys qu'il lui faut, mais une tige d'acier, une vaillante épée qu'il anime et qui tressaille à sa voix. « Hurrah ! ma bonne épée au fourreau, tu bats mes flancs ; ma fiancée, reste dans ta chambrette jusqu'à ce que l'heure soit venue d'en sortir et de célébrer nos épousailles dans le petit jardin où croît la rose de pourpre, fleur de sang. » Voilà donc l'idylle, la fable de tout à l'heure, le lied devenu épopée en un clin d'œil, et sans que sa nature s'altère le moins du monde, sans qu'il change de nom ; le poëme guerrier de Koerner s'intitule le *lied de l'épée*, — *der Lied des Schwertes*. Notre chanson, à nous, ne se hausse point jusque-là ; non certes que nous ayons à nous plaindre sur le chapitre des hymnes patriotiques ; à Dieu ne plaise ! *la Marseillaise* vaut tous les chefs-d'œuvre en ce genre, mais c'est autre chose : il n'est encore venu à l'idée de personne d'appeler l'hymne de Rouget de Lisle une chanson. Le lied occupe donc dans la nationalité allemande une place plus sérieuse et plus noble que la chanson chez nous. Vous le retrouvez sans cesse et partout au delà du Rhin ; il a des chants pour le foyer, pour la patrie, pour les amours, pour tous les généreux sentiments du cœur ; il soupire avec Brackenburg sous la fenêtre de Claire, tombe avec Théodore Koerner sur le champ de bataille. En France, notre chanson ne nous prend guère qu'après souper, et, quand elle nous a conduits dans l'alcôve de quelque fillette, c'est, à vrai dire, tout ce qu'elle a pu faire de mieux. — Le lied se rapproche aussi de l'épigramme, mais à condition que l'épigramme voilera ce qu'elle a de mordant et d'acerbe sous les dehors de quelque apologue poétique. Ce sera l'épigramme, si l'on veut, mais enveloppée d'images et de fantaisie, et, qu'on me passe l'expression, sublimée. Écoutez ce *Lied* de Goethe, cette épigramme romantique, ce petit poëme d'où l'allusion s'échappe comme l'épine d'une rose :

« Un large étang était gelé ; les grenouilles, perdues dans le fond, n'osaient plus coasser, ni sauter, et pensaient, dans le rêve d'un demi-sommeil, qu'elles chanteraient comme des rossignols s'il leur arrivait de trouver seulement là-haut un peu de place. Le vent du dégel souffla, la glace fondit, les grenouilles superbes voguèrent et prirent terre, et s'assirent à la ronde sur le bord, et coassèrent comme par le passé. ».

Le lied n'a rien d'absolu; son action dépend de la disposition où vous êtes. Tel lied où le lecteur indifférent n'a vu qu'un assemblage oiseux de quelques rimes, va vous affecter au point que le livre vous tombera des mains, et que vos yeux se mouilleront de larmes. Alors tout s'animera autour de vous; alors vous entendrez les clochettes de mai tinter dans l'herbe; la plainte des cascades, les soupirs du vent dans la feuillée, le cours errant des nuages, auront un sens mystérieux; si c'est le crépuscule, des voix mélancoliques chanteront à vos oreilles, des ombres chéries vous apparaîtront; et la terre vous rendra pour un moment ce qu'elle garde en son sein de votre propre vie. Le lied est parfois triste comme l'élégie, plus triste sans doute, car l'élégie ne vous donne que la douleur du poëte et non la vôtre; l'élégie n'a rien de familier, rien d'*intime*; elle compose ses airs et prend ses temps; il lui faut son mausolée et ses cyprès. C'est toujours

La plaintive Élégie en longs habits de deuil;

la sublime pleureuse qui lance des soupirs mesurés vers le ciel, arrondit les bras et combine avec art les sanglots de sa période. L'élégie a sa pompe, sa beauté plastique, son style nombreux, et, si on l'aime, son pathos; le lied ne devient quelque chose qu'autant que vous l'y aidez; c'est une larme ou ce n'est rien. L'élégie se met en scène, et vous dit ses propres douleurs; le lied, au contraire, se contente de vous donner le ton, puis laisse votre âme chanter quand elle a de la voix.

Pour peu que la mélancolie des lieux et le penchant de votre humeur s'y prêtent, le lied va vous ouvrir une porte sur l'infini. Grâce à lui, vous rêverez sans fin; où et quand cette rêverie s'arrêtera, Dieu le sait. Qui ne connaît cette charmante légende du moyen âge : — Un matin, le moine Félix sort du cloître, et, comme il se promène dans le bois, voilà qu'il entend tout à coup un petit oiseau dont la chanson le réjouit; le ciel est bleu, le gazon frais, l'ombre heureuse et parfumée sous les acacias en fleur, et le petit oiseau chante toujours. Quels traits! quel gosier! le moine n'a de sa vie entendu rien de pareil; les orgues même du sanctuaire ne sauraient se comparer à ce gentil ramage du printemps, à cette musique en plein soleil. Il écoute, il écoute, et se laisse ravir tant qu'il peut. Enfin, l'heure de la retraite arrive, le moine s'achemine vers le couvent; mais, ô disgrâce! lorsqu'il se présente, le portier lui refuse l'entrée; un dialogue s'établit, les autres frères accourent. Chose étrange, aucune de ces figures ne lui revient; il se nomme, personne ne le reconnaît. Alors on le conduit au prieur, et le digne homme, qui tombe de vieillesse, finit par se souvenir d'avoir connu autrefois un novice appelé Félix qui ressemblait exactement à la personne qu'on lui présente. On consulte les registres du couvent, son nom s'y trouve; cent ans se sont écoulés pendant qu'il écoutait chanter l'oiseau bleu. — Le lied allemand ressemble au rossignol de la légende; il chante dans les arbres, sous les fleurs, au bord de l'eau, mais pour vous attirer vers son monde à lui, la rêverie; il appelle, et vous le suivez, vous le suivez toujours, et des heures se passent; au moyen âge, on eût dit des siècles.

On rencontre à chaque pas dans Goethe de ces petites pièces qui vous ouvrent tout un monde; Uhland aussi possède au plus haut degré cet art de trouver la note de la rêverie, de vous la jeter en passant, comme au hasard. Dans le nombre de ces petites pièces où l'élément épique entre pour quelque chose, l'élément épique mêlé au drame, de ces fantaisies où l'instant romantique est seul indiqué, je n'en sais pas de plus charmante que celle-ci :

— Quelle musique me pénètre,
Quels chants m'éveillent donc ce soir?
O mère! mère, veux-tu voir
A cette heure qui ce peut être?

— Je n'entends rien, je ne vois rien;
Repose encore. Nul ne vient
Pour te donner la sérénade,
Pauvre enfant! pauvre enfant malade!

— Non, ce qui tant me réjouit
N'est point la terrestre musique.
Les anges chantent leur cantique,
O mère, bonne nuit!

On reconnaît là le véritable caractère de cette poésie, où l'objet relève incessamment du sujet. Ce lied, qui se borne dans le présent à reproduire l'instant où meurt une jeune fille, a bien son passé et son avenir, et répond, quand on y réfléchit, à toutes les conditions qu'exige la poétique du roman. L'allusion au passé comme à l'avenir, quoique un peu vague, et maintenue à dessein dans la généralité, ne laisse pas d'éveiller les plus mélancoliques et les plus suaves émotions. Le dernier soupir de cette jeune fille nous dit qu'elle a aimé; cette sérénade ineffable, dont le motif lui revient pendant que les anges chantent pour elle le cantique de délivrance, sert de transition à la vie nouvelle. Nous voyons la pauvre malade que la Mort guette sur son lit de douleurs; mais ce qui se rattache au passé, ce qui touche à l'avenir, nous préoccupe davantage; il s'agit moins d'un tableau que d'un drame en quelques vers, d'une épopée en miniature, ayant son prologue dans le temps et son épilogue dans l'éternité. Cette fille a aimé, elle a souffert, elle expire aux sons de la musique des anges, qui lui rappellent une voix connue, et, si le passé qui s'éloigne emporte avec lui les regrets et les impressions douloureuses, en revanche le présent, qui va se résoudre dans l'avenir, n'a que palmes, harmonies et lumière.

Il est un autre chef-d'œuvre du même genre, un autre lied comprenant en ses dimensions restreintes tout un passé d'amour, tout un avenir de désespoir, une somme infinie d'ardeur et d'afflictions; nous voulons parler de *la Fille de l'Hôtesse* du même auteur. Ici comme dans *la Sérénade*, un seul moment est mis en jeu par le poëte, moment éternel. La simplicité de la forme, le ton naïf sous lequel les choses se présentent, concourent à rendre l'effet plus saisissant encore. La réticence vous suffoque; vous diriez la pierre d'un sépulcre pesant sur votre cœur :

« Trois compagnons passaient le Rhin; ils entrèrent chez une hôtesse. — Mère hôtesse, as-tu de bon vin et de bonne bière? Et ta belle jeune fille, où est-elle?

— « Mon vin est frais et clair, ma bière aussi; ma fille gît dans le cercueil.

« Et lorsqu'ils entrèrent dans la chambre, la vierge gisait dans la boîte noire.

« Le premier leva le voile, et la contemplant d'un œil mélancolique : — Hélas! si tu vivais encore, belle jeune fille, je t'aimerais à dater d'aujourd'hui!

« Le second, laissant tomber le voile, se détourna et pleura : — Hélas! que tu sois étendue au cercueil, toi que j'ai aimée si longtemps!

« Mais le troisième le releva aussitôt, et baisant sa bouche livide : — Je t'ai toujours aimée, je t'aime encore, et je t'aimerai dans l'éternité. »

Le sentiment qui domine en ce lied est énergique et viril.

Vous le voyez commander à son émotion, étouffer larmes et sanglots. Il semble que Uhland ait voulu ériger par là un mâle et sévère contraste à sa romance si élégiaque, si féminine, de *la Faneuse*, à cette poésie où, lui-même ne se contenant plus, il se laisse aller au torrent de son effusion, et s'écrie dans un élan sympathique vers la pauvre fille dédaignée :

> Creusez l'herbe nouvelle au sentier le plus frais ;
> De si douce faneuse, on n'en verra jamais!

En France, le mot de *Lied* n'éveille encore qu'une idée toute musicale. En fait de lieds nous ne connaissons guère que ceux de Schubert et de Dessauer, et c'est tout simple. La musique n'a pas besoin qu'on la traduise ; une belle phrase mélodieuse change de climat impunément et passe d'un pays dans un autre sans rien perdre de sa grâce native, de sa fraîcheur, de sa beauté originelle. On peut admirer parfaitement l'*Erlkoenig* de Schubert ou le *Wassermann* de Dessauer ; on peut même savoir par cœur ces deux nobles compositions, sans avoir la moindre idée des poëmes qui les ont inspirées. Cependant il ne s'agit point ici de ces refrains vulgaires que des littérateurs spéciaux riment chez nous à l'usage d'une certaine classe de musiciens. Dans une œuvre à laquelle Goethe contribue, il faut absolument que la poésie ait sa part, le maestro fût-il d'ailleurs Schubert ou Beethoven, d'autant plus que c'est un des principaux caractères du lied lyrique de concilier à la fois les intérêts du texte et ceux de la musique, et de se réserver le privilége de déclamer en chantant. Pour en revenir au lied poétique, au lied d'Uhland, de Goethe, de Wilhelm Müller et de Justin Kerner, il me semble que ce genre mériterait d'être connu chez nous. Mais de quelle manière s'y prendre pour l'acclimater sous notre ciel? Traduire? Ici la difficulté se présente. Qui osera se charger de cet emploi? Quels doigts trouverez-vous assez délicats, assez fins, pour toucher sans la briser à cette bulle de savon? Comment espérer de pouvoir jamais rendre en quelques vers ce sentiment profond contenu dans la forme la plus artistement élaborée, la plus limpide et la plus transparente, comme une essence volatile dans le creux d'un petit diamant? Quant à la prose, on n'y saurait songer. Il y a même, selon nous, une sorte de sacrilége à manipuler sans scrupule les produits les plus purs de l'intelligence exotique. Rien n'est, à mon sens, plus ridicule et plus déplorable que ces volumes indigestes où s'entassent par milliers, dans le désordre et le contre-sens, tous ces merveilleux petits chefs-d'œuvre qu'il aurait fallu traiter avec tant de ménagement et de goût. Autant vaudrait remuer les diamants à la pelle ou mettre en botte les plus douces fleurs du jardin. Ce qu'il y aurait encore de mieux à faire en pareil cas, ce serait de s'inspirer vaguement de cette poésie et d'en rendre ensuite, selon sa mesure, le souffle et l'expression. Dans un temps où la littérature admet toute réforme, tout rajeunissement venu du dehors, le lecteur ne nous saura point mauvais gré d'avoir protesté en faveur d'un genre que des modifications intelligentes ne tarderont pas à naturaliser chez nous, en faveur d'un genre qui pourrait bien n'être pas si étranger dans le pays de Clotilde de Surville et de Marot, et d'avoir mêlé une goutte de rosée allemande au sang nouveau que la Muse d'aujourd'hui se laisse si volontiers infuser dans les veines.

II.

Le lied vient du peuple ; c'est encore là un de ces soulagements de la pensée, une de ces aspirations divines vers la nature et l'amour, qui tempèrent les nécessités quotidiennes et trompent les amertumes d'une existence vouée aux plus rudes labeurs. Cependant il convient de nous expliquer : le lied appartient au peuple, en ce sens qu'il s'exhale de lui, qu'il en sort à l'état d'idée pure, et qu'il y retourne à l'état de chant. Le peuple ne formule point, et c'est assez pour sa poésie qu'un individu se rencontre, qui plonge au fond du sentiment général et lui donne par la toute-puissance de l'art une telle consécration, une telle durée, que son œuvre passe désormais pour l'œuvre du peuple même. Quel est ensuite cet individu ? Peu importe ; on négligera peut-être de s'enquérir de son nom. Il en est de la plupart des lieds du moyen âge comme de ces épopées, comme de ces cathédrales dont on ignore les auteurs.

Pour citer le plus ancien, le premier lied populaire en Allemagne, il faudrait, sans contredit, remonter jusqu'à l'épopée nationale, jusqu'au poëme des *Niebelungen* À mesure que les siècles marchent, que la liberté gagne du terrain, que l'individu se détache du groupe de l'humanité, le grand thème synthétique se fractionne, la lumière se disperse en rayons variés. Le peuple a toujours en lui les mêmes trésors de véritable amour, de sensibilité légitime ; mais comment les répandre ? quelle forme donner aux sentiments qui le possèdent ? Ni l'une ni l'autre des deux écoles qui se disputent la poésie allemande au moyen âge ne lui convient. Le *Minnegesang* est trop subtil pour lui, trop éthéré, trop insaisissable ; le *Meistergesang*, trop littéraire et pédantesque. Dans cette alternative, laissez faire son instinct, son bon sens, et vous allez le voir mêler à souhait, pour sa poésie à lui, les éléments les plus contraires, enfermer le *Minnegesang* vaporeux dans les règles de la *maîtrise* comme l'oiseau dans une cage, et, d'autre part, égayer la monotonie de la *maîtrise* d'un reflet azuré du *Minnegesang*.

Il fallait au peuple des couleurs puissantes, tranchées, des mélodies faciles à comprendre, à retenir. La religion, l'amour, la guerre, çà et là quelque aventure de la vie ordinaire, quelqu'un de ces faits qui frappent et dont l'imagination aime à s'emparer, telles sont les sources vives, les origines romantiques du lied. Ce que des milliers d'hommes ressentaient au fond du cœur, une voix l'exprimait, et, comme on le pense bien, à cette voix sympathique les échos ne manquaient pas. Aussi peut-on être sans inquiétude quant à ce qui regarde le fond des lieds populaires au moyen âge. Presque toujours ce fond est généreux et de bon aloi. Pour la forme, nous n'en dirions sans doute pas autant. En effet, le principe, la cause essentielle de cette poésie, le sentiment, absorbe parfois l'âme et la possède à ce point, que dans l'intensité de son émotion il lui arrive d'oublier certaines exigences de l'art. On remarquera que nous n'entendons parler ici ni du rhythme, ni de la mélodie, ces deux éléments constituant, selon nous, partie intégrante de l'idée, du sentiment, qui ne saurait se faire jour sans les entraîner avec lui, attendu qu'il existe entre l'idée, la mélodie et le rhythme, membres harmonieux de la trinité poétique, une indivisible union, une simultanéité solidaire. C'est dans le soin du détail, dans le choix de l'expression souvent embarrassée, obscure, entachée de rudesse ou de trivialité, que l'action de cette force sympathique poussée à l'excès se produit d'une façon regrettable.

Il va sans dire que le lied, considéré au point de vue populaire, n'a d'expression sérieuse, de vie immédiate, qu'autant que le sentiment dont il relève se maintient dans sa vigueur féconde. Otez au lied cette présence intérieure, il se flétrit et

eurt, car dès ce moment la conscience populaire cesse d'y
ouver cette émanation morale d'elle-même. Alors s'ouvre pour
lied la période littéraire. Le peuple n'en veut plus, et,
mme nul ne le réclame, il a bientôt fait de le mettre dehors.
es temps s'écoulent ; enfin viennent les poëtes, qui, voyant le
gentil nourrisson se débattre, le recueillent avec amour et lui
ont filer, dans leurs loisirs, une robe nouvelle. Alors le lied se
génère ; il va revivre par la grâce de la poésie. Peu à peu,
ous le voyez se couvrir de tous les joyaux dont l'art dispose,
l'art de Goethe, d'Uhland, de Rückert ; la forme est réhabilitée :
on invente, on combine, on élabore, on se perd en caprices
merveilleux, en élégantes ciselures, en broderies de toute espèce. L'enfant populaire se voit environné des mages de la littérature, qui déposent à ses pieds l'encens, l'or et la myrrhe.
Voilà le soupir de la chaumière, l'expression des masses laborieuses, devenu, par le seul prodige de l'art, une fantaisie de
luxe ; voilà le lied devenu chose de l'intelligence, de simple
chose de sentiment qu'il était, et, voyez l'étrange phénomène !
dans sa transformation glorieuse, il n'a rien perdu de sa grâce
naïve, de cette ingénuité qui lui vient de son humble origine.
La preuve, c'est qu'il retourne au sein du peuple, qu'il y rentre
avec les chansons de Marguerite et de Claire, les hurrahs de
erner, les élégiaques mélodies d'Uhland ; en un mot, sous
tes les formes qu'il adopte au moyen âge. Le lied retourne
u peuple comme la rosée au fleuve, après avoir passé par le
leil.

III.

C'est du xive au xvie siècle que le lied populaire proprement
it se développe en Allemagne. Vous ne trouvez que lui pen-
nt cette grande période historique ; lieds d'amour, de com-
gnonnage, de chevalerie et de guerre ; de tous côtés vous le
ez fleurir et se multiplier ; un esprit original, actif, singu-
er peut-être, parcourt l'Allemagne du nord au midi ; le senti-
nt déborde ; la crise politique, les tiraillements universels
t dans l'intelligence des contre-coups féconds, et le génie
ulaire trouve en lui, pour répondre aux commotions qui l'é-
nlent, des échos profonds et variés. Je me figure que plus d'un
ve compagnon dont la postérité n'a point à s'enquérir, plus

2

d'un *Lanzknecht* mort ignoré dans quelque rencontre, dut faire un beau jour son lied, poëme de son cœur, histoire où sa vie entière se résumait. Or, il s'est trouvé que cette histoire, ce poëme, dans un temps où la milice humaine se groupait encore à l'abri de certains dogmes comme sous d'inviolables drapeaux, il s'est trouvé que cette voix du compagnon et du lanzknecht exprimait les sentiments inarticulés de toute une multitude, et remuait des consciences sans nombre. Voilà, je pense, le grand secret de la popularité du lied au moyen âge. Au XVIe siècle, son caractère national se perd, il dégénère; c'est l'époque où le goût italien et français fait invasion. Les associations musicales se forment, les maîtrises s'instituent; adieu la poésie du sentiment; voici les querelles de mots qui commencent avec Hans Sachs et ses confrères les artisans de Nuremberg; voici les solennels débats qui s'ouvrent à propos d'une rime. Alors le lied cède la place aux motets, aux villanelles de toute espèce, et disparaît jusqu'à la renaissance de la poésie allemande au siècle dernier, jusqu'à ce magnifique mouvement dont Goethe est le héros.

Grâce aux mille fantaisies d'une nature incessamment variée, le lied répond à toutes les nécessités de son origine. Vous ne citerez pas une tendance populaire qui n'ait en lui son expression, pas un sourire, pas une larme qu'il ne reflète dans le cristal de son miroir. Sans prétendre porter dans ce monde mélodieux la classification scientifique, nous essaierons cependant ici d'en séparer les différents groupes, d'autant plus appréciables qu'ils se distinguent chacun par un type particulier, une couleur, une existence individuelle. Nous rattacherons à ces trois groupes les trois espèces-mères du lied allemand, les lieds d'amour, les lieds de la vie commune, les lieds patriotiques, tous populaires, ainsi que nous l'avons dit, tous identiques au sentiment dont ils émanent.

L'amour comprend deux espèces : l'amour divin et l'amour terrestre; l'un absolu, l'autre relatif; l'un ayant pour objet l'intelligence suprême, l'autre se renfermant dans le culte exclusif de l'individu; le second, par conséquent, plus susceptible que le premier de s'acclimater dans le peuple et d'y porter ses fruits. La religion n'a d'éléments populaires dans un pays qu'autant qu'elle se soumet à certaines conditions de mœurs, de nationalité, de pompe extérieure, et consent, elle fille de Dieu, elle grande comme l'espace et le temps, elle infinie, à se modeler sur des types humains et périssables. Cette tendance de ramener à la terre toute chose divine vous frappe d'autant plus au moyen âge, qu'elle est naïve et procède du seul instinct de l'humanité. C'est merveille comme le peuple au xve siècle arrange la tradition selon ses besoins, presque selon ses fantaisies. Vous le voyez prendre çà et là dans la Bible, dans l'Évangile, une phrase qu'il développe comme il lui plaît, un motif qu'il varie à son usage, et cela avec tant de franchise et de bonhomie, qu'on ne remarque pas que le dogme se dénature à ces interprétations arbitraires, et que la familiarité quelque peu grande vous semble toute naturelle. Il n'y a guère que les hymnes de la liturgie qui échappent à ce caractère, en s'efforçant de produire sous une forme absolue l'absolue vérité. On trouverait difficilement un acte de la sainte légende d'où ne soit point sorti quelque lied, toujours dans la mesure que nous observions tout à l'heure. L'imagination populaire se contente, en pareil cas, d'emprunter au texte sacré le germe qu'elle se réserve ensuite de féconder. Elle compose, elle arrange, elle invente, elle mêle son merveilleux à la vérité traditionnelle, et, par une préoccupation égoïste dont elle-même n'a point conscience, se crée en quelque sorte des rapports intimes avec la Divinité, qu'elle attire ainsi dans son cercle.

Cette manière propre au moyen âge d'accommoder l'universel au particulier, de réduire la synthèse à des proportions presque usuelles, mérite qu'on l'étudie avec soin, surtout dans le lied populaire, où elle se montre sous un aspect singulier et quelquefois plein d'intérêt. Le lied s'inspirant à la source commune de la poésie au moyen âge, il en résultera que les évangiles finiront par lui fournir non-seulement des berceuses pour les petits enfants, mais encore des airs de chasse, des complaintes, et même (chose assez curieuse) des refrains de table d'un mysticisme équivoque. La conception de Jésus dans le sein de l'Immaculée deviendra le sujet d'un lied de chasse. Le Saint-Esprit bat les champs du paradis avec l'ange Gabriel, qui lui sert de piqueur :

« Le hardi chasseur était en campagne, il voulait chasser sur les hauteurs du ciel. Que rencontre-t-il dans le bois ? Marie, la belle jeune vierge..... »

Le même sens populaire trouvera le motif d'une berceuse dans l'adoration des rois mages :

« Joseph dépouille son manteau pour en faire à Jésus des langes. Joseph, mon doux Joseph, aide-moi à bercer mon enfant, etc., etc. »

Le lied religieux s'attache de préférence aux mystères qui entourent la venue du Rédempteur. La visitation de l'ange Gabriel en dalmatique de brocart d'or dans cette petite chambre d'Albert Dürer où s'épanouit un beau lys à côté du prie-Dieu, l'adoration des rois, la conception immaculée, tels sont les sujets qu'il affectionne. Plus tard, à mesure que le Christ se mêle aux hommes, que son existence revêt une signification plus déterminée, une notoriété plus authentique, le lied s'en éloigne peu à peu, sa fantaisie ne sait plus où se prendre sur ces actes consacrés par la liturgie et qui rentrent dans le cycle de l'année ecclésiastique. Il y a cependant tels de ces actes auxquels l'imagination populaire n'a pu s'interdire de toucher, les scènes du Golgotha, par exemple. L'Allemagne possède plusieurs lieds de ce genre qui sont de véritables hymnes, entre autres celui qui énumère les douleurs de la croix, et, après avoir raconté le coup de lance, se termine par ces strophes :

« Ployez-vous, arbres, et vous aussi, rameaux ; pleurez, feuillage ; et vous, brins d'herbe et gazons verts, partagez la détresse commune.

« Les hautes cimes s'inclinèrent, les rocs gigantesques se fendirent, le soleil voila sa clarté, les petits oiseaux laissèrent là leurs chansons et leurs cris.

« Les nuages crièrent : Malheur et désespoir ! les montagnes craquèrent, les portes s'ouvrirent aux morts, et ils sortirent de leurs sépulcres. »

Opposons maintenant à cette inspiration toute naïve du XVIe siècle la parabole des *Cerises de saint Pierre*, si célèbre dans la poésie moderne.

« Lorsque, méconnu encore et chétif, Notre-Seigneur, allait sur la terre, entraînant après lui de nombreux disciples, qui rarement comprenaient sa parole, il aimait outre mesure à tenir sa cour en pleine rue, parce que sous la coupole du ciel on parle toujours mieux et plus librement. Il laissait là de sa bouche sacrée se répandre sur eux les plus hautes leçons, et, par les paroles et les exemples, faisait un temple de chaque marché.

« Un jour que, dans le calme de l'esprit, il cheminait vers une petite ville avec eux, il vit luire sur le chemin quelque chose qui était un fer à cheval brisé. Aussitôt il dit à saint Pierre : « Lève-moi ce fer. » Saint Pierre ne se dépêchait guère ; il venait d'agiter, chemin faisant, de ces rêves sur le gouvernement du monde, rêves où chacun se complaît. Sur un pareil sujet, le cerveau ne connaît point d'entraves. C'étaient donc là ses plus douces pensées. Or, maintenant la trouvaille lui semblait bien mesquine ; encore si c'eût été une couronne, un sceptre ! Mais valait-il donc la peine de se pencher pour un fer à cheval? Il se tire alors de côté, et fait comme s'il n'avait pas entendu.

« Le Seigneur, dans sa longanimité, lève lui-même le fer à cheval, et s'en tient là sans faire semblant de rien. Puis bientôt, lorsqu'ils ont atteint la ville, se dirigeant vers la porte d'un forgeron, il échange sa trouvaille contre trois pièces de monnaie ; et comme il traverse le marché, voyant là de belles cerises, en achète plus ou moins, autant qu'on veut lui en donner pour ses trois pièces, et les garde ensuite paisiblement dans sa manche.

« On s'achemina vers l'autre porte à travers plaines et champs sans maisons ; pas un arbre sur la route ; le soleil dardait, la chaleur était grande, et telle qu'en pareil lieu on eût donné beaucoup pour une gorgée d'eau. Le Seigneur, toujours marchant en avant des autres, laisse à la dérobée tomber une cerise. Saint Pierre aussitôt se précipite, comme si c'était une pomme d'or. Le fruit délecte son palais. Le Seigneur, peu de temps après, envoie une autre *cerisette*, et saint Pierre de s'incliner bien vite pour la prendre. Ainsi le Seigneur lui fait baisser le dos et se pencher maintes fois vers les cerises. Un laps de temps s'écoule de la sorte ; puis, souriant, le Seigneur dit : « Il fallait donc savoir te remuer à temps, ta paresse y trouvait « son compte. Tel méprise de petites choses qui va s'évertuer pour « de plus petites. »

On retrouve dans ce lied de Goethe comme un souvenir des inspirations évangéliques de l'art populaire au moyen âge. Dans le mouvement de réaction imprimé aux lettres par son génie, Goethe a voulu que toutes les tendances du type original fussent représentées, et, grâce à lui, la reproduction s'est consommée aussi rayonnante, aussi complète que les dilettanti les plus exaltés de l'archaïsme germanique, les partisans les plus vifs de Walther de Vogelweide et de sa phalange *étoilée* et *fleurie* ont pu le souhaiter. Nous n'appellerons qu'un seul témoignage à l'appui de ce que nous avançons : les poésies de Goethe, jardin où s'épanouissent en fleur et sur une tige solide tous les germes, toutes les étamines poétiques disséminées dans l'air par le *Minnegesang*.

IV.

Mais la véritable patronne du lied, le principe éternel de grâce et d'amour où la fantaisie populaire va puiser incessamment, c'est la mère du Christ, Marie, la vierge féconde, l'*impératrice*, comme l'appelle, en son paroxysme fervent, l'extatique docteur Marianus. On connaît l'action universellement sympatique attribuée à la reine des anges au moyen âge [1], et sans revenir sur ce divin symbole de l'attraction et de la mansuétude féminine, nous nous bornerons à citer quelques traits qui s'y rattachent. Nulle part ces attributs dont nous parlons ne se manifestent avec plus de charme que dans un lied intitulé *l'Assistance de la Vierge à Passau*. La Vierge, en tant que femme, se montre encore plus accessible que son divin Fils lui-même, et représente, sans aucune arrière-pensée, sans aucune espèce de restriction ultérieure, l'idée de grâce et d'amour. Ainsi vous la voyez, dans un lied, intercéder elle-même en faveur de deux misérables qui avaient tenté de lui ravir son propre enfant; dans un autre, elle sauve d'une mort certaine la comtesse Elsbeth, surprise par deux assassins pendant qu'elle prie à l'autel. Ailleurs, c'est une noble dame que son époux veut aller vendre au diable, et que Marie délivre en l'enfermant dans son oratoire, tandis qu'elle monte à cheval à sa place auprès de son époux, dupe jusqu'au dénoûment de la métamorphose. Puisque nous en sommes sur le chapitre de ces petites pièces lyriques dont la Vierge fait en même temps le sujet et l'objet, citons le lied de *la Racine de Jessé*, panégyrique ingénieux, charmant de poésie et de concision :

« La racine est la race de David; toi, Marie, tu es la tige; ton fils, la fleur, la belle rose; le Dieu et l'homme résident en ton sein.

« La rose est pourprée, la feuille verte, une même tige les a toutes deux; ainsi on trouve deux natures et une seule personne en cet enfant. »

Dans l'imagination populaire, la superstition se mêle toujours au dogme, en Allemagne surtout, où l'antique religion de la

---

[1] Voir notre étude sur la Mystique de Faust dans notre traduction du poëme de Goethe.

nature est loin d'avoir déposé toute autorité primitive. De là une poésie bizarre, hétérogène, où les éléments les plus contraires se heurtent et se confondent ; poésie de mystère et d'incantations, qui s'élabore un peu comme certains philtres cabalistiques des montagnes du Harz, en commun, car tous y prennent part, depuis l'homme d'église avec sa tradition orthodoxe jusqu'au maître sorcier avec ses formules extravagantes, jusqu'à la vieille femme avec ses plantes magiques et ses recettes pour guérir au clair de lune les abcès et les blessures. Vous assistez à l'origine de la poésie fantastique, vous voyez le romantisme naître de cet hyménée de la nature avec la religion. Ainsi, de pièces et de morceaux, le Pinde allemand s'élève, le Brocken se forme avec ses légendes, qui serpentent sur ses flancs par myriades et foisonnent comme autant de couleuvres et de vives eaux dans ses cavités granitiques. Laissez la veine populaire se répandre ; les temps viendront où le génie nouveau saura mettre à profit tant de fragments épars, tant d'inspirations dispersées à tous vents, où la Muse allemande fera sa gerbe ; et le grand pontife de cette régénération, Goethe, en réhabilitant le lied populaire, ne se contentera pas d'en caresser la forme et d'en polir avec un art de lapidaire le contour lumineux. Le poëte ira plus avant dans l'esprit des siècles. Le lied étant l'unique manifestation du sentiment populaire au moyen âge, Goethe fera dans la masse un triage immense : il choisira çà et là quelques épis de luxe pour les cultiver aux heures de loisir dans un petit enclos tout spécial ; puis, s'emparant du reste à larges brassées, il l'enfermera, pour la nourriture intellectuelle de l'humanité, dans quelque grenier gigantesque et profond. Vous retrouvez dans *Faust* toute la mythologie du Nord. Le poëme de Goethe est pour l'Allemagne le véritable pendant des *Niebelungen*. La nationalité poétique allemande se concentre là tout entière comme dans les *Niebelungen* la nationalité héroïque et barbare ; et je ne parle pas ici des caractères principaux, mais de certains détails cachés, de certaines créations secondaires, et qu'il faut renoncer à comprendre, à moins d'en aller chercher le sens dans le cœur même de la tradition où Goethe les a trouvés. Témoin, par exemple, ce fameux preneur de rats de Hameln, *der Rattenfanger zu Hameln*, qu'on rencontre dans les appendices du poëme, ce personnage mystérieux si étrangement marqué du caractère à la fois mélancolique et narquois de la sorcellerie. « Quel est cet homme bizarre ? il porte le mal sur son enseigne ; il siffle, mais d'un ton si farouche et si avisé ! » Le voyez-vous traverser la ville en sifflant, et tous les enfants qui jouent sur la place de l'église, tandis que les vieillards sont à l'office, se laisser ravir à ses sortiléges et le suivre hors des portes, sans se douter que l'étranger maudit les enlève pour jamais à leurs familles [1] ?

Après Marie, la puissance que la poésie populaire, au moyen âge, invoque avec le plus de ferveur et de persévérante dévotion, c'est la Mort. Vous la retrouvez partout, dans les pompes du sanctuaire et sur les tréteaux des carrefours, sous les rideaux de l'alcôve où dort la châtelaine, et sous l'ombre immense de ces grands bois où le comte Eberhard de Würtemberg chasse au milieu de sa meute endiablée ; et cette vogue de la Mort au moyen âge, de la Mort en tant qu'apparition plastique, personnage, n'a rien qui nous étonne. La Mort est une des inventions les plus originales du catholicisme. Ce squelette vivant s'associant à nos passions, à nos travaux, à nos plaisirs, intervenant dans nos douleurs, dans nos misères, jusque dans nos querelles domestiques, ce voisin toujours prêt à se rendre au premier appel, ce compagnon moitié solennel, moitié goguenard, terrible en même temps et familier, parfois grotesque, devait frapper au plus haut point l'imagination populaire. L'antiquité n'envisage guère la Mort que comme une abstraction philosophique ; l'Académie et le Portique veulent bien consentir à la discuter dans leurs harmonieuses conférences, mais non à frayer avec elle ; à l'admettre comme idée dans leurs paisibles théories, mais non comme individu dans leur commerce. Jamais la pensée ne leur est venue d'inviter la Mort à leurs banquets pour couronner de roses son front chauve, et mettre en ses doigts décharnés la flûte

---

[1] « Je suis le fameux chanteur, le preneur de rats voyageur, dont cette antique et célèbre ville a certes grand besoin surtout. Et quand les rats seraient par myriades, quand les belettes se mettraient en jeu, il faut que j'en purge la place et que tous s'en aillent avec moi.

« En outre, le joyeux chanteur est aussi un preneur d'enfants, qui, pour dompter les plus rebelles, n'a qu'à chanter ses légendes dorées. Et les garçons seraient-ils plus obstinés, les jeunes filles plus farouches, dès que je fais vibrer mes cordes, il faut que tous me suivent.

« Par occasion, l'industrieux chanteur est encore preneur de filles ; dans nulle ville il ne séjourne sans y faire des siennes, et si simples que soient les fillettes, si prudes que les femmes soient, le mal d'amour les prend à mes sons magiques, à mon chant ! » (GOETHE.)

hythmique du tibicen. Voilà pourtant ce que fait le catholicisme.
Il la convoque à tous les festins, à toutes les pompes de l'exitence ; pas un sacre d'empereur en Allemagne, pas une exaltaion de pape à Rome, où la Mort n'ait sa place au premier rang armi les électeurs ou les cardinaux. Elle berce avec la nourrice l'enfant qui vient de naître, assiste au rouet la pauvre filandière, vient s'asseoir à la veillée autour de la table où la famille se rassemble, et, tout en devisant galamment de chose et d'autre, serre la main au vieillard, cligne de l'œil du côté de la jeune fille qui tousse, ou présente les dés au jeune homme impatient. Habile à se déguiser, à prendre en un instant l'air et le costume du rôle qu'il lui plaît de jouer, vous la retrouvez sans cesse et partout sur les traces de la vie ; elle en est comme l'ombre. En Grèce, sous le beau ciel d'Athènes et de Corinthe, la vie n'a point d'ombre. — Je le répète, c'était là pour l'humanité un personnage nouveau. Le squelette devait réussir au moyen âge, même en dehors du principe catholique, en dehors de l'idée sublime qu'il proclame ; il devait réussir (qui le croirait?) par la forme. Le moyen âge a des goûts bizarres, on le sait ; le fantastique l'attire, il s'éprend même assez volontiers de la laideur. A ce compte, le squelette camard ne pouvait manquer de faire fortune chez lui. Dans cet élan unanime, furieux, immodéré, qui précipite aux xive et xve siècles tous les arts vers la Mort, on recherche, à coup sûr, moins le symbole religieux qu'on ne se passionne pour ce personnage nouveau, pour cette bizarre poupée qu'on affuble à loisir de tous les oripeaux entassés pêle-mêle dans le grand vestiaire de l'univers, et qu'on lance à toute occasion (véritable *deus ex machina*, moyen de contraste et de péripétie s'il en fut) dans la pièce de marionnettes de l'existence humaine. La Mort s'empare du monde ; on la choie, on l'installe, tous les esprits s'enivrent d'elle ; c'est un délire, un fanatisme, une mode. La Mort a véritablement au moyen âge sa période d'incarnation. Elle s'y fait homme, non à l'instar du fils de Dieu pour expier et gémir, mais pour régner en souveraine, pour occuper le trône universel, pour recevoir des mains de l'humanité idolâtre le sceptre d'or et la tiare d'empereur. On dirait un concert unanime, un hosannah sans fin que tous les arts entonnent à sa gloire. L'orgue lui chante ses hymnes les plus beaux, le peuple invente des poëmes à son intention, et la peinture n'a pas une fantaisie qui ne soit pour cette royale patronne.

La Mort donne le verbe de l'art au moyen âge ; il faut dire qu'elle est alors dans toute sa jeunesse, dans toute sa vitalité plastique. Les temps nouveaux ne l'ont jamais vue telle, et, si l'action n'a rien perdu de son infatigable puissance, la figure poétique, le personnage s'est de nos jours bien effacé. La Mort est retournée désormais dans le domaine de l'entité philosophique ; de forme, elle est redevenue idée comme aux jours antiques, idée moins féconde en images désormais qu'en syllogismes, car il était dit que, pour la poésie éternellement déshéritée, la Mort elle-même devait mourir.

Le lied de la jeune Fille et de la Mort, bien que d'une forme souvent rude et grossière, peut à bon droit passer pour une composition pleine de mélancolie et de grâce. — Une jeune fille est à cueillir des pâquerettes dans son jardin, lorsque tout à coup la Mort, écartant les ramures d'une haie d'aubépine en fleur, se présente à ses yeux et lui dit : Je viens te prendre. La jeune fille pâlit et s'épouvante ; son bouquet lui tombe des mains. Elle veut fuir, mais un ascendant irrésistible la retient là, palpitante comme l'oiseau sous le regard qui la fascine. Elle pleure, elle sanglote, elle supplie, se roule aux genoux de la Mort, lui parle de sa mère, de ses quinze ans, de son jardin et de ses fleurs. Peine inutile ; la Mort ne veut rien entendre. Cependant une lutte s'engage, lutte cruelle et désespérée, où la jeune fille succombe, et la Mort, sans laisser voir plus de contentement de son triomphe qu'elle n'a montré d'embarras tout à l'heure, la Mort, toujours impassible et sûre d'elle-même, étend alors sa douce victime sur le gazon, et lui va cueillir près du ruisseau quelques fleurs, qu'elle tresse à la hâte en psalmodiant ce refrain, dernière strophe du poëme :

>La couronne
>Que je donne
>S'appelle la *mortalité* [1].
>Prends-la, vierge de pureté.
>Tu ne seras pas la dernière
>Qui la portera sur son front.
>Autant il en naîtra sur cette froide terre,
>Autant avec moi danseront,
>Pour qu'un jour aussi je leur donne
>La couronne !

Et n'ayons garde de nous y tromper, ce ballet excentrique,

---

[1] En allemand *Sterblichkeit*.

cette chorégraphie singulière où le personnage de la Mort figure toujours plus ou moins sous un aspect grotesque, relève, à sa manière, de la loi fondamentale de la philosophie catholique. C'est le caractère du moyen âge, que l'idée organisatrice y domine toute chose. Voyez cette danse qui nous occupe, ce jeu bizarre qu'on prendrait au premier abord pour la fantaisie extravagante de quelque imagination oisive, pour l'œuvre d'un Callot ou d'un Hoffmann du XIVe siècle ; qu'est-ce autre chose, sinon le principe catholique mis en relief de la plus originale façon, le dogme de la rédemption traduit en langue vulgaire; sinon la victoire de l'humanité sur la Mort? L'homme, dans la personne du Christ, a vaincu la Mort au Golgotha. Pourquoi n'en userait-il pas désormais librement avec son antique ennemie? Que lui reste-t-il à craindre de cette puissance abolie et brisée? Il l'admet à son foyer, l'installe, lui donne à partager ses festins et ses jeux, et pousse la familiarité jusqu'à danser avec elle.

On trouve dans un poëme de Regenbogen une des plus anciennes représentations de cette idée, idée reproduite, du reste, sous mille formes différentes et dans des volumes sans nombre presque toujours ornés de gravures sur bois. Dans une de ces planches, on voit un prêtre qui gesticule en chaire ; et tandis que le vieillard prêche aux hommes le néant de l'existence, la Mort, joignant l'exemple à la morale, s'évertue de son mieux, et mène d'un pied hardi, sur les dalles du sanctuaire, sa danse accoutumée, sa danse universelle, qu'un prêtre ferme justement. — Dans un autre livre, où figure une longue suite de vignettes, la Mort apparait constamment avec un instrument de musique. Tantôt c'est la viole d'amour, tantôt la flûte ou la guitare. Elle donne des sérénades au clair de lune, cachée sous les tilleuls en fleur, et fascine la jeune dame qui saute à bas du lit à sa voix, et, tiède encore des moiteurs du sommeil, livre au froid de la nuit son épaule blanche qui frissonne ; ou, vaillant ménétrier, debout sur un tonneau, elle râcle avec frénésie, animant au plaisir fillettes et garçons, qui se laissent choir tout essoufflés dans la tombe. Que vous semble du virtuose? — Mais la plus complète de ces imaginations fantastiques, de ces œuvres macabres, est à coup sûr un poëme en bas allemand, imprimé à Lubeck en 1496, et qui contient soixante-huit gravures. Tous ceux qui doivent prendre part à la danse s'efforcent de s'excuser ; la Mort, impassible, réfute leurs arguments en quelques mots auxquels pas un ne réplique. Le pape seul (prérogative suprême attachée au chef spirituel de l'humanité), le pape seul a le droit d'interpeller deux fois le squelette. Assemblée curieuse où la vie n'a pas manqué de se faire représenter par de nombreuses députations prises dans tous les points de l'activité sociale, conclave universel où se retrouve, du sommet à la base, l'édifice politique du moyen âge, cette indissoluble hiérarchie qui se maintient même en présence de la Mort. Voici l'ordre dans lequel sont rangés les personnages de la scène : le Pape, l'Empereur, l'Impératrice, le Cardinal, le Roi, l'Archevêque, le Duc, l'Abbé, le Templier, le Moine, le Chevalier, le Chanoine, le Bourgmestre, le Médecin, le Gentilhomme, l'Ermite, l'Étudiant, le Bourgeois, le Marchand, la Nonne cloîtrée, l'Homme de justice, le Maître ouvrier, le Paysan, la Béguine, le Courtisan, la Vierge, l'Archer, et, comme toujours, la Nourrice avec son nourrisson. — Le caractère de ces divers états ne saurait être exprimé mieux qu'il ne l'est dans ce poëme, véritable microcosme où vous voyez se mouvoir le moyen âge tout entier. Cependant les convives assemblés comprennent la solennité du moment : en face de la Mort, leurs dernières illusions se dissipent; on avoue ses fautes et ses crimes, on implore une prolongation d'existence, et, toute chance de salut évanouie, on se recommande à la miséricorde divine. La Mort, de son côté, poursuit sa tâche et leur adresse une réprimande profonde, disant que, s'ils se sentaient la conscience pure, ils n'auraient point à trembler devant elle, puis, à la fin, les console à sa manière, en leur rappelant que son blâme n'atteint pas l'individu, mais l'espèce humaine. — La danse des morts, représentée par Johann Klumber sur le mur du cimetière des Prédicateurs, à Bâle, remonte à 1431. Celle de l'église de Sainte-Marie, à Lubeck, du même auteur, date de 1403. Sous cette peinture, on lisait autrefois plus d'une poésie, plus d'un lied expliquant les attitudes pittoresques et les sentiments des personnages, entre autres ces deux vers si naïfs, écrits sous le berceau d'un enfant que la Mort venait prendre pour l'entraîner dans le terrible divertissement : « O Mort, comment dois-je entendre ceci? Tu veux que je danse, et je ne puis marcher encore! »

V.

Nous avons voulu donner une idée du lied religieux en Allemagne, du lied mystique et divin ; essayons maintenant de caractériser en peu de mots un autre genre de cette poésie populaire, de mettre en évidence une facette nouvelle du diamant. Parlons du lied terrestre, du lied d'amour proprement dit. Ce n'est pas que nous devions nous attendre à perdre de vue tout à fait les sources religieuses, à ne plus retrouver trace de l'influence catholique. Les rayons dorés de la légende nous frapperont encore çà et là, mais moins vifs, car nous sommes, sur la terre, moins saisissables, car ils auront à percer désormais à travers le nuage des passions et des calamités humaines. L'amour terrestre remontera plus d'une fois jusqu'aux sources de l'amour divin pour s'y vivifier ; comment ferait-il différemment ? La légende est aussi indispensable à son existence que la nature, autre élément dont nous le verrons disposer à son gré et qui lui servira à rendre sensibles les affections du cœur, comme l'autre, l'élément divin, à les épurer. La nature interviendra toujours, l'image ne dût-elle se prolonger que le temps d'un soupir, comme dans ce refrain, par exemple :

« Si j'étais un petit oiseau, et si j'avais deux petites ailes, je volerais à toi. »

Une chose qui vous étonne dans le lied populaire, c'est la concentration du sentiment. Vous trouvez là, dans quelques vers, la tendresse, le désespoir de toute une existence ; un mot suffit à cette effusion profonde, une image, un trait. Vous ne citerez pas une nuance de l'amour qui ne soit exprimée au moins dans cette poésie : les regrets, les ardeurs dédaignées, l'incertitude et les angoisses qui accompagnent l'instant de la déclaration, les souffrances du doute, les tristesses de la séparation, que sais-je ? tout cela dans une forme charmante, gaie ou mélancolique, rayonnante ou sombre, selon qu'il convient au sujet ; car le lied a ses élans tragiques tout comme ses humeurs rêveuses, ses vagues aspirations vers l'infini, et même ses joyeuses boutades. Quoi de plus mélancolique et de plus douloureux que la plainte de cette jeune fille qui déplore la fleur de sa jeunesse enfermée dans les monotones solitudes du cloître, rêve à l'amour qu'elle ignore, et, du fond des ténèbres et de la mort, tend les bras vers le soleil qui ne doit point l'atteindre? « Puisse Dieu lui envoyer des jours funestes, à celui qui m'a faite nonne, qui m'a donné le manteau noir et la robe blanche! » Il y a dans cet hymne, qui commence par un cri de détresse et se termine par la résignation au sein du Christ, par l'espérance dans la tombe, quelque chose de solennel et de touchant, de terrible et de mystérieux, qui n'appartient qu'à la poésie du catholicisme. Vous y respirez comme une odeur de sépulcre et d'encens, de cierge et de renfermé, de jeunesse et de mort. C'est bien là, en effet, la poésie du catholicisme, de cette religion qui sème de petites croix l'herbe nouvelle, et trouble les fêtes du printemps de l'appel des cloches lugubres. Schubert a saisi admirablement cette double impression qui vous glace le sang dans les veines et vous invite aux larmes, ce double mouvement de terreur et de sainte mélancolie, dans son chant de *la Religieuse*, qui n'est, au reste, que la paraphrase musicale de cette poésie. — Quel parfum élégiaque ne s'exhale-t-il pas de tous ces lieds où deux amants se quittent pour ne plus se revoir? Le jeune homme va courir le monde, et, lorsqu'il revient de ses campagnes, sa douce fiancée est morte. Ainsi le roi d'Angleterre trouve sa bien-aimée au sépulcre, ainsi le comte palatin du Rhin trouve sa maîtresse au cloître. Parfois vous rencontrez des souvenirs de l'antiquité, échos perdus des jours anciens, qui vous frappent, non sans charme, au milieu de ces bois romantiques. Un lied qui commence par ces mots : « Un bel adolescent s'épuise à fendre les vagues, » est une réminiscence de la romance d'Héro et Léandre ; un autre qui débute ainsi : « La jeune fille se lève à l'aurore, et va courir dans le bois vert, » rappelle l'histoire de Pyrame et Thisbé.

Bon nombre de lieds, dont la vie de chasseur fait le fond, se distinguent par l'originalité du caractère. Il ne s'agit plus de rêverie mélancolique au bord du lac, d'aveux timides, de soupirs étouffés, de longs regards au clair de lune, mais de baisers furtifs, d'étreintes vives, d'alarmes et de surprises au fond du bois. Figure moitié réelle, moitié fantastique, souvent de sang royal, toujours noble, le chasseur marche entouré de toute la poésie de la montagne, de la forêt et du torrent. Cousin de Samiel et d'Othon, il est vêtu de vert des pieds à la tête; il a la barbe inculte, les cheveux touffus et noirs, l'œil vif et libertin, et porte à son feutre un bouquet de plumes de faisan ou de coq de bruyère. Aussi les jeunes filles le redoutent, car elles sont le gibier qu'il poursuit à travers la haie ou le fossé. Leur faible cœur bat aux accents de sa trompe; elles sentent à son approche ce mélange de terreur superstitieuse et d'ardente curiosité dont s'enflamment les jeunes têtes en présence d'une apparition extraordinaire. Elles s'effraient de lui d'abord, mais pour l'aimer ensuite à la rage. Le chasseur est jaloux, violent, implacable; joignez à ces défauts l'auréole de mystère dont sa vie errante le décore, et vous comprendrez la fascination qu'il exerce sur tant d'aimables créatures. Il fond sur les jolis minois comme l'épervier sur l'hirondelle. Autant il en découvre, autant il en affole. Malheur aux sensibles meunières! malheur aux garçons de ferme, aux amoureux de tous les jours! Dès que le chasseur apparaît, tous leurs droits sont perdus, et, devant ce fléau de Dieu, il ne reste plus aux pauvres diables qu'à s'aller pendre ou noyer. Plus tard, lorsque Goethe ramènera la poésie du Nord aux sources primitives du moyen âge, dans le mouvement rétrospectif qui s'emparera de toutes ces nobles imaginations allemandes au xviiie siècle, nous verrons Wilhelm Müller faire son profit de ce type populaire, et chanter dans un poëme plein de naturel et de grâce charmante, les vaillantises du hardi chasseur, les faiblesses de la belle meunière, et le martyre si touchant de son pauvre amoureux délaissé :

> Que veut donc le chasseur en ces lieux! Qui l'amène
> Au ruisseau du moulin? — Reste dans ton domaine,
> Hardi chasseur. Ici point de gibier pour toi.
> Une douce chevrette ici tremble pour moi ;
> Et si tu veux la voir, si tu veux qu'elle vienne,
>   Laisse dans le bois ton fusil,
>   Enferme ta meute au chenil,
> De ta trompe d'airain apaise la fanfare,
> Et va de ton menton raser le poil grossier ;
> Car autrement, au fond du vert sentier,
> Je crains qu'en te voyant la biche ne s'effare.
>
> Ne peux-tu donc rester au sein de tes forêts,
> Et laisser les moulins et les meuniers en paix?
> Que ferait le poisson dans la feuillée épaisse?
> Que cherche l'écureuil dans le cristal de l'eau?
> Reste, chasseur altier, dans ton bois, et me laisse
> Seul avec mon moulin au bord de ce ruisseau.

— Mais si tu veux gagner à tout prix ma maîtresse,
Apprends, mon doux ami, d'où lui vient son tourment :
Les sangliers la nuit sortent de leur tanière,
　　Et viennent ravager son champ.
Allons, délivre-nous des sangliers, compère !

L'honnête garçon commence par railler. Hélas ! il ne sait pas encore où cette rencontre le mènera, et bientôt son ironie et son persiflage vont se fondre en sanglots. La belle meunière ne sent rien de cette invincible répugnance que son naïf amoureux lui suppose ; bien au contraire, cet attirail de bruit et de victoire ne tarde pas à lui tourner la tête. L'odeur de la poudre l'enivre tout d'abord. Habituée aux mœurs douces et paisibles du vallon, à des jours limpides et monotones comme le ruisseau qui coule devant sa maisonnette, elle écoute de toutes ses oreilles ce tintamarre qui vient de la forêt et de la montagne, et prend pour un héros cet homme qui lui apparaît au milieu des hurrahs et des fanfares, au milieu des chiens qui aboient et des trompes qui sonnent l'hallali à plein gosier. Elle admire en cet homme hardi la force et le courage ; elle sent, à le contempler, des émotions profondes que n'a pu lui donner le garçon naïf et médiocre qui n'a su que la chérir. Elle aime ce front hautain, cet œil d'oiseau de proie, ce geste souverain qui commande à la multitude ; la barbe même ne lui déplaît pas trop, et bientôt l'altier chasseur remplace dans les bras de la belle meunière le pauvre amoureux dépossédé, qui se lamente et soupire une dernière fois ses regrets, assis sur les myosotis du bord et laissant pendre ses pieds au fil de l'eau qui va l'ensevelir :

LE MEUNIER.

Quand un cœur sincère et fidèle
Périt de langueur et d'amour,
Tous les lys dans l'herbe nouvelle
Se fanent bientôt à l'entour.

La lune cache sa lumière
Et se voile dans ses douleurs,
Pour que les hommes de la terre
Ne puissent rien voir de ses pleurs.

Les anges ferment leur paupière,
Les petits anges bienheureux !
Et toutes les voix dans les cieux
Chantent pour le repos d'un frère.

LE RUISSEAU.

Et quand le cœur tendre et fidèle

Echappe enfin au mal cruel,
Une étoile blanche et nouvelle
Fleurit aussitôt dans le ciel.

Du sein des fatales épines
Sortent trois roses au teint frais,
Roses blanches et purpurines
Qui ne se flétrissent jamais.

Et tous les anges de lumière
Coupent leurs ailes sans regret,
Et, sitôt que le jour paraît,
Viennent au jardin de la terre.

LE MEUNIER.

O ruisseau, doux ruisseau chéri!
 Je te laisse dire.
Mais sais-tu, ruisseau, pauvre ami,
 Ce qu'est ce martyre?

Là-bas le calme et les amours,
 La paix douce et profonde.
Ruisseau, frais ruisseau, que ton onde
 Chante ainsi toujours!

Puis, lorsque le sacrifice est consommé, que la nappe limpide, troublée un moment, a reployé son transparent linceul sur le corps de l'infortuné, le ruisseau recommence à chanter, et murmure à la pauvre victime endormie en son sein une lente et plaintive mélodie :

Bon repos, bon repos!
Que tes yeux se tiennent clos!
Voyageur, ton pied touche enfin au seuil propice.
 Ici, la foi!
 Repose en moi
Jusqu'à ce que la mer à son tour m'engloutisse.

Étends-toi désormais
Sur un coussin humide et frais,
Dans ma chambre d'azur où tout est transparence.
 A l'œuvre, ici,
Tout ce qui berce et qui balance;
Qu'on me berce à loisir cet enfant endormi.

Si le cor de chasse au bois gronde,
Je veux tout à l'entour faire écumer mon onde.
 Vous, bleus *ne m'oubliez pas* [1],
 Par ici ne regardez pas:
Vous troubleriez sa paix si douce et si profonde.

---

[1] *Vergissmeinnicht.*

Et Vous, ne vous laissez plus voir
Sur cette échelle ;
Ne le réveillez pas de votre ombre, cruelle.
Laissez-moi choir
Votre mouchoir,
Que j'en couvre ses yeux, comme un ami fidèle.

Adieu ! adieu !
Jusqu'au réveil de Dieu
Endors ta joie, endors ta peine.
La lune monte pleine,
Le nuage fuit peu à peu,
Et le ciel, qu'il est grand là-haut ! comme il est bleu !

Cependant les Nemrods ne se rencontrent pas tous les jours pour enlever les cœurs d'assaut : les vilains ont aussi leurs revanches. Il arrive souvent que la belle meunière, trouvant sur son chemin quelque damoiseau peu discret, béjaune échappé pour la première fois du donjon paternel, le remette à sa place lestement, et se donne le malin plaisir de venger sur lui les défaites de ses compagnes, comme dans ce lied de Goethe :

LE PAGE ET LA MEUNIÈRE.

LE PAGE.

Où donc, où donc...
Belle meunière,
Dis-moi ton nom.

LA MEUNIÈRE.

Lise.

LE PAGE.

Où donc, ma chère,
Vas-tu, ce rateau dans la main ?

LA MEUNIÈRE.

A la terre,
Au champ de mon père.

LE PAGE.

Et seule ainsi par le chemin ?

LA MEUNIÈRE.

On doit rentrer le foin ; voilà
Ce que mon rateau signifie.
Les poires mûrissent déjà,
Et je les veux cueillir.

LE PAGE.

En ton jardin, ma mie,
Est-il point un feuillage épais, silencieux ?

LA MEUNIÈRE.

J'en sais deux,
Un de chaque côté.

LE PAGE.

Je te suis, et vers l'heure
La plus chaude du jour, quand le ciel est en feu,
Nous viendrons, n'est-ce pas ? nous dérober un peu
Dans cette verte et discrète demeure.

LA MEUNIÈRE.

Bon ! et les histoires !

LE PAGE.

Veux-tu
Reposer dans mes bras ! Réponds.

LA MEUNIÈRE.

Je n'ai que faire.
Celui qui dans ses bras prend la belle meunière
Est à l'instant même connu.
J'aurais l'âme toute froissée
D'enfariner ainsi de blanc
Votre habit magnifique et de couleur foncée.
Vivre entre égaux, c'est là qu'est le bien seulement.
Je veux jusqu'à la mort garder cette pensée.
J'aime le garçon du moulin ;
Et celui-là n'a rien à perdre sur mon sein.

L'eau reçoit toutes les confidences du meunier ; il lui conte ses peines, ses désirs, ses regrets, tout, jusqu'à ses illusions, que la nappe limpide promène en sa transparence, comme cette ombre vaporeuse des saules et des peupliers du bord. C'est, entre le meunier et le ruisseau du moulin, un échange perpétuel de plaintes amoureuses, un petit duo plein de mélancolie et de tendresse, une de ces cantilènes mélodieuses comme Bellini les aime.

LE JEUNE GARS.

Où vas-tu, clair petit ruisseau, si gaiement ? Tu cours d'une humeur si joyeuse et si leste, en bas ; que cherches-tu si vite dans le vallon ? Écoute un peu et me le dis.

LE RUISSEAU.

J'étais un petit ruisseau, jeune homme. Ils m'ont pris de manière que je dois lestement, en fossé, descendre là-bas au moulin, et toujours suis agile et plein.

LE JEUNE GARS.

Tu cours d'une humeur placide au moulin, et ne sais pas ce que moi, jeune sang, — ici je sens! T'arrive-t-il que la belle meunière te regarde parfois tendrement?

LE RUISSEAU.

Elle ouvre de bonne heure, au point du jour, sa porte, et vien pour baigner son frais visage ; — sa gorge est si pleine et si blanche — j'en deviens si chaud, que je fume.

LE JEUNE GARS.

Ah! si dans l'eau elle allume le feu d'amour, — comment trouver le repos quand on est de sang et de chair? — Quand on l'a vu une fois seulement, hélas! il faut toujours aller vers elle.

LE RUISSEAU.

Puis je me précipite sur les roues avec fureur, et les ailes virent à grand fracas. — Depuis que la jeune fille travaille, une force meilleure anime l'eau.

LE JEUNE GARS.

Ah! pauvret, tu ne sens pas la douleur comme les autres. Elle te sourit, et te dit en raillant : — Va, marche! Elle te retiendrait, toi aussi, n'est-ce pas, avec son seul doux regard d'amour?

LE RUISSEAU.

J'ai tant de peine, tant de peine à quitter ce lieu ; je ne serpente plus que doucement par les prés, et si ce n'était que de moi, j'aurais bientôt rebroussé chemin.

LE JEUNE GARS.

Compagnon de ma peine amoureuse, je pars. — Peut-être un jour auras-tu pour moi un murmure de joie. Va, dis-lui tout de suite, et dis-lui souvent, ce qu'en silence le garçon désire et espère.

Nous avons parlé tout à l'heure de ces petits chefs-d'œuvre dont la poésie allemande abonde au XVe siècle, et qui empruntent d'ordinaire leur principal motif aux tristesses de la séparation.

Dans cette région d'inspirations élégiaques, d'honnête et pure sentimentalité, je ne sais rien de plus naïf, de plus touchant, que le morceau qu'on va lire, et qui remonte à l'époque où les premiers lieds populaires commencent à poindre :

« A Coblentz, sur le pont, gisait une neige profonde; la neige est fondue, l'eau s'écoule en étang.

« Elle coule dans le jardin de ma bien-aimée. Là personne n'habite ; j'ai bien longtemps attendu ; deux petits arbres tremblent uls, ils élèvent leurs couronnes au-dessus du vert miroir des eaux. a bien-aimée habite là-dessous, je ne puis aller vers elle.

« Lorsque Dieu me sourira à travers l'azur de l'air et du vallon, le me sourira hors du fleuve, ma bien-aimée, elle aussi.

« Elle ne vient plus sur le pont ; là passent bien des belles femmes : les ont beau toutes me regarder, moi je n'en vois aucune. »

Souvent, en face de ces dispositions mélancoliques, un scepticisme frivole et goguenard vient se poser, croise les bras et s'en muse ; alors la corde qui pleure se tait devant l'éclat de rire, tout scrupule en amour est bafoué, toute constance, toute foi ns tache traitée d'illusion et de chimère. L'ironie va son train sans rien épargner ; comme on le pense, le gros sel abonde, et le persiflage de bon goût, la pointe acérée et vive, l'atticisme, ne sont point ce qu'il faut chercher dans ces plaisanteries, où se rencontrent des gentillesses de la façon de celle-ci, par exemple :

« Si tu vois ma maîtresse, donne-lui le bonjour ; et, si elle te demande comment je vais, réponds : Sur mes deux jambes. »

Cependant il arrive parfois à ces joyeuses boutades d'avoir en elles une certaine rondeur humoristique, une verve de bon loi qui vous les font aimer en dépit de ce qui peut s'y trouver de trivial et de grivois. Ainsi le fameux lied :

« La nuit, quand j'étais auprès d'elle, nous causions de chose et 'autre, »

tincelle de grâce et de caprice. Il faut louer aussi un petit oëme où Vénus est représentée tenant entre les mains des artes qu'elle mêle à plaisir, et qui renferme une comparaison génieuse de la bien-aimée avec la dame de cœur.

Il nous reste encore à constater deux variétés dans cette esèce de lieds d'amour, dans la sphère de cette passion qui se ropose pour but l'expression des ardeurs de la jeunesse et ce u'elles ont de tumultueux et de désordonné : l'une qui comrend les nocturnes, les sérénades, toutes les chansons à chaner au clair de lune, sous la croisée de sa maîtresse, et qui n'a uère pour se défrayer que le motif suivant, qu'elle répète ans tous les modes et sur tous les tons :

« O belle Phyllis, écoute notre musique, et laisse-nous, une nuit, aire une pause dans tes bras ; »

l'autre, qu'il serait peut-être aussi bien de passer sous silen[ce]
admet volontiers les gravelures et les obscénités qui s'y gliss[ent]
en cachette sous l'apparence d'un vers latin plus ou moi[ns]
adroitement entremêlé au rhythme. Cette forme bizarre v[ient]
sans doute de la liturgie, dont elle est un plagiat dérisoire,
rappelle, dans la poésie, l'idée que représentent dans l'archit[ec]
ture du moyen âge ces gros diables mitrés et ces moines vêt[us]
à tête d'animaux sculptés sur le portail des cathédrales.

> J'étais une fille divine,
> *Virgo dum florebam,*
> Chacun vantait ma jambe fine,
> *Omnibus placebam.*
>
> CHŒUR.
>
> *Hoy et Oe maledicantur tiliæ,*
> *Juxta viam positæ,* etc., etc.
>
> J'allais dans le petit bois sombre
> *Flores adunare,*
> Un méchant me voulut à l'ombre
> *Ibi deflorare,* etc.

Nous avons envisagé l'amour sous son double point de v[ue]
divin et humain, nous l'avons considéré d'abord comme rap[port]
de l'homme à Dieu, comme religion, puis comme rapport nat[u]
rel de l'homme à la femme, élément instinctif dont nous avo[ns]
vu jaillir le comique, l'éclat de rire, plus d'une pointe à doub[le]
entente et plus d'une allusion équivoque. — Cependant l'amo[ur]
des sexes trouve dans la communauté son action morale, sa[ine]
féconde et légitime. La communauté fait la famille, qui, el[le]
aussi, se dissout à son tour pour se répandre dans les différen[tes]
conditions sociales, dans les divers états. — Ici toute une p[é]
riode nouvelle s'ouvre pour le lyrisme, et nous aurons à l'ét[u]
dier sous plus d'un aspect, soit qu'il se rapporte aux dive[rs]
points de développement de la vie de famille, soit qu'il expri[me]
et caractérise la poésie des états où l'existence populaire, [la]
communauté, se dissémine.

La famille naît du mariage, port fortuné où viennent échou[er]
toutes les fluctuations orageuses de l'amour. Le mariage ten[d]
au calme, à l'assoupissement des passions, à la douce quiétu[de]
au sein du bien-être et du réalisme, d'où l'on peut conclu[re]
qu'il ne répond guère aux conditions de la poésie. Le mariag[e]
est anti-poétique de son essence (ceci soit reconnu sans méd[i]

la poésie ni du mariage). Malheur donc à l'union des deux
ux, lorsqu'une péripétie quelconque intervient, lorsque le
rain monotone de l'existence quotidienne se rehausse tout à
p en pittoresques accidents! Le lied des noces (*Hochzeit-
ed*), en installant les fiancés dans leur nouvelle condition,
me la série de tous les lieds charmants qu'on se chante de
t et d'autre au printemps de la vie et des amours. Ces lieds
noces ont d'ordinaire un caractère tout à fait particulier,
nnent au sol qui les a vus naître, et s'y transmettent de race
race par tradition, dans les campagnes du moins, où chaque
lecte revendique son produit ; car, pour les villes, il n'en est
de même. Ici la communauté se perd, le moindre bourgeois
ut avoir sa chanson qui lui soit propre, son lied expressément
mposé à l'occasion d'un acte personnel. Avec la vie civile com-
nce toute une série d'événements particuliers, de circonstances
vées, de hasards individuels qu'on ne saurait trouver aux
amps, où l'existence, plus calme, plus régulière, forme un
t harmonieux et pacifique dans lequel la physionomie du
veu se distingue à peine de celle de l'aïeul. Cependant, si
poux ne chante plus de lied à l'épouse, la vie conjugale n'est
s dépourvue pour cela de toute espèce d'élément poétique.
naissance de ces petits êtres que tant d'espérances environ-
t, amène un gracieux contraste à la monotonie du va-et-
nt de tous les jours. En même temps que la sollicitude du
re et de la mère se rassemble sur ces têtes blondes pour les
otéger et les guider, la musique s'introduit auprès du berceau.
endort le nourrisson en chantant, en chantant on dirige ses
miers pas sur l'herbe. L'enfant n'arrache pas une marguerite
jardin, ne poursuit pas un papillon dans le bois, que la
ésie et la musique ne se trouvent là pour consigner son acte.
l'élève, on le forme avec des sons : les oiseaux, les fleurs,
arbres, les caractères de l'alphabet, les vertus même et les
ces, toutes les choses de la nature et de la morale, ne se ré-
lent à lui que par des sons ou des mélodies. Un grand nom-
e de ces lieds, les plus charmants sans doute, remontent à
poque la plus reculée, et sont tellement répandus en Allema-
e, que vous les rencontrez partout dans le peuple, en dépit de
variété des dialectes. — Ainsi la venue au monde de l'être
nne lieu à toute une série de petits poëmes ; sa disparition
t moins féconde. Avec la mort, une période poétique entr

bien dans les familles; les plaintes, les regrets, ces appar[eils]
lugubres, ne sont pas, Dieu merci, de tous les jours; mais, d[e]
côté, la douleur sincère et profonde n'a que faire de s'analy[ser]
elle-même, et le ton des sanglots ne se note pas; de l'aut[re]
c'est la religion qui se charge de célébrer ces pompes, dont e[lle]
écarte la fantaisie populaire par la solennité de sa présence.
peut dire pourtant que le sens collectif qui a pris une si v[ive]
part aux fêtes du mariage ne se dément point complétement
cette occasion. Les sympathies qu'inspire le défunt, les con[so]
lations adressées à ceux qui lui survivent, servent de motifs à d[es]
chants propres à la circonstance; et le lied sépulcral qu'[on]
entonne à table en buvant à plein verre le vin mousseux des [fu]
nérailles, apparaît comme la dernière émanation de la vie [en]
famille parcourant le cercle naturel de son activité.

En dehors de cette sphère un peu bornée dont nous parlo[ns]
les familles ont leur développement le plus proche, et, qu'[on]
nous passe le mot, leur coloration individuelle dans un aut[re]
centre, les corporations des divers états. Ce n'est plus désorma[is]
l'universel et l'absolu en soi comme dans la religion, l'égoïs[me]
dans l'absolu comme dans l'amour, mais tout simplement l[e]
particulier dans le général qui forme le point de départ.

L'état qui vit en contact immédiat avec la nature doit néc[es]
sairement être le plus simple de tous et dépendre du cours d[es]
astres, des révolutions climatériques, des moindres influences c[a]
pables de modifier la température; les variations du jour et de l[a]
nuit à certaines époques de l'année, la propriété particulière d[es]
saisons, du printemps et de l'automne, de l'hiver et de l'été, vo[ilà]
le fonds sur lequel il spécule. On conçoit, dès lors, ce qui a[r]
rive. La nature communique au métier sa poésie, et quant à l[a]
partie pittoresque du lied, elle se détermine d'après la diffé[
rence de l'élément auquel on s'applique. Ainsi le lied du pê[
cheur puise dans l'eau son élément, sa poésie et sa musiqu[e]
où vous entendez comme les fluctuations et le roulis des vague[s]
tandis que le bois et la forêt donnent au lied de chasse son co[
loris, qu'il leur emprunte. — Sans cesse occupé à inventer d[es]
piéges et des ruses, à traquer la bête fauve à travers les taillis[
les précipices, le chasseur vit solitaire, dans une inquiétude sa[ns]
trêve ni répit, et le lied de chasse, rude et sauvage, mais d'un[e]
expression énergique et puissante, pleine de vaillance et d'a[u]
torité, est fait à l'image du type. Autre chose est l'existence d[

pâtre. Celui-là ne s'égare pas à plaisir sur la trace d'une proie vagabonde, celui-là ne connaît ni les angoisses de la lutte, ni les transports de la victoire. Il ne court pas les animaux, il les garde ; et son attitude paisible et normale réfléchit la sérénité de ses fonctions rustiques. De là ce caractère de quiétude et de placidité que ses chansons respirent. Il peut se livrer sans réserve au sentiment qui le possède, s'étendre en toute liberté, ce qui fait que le lied du pâtre est d'ordinaire harmonieux, suave, développé, et contraste singulièrement avec le lied du chasseur, si brusque dans sa concision.

> Là-haut sur la montagne
> Je me tiens bien souvent,
> Et j'abaisse, en rêvant,
> Mes yeux vers la campagne ;
> Mes brebis vont paissant,
> Mon chien les accompagne,
> Et me voilà rendu
> Au pied de la montagne,
> Sans m'en être aperçu.
>
> Là, mille fleurs dans l'herbe
> Viennent, — c'est un plaisir,
> Et quand j'ai fait ma gerbe,
> J'ignore à qui l'offrir.
>
> Sous un arbre j'essuie
> La tempête et la pluie,
> Et la porte, là-bas,
> Reste fermée ; hélas !
> Tout est songe en la vie !
>
> Je vois sur sa maison
> L'arc-en-ciel, comme une aile ;
> Mais elle est partie, elle,
> Elle a fui du vallon.
>
> Elle a traversé plaine,
> Et mer peut-être aussi.
> Passez, troupeaux ; ici
> Le pâtre a tant de peine !

L'existence de l'agriculteur, non moins rangée que celle du pâtre, a cependant plus de mouvement et de variété. L'agriculteur vit avec la plante qu'il cultive ; il la suit dans une alternative incessante de joie et de chagrin, d'espérance et de découragement, à travers toutes les périodes de sa transformation. Il voit tour à tour germer, fleurir, fructifier, et s'identifie en elle au point de sentir à l'avance les moindres caprices de l'atmosphère. Les révolutions de la nature, au printemps, au solstice d'été, à l'automne, amènent pour lui régulièrement des fêtes annuelles qu'il n'a garde de négliger, et dont plus d'une trouverait au besoin sa loi originelle dans les mystères du vieux panthéisme germanique, comme, par exemple, la célébration de ces feux de joie qu'on saute de si bon cœur à la Saint-Jean. Le symbolisme allemand, pour chômer les fêtes du printemps et du renouveau, a imaginé de représenter l'hiver sous la figure d'un homme de paille qu'on brûle, et que l'été chasse de la ville et du village. Dans le Palatinat, les enfants ameutés autour du brasier, comme, du reste, c'est encore la coutume chez nous, chantent à tue-tête en menant leur ronde :

« Ri, ra, ro, voici l'été qui vient ! Haro ! sur le vieillard ! haro ! »

L'hiver apparaît aussi quelquefois sous la figure de la Mort, image renouvelée du paganisme, et qu'on rencontre dans le lied suivant :

> La Mort partout balaie
> Les blés mûrs et l'ivraie,
> Et laboure les champs.
> L'Été, pendant ce temps,
> Dort au fond des retraites
> Et rêve de fleurettes,
> De mai, de violettes,
> Et d'amours au printemps.

La poésie accompagne tous les travaux en harmonie avec l'agriculture. Il y a des lieds pour les semailles, pour les préparations qu'on fait subir au lin, pour la quenouille et le rouet, pour les herbes qu'on fane ; il y en a surtout pour les moissons. Chaque genre de travail revendique sa poésie qui lui est propre, chaque anniversaire éveille une pensée nouvelle, un rhythme caractéristique, et l'idylle, sur son terrain au milieu de cette activité féconde, l'idylle épanouit ses mille fleurs naïves, que tous respirent en plein vent. Puis viennent les galas somptueux, le tir, les danses du dimanche sous le tilleul de la paroisse, toutes ces récréations heureuses qui sont, après les solennités d'un mariage ou d'un baptême, les plus vives réjouissances de ces honnêtes paysans de l'Allemagne. Cette inquiétude qui se porte au dehors chez le chasseur et le pêcheur, qui travaille même le pauvre pâtre au milieu de ses troupeaux, cette inquiétude n'existe pas chez l'agriculteur; elle a disparu dans le cercle incessamment varié d'une activité paisible, tellement qu'il peut à ses heures, et cela sans péril pour sa tranquillité, prendre, s'il lui plaît, sur son dos, les filets ou la carabine, et se faire un délassement de ce qui, pour les autres, est une fièvre sans répit. Comme le pâtre, il élève aussi les animaux, mais dans un but moins immédiat, presque religieux; non pour leur chair ou leur toison, mais pour leur travail, qu'il règle et qu'il utilise.

N'oublions pas le vigneron et son industrie, poétique entre toutes. Le vigneron n'a rien de la piété du laboureur, de ses mœurs graves et régulières. Son humeur vive et pétulante participe de la nature de la plante qu'il cultive. La grappe vermeille d'où jaillit l'écumante boisson qui nous procure l'ivresse, trouve en lui son digne personnage, tout comme l'épi doré où mûrit le froment a son représentant dans cet homme calme et robuste occupé à sa charrue. Le vigneron a du sang de faune et de satyre dans les veines. C'est qu'aussi jamais opulente récolte ne donna aux paysans du nord de l'Allemagne les émotions chaudes et palpitantes d'une belle vendange sur les bords du Rhin. Là des pampres touffus ombragent les collines, là des chœurs de jeunes gens et de sveltes jeunes filles courent par les sentiers, la coupe de Bacchus à la main, comme aux jours antiques. Tout n'est que bruit, rumeur, ivresse et confusion. Les hommes boivent, les filles vont et viennent, en attendant la nuit pour les feux d'artifice. Alors des bouquets de lumière s'épanouissent dans l'air et s'effeuillent sous la transparence des eaux, les guitares s'accordent, les poitrines débordent, les lèvres frémissent; il faut chanter. Disons en passant que la plupart de ces lieds, issus du sentiment des vendanges, rappellent cette préoccupation biblique dont nous avons déjà parlé souvent; il en est un peu du mysticisme au moyen âge comme de la vérité, vous le retrouvez jusque dans le vin :

Un jour, la vigne adorée
Descendit du coteau divin
Dans le sein
D'une vierge pure et sacrée,
Qui devant tous, sous le ciel,
Porta la graine féconde
Jusqu'au saint jour de Noël,
Où le vin fut mis au monde.
Notre maître universel,

Il y a bien encore l'artisan voué à la culture des arbres à fruit, le jardinier, dans lequel se révèle sous sa forme la plus complète la manipulation immédiate du monde végétal ; mais ici l'activité se perd en de si menus détails, tant de connaissances deviennent nécessaires, l'individu se passe si facilement de l'impulsion des masses, que le lied disparaît pour faire place à la réflexion.

Voici maintenant, pour clore la série, l'homme de la montagne, le mineur ; entre le vigneron et lui, cependant, nommons le charbonnier, nature âpre et démoniaque, marquée de la sombre empreinte du feu. Le mineur conserve en lui quelque chose de l'être mystérieux du chasseur. Les mêmes raisons qui font du laboureur un père de famille honnête, simple, religieux, du vigneron un satyre lascif, du jardinier liant ses fleurs sur le pied, balayant les chenilles, émondant les arbres à sa fantaisie, un artisan sobre et réfléchi, les mêmes raisons font de l'homme des mines un personnage tout mystique. Le personnage dont nous parlons vit d'indépendance, de conquêtes et de liberté. Là où la tâche si rude à laquelle il se livre est forcée, où l'exploitation des mines est une servitude, le mineur manque. Ni l'antiquité, ni l'Amérique espagnole, ne connaissent ce type singulier. Le mineur est une création du Nord, une création de la liberté, sans laquelle la nature ne saurait s'animer et vivre. La nature ne parle qu'à l'homme libre : lui seul comprend ses langues mystérieuses, lui seul saisit le sens divin sous l'enveloppe extérieure, et si des Esprits inconnus résident au sein des profondeurs souterraines, si l'or et les diamants ont leurs gnomes, ce n'est ni à l'esclave courbé sous le fouet du proconsul romain, ni au misérable Indien attaché là par la cupidité farouche d'un aventurier espagnol, que ces forces élémentaires se révèlent, mais à l'ouvrier robuste, au compagnon hardi qui, poussé par ses libres instincts, aborde les ténèbres de son propre gré, et poursuit, à travers les dangers et la misère, sa vie de labeurs et de sacrifices. Les lieds de mineurs, toute cette longue série de fables et de légendes qui se rattachent en Allemagne à chaque montagne, ne doivent qu'à cette liberté leur existence merveilleuse. La magie, ici, se mêle à la religion ; la contemplation de la nature, une fois lancée à travers ces mondes nocturnes du granit, ne s'arrête plus et va jusqu'aux enchantements, de telle façon qu'il en résulte le plus bizarre amalgame de christianisme et de sorcellerie, la plus amusante mythologie, composée, du reste, comme toutes les mythologies, d'éléments excentriques, hétérogènes, que l'imagination populaire assemble et groupe autour du foyer de la tradition. L'homme de la montagne accomplit une œuvre mystérieuse, et va, parcourant les profondeurs de la terre, à la recherche des pierres fines et des métaux; la Providence le guide, il l'invoque et croit en elle comme le laboureur, et, comme celui-ci, ne manque pas, dans ses chants, de faire de sa besogne le symbole de l'histoire universelle du cœur humain. L'âme pleine de confiance en Dieu, il abandonne la tiède surface de la terre, tourne le dos à la lumière du soleil, à la vie organique, et descend loin du sol que le jour éclaire, loin du théâtre social, se bâtir un monde à lui, un monde singulier, tout peuplé d'incantations et de prodiges. Là rôdent incessamment des chiens noirs monstrueux, gardiens de trésors enfouis; là des baguettes enchantées, roseaux merveilleux où se déroulent des couleuvres à l'œil de diamant, ondulent au vent des solitudes; là trônent les rois des métaux au milieu de nains difformes et de kobolds haineux et malfaisants : inventions fabuleuses où les dogmes de l'Église, ainsi que nous le remarquions plus haut, interviennent toujours de la plus étrange manière.

Le mineur est d'ordinaire un enfant de la Bohême qu'une irrésistible vocation entraîne vers les secrets de la nature; une curiosité sans bornes, la fièvre dévorante de connaître, le prend au sortir du berceau et ne lui laisse plus de trêve. Il veut savoir quelles richesses contiennent les montagnes de granit dans leurs entrailles, où filtrent les gouttes de cristal dont les sources vives s'alimentent, où dorment les masses d'or et d'argent, où flamboient les pierres précieuses dont le regard fascine les hommes. Le dimanche, après l'office, il s'attarde à plaisir devant l'autel et demande aux vases sacrés des nouvelles de leur origine. Souvent on lui a dit que ces trésors venaient de lointains climats, et toujours il s'étonne que nos contrées n'en produisent point de semblables. Les questions qu'il s'adresse lui-même là-dessus ne tarissent pas. Les montagnes seraient-elles donc si vastes et si profondes, la nature en eût-elle si puissamment défendu l'entrée au dehors, si des richesses innombrables ne s'amoncelaient au dedans? et lui-même, dans ses excursions solitaires à travers les rochers, n'a-t-il pas trouvé

4.

maintes fois des pierres transparentes et jaspées, échantillons vulgaires d'autres joyaux plus précieux? Les montagnes n'ont pas une fente qu'il ne visite; il grimpe dans les crevasses, pénètre dans les grottes, et ne se sent pas d'aise aussi souvent qu'il lui arrive de se trouver seul, égaré, perdu dans quelque immensité souterraine au milieu des cascades qui murmurent et des girandoles de stalactites. Un beau jour, cependant, il rencontre un étranger qui l'invite à prendre l'état de mineur, et lui donne par là le secret d'apaiser la curiosité qui le dévore. Les montagnes ne manquent pas en Bohême; il descend le cours du fleuve, et se trouve bientôt en présence d'une mine qu'on exploite, d'une de ces vastes fourmilières où des hommes armés de lampes sourdes pullulent comme des insectes lumineux. Le camarade annonce au maître mineur le projet qu'il a de s'enrôler dans la confrérie; on l'accueille avec joie, on l'équipe, et le voilà vêtu de la casaque grise, muni d'une lanterne, qui se laisse glisser dans le gouffre, non sans avoir d'avance prié Dieu de le préserver des assauts et des maléfices des Esprits souterrains. Il traverse des sentiers nombreux, d'inextricables labyrinthes, interrogeant toujours son guide, qui ne se lasse pas de répondre à ses questions. Plus il s'éloigne du sol des vivants, plus il s'avance dans la profondeur et les ténèbres, plus son contentement augmente; il entend sourdre l'eau, dont le murmure se mêle au bruit monotone et lointain de ses frères qui travaillent. Il touche au comble de ses vœux; satisfaction étrange d'un besoin instinctif, joie unique puisée en des éléments sympathiques à notre propre nature, en des travaux pour lesquels nous sommes nés, vers lesquels nous nous sentons portés d'enfance; volupté bizarre qu'on ne saurait expliquer ni décrire!

A force d'épreuves et de travaux, l'ouvrier mineur se distingue, et peu à peu gagne la bienveillance du maître, qui lui ouvre la porte de sa maison. Là respire une douce enfant de quinze ans, pleine de grâce et d'innocence, une de ces blondes filles d'Allemagne, au front pur, à l'œil bleu comme le ciel, au regard transparent. Les deux jeunes gens s'accoutument l'un à l'autre: on se voit tous les jours, on cause, on rit ensemble; enfin, un soir, au puits, leurs mains se rencontrent, et les paroles de tendresse coulent d'elles-mêmes; on convient alors de tout dire au vieillard, qui reçoit l'aveu d'un air de mansuétude, et promet d'unir sa fille à l'ouvrier mineur, dès que celui-ci aura conquis ses titres et ses grades dans la carrière. Le jour ne se fait pas attendre. Bientôt le jeune apprenti découvre une riche veine dans la mine, et reçoit du grand-duc de Bohême, en récompense, une chaîne d'or, accompagnée du diplôme qui lui assure la survivance du vieillard dans les fonctions de maître des mines de l'État. Le père, de son côté, tient sa parole; on célèbre la fête en plein air, et les bénédictions de toute la confrérie conduisent les deux époux jusqu'au seuil de la chambrette nuptiale.

Le constant voisinage du danger inspire au mineur comme au pilote le respect des choses saintes, le culte de la Providence. Rien n'élève le cœur humain comme l'abîme. Né pauvre, le mineur s'en retourne comme il est venu : il lui suffit de savoir où gisent les puissances métalliques, et d'aider à les extraire de leurs sombres cavernes. Insensible à l'éclat qui fascine le monde, il se réjouit plus de leurs formes bizarres, du merveilleux dont s'entoure leur origine, que de leur possession si convoitée. Une fois transformés par la flamme ou le marteau, l'or et l'argent cessent de l'attirer, et ces trésors, qu'il arrache aux entrailles de la terre au prix de sa sueur et de sa vie, ne sont plus à ses yeux que des marchandises dont il dédaigne de suivre le cours.

Ni les passions de la vie ni le tumulte du monde n'affectent son âme, que le désir de connaître occupe seul. Par moments, le souvenir de sa famille et de ses amis lui revient, comme pour lui rappeler son origine et que d'impérissables liens le rattachent à cette humanité qui s'agite au soleil ; là s'arrêtent ses distractions, car l'élan intérieur qui l'entraîne ne permet pas qu'il s'oublie en d'inutiles pensées. Il a affaire à une terrible puissance, à des forces âpres et mystérieuses, dont son travail incessant, une vigilance de toutes les heures, peuvent seuls venir à bout. Mais aussi quelle fleur précieuse s'épanouit pour lui au fond de ses thébaïdes souterraines ! l'amour religieux, l'amour divin, une foi sincère et cordiale en cette Providence dont la sollicitude s'étend sur ses jours, et qu'il adore dans ce crucifix de bois où ses yeux baignés de larmes se reposent si souvent aux lueurs de la lampe ! Et puis ne voit-il pas dans son art le symbole de l'existence ? Ici, la veine est ouverte et facile, mais pauvre ; plus loin, le roc la presse en quelque gorge étroite,

en quelque fente de chétive apparence, et là justement abondent
les trésors. Chemin faisant, elle rencontre d'autres veines moins
nobles, s'égare au milieu d'elles, et va s'appauvrissant jusqu'à
ce qu'un filon fraternel s'associe à son cours et rehausse à l'instant sa valeur. Souvent elle se brise en mille branches; mais
le mineur patient poursuit son but sans se laisser distraire, et
découvre, en récompense de son zèle, toute une étendue de bon
rapport. Une branche trompeuse le détourne-t-elle du vrai sentier, il reconnaît sa faute, et coupe hardiment en travers jusqu'à
ce qu'il retrouve la veine légitime et féconde. L'homme des mines
étudie ainsi la destinée, se familiarise avec tous ses caprices,
et demeure à la fois convaincu que le travail et la persévérance sont les seuls moyens infaillibles pour se la soumettre et
conquérir les trésors qu'elle défend avec obstination. Comme
on pense, les mineurs ne manquent pas de refrains joyeux, de
vives et charmantes poésies, de romans colorés et pittoresques.
Leur vocation elle-même les porte à chanter, et la musique est
la compagne bienvenue de leurs travaux. Tel lied qu'on entonne
gaiement vaut un coup de bon vin pour la joie et la santé qui
vous en reviennent au cœur. La musique est la prière des gens
qui travaillent au sein de l'abîme. Elle leur rappelle leurs souvenirs d'en haut, leurs espérances les plus douces, tout, jusqu'à
leurs amours, jusqu'à leurs illusions, car elle éclaire leur solitude souterraine avec le rayon le plus pur du soleil de la
patrie.

> Celui-là règne sur la terre,
> Qui mesure sa profondeur,
> Qui dans son gouffre solitaire
> Oublie amour, joie et douleur;
>
> Qui connaît l'âpre architecture
> De ses membres faits de granit,
> Qui, sans relâche, s'aventure
> Dans son atelier infini.
>
> Il lui consacre sa pensée,
> Il lui donne la foi du cœur;
> Comme au sein de sa fiancée,
> Il puise en elle son ardeur.
>
> D'une amour profonde et nouvelle
> Chaque matin il la poursuit,
> Ne s'épargne ni soin ni zèle,
> Et ne prend sommeil ni répit.

Elle est là, vivante et profonde,
Prête à lui révéler le sens
Des révolutions du monde
Et de ses mystères puissants.

Il baigne ses tempes sereines
Dans l'air du temps évanoui ;
Au sein des grottes souterraines
Une étoile brille pour lui.

L'eau fécondante et salutaire
Suit sa trace au plus haut des monts,
Et les châteaux forts de la terre
Lui livrent leurs trésors profonds.

Au palais de son roi, qui l'aime,
Il mène l'or comme un torrent ;
Il couronne le diadème
De l'étoile du diamant.

Et lorsqu'il tend sa main pesante
Des trésors de la vanité,
De peu de bien il se contente,
Car il chérit sa pauvreté.

Qu'on cherche l'or et qu'on le gagne
Au prix de cent crimes divers,
Il reste, lui, sur sa montagne,
Maître joyeux de l'univers.

Et pour ceux qui aiment l'allégorie, nous citerons encore cette pièce, de même origine que la précédente :

Je connais une citadelle ;
Un roi muet y tient sa cour
Dans une pompe solennelle
Et jamais ne monte à la tour.
Une garde invisible épie
Autour de ses riches salons,
Et la cascade tombe en pluie,
Du haut des étranges plafonds.

Ce qu'au sein de chaque planète
L'œil bleu de la cascade a vu,
Son murmure le lui répète
Sans être jamais suspendu.
Dans l'onde vive et salutaire
Il baigne ses membres sacrés,
Et dans le sang clair de sa mère
Ses rayons brillent épurés.

Jadis une vague marine
A déposé là ce castel ;

Il tient ferme sur sa racine,
Pour empêcher la fuite au ciel.
Dans la cité profonde et noire
Un pacte unit tous les sujets ;
Comme un étendard de victoire,
Le nuage flotte aux sommets.

Une immense foule se pousse
Vers le seuil du donjon fermé,
Chacun d'une voix tendre et douce
Appelle le roi bien-aimé.
Tous par lui se sentent revivre,
Il les captive et les confond,
Et, dans l'ardeur qui les enivre,
Ils ne savent plus ce qu'ils font.

Quelques-uns, pourtant, dans le nombre,
Craignent ses dons comme un fléau,
Et travaillent au sein de l'ombre
A miner l'antique château.
Le travail lève le mystère
Et rompt seul son banc redouté ;
La roche se creuse et s'éclaire
Du soleil de la liberté.

Il n'est abîme ni muraille
Que l'homme ne puisse forcer ;
Qui du bras et du cœur travaille
Poursuit le roi sans y penser ;
Il l'arrache enfin à son trône,
Il ameute Esprits contre Esprits,
Il apprend au flot qui bouillonne
A jaillir vers les cieux conquis.

Ces lieds sont de Novalis, et nous les citons de préférence, attendu qu'ils traduisent la pensée et le sentiment qui animent à ce sujet les xve et xvie siècles, et témoignent de ce penchant rétrospectif qui porte le lyrisme moderne, en Allemagne, à remonter les courants pour aller se retremper à la véritable source. Goethe donne ici l'impulsion, le mouvement, le rhythme, pareil au chef d'orchestre soulevant d'un signe de sa main toutes les masses instrumentales ; et les autres génies, moins doués sans doute, moins puissants, moins universels, mais plus spéciaux à coup sûr, plus sympathiques, se contentent de prendre un motif à leur choix, qu'ils s'en vont retourner au soleil. Nous verrons le fantastique Bürger et le bourgeois Wilhelm Müller s'adjuger la partie du cor de chasse dans la symphonie ; en attendant, voici Novalis qui s'empare de l'homme des mines, dont il arrange et compose le poëme, toujours à l'aide de la tradition, où chacun puise selon ses goûts et sa mesure. Le personnage du mineur, type austère, religieux, profond, convenait admirablement à Novalis. Cette âme généreuse où l'idée de Dieu fermente et bout, cette âme ivre de naturalisme, devait s'éprendre d'une prédilection singulière pour la poésie des mines. Comment ce monde merveilleux et bizarre, avec ses cavernes d'or et de pierreries, ses labyrinthes inexplorés, ses gaz mystérieux, ses stalactites et ses superstitions, n'aurait-il point tenté une imagination si passionnée de mysticisme, et qui se plaît incessamment à combiner ensemble la poésie et la philosophie de la nature? Du reste, tel est le mouvement unanime, spontané, dont nous parlons, que toutes les idées du XVIe siècle renaissent dans leur forme et comme d'elles-mêmes. On dirait une riche prairie qu'une mare (la mare du temps) a réduite deux siècles en jachère, et qui retrouve un beau matin, sous quelque vif rayon du soleil, toute sa splendide végétation. L'identité éclate à un tel point, qu'on ne saurait la révoquer en doute. Le procédé même que nous employons de mettre vis-à-vis l'une de l'autre l'idée en germe et l'idée complémentaire venue à deux siècles de distance, cette manière de poésie comparée, suffirait pour constater le fait impérieusement. Si le lecteur l'a remarqué, nous avons presque toujours cité le XVIe siècle par le XVIIIe. Il y a des âges qui sont pour d'autres âges écoulés ce que le miroir des lacs est pour le firmament : toutes les étoiles s'y reflètent, et notre dilettantisme sceptique s'en va contempler doucement et sans fatigue les gloires tumultueuses du passé dans les calmes transparences du présent.

VI.

Si, en général, la poésie allemande revendique comme un privilége national la liberté de la forme dans l'acception la plus vaste du mot, le lyrisme, poésie indépendante de sa nature, poésie de la douleur et de la joie, poésie du sentiment, qui se passe à merveille du monde extérieur, et trouve tous ses éléments dans la seule poitrine d'où il s'échappe, le lyrisme ne manquera pas d'user de ce privilége librement et sans restriction. Nulle poésie, plus que la poésie lyrique, ne répugne au despotisme de la forme, à ce moule arbitraire, ode ou sonnet, qu'un certain goût national lui impose sans trop savoir pourquoi. Le sentiment, une fois captif en de pareils liens, se tord en réflexions monotones, ou se gonfle tout à coup et s'enfle jusqu'à l'emphase déclamatoire. Peut-être le sonnet et la *canzone*, ces formes éternellement reproduites, ces moules glorieux, mais inhabiles à répondre à toutes les exigences de la poésie, ont-ils nui plus qu'on ne pense au lyrisme italien, en empêchant toute expérience nouvelle, tout développement ultérieur, et, s'il nous est permis de parler ainsi, les modulations qu'on était en droit d'attendre d'une langue essentiellement musicale. En ce sens, les grands réformateurs littéraires, Dante et Pétrarque, auraient eu sur la poésie lyrique de leur pays une influence dont on pourrait, ce nous semble, contester les bienfaits. Cette forme étroite et serrée qu'ils tournaient si admirablement, cette forme laborieuse, quoi qu'on dise, qui rappelle assez le contre-point dans la poésie, trop savante et trop ingénieuse peut-être pour les choses du sentiment, une fois consacrée par leur génie, est devenue le mode unique, invariable, éternel, un mode d'où l'Italie n'a jamais pu sortir. Lorsque Chiabrera tenta d'introduire l'ode et le lied sur la terre du sonnet et de la canzone, il était déjà trop tard : la langue avait pris son pli. Étudiez, au contraire, le lyrisme allemand chez un grand artiste, chez Goethe, par exemple, et vous serez frappé de voir l'unité subjective toucher, dans sa libre explosion, à toutes les formes, à tous les modes, à tous les rhythmes de la poésie. En Allemagne, ainsi que nous l'avons reconnu, la poésie lyrique atteint, dès sa première période, à son plus haut degré d'efflorescence. Principe élémentaire de toute poésie, le sentiment précède la description, la nouvelle, le drame; vous le retrouvez au fond des plus simples émanations mélodieuses, dont il est comme l'esprit vivifiant : caractère propre, du reste, à la poésie romantique, qui recherche par nature les mélanges et la fusion, tout au rebours de la poésie antique, fermement attachée au dogme des classifications, et, sur le chapitre des genres, inexorable. Comment nier l'intervention du lyrisme dans le théâtre de Calderon et de Shakspere? Que serait *le Songe d'une nuit d'été*, que serait *la Tempête*, sans cet arc-en-ciel merveilleux que la fantaisie la plus douce et la plus vaporeuse y déploie? Toute œuvre poétique moderne nferme en elle plus ou moins de lyrisme inhérent à sa substance, perdu dans le torrent, ou, pour mieux dire, dans l'harmonie e sa circulation. Le lyrisme représente assez en poésie ce qu'est musique la note mélodieuse, le motif : il en faut avoir un rain. Que de figures la comédie et le roman n'empruntent-ils as au lyrisme tous les jours ? Ariel dans *la Tempête*, Mercutio ans *Roméo et Juliette*, Mignon dans *Wilhelm Meister*, ne voilà il pas de ravissantes mélodies bien dignes d'un Mozart ou d'un eber ? La ballade, et la romance irlandaise, écossaise, alleande, telle que l'imagination des peuples du Nord l'a créée et que les poëtes nationaux l'ont écrite, est *Lied*, non-seulement en ertu de sa forme lyrique, mais à cause du sentiment qui, par une force de sympathie émouvante et profonde, attire l'épopée, du sein des siècles révolus, dans le centre même, dans la sphère immédiate de notre activité. Jean-Paul a bien raison lorsqu'il it que « l'épopée représente l'événement se dégageant du passé ; e drame, l'action s'épanouissant pour et vers l'avenir ; la lyre, e sentiment enfermé dans le présent. » De la sorte, le lied transforme par le sentiment tout sujet qu'il embrasse ; peu importe ue ce sujet soit épique ou dramatique, qu'il appartienne au assé ou à l'avenir : car, si le lied peut enfermer le passé dans le présent, par l'effet d'une sympathie ultérieure que j'appellerais volontiers *ressentiment*, il peut tout aussi bien y faire enrer l'avenir par le *pressentiment*, l'attente. Puisque nous avons arlé de ballades et de romances, il convient que nous citions ci quelques pièces où le lyrisme se marie à la narration, et qu'il ut ranger dans un ordre à part, dans la catégorie des lieds ramatiques, des lieds épiques : le *Lied du Comte captif* et le *oi des Aulnes*, de Goethe, par exemple, et dans Uhland, *la ille de l'orfévre*, *le Jeune roi et la bergère*, *les Trois jeunes filles*, t surtout les deux pièces que nous allons essayer de traduire.

« Il me faut aller au combat, ma fille, et je pressens une étoile neste ; ainsi fabrique-moi, ô vierge ! de ta blanche main, quelque étement qui me préserve.

« — Eh quoi, mon père ! une armure de bataille de la faible main 'une jeune fille ? Je n'ai jamais battu le rude acier, je rêve et file ans l'atelier des femmes.

« — Oui, file, mon enfant, durant la nuit sacrée, voue ton lin aux uissances de l'enfer, et tisse-m'en une tunique longue et flottante i me préserve dans la sanglante mêlée.

« Durant la nuit sacrée, au clair de la pleine lune, file la jeune fille dans la salle, toute seule. — Au nom de l'enfer! — dit-elle tout bas. Le fuseau tourne en flamboyant.

« Ensuite elle va s'asseoir au métier et lance la navette d'une main tremblante. Le métier gronde et siffle, et va par bonds fougueux comme si des Esprits poussaient à l'œuvre. —

« Cependant l'armée chevauche à la bataille; ce jour-là, monseigneur porte un costume étrange, sillonné de signes et d'hiéroglyphes effrayants, une ample et flottante robe blanche.

« L'ennemi l'évite comme un spectre; quel homme l'oserait braver, l'oserait attaquer de front, lui sur qui le plus rude glaive se brise, sur qui les traits glissent émoussés?

« Un jeune homme pourtant l'aborde hardiment : — Arrête, meurtrier, arrête! tu ne m'épouvantes point. Ne compte plus pour te sauver sur ton art infernal; ton œuvre est morte, et ton enchantement, fumée!

« Ils fondent l'un sur l'autre et vaillamment; la tunique du prince dégoutte de sang. Ils se pourfendent à l'envi dans la poussière, et chacun maudit la main de l'autre.

« La fille descend dans la campagne : — Où donc gît le héros ducal? Elle les trouve blessés à mort tous deux, et pousse un cri de désespoir.

« — Es-tu bien mon enfant, indigne jeune fille? Comment as-tu filé ce faux vêtement? n'as-tu point invoqué l'enfer? ta main n'était-elle pas virginale?

« — J'ai bien invoqué l'enfer, mais ma main n'était pas virginale; celui qui t'a frappé ne m'est pas étranger, et j'ai filé ainsi, malheureuse, ton linceul. »

La pièce qui suit, sans sortir de cette catégorie dont nous parlons, rappelle plus particulièrement la veine lyrique d'Uhland.

« Un chevalier, par la plaine, allait un beau matin; il pensait, en son inquiétude, à la plus belle des femmes.

« Mon cher petit anneau d'or, dis-moi franchement, ô gage de ma bien-aimée, ce qu'il en est de sa foi.

« Et, comme il va pour le consulter, l'anneau lui échappe du doigt; il saute, le petit anneau, et roule parmi l'herbe de la prairie.

« Lui veut d'une main rapide le saisir dans le champ; mais les fleurs d'or l'éblouissent, les fleurs et les gazons humides de rosée.

« Un faucon avise en ce moment la bague, du haut d'un tilleul où il perche; il plonge avec grand bruit du sommet de l'arbre et la saisit dans l'herbe.

« Puis, d'une aile puissante, il s'élève dans l'air; là ses frères veulent lui ravir son butin d'or.

« Mais nul d'entre eux ne réussit à le garder ; le petit anneau d'or
[to]mbe des hauteurs de l'air ; le chevalier le voit tomber dans un lac
[p]rofond.

« Les poissons montent lentement pour happer le petit bijou ;
[m]ais le petit anneau tombe au fond, jusqu'à ce qu'il disparaisse aux
[re]gards.

« O petit anneau ! dans la prairie te saisissent le gazon et les fleurs ;
petit anneau ! dans les airs te promènent les oiseaux.

« O petit anneau ! dans l'abîme des ondes les poissons te hap-
[p]ent librement ; mon petit anneau, c'est bon signe, signe de la foi
[d]e ma maîtresse. »

Les morceaux de choix abondent en ce genre, et nous pour[r]-
ions puiser à l'infini, dans Justin Kerner surtout, le chef, avec
[U]hland, de l'école souabe moderne, et dont le nom et les œuvres
[o]ccuperaient sans doute une place importante dans ce travail,
[s]i nous ne nous réservions de l'étudier à part, ainsi que d'autres
[f]igures pleines de grâce et d'intérêt de l'Allemagne contempo-
[r]aine.

On trouve, en outre, des ballades et des lieds où les rhythmes
les plus divers se rencontrent, et qui forment une sorte de ro-
[m]ans lyriques, ou, si l'on aime mieux, de petits drames du genre
[d]e la *Belle Meunière*, de Wilhelm Müller, dont nous avons produit plus haut certains fragments. Ces œuvres, mosaïques de
[p]récieuses et de savantes incrustations, se brisent d'ordinaire en
[c]ompartiments variés. Chaque strophe est un lied qui, tout en se
[m]êlant à l'ensemble, garde sa vie individuelle, sa physionomie
[o]riginale, et peut à merveille se détacher du reste et se chanter
[à] part. Avec *la Belle Meunière*, je citerai encore, parmi les plus
aimables de ces compositions qui se fractionnent à volonté, où
[l]e détail même a son ensemble et peut s'extraire, le gracieux
[p]oëme d'*Esther et Johann* du même auteur. Les amours du
[p]oëte avec une juive font le sujet de cette mélodieuse inspira-
[t]ion, de ces vers *à lire au printemps*, s'il faut en croire Wilhelm
[M]üller [1], et qui commencent par célébrer les joies de Noël.

---

[1] Wilhelm Müller assigne à la lecture de ses poëmes certaines époques de
[l]'année que lui dicte le sentiment dans lequel ils ont été conçus, et qu'il prend
[à] peine d'indiquer lui-même sur le titre en manière d'épigraphe. Ainsi *la Belle
[M]eunière* serait pour être lue en hiver (*Im Winter zu lesen*), *Esther*, au con-
[t]raire, pour être lue au printemps (*Im Frühling zu lesen*).

LA VEILLÉE DE NOEL.

« Je vois briller à travers les fenêtres la verdure et l'or et la lueur des cierges; j'entends à travers les volets retentir en cris de fête les voix limpides des enfants.

« Les trompettes éclatantes entonnent, du haut des tours du sanctuaire, un hosannah pour celui qui donna au monde son jeune enfant!

« Mon cœur, mon cœur, d'où te vient cette joie? Mon cœur, mon cœur, n'es-tu pas seul? Notre encens et nos vœux, à qui les offrir?

« J'en sais une à qui je veux du bien; sa porte reste ouverte pour moi, et sa chambrette me connaît.

« Mais, dans sa maison silencieuse, nul clair flambeau de réjouissance ne brûle; et, vêtue de sa robe noire de tous les jours, elle est assise là, sans prendre part à la fête.

« Hélas! pour elle il n'est pas né celui qui, dans cette nuit bienheureuse, vint nous apporter, à nous, la joie et la paix et le contentement.

« Son amour, ses douleurs, ne pénètrent point en elle, et sur son âme tendre pèse une loi de granit.

PRIÈRE PENDANT LA VEILLÉE DE NOEL.

« Amour qui souffris sur la croix, amour qui domptas la mort par pitié pour les enfants des hommes, compte, dans cette nuit bienheureuse qui t'apporta jadis à nous, compte les âmes qui te manquent.

« Amour qui envoyas l'étoile au pays lointain d'Orient pour inviter les rois; qui, par la voix du précurseur, fus annoncé aux pauvres bergers, es-tu donc devenu muet?

« Une douce bergère repose encore en un sommeil aveugle, et rêve d'arbres verts. Un ange ne chantera-t-il pas à sa fenêtre : — Esther, ouvre-moi, le Sauveur est né? »

Et si la jeune fille tarde à se convertir, c'est encore d'une fleur (la passiflore, où la légende a vu se perpétuer les instruments du Golgotha) que le poëte invoque l'intercession. Toutes les fleurs ont un sens au jardin d'Allemagne. Il y en a pour les espérances, les souvenirs et les regrets; l'une dit Aimez-moi; l'autre, Ne m'oubliez pas; vous en trouvez même de mystiques.

> Plante bénie et trois fois sainte,
> Rose mystique, étoile en fleur,
> Qui portes la divine empreinte
> Du martyre du Rédempteur;
> Je te vois fraîche, épanouie,
> A sa croisée, à tout moment.

classique par excellence, l'homme de *la Renaissance littéraire*, s'efforçant d'appliquer à la poésie du romantisme les catégories d'Aristote, et réduisant le lyrisme moderne aux trois uniques formes que l'antiquité consacre : l'ode, l'hymne, le dithyrambe. La réaction systématique de l'auteur de *la Messiade*, bien que parfaitement contraire à toutes les idées, à toutes les sympathies de l'Allemagne en fait de poésie lyrique, pouvait néanmoins offrir son utilité, en tant que rappelant à une certaine concentration la forme du Nord, toujours prête à s'évaporer; mais il fallait ne point s'en tenir là, et surtout se bien garder de prétendre ériger en réforme une simple question de maîtrise. — Klopstock eut donc son école et ses imitateurs ardents, le lied se fit classique. De cette époque date en Allemagne le règne d'Anacréon. Le lyrisme déserte les sources nationales dont nous avons parlé, ces larges sources vives où la poésie nouvelle devait puiser à pleine coupe, et se perd en toute sorte de platitudes mesquines dignes de nos petits poëtes de la Régence. Que sont, en effet, ces élucubrations anacréontiques, si vous les comparez au moindre lied de Hagedorn ou de Günther?... Klopstock lui-même ne comprend rien aux conditions du lyrisme allemand. Il lui manque l'oreille, il lui manque le sens de la mélodie, et je n'en veux pour preuve que l'antipathie insurmontable qu'il nourrissait d'enfance contre la rime; disons en passant que la rime eut son tour, et se vengea de lui furieusement lorsqu'il voulut, plus tard, écrire ses chants sacrés.

Mais patience. Le vrai lied allemand ne tarda pas à sonner sa fanfare de résurrection, splendide fanfare dont la note éclatante et légitime eut bientôt étouffé le rhythme languissant et les tristes mélopées des *bardes* et des *anacréontiques*. Nous voulons parler de la pléiade de Göttingue, et surtout de Bürger, qui s'en fit l'étoile principale. Bürger rend au lied abattu dans la fange et rampant terre à terre, ses deux ailes de papillon, ses ailes d'Elfe, qui le portaient autrefois vers le soleil : la rime et la musique. Bürger donne l'élan au retour de l'Allemagne vers les rives de la poésie nationale. Il prêche d'exemple cette croisade magnifique dont un autre que lui sera le héros. Le poëte inspiré de *Lénore* joue le rôle de précurseur dans ce grand mouvement littéraire que le chantre heureux de Faust et de Marguerite viendra consommer. Göttingue prépare Weimar.

Tandis que Bürger éveille dans sa poitrine l'écho profond,

sympathique, puissant, des anciens lieds populaires, et se place comme un centre de resonnance au milieu des traditions de tous les pays du nord, survient Schiller avec son dithyrambe fastueux, ses sentiments bourgeois entonnés sur le mode pindarique, sa prosodie opulente et déclamatoire, et la tentative des poëtes de Göttingue en reste là pour le moment. Schiller n'est point un lyrique dans la pure acception du mot. Nous avons dit nos raisons à ce sujet, et nous les maintenons. A défaut de ses lieds, qui sont des odes, de ses odes, qui sont des dithyrambes, de ses dithyrambes, qui sont des épopées ou des symphonies avec chœurs, la critique qu'il a publiée des poésies de Bürger démontrerait clairement que l'auteur de *Wallenstein* et de *Guillaume Tell* ne se fait pas une idée du genre. Schiller déclame toujours avec pompe, avec splendeur et majesté, nous l'avouons; mais cela suffit-il? Et le poëte qui déclame peut-il s'excuser à meilleur droit que l'orateur qui chante? Ce que la muse moderne a de pathos et d'emphase, c'est sans contredit de Schiller qu'elle le tient. Insensible au lied populaire dont Bürger se faisait l'écho, il méconnut aussi le *Minnelied*, le tendre et mélodieux *Minnelied*. Ainsi, déshérité par sa faute du double élément de toute poésie lyrique en Allemagne, Schiller dut naviguer au hasard sur l'océan fougueux de sa propre imagination, et se sentir incessamment ballotté entre l'antique et nous, qui, en fait de lyrisme à proposer à l'imitation étrangère, n'avions guère à cette époque que les odes et les cantates de Jean-Baptiste Rousseau. N'importe; les poésies de Schiller eurent leur temps, on se laissa prendre à ce pathos magnifique, à cette inspiration luxuriante, à cette loyauté chevaleresque; le fond, un peu contre l'habitude, emporta la forme cette fois. Personne n'imagina que l'auteur de *la Cloche* et de *Fridolin*, en dépit de ses allusions à la France, de ses velléités politiques et de son germanisme effervescent, fût un lyrique moins national que Bürger, Hagedorn, Günther, et tous ceux qui se rattachaient par Luther à la vieille Allemagne. Il y eut aussi dans cette adoption générale plus d'une circonstance particulière. L'intérêt qui devait entourer un grand poëte tel que Schiller, son air mélancolique et souffrant, son enthousiasme si honnête, si généreux, si vrai, en un mot l'appareil extérieur ne manqua point de jouer son rôle en cette occasion. La main qui faisait vibrer les cordes de la lyre portait au doigt de si riches diamants que l'attention en fut éblouie, et,

Veux-tu donc consumer ta vie
En éclat frivole et changeant?

Ne sens-tu pas, lys adorable,
Le germe profond et divin
D'une nature impérissable
Que le Sauveur mit dans ton sein,
Lorsqu'au frais jardin de la terre
Il te laissa parmi nos fleurs,
Sainte image de ses douleurs,
Symbole de sa mort amère,
Où se puissent tourner nos cœurs
Dans la joie et dans la misère!

Chaste lys d'amour et de foi,
Quand elle rêve à sa fenêtre,
Ne lui souffles-tu rien, dis-moi,
Des douleurs de ton divin maître,
De l'éponge, des clous sanglants,
De cette couronne fatale? —
Esther dort, et par intervalle
Des rêves heureux, innocents,
Lèvent la pierre de son âme.
Guette bien cette occasion
Pour lancer, étoile de flamme,
En elle ton plus pur rayon.

Et ainsi de chanson en chanson, de lied en lied, on arrive jusqu'au dénoûment de cette fraîche et sentimentale poésie, au baptême, qui se laisse pressentir dans une pièce pleine de grâce intitulée *Marie*.

« Je voudrais te saluer du nom de Marie ; mon cœur ne t'a jamais appelée autrement. — Je vois un clair petit ruisseau couler, je vais m'asseoir au bord; Marie, murmurent ses flots, Marie sera ton nom. Une blanche colombe vient vers nous à tire d'aile et plane au-dessus de moi dans un rayon de soleil.

« Chère bien-aimée, on ne t'a jamais rien dit des orgues et de la cascade? Le Jourdain sacré vient en bouillonnant à travers les montagnes et les mers ; entends sa joyeuse fanfare. L'esprit de Dieu déploie ses ailes et s'écrie : « Où donc est ma fille? Plonge dans ces flots qui t'aiment, et que Marie soit ton nom. »

La poésie didactique et descriptive, qui ne sait trop de son propre fonds à laquelle des deux formes simples se rattacher, s'inspire par moments, elle aussi, du lyrisme, et réchauffe à ce foyer sa nature froide et languissante. L'élément lyrique anime la poésie pittoresque, donne la vie à l'allégorie, au symbole.

Voyez les *Paramythies* et les *Paraboles* de Herder ; il n'y a pas jusqu'à l'épigramme, cette vipère de la poésie, qui ne soit capable, ainsi que Logau l'a démontré, de s'attendrir, même à l'instant qu'elle pique.

Cependant, si nous avons étendu le royaume du lied, l'empire de la poésie lyrique, au delà des bornes que les systèmes ordinaires lui prescrivent, il importe que nous observions qu'elle aussi, dans son indépendance presque illimitée, a sa forme qui lui est propre, sa forme une et identique en ses variétés sans nombre. Lorsque Schiller, dans son lied intitulé *le Gant* (*der Handschuh*), donne à une nouvelle la forme lyrique de l'ode; lorsqu'en d'autres ballades il amalgame l'élément épique et le style déclamatoire de telle sorte, que trois genres de poésie ont l'air d'en venir aux mains et de se disputer le même poëme, un semblable lyrisme porte en lui quelque chose d'incohérent et de bâtard qui le condamne d'avance et le fait échouer en dépit du poétique appareil qu'il évoque. Schiller obéit à je ne sais quelle effervescence instinctive qui ne manque pas de l'entraîner souvent jusqu'aux régions de l'emphase. Dans le délire du moment, toute objectivité disparaît à ses yeux : de là un dithyrambe continuel, une déclamation chaleureuse, éblouissante, mais vide et monotone, substituée à la forme, à l'art ; de là des apparitions flottantes, des âmes et des sentiments au lieu de personnages et d'action, âmes qui souvent n'en sont qu'une, et vous savez laquelle, variant ses habits et son air. Les bornes du lyrisme, si loin qu'on puisse les étendre, ne lui suffisent pas, il les dépasse, introduit dans son œuvre l'épopée, l'ode, le drame, le dithyrambe, les éléments les plus divers, non à doses égales pour qu'ils se tempèrent l'un par l'autre, mais entiers pour qu'ils se combattent, non comme des contraires qu'une chimie ingénieuse associe avec art, mais comme autant de forces actives qui s'agitent pêle-mêle et poursuivent leur développement intégral. Le luxe même de ses facultés lyriques s'oppose en Schiller à leur juste emploi ; il manque sa vocation par trop de vocation, par incontinence de lyrisme.

Nous professons un respect inaltérable pour la majesté tout antique, tout ionienne, dont Klopstock revêt son inspiration échevelée ; mais qu'il nous soit permis, en saluant le maître, de passer l'école sous silence. L'école de Klopstock ! Dieu sait quels bardes sublimes elle a produits ! Klopstock est en Allemagne le comme une alouette au miroir, vint donner d'elle-même dans le piége. Pour dissiper le charme, il fallut que l'imitation s'en mêlât. Les imitateurs ont cela de bon, qu'avec eux on n'a point à craindre les prestiges : dès qu'une forme défectueuse leur échoit, ils ont bientôt fait de vous en montrer tous les vices ; ce que le génie maintenait à force d'art et d'exécution, tombe alors de soi-même et disparaît. C'est justement ce qu'il advint de la forme lyrique de Schiller.

Nous ne prétendons pas dire ici que les défauts dont nous parlons entachent toutes les poésies lyriques de Schiller, et qu'il ne se trouve çà et là dans le nombre plus d'une pièce dégagée de ce ton emphatique et déclamatoire. Quel poëte, même en ses égarements, même en ses plus vaines théories, n'a point fait de pareilles rencontres ? Quel poëte n'a eu de ces inspirations où sa nature se révèle ? Il ne s'agit plus alors de théorie et de manière ; l'idée entraîne avec elle la forme, et l'épanouissement s'accomplit selon les lois les plus simples. Il s'en faut de beaucoup que l'œuvre lyrique de Schiller soit dépourvue de mouvements de ce genre, de motifs aimables et de bon aloi. Il y a des perles de la meilleure eau dans cet océan tumultueux et qui toujours déborde. On citerait au besoin des ballades et des lieds qui, pour le sentiment et la grâce, donneraient un démenti complet à tout ce que nous venons d'avancer, si toutefois ces ballades et ces lieds ne constituaient autant d'exceptions dans la manière de l'auteur.

Quand on étudie l'histoire du développement intellectuel en Allemagne depuis le commencement de la réformation jusqu'à la renaissance des lettres, vers le milieu du XVIIIe siècle, on ne peut s'empêcher d'être frappé de l'instinct réactionnaire qui fermente au cœur de cette dernière période, et l'entraîne, par-dessus deux siècles d'avortements qu'elle saute à pieds joints, vers un passé organique et fécond dont elle entreprend comme la reproduction immédiate. Les principes proclamés à cette époque au nom de la littérature nationale touchent de plus près au XVIe qu'au XVIIe siècle, et, dédaignant toute espèce de filiation avec les doctrines ayant cours naguère, se rattachent d'un commun élan aux écoles de Nuremberg et de Wittemberg [1].

---

[1] Voir, dans notre traduction des poésies de Goethe, la pièce intitulée *Explication d'une vieille gravure sur bois représentant la mission poétique de Hans Sachs.*

Loin de continuer Opitz ou Lauernstein, Goethe renoue à Luther
sa filiation intellectuelle et va perpétuant le passé, qu'il adopte
selon ce que lui dictent ses vues profondes sur le présent, ce
que lui dicte sa propre imagination fécondée aux sources étrangères. Aujourd'hui la question paraît toute simple. Il s'agissait,
non de restaurer le XVIe siècle en son ensemble, mais de retremper dans son esprit la forme qu'on avait sous la main.
C'est un des plus beaux titres de Goethe d'avoir senti le premier de tous la parenté qui existait entre ces deux périodes si
sympathiques l'une à l'autre, et d'avoir poussé de toutes ses
forces à leur reproduction. Le lied populaire allemand devait
trouver en Goethe sa plus aimable, sa plus haute, sa plus complète expression. Le grand poëte, dont l'intelligence rayonne
sur tous les points sonores et lumineux de l'art, ne pouvait négliger celui-là. Goethe ne se borne point à s'inspirer du modèle;
il le reproduit, il le façonne; la plupart de ses chefs-d'œuvre en
ce genre, ses lieds en manière de romance par exemple, sont
comme autant d'échos perdus, de mélodieuses réminiscences
des poésies populaires. Il va même plus loin ; il ne se fait pas
faute, chaque fois que l'occasion s'en présente, d'emprunter à
l'original ici un vers, là une strophe. On dirait de capricieuses
variations où le maître ne se lasse pas de ramener le thème par
les plus charmantes fantaisies, les plus ingénieux faux-fuyants.
Ainsi, grâce à lui, grâce au chantre naturel et divin, au lyrique
allemand par excellence, le vieux lied se renouvelle, et, transformé au moyen de l'art, régénéré, illustré (c'est le mot), trouve
des ressources originales, inconnues, dans une exécution prestigieuse. L'idée populaire, le diamant brut, rencontre en Goethe
son grand artiste, son lapidaire florentin, son Benvenuto, qui le
polit, l'enchâsse et le fait miroiter au soleil. Hoffmann et Novalis ont dit vrai : la poésie est une couleuvre merveilleuse, une
belle dame serpentine, pleine de caprices imprévus et d'inexplicables fantaisies. Aujourd'hui vous l'entendez secouer ses
clochettes d'argent et carillonner dans l'herbe les plus jolis airs,
et demain elle va se taire et s'endormir d'un sommeil léthargique, jusqu'à ce que le magicien la réveille. Cette fois encore,
Goethe fut le magicien.

De tous côtés les tentatives se multiplièrent; les assistances
venaient s'offrir d'elles-mêmes: les chants populaires de Herder,
le *Knabe-Wunderhorn,* aidèrent puissamment à cette renais-

sance du lyrisme, à laquelle contribua aussi pour sa part le compositeur de Goethe, Reichart, qui, animé du même zèle, portait vers les traditions musicales ces investigations profondes que les autres dirigeaient vers les idées, et, comme un mineur qui chercherait les eaux vives et les cascades sonores dans la grotte où ses frères travaillent à dépister l'or et les pierres précieuses, s'en allait, creusant les sources nationales, à la poursuite des accords et des mélodies.

Les mouvements littéraires se ressemblent tous, quant aux manœuvres qu'on met en jeu pour assurer leur action immédiate. Ce qui s'est passé en France vers les dernières années de la restauration arriva alors en Allemagne. L'importation étrangère eut son temps ; les esprits directeurs, sur qui pesait la responsabilité de l'entreprise, s'aidèrent autant qu'il fut en eux de tout ce que le génie exotique pouvait leur fournir de propre à la circonstance. On fouilla le vieux Nord, on demanda au jeune Orient ses merveilles, et l'ardeur des néophytes forçant l'autorité des maîtres, l'imitation renchérissant de beaucoup sur l'exemple, il en résulta, comme chez nous, de monstrueux essais qui durent aussitôt disparaître. Cependant on peut dire que la forme allemande n'abdiqua point un seul instant sa souveraineté, et que, de tant d'éléments divers évoqués pendant la crise, il ne resta que peu de chose sur le sol national. Le sonnet lui-même, le mode le plus usité des partisans de l'infusion étrangère, ne put s'établir qu'à grand' peine, et le succès dont il jouit à cette occasion ne saurait se comparer à l'espèce de popularité où Flemming et Gryphius l'avaient mis au xviie siècle. Les événements qui agitaient l'Europe, plus encore peut-être que l'impulsion naturelle, entraînèrent Goethe vers l'Orient. Le vieillard, dont une fièvre incessante, une fièvre de jeunesse, tenait l'esprit en ébullition, le vieillard altéré de lyrisme se réfugia par la pensée aux sources fraîches des kalifes, aux jardins enchantés du soleil, et les lieds du *Divan* s'écoulèrent de ses lèvres tout imprégnés du fatalisme de Mahomet, roses de Bagdad effeuillées, essences énervantes du harem distillées pour la première fois à l'alambic du génie!

Le malheur fut que Goethe ne voyagea pas seul ; bien d'autres, sans vocation, suivirent le grand poëte en son pèlerinage au pays du Koran, horde parasite qui n'en voulait qu'à la couleur, à ce qu'on a depuis appelé chez nous le *caractère*. Ces gens à la suite ne perdirent pas leur temps ; chacun sut tirer profit de son expédition : de toutes parts on fit ample récolte de sabres damasquinés et de yatagans splendides, de caftans verts et de turbans. La mascarade, comme ici, fut complète. On possédait un vestiaire nombreux, le plus riche vestiaire qui se puisse imaginer ; il ne manquait plus que l'homme pour donner la vie à tous ces oripeaux. En attendant, on invoquait Hafis à qui mieux mieux ; Hafis n'avait garde de répondre ; n'importe, on n'en continuait pas moins de jouer avec la relique de sa pantoufle. Hâtons-nous cependant d'excepter de cette multitude plagiaire le poëte à part dont l'imagination a su réfléchir en ses mythes transparents tous ces caprices, tous ces rêves, tout ce fantastique lumineux des bords du Gange, le vrai poëte sanskrit Rückert, sur lequel nous aurons à revenir bientôt.

Nous avons touché les deux points principaux du lyrisme germanique, l'épanouissement unanime du xvie siècle et la crise littéraire du xviiie. Il nous reste maintenant à détacher du groupe certaines individualités, à voir dans quelle mesure les talents nouveaux se sont approprié la tradition remise en lumière par les mouvements de Göttingue et de Weimar. Si la faculté lyrique est ce qu'il y a au monde de plus individuel, de plus *subjectif,* les différentes physionomies ne sauraient se ressembler, et nous essaierons d'indiquer en chacun la manière propre, le mode, la tendance originale. Sans contredit, la croisade poétique était devenue indispensable, nous en avons reconnu les bienfaits. Le torrent débordé de la poésie populaire féconda le sol de la réflexion, et balaya une fois pour toutes la phraséologie déclamatoire. Mais aujourd'hui des temps nouveaux doivent s'ouvrir. Quant à galvaniser l'ancienne larve, il n'y faut plus penser. La poésie lyrique, poésie de sentiment et non d'étude, veut être de son temps. N'oublions pas que la grande force du lied populaire fut son action immédiate sur la vie, et pour exprimer la vie, la première condition, c'est de vivre.

GOETHE.

Les Poésies. — Goethe et Schiller. — Efforts communs.

VII.

Plusieurs passages des *Mémoires* ont trait aux poésies, dont ils expliquent, pour ainsi dire, les origines et les corrélations : « La vie bornée [1] que je menais à cette époque (il étudiait à Leipzig) me conduisit naturellement à ne rien demander qu'à moi-même. Sentiments ou réflexions, force m'était de chercher en mon propre sein toute base à donner à mes poésies ; et quant à la représentation poétique, une contemplation immédiate de l'objet, de l'événement, me la fournissait sans que je sortisse jamais du cercle de mes sympathies. Je commençai par écrire dans ce sentiment certaines petites poésies en forme de lieds, ou d'un rhythme moins sévère, issues pour la plupart de la réflexion, et qui traitent du passé et affectent une tournure épigrammatique. Tels furent les premiers essais, chez moi, d'une tendance qui depuis ne m'a jamais abandonné, et qui consiste à transformer à l'instant en poëme, en image, toute chose qui me réjouit, m'afflige, ou simplement me préoccupe, uniquement pour en avoir le cœur net et me rendre un compte exact des objets extérieurs. J'ajouterai que jamais semblable don ne fut plus nécessaire, étant porté par ma nature à me jeter sans cesse d'un extrême dans l'autre ; toutes les pièces de cette époque ne sont que les fragments d'une confession, que ce petit livre va essayer de rendre complète. » Et plus loin, p. 132 : « Comme il est vrai que le cœur nous touche de plus près que l'esprit et nous pousse à créer, tandis que celui-ci sait très-bien

---

[1] Dichtung und Wahrheit Zweites Theil. — 124.

se venir en aide à lui-même, les circonstances où le cœur se trouve en jeu m'ont toujours paru les plus considérables. Je n'avais que faire de m'épuiser à réfléchir sur l'inconstance des inclinations, sur les vicissitudes de l'être, sur tout ce sublime et ce profond, dont les connexions dans notre nature peuvent être envisagées comme les énigmes de la vie humaine; non, je n'avais d'autre vue que de me débarrasser, dans un lied, une épigramme, une rime, de l'affection qui me tenait; et ces pièces se rapportant à des sentiments qui me sont personnels, à des circonstances toutes particulières, je doute qu'elles puissent intéresser quelque autre que moi-même. » Cette confession préliminaire expliquera suffisamment l'ordonnance du premier livre des poésies de Goethe, où les lieds d'amour abondent en si grande quantité, bien qu'au dire même des *Mémoires* la collection soit loin d'être complète. A qui s'en prendre? aux réserves du poëte, ou bien aux vents qui dispersent, souvent pour ne jamais les rendre, les feuilles volantes de ces petits livres du cœur?

Le plus grand nombre des lieds de Goethe s'inspirent de l'amour; ceux-ci plus enjoués, plus doux, plus superficiellement tendres; ceux-là plus intimes, plus empreints de mélancolie allemande et de cette langueur indicible qu'il appellent *sehnsucht* au delà du Rhin. Nous avons parlé de mélancolie. Avec Goethe, le mot pourra paraître singulier; toutefois, appliqué aux Lieds, œuvres de sa jeunesse, émanations presque involontaires d'un premier épanouissement du cœur, il s'en faut qu'il soit déplacé. « Je demeure de plus en plus convaincue, disait une femme d'une sensibilité poétique vraiment rare, que la mélancolie est la base fondamentale de l'harmonie chez les natures élevées, et que c'est par elle seule que leurs œuvres conservent ce charme inépuisable et résistent à toutes les vicissitudes des temps, des opinions et des mœurs. » Sans aller si loin, ni prétendre le moins du monde que la mélancolie soit une des cordes principales de la lyre de Goethe, ne saurions-nous reconnaître le ton de tendresse et de conviction qui règne dans la plupart des pièces de ce livre? Pour moi, j'avoue que ce ton-là m'attire et me frappe; après cela, qu'il vienne de la tête ou du cœur, de l'homme ou du poëte, qu'il soit un artifice de plus dans cette organisation si prodigieusement douée, peu importe; une chose certaine, c'est que le sentiment est là, qu'on l'y trouve, et qu'il donne à ces poésies lyriques de la première manière un charme incomparable, que toute l'orfévrerie de la forme la plus habile et la plus riche n'a jamais su donner au *Divan*.

La Ballade de Goethe porte en elle un caractère mystérieux qui n'a rien de mystique, deux conditions dans l'art qu'il ne faut pas confondre, celle-ci résidant tout entière dans l'étoffe même du poëme, celle-là dans la manière de le traiter. Le mystérieux des Ballades de Goethe ressort presque toujours de l'arrangement des choses, de la mise en scène, si je puis m'exprimer ainsi. Le poëte a son sujet, ses figures, dont il sent les actes et les passions se mouvoir dans les profondeurs de son être, mais si vaguement qu'il ignore lui-même comment il fera pour les produire au jour; dans son incertitude, il avise alors un moyen nouveau qui consiste à mêler ensemble tous les éléments; lyrisme, épopée, drame, il dispose à son gré, et selon le caprice de son imagination, des trois formes fondamentales de la poésie; souvent même, le refrain, ramené avec art au bout de chaque strophe, tout en introduisant dans le vers ce nombre caractéristique, ce rhythme musical que Beethoven admire [1], vient donner à l'expression de la pensée un tour original de plus. Entre les ballades de Goethe où règne cette couleur mystérieuse, il en est une de facture serrée, véritable chef-d'œuvre de concision, de rhythme, je dirais presque d'enchevêtrement lyrique, mais qui, par les qualités mêmes qu'il a dans l'original, paraîtrait, au lecteur français, obscur peut-être et trop laconique, si nous ne prenions soin d'en donner une sorte d'analyse, et d'indiquer ici, strophe par strophe, la marche de l'action.

Deux enfants, au fond d'un antique manoir féodal environné de bois et de forêts, profitent d'un moment où leur père est à la chasse au loup, et leur mère en son oratoire à prier Dieu, pour introduire un vieux barde dans une des salles solitaires du château.

Le vieux barde se met alors à leur chanter sa complainte historique : un Comte, au moment où les ennemis investissent sa

---

[1] « Les poésies de Goethe, disait Beethoven, exercent sur moi une grande influence, et cela, non pas seulement par leur contenu, mais aussi par leur rhythme. Je me sens inspiré et porté à composer par cette langue, dont on dirait que des Esprits ont ordonné la sublime architecture, et qui porte en soi déjà le secret des harmonies. » Ces paroles de Beethoven à Bettina seraient une admirable introduction à la lecture des poésies de Goethe.

forteresse, enterre ses trésors et s'enfuit, emportant dans les plis de son manteau une fille encore en bas âge.

L'illustre vieillard court le monde sous l'apparence d'un pauvre barde réduit à mendier son pain. Cependant l'enfant croît, précieux fardeau.

A mesure que les ans s'écoulent, le manteau se décolore et s'use ; la jeune fille, toutefois, est devenue grande et belle, et n'a plus que faire d'un pareil abri.

Passe un chevalier de race princière ; au lieu de jeter son aumône dans cette main royale, le noble jeune homme l'étreint avec amour et la demande au père, qui consent à la lui donner.

La jeune fille alors se sépare à regret de son père ; lui cependant s'éloigne, et, solitaire, poursuit sa route, errant à travers le monde. — De ce moment, le barde change de rôle ; le vieux Comte c'est lui, lui-même ; il parle désormais à la première personne en son propre nom. Il bénit les enfants, et dès lors on devine non-seulement qu'il est ce Comte dont parle la complainte, mais que les enfants sont ses neveux, que la princesse est sa fille, et le chasseur princier son gendre. Le dénoûment se présente d'abord sous les couleurs les plus riantes. Bientôt la scène se rembrunit. Rentre le père, orgueilleux, superbe, emporté ; furieux de voir qu'un mendiant s'est introduit dans sa maison, il ordonne qu'on le jette aux oubliettes ; les enfants sont effrayés, la mère accourt et supplie.

Cependant les gardes n'osent approcher du vieillard, tant l'auguste dignité de cet homme leur impose. La mère et les enfants redoublent de prières, le prince dévore un moment sa fureur. (Ne remarquez-vous pas combien la scène est dramatique, musicale surtout, et qu'il y aurait là un admirable finale d'opéra ?) Toutefois sa colère, trop longtemps contenue, éclate enfin ; la première ardeur de l'amour une fois éteinte, le souvenir de sa race antique et chevaleresque est revenu au cœur de l'illustre jeune homme, et il a rougi de son alliance avec la fille d'un mendiant.

Le jeune seigneur éclate en horribles reproches contre sa femme et ses enfants.

Le vieillard, qui jusque-là s'est tenu immobile dans sa dignité, ouvre la bouche alors et se déclare père de la princesse, aïeul des enfants, et antique souverain du burg dont l'a chassé la race du possesseur actuel. Le cours des choses s'explique naturellement : une révolte à main armée ayant chassé jadis le roi légitime auquel le Comte appartenait, la dynastie antique, ainsi que ses fidèles partisans, vient d'être restaurée. Le vieillard confirme l'authenticité de ses paroles en désignant la place où ses trésors sont enfouis ; une amnistie est promulguée aussi bien dans le royaume que dans le burg, et tout se termine par un heureux dénoûment.

Quand nous indiquions tout à l'heure dans cette ballade une admirable scène de grand opéra, nous ne faisions qu'émettre une idée de Goethe lui-même, qui eut un moment l'intention de disposer pour la musique ce sujet, emprunté, du reste, à une très-intéressante légende de la vieille Angleterre : « Ce motif me plaisait réellement, écrit-il quelque part ; je traçai le plan, j'ébauchai même quelques scènes, mais le travail en resta là. Je souhaite qu'un plus jeune s'empare du sujet, et mette en relief les points lyriques et dramatiques, rejetant la partie épique dans le fond du tableau. Une semblable pièce de théâtre, conçue et traitée avec intelligence par le poëte et par le musicien, aurait, il me semble, quelques droits à prétendre au succès. »

Citons encore dans ce genre mystérieux, clair-obscur, le *chant Nuptial*, si populaire en Allemagne, et que nous essaierons de traduire en vers.

> Chantons et célébrons le comte qui jadis
> Habita ce château, cette illustre demeure
>   Où vous fêtez tous à cette heure
>   Les noces de son petit-fils,
> Marié d'aujourd'hui. — Donc le cher camarade
> S'était par maints exploits dans la guerre illustré,
> Lorsqu'un jour revenant de la sainte croisade,
> Il trouva son château croulant et délabré.
>
> Te voilà, gentil comte, en ta châtellenie ;
>   Le logis n'est pas des meilleurs,
> Les vents par la croisée entrent avec la pluie :
> A cette heure comment chercher un gîte ailleurs ?
> « Bon ! il m'est arrivé souvent de trouver pire,
> « Et l'amour cependant venait tout réparer.
> « Alerte donc, ami, vois la lune au ciel luire.
> « Vite en ton lit de paille ! et dors sans murmurer. »
>
> Et lorsqu'il cède enfin au sommeil qui l'accable,
> Les rats sur le parquet commencent à trotter,
> Cherchant d'ici de là, sous l'armoire et la table,
> S'ils ne trouveront rien à pouvoir grignoter.
> Et soudain, voyez donc, dans sa robe de moire,

Le gentil petit nain avec sa lampe d'or,
Ses gestes, son œil vif, sa parole oratoire,
Dansant au pied du lit où notre comte dort.

« Nous nous sommes, là-haut, permis joyeuse fête
« Depuis que ce castel fut par toi déserté,
« Et, te croyant bien loin au pays du prophète,
« On s'en donnait céans en toute liberté.
« Or, si rien en cela, monseigneur, ne t'offense,
« Nous allons tous ici, jusqu'au matin, en chœur,
« Gnomes et petits nains, faire gaîment bombance,
« Banqueter, sauter, rire et chanter à l'honneur
« De la jolie enfant promise à Monseigneur. »
Et le comte, en l'extase où le sommeil le jette :
« De cet appartement disposez pour la fête. »

Alors trois cavaliers de la ruelle sortis,
S'avancent galamment au trot de leurs montures.
Tout un peuple mignon de joyeuses figures
Les suit, s'évertuant à pousser de grands cris.
Puis arrive à la file un long train de carrosses,
Un cortége éclatant de seigneurs, de marquis,
Comme les empereurs les ont seuls pour leurs noces,
Et sur un char doré que traînent six coursiers,
La fiancée enfin et tous les conviés.

En un galop rapide on se croise à la ronde,
Chacun cherche sa place, et, pour valser gaîment,
Choisit une compagne aussitôt, brune ou blonde,
Et le branle joyeux commence au même instant.
Quelle confusion ! quel bruit ! quel mouvement !
Cela siffle, tournoie et vibre et tourbillonne,
Étincelle, chuchote et pétille et violonne.
Le comte ouvre les yeux et se croit fou vraiment !

Sur les siéges, les bancs, les tables, les murailles,
On trépigne, on tapote, on court d'ici de là,
Chacun, près de sa belle, au splendide gala
Veut s'asseoir ; voyez-les s'arrachant les volailles,
Les jambons, les pâtés, les turbots, tout cela ;
En miniature au moins, partout le vin circule,
On cause, on boit, on rit, on chante, on gesticule,
Puis soudain tout s'efface au milieu d'un hourra.

Si vous voulez savoir la fin de l'aventure,
Faites trêve au vacarme ! — Or, ce qu'en abrégé,
Le cher comte avait vu, dans son rêve plongé,
S'accomplit, mais en grand et plus en miniature,
Lorsque de son sommeil à l'aube il s'éveilla.
Comtes, ducs et barons et pages étaient là ;
Fanfares au dehors, carrosse sur carrosse,
Partout dans le château gens de fête et de noce
Qui viennent gravement s'incliner devant lui.
Ainsi ce fut jadis, ainsi c'est aujourd'hui.

Les Ballades de Goethe ont une signification historique dans les annales de la littérature allemande, et se rattachent à cette furieuse levée de boucliers de 1797, à laquelle le chantre de *Faust* et Schiller, son héroïque et désormais inséparable compagnon d'armes, prirent une part si vaillante. Les Ballades de Goethe et les Ballades de Schiller naquirent vers le même temps et de la même inspiration, de ce besoin commun de lutte et de rénovation qui possédait les deux vainqueurs, jaloux, après avoir arraché la mauvaise herbe, de semer partout dans le champ un germe substantiel et fécond. Après s'être rencontrés, on sait avec quel bruit, dans l'*Almanach des Muses, Almanach des Furies* (*Furien Almanach*), comme l'appelait Nicolaï, après avoir bafoué de concert, dans les *Xenies*, les ridicules et les tendances rétrospectives de toute une école de pédants et de rimeurs insipides, Goethe et Schiller, poursuivant d'un point de vue plus sérieux et plus digne, du point de vue de l'œuvre, la lutte engagée par la polémique, commencèrent dans leurs ballades cette association du génie, cette sublime mise de fonds pour l'exploitation de la pensée, grâce à laquelle ils devaient obtenir plus tard au théâtre de si splendides résultats. « Il faut, disait Goethe, après ces frivoles escarmouches des *Xenies*, il faut maintenant aborder des sujets plus élevés, plus dignes, et, sous la forme du noble et du beau, montrer à nos antagonistes confondus notre nature de Protée. » Personne plus que Schiller n'était fait pour comprendre ces paroles. De ce moment, leur activité, jusque-là dispersée, se concentra tout entière sur deux genres principaux, l'épopée et le drame, objets uniques désormais de leurs méditations en commun, qui donnèrent lieu çà et là à plus d'une forme dérivée et comme flottante indécise entre les deux espèces. C'est vers cette époque justement que tombent les Ballades. Et peut-être serait-ce une étude assez curieuse que celle de ces nobles intelligences diversement préoccupées d'une même idée, et subissant, chacune selon sa nature, l'influence des temps et de l'histoire. Depuis ses premiers essais en poésie lyrique, Schiller nourrissait le projet d'écrire une petite épopée romantique. Étrange chose ! à peine la conscience de sa propre individualité lui était-elle venue, à peine croyait-il pouvoir distinguer le fort et le faible de son talent poétique, qu'il s'imaginait ne posséder aucune des dispositions nécessaires à l'art dramatique. « L'épopée, écrivait-il, voilà ma véritable vocation; » et il ajoutait d'un ton modeste : « Bien entendu que je ne parle pas ici de la grande épopée. » Cette idée le tenait si fort au cœur, qu'après avoir terminé ses études sur la guerre de Trente Ans, il demeura incertain s'il n'écrirait point un poëme de Gustave Adolphe plutôt qu'une tragédie de Wallenstein ; on dit même que lorsqu'il traduisait Virgile en 1792, ses longues études du poëte latin n'avaient d'autre but que de l'amener à une connaissance approfondie, technique du genre, à une sorte de poétique dont il comptait faire usage dans un poëme de Frédéric le Grand, lequel poëme, s'il faut en croire les récits du temps, n'eût été rien moins qu'une épopée dans les formes. En 1795, Schiller était encore tellement indécis sur la tendance à prendre, que sans M. de Humboldt il courait grand risque de tourner pour toujours le dos au drame, et d'aller se fourvoyer dans l'antique dédale de l'épopée homérique. Les conseils impérieux de M. de Humboldt agirent vivement sur Schiller, qui revint peu à peu à son drame dès longtemps projeté de *Wallenstein*. Il en était là, et Goethe, de son côté, allait se remettre à son *Faust*, lorsque la fièvre des ballades les prit l'un et l'autre. L'élan spontané de ces deux intelligences indécises vers un genre mixte et qui semble tenir le milieu entre le drame et l'épopée, est un fait des plus caractéristiques. En effet, si l'on y réfléchit, la ballade procède des deux formes : elle raconte comme l'épopée, elle vit comme le drame ; et il est curieux de retrouver dans les préludes du génie le même ordre de succession qu'on remarque dans l'histoire des littératures, où le récit populaire, la ballade, sert toujours d'acheminement vers la forme dramatique. La plupart des ballades de Goethe et de Schiller parurent en 1797. Il y eut alors un moment de verve et d'inspiration où la poésie coula comme de source. A cette heureuse époque chaque jour voyait éclore une pièce, c'était une véritable communauté des trésors de l'intelligence, une collaboration poétique des plus riches et des plus fécondes. On cherchait ensemble les sujets, chacun choisissait ensuite le motif qui lui convenait le mieux pour le traiter à sa manière ; quelquefois même il arrivait qu'en se jouant on se distribuait la tâche, comme dans les *Grues d'Ibicus*, dont Goethe écrivit la moitié. Les titres, même, indiqueraient au besoin la tendance du génie de chacun : ainsi *Fridolin, le Gantelet, le Combat du Dragon*, sont plutôt des récits (Ezählungen), comme les appelle Schiller, tandis que *la Fiancée de Corinthe, le Dieu et la Bayadère*, la ballade que nous citions plus haut, se rapprochent davantage de l'épopée. Ici comme dans leurs plus grands chefs-d'œuvre, la physionomie des deux maîtres se dessine distinctement. Schiller a plus d'action, Goethe plus de mesure et de calme. La ballade de Schiller vogue davantage dans les eaux du drame; celle de Goethe tient de plus près à l'épopée. Les ballades de Goethe sont des épopées dans le même sens que ses drames sont des tragédies.

Cependant Goethe conserve cette incontestable supériorité, que lui seul sait varier à l'infini ses modes et ses tons. Ainsi, *le Dieu et la Bayadère*, *la Fiancée de Corinthe*, *le Chant du Comte prisonnier*, *Mignon*, *la Violette*, tout en appartenant à l'espèce, sont autant de morceaux marqués d'un signe distinctif, et qui dénotent dans ce genre l'inépuisable activité de cette intelligence rayonnante. A côté de la ballade épique, littéraire, où le sentiment se révèle de toutes les pompes de l'art, vous avez la ballade populaire, la vraie ballade, sans ajustement poétique, sans effets de style, toute naïve, toute concise, belle de sa seule ingénuité. S'il m'était permis d'employer ici des termes d'horticulture, je dirais que Goethe a dans son jardin des fleurs doubles et des fleurs simples; à ce compte, *la Fiancée de Corinthe* serait une fleur double, une de ces roses magnifiques obtenues par la combinaison des greffes, et je comparerais *le Roi des Aulnes*, *le Page et la Meunière*, *le Roi de Thulé*, à ces églantiers de la haie et du bois dont l'odeur enivrante, un peu sauvage, embaume l'air, et que Margot cueille en passant. Les ballades de Goethe dans le goût populaire resteront comme d'inimitables modèles de poésie et de science de la forme. Jamais on ne vit sous un laisser-aller apparent, sous une contexture des plus simples, se dérober tant d'art. C'est la mélodie dans le contre-point. En quelques vers le drame se lie et se dénoue; drame attachant dans sa concision laconique, réel, humain dans ses velléités fantastiques, et toujours écrit de ce style des choses faites pour être retenues par cœur.

LE ROI DES AULNES.

« Qui chevauche si tard par la pluie et le vent? C'est le père avec son enfant. Il tient le petit serré dans ses bras, le presse et le garde à l'abri.

« — Mon fils, pourquoi te cacher le visage? — Père, ne vois-tu

pas le roi des Aulnes? le roi des Aulnes avec couronne et manteau?
— Mon fils, c'est une raie de nuages.

« Cher enfant, allons! viens avec moi, nous jouerons ensemble à de si beaux jeux! Tant de fleurs émaillent mes rivages, ma mère a tant de voiles d'or! »

— Père, père! eh quoi! tu n'entends pas ce que le roi des Aulnes me promet tout bas? — Sois en paix, reste en paix, mon enfant, c'est le vent qui chuchote dans les feuilles flétries. —

« Veux-tu, gentil enfant, veux-tu venir avec moi? Mes filles te gâteront à l'envi; mes filles mènent la danse nocturne; elles te berceront, et t'endormiront à leurs chants. »

— Père, père! eh quoi! ne vois-tu pas là-bas les filles du roi des Aulnes à cette place sombre? — Mon fils, mon fils, je le vois bien, ce sont les vieux saules qui pâlissent au loin. —

« Je t'aime, ta douce figure me plaît; et si tu résistes, j'emploie la force. » — Père, père! voilà qu'il me saisit! Le roi des Aulnes m'a fait bien mal! —

Le père frissonne, il pousse son cheval; il serre dans ses bras l'enfant qui suffoque, il arrive chez lui à grand'peine; dans ses bras l'enfant était mort.

Sous ce point de vue, Goethe semble s'être surpassé lui-même dans les Ballades; il y a tel de ces petits chefs-d'œuvre où le chantre immortel de Faust a véritablement trouvé en poésie le style lapidaire. Nulle part, en effet, cette facilité qu'il a de se transformer, cette nature de Protée qu'il se reconnaît lui-même, ne vous frappe davantage que dans ces épopées de vingt lignes, où, dépouillant sa propre originalité, il se soumet sans réserve au goût simple, à l'originalité populaire. Sur ce terrain-là Goethe reste sans rival. Schiller, qui, dans le style soutenu, admiratif, compte plus d'une pièce à lui opposer, n'a pas même abordé cette variété du genre. A *la Fiancée de Corinthe*, au *Dieu et la Bayadère*, au *lied du Comte prisonnier*, vous opposerez *Fridolin*, *l'Anneau de Polycrate*, *le Gantelet*. Mais que trouverez-vous dans toutes les poésies lyriques du chantre de Thécla, que trouverez-vous à mettre en présence du *Roi des Aulnes*, de *la Cloche errante*, de *l'Apprenti sorcier?* que sais-je? de *la Danse des Morts*, cette grotesque boutade dans le style populaire du moyen âge, où le linceul du squelette remplace le voile éthéré de la blanche nymphe de Musœus?

LA DANSE DES MORTS.

Le veilleur se penche au milieu de la nuit sur les tombes qui gisent en bas; la lune baigne tout de sa clarté; on dirait qu'il fait jour dans le cimetière. Voilà qu'un tombeau se remue, puis un autre : une femme en sort ici, là un homme, en linceuls pâles et traînants.

« Tout cela s'agite à cette heure et prétend encore réjouir ses ossements par quelque ronde, quelque sarabande, — tant jeune que vieux, tant pauvre que riche. Cependant les linceuls embarrassent la danse, et comme ici la pudeur n'a plus que faire, ils se mettent à les dépouiller, et les linceuls flottent épars sur les tombeaux.

« La cuisse se lève, la jambe brandille; quelles gambades singulières! cela s'entre-choque et clapote comme si des morceaux de bois battaient la mesure. Le veilleur trouve ce spectacle drôlatique. Bientôt le malin, le tentateur lui souffle à l'oreille : « Va! saisis-toi d'une de ces guenilles! »

« Aussitôt pensé, aussitôt fait! Et vite il s'échappe derrière les portes sacrées. La lune blafarde continue d'éclairer cette danse, qu'ils mènent d'un train effrayant. A la fin pourtant, celui-ci disparaît, celui-là; l'un après l'autre a repris son linceul et s'esquive. Et pst! les voilà sous le gazon.

« Un seul trotte et trépigne, et tape et tâtonne le long des tombeaux. Ce n'est pas un camarade qui l'a si maltraité; il flaire le linceul dans les airs; il ébranle la porte de la tour; elle le repousse. Heureusement pour le veilleur, elle est bénie et saintement ornée; des croix de métal y scintillent.

« Il lui faut sa chemise; il n'a pas de répit. Ce n'est pas non plus le temps de réfléchir. Le drôle empoigne les reliefs gothiques et grimpe de gouttière en gouttière. — C'en est fait du pauvre veilleur! — Il s'avance de volute en volute comme un faucheux.

« Le veilleur pâlit, le veilleur tremble : il rendrait volontiers sa guenille. Alors une griffe de fer — le malheureux n'a que trop vécu — s'accroche au pinacle de la tour. La clarté pâlissante de la lune s'est obscurcie, l'horloge sonne un coup, un seul coup, et le squelette tombant se disloque avec fracas.

Les Élégies romaines et les Épigrammes vénitiennes furent, avec tant d'autres œuvres lyriques ou dramatiques, les fruits substantiels et savoureux du voyage en Italie. On sait quelle révolution soudaine et radicale s'opéra chez Goethe dès qu'il eut mis le pied sur le sol antique; il lui sembla tout à coup *que des écailles lui tombaient des yeux* (*Ploetzlich fiel es ihm wie Schuppen von den Augen*). Avec la vie nouvelle, une poésie nouvelle devait commencer. Pour la première fois, il sentit alors combien l'art naïf des anciens diffère du nôtre : « Ils représentaient l'existence, disait-il ; nous, nous représentons l'effet ; ils donnaient le terrible, nous donnons la terreur ; de là toute cette affectation, ce maniéré ; de là les fausses grâces et l'enflure. » Le sentiment de la poésie grecque et de ses lois harmoniques s'empara de lui en même temps. Il revint à son Ovide, renoua commerce avec Martial, avec Properce, avec Anacréon, dont l'influence perce dans plus d'une pièce de cette époque ; je citerai entre autres *l'Amour peintre de paysage.* Ce fut dans ce sentiment qu'il conçut l'idée de ramener l'élégie et l'épigramme à un point de vue naïf et simple, et d'essayer dans la poésie lyrique ce qu'il exécuta sur la scène pour le drame, qu'il fit remonter, comme on sait, du point de vue historique, à la forme pure des Grecs. « En Italie, je me sentis peu à peu soulagé de toute idée mesquine, délivré de toute fausse aspiration, et à la place du désir qui m'entraînait vers le pays des arts, je sentis le désir de l'art même. J'en avais acquis pleine et entière conscience, et désormais je souhaitai d'y pénétrer à fond. L'étude de l'art, comme l'étude des anciens écrivains, nous donne une certaine consistance, un apaisement de nous-mêmes ; tout en remplissant notre être de sujets puissants, de grandes idées, en se rendant maîtresse de tous les désirs qui tendaient au dehors, elle couve en secret dans notre sein chaque aspiration digne. Le besoin de communication devient de jour en jour moins absolu ; et ce qui arrive aux peintres, aux statuaires, aux architectes, arrive au dilettante studieux : il travaille dans la solitude pour des jouissances qu'il serait à peine en état de partager avec les autres. — Cependant, à cette même époque un autre dérivatif devait me rendre encore plus étranger au monde ; je veux parler d'une vocation décidée pour la nature, vers qui mon propre élan m'entraînait de la façon la plus individuelle. Ici je ne trouvais ni maître ni compagnon, et force m'était bien de payer en tout de ma personne. Dans la solitude des bois et des jardins, dans l'obscurité de ces appartements sombres, je fusse demeuré complétement isolé, *si d'heureuses relations domestiques n'étaient venues me raviver amoureusement à cette singulière époque.* Les Élégies romaines et les Épigrammes vénitiennes tombent en ce temps-là. »

Cette phase de la vie de Goethe est d'autant plus curieuse

étudier, qu'un jet libre et spontané, autre part difficile à surprendre, s'y déclare ouvertement. Cette fois le poëte est grand, il est beau ; vous sentez dans sa poitrine, comme dans un creuset plein d'or en fusion, une plantureuse abondance capable de créer sans efforts. Goethe me représente ici le véritable artiste, celui-là chez lequel l'objet perçu, la chose *sentie* trouve immédiatement son expression la plus lucide, la plus nette. Il tourne le dos de parti pris à toute espèce de didactique ; désormais le lied allemand ne flottera plus dans les nuages, la poésie lyrique sera rappelée de la sphère des étoiles et du royaume des airs sur le sol antique et ferme de la terre. Goethe vous raconte ici tout simplement ce qu'il éprouve ; sa sensation n'a que faire de la réflexion pour se traduire, il vous la donne telle quelle, pittoresque, variée, vivante surtout. La vie circule chaude et rapide dans ses poésies, comme le sang sous la peau de cette belle fille romaine de vingt ans, dont l'œil enflamme ses désirs. S'il me fallait montrer un contraste de plus entre Goethe et Schiller, je comparerais les Élégies romaines et les Épigrammes vénitiennes aux pastorales idéales que l'auteur de *la Cloche* écrivait à cette même époque ; j'opposerais le plan d'*Hercule* et *Hébé* à cette admirable idylle d'*Alexis* et *Dora*, où l'antique et le moderne se fondent en un si harmonieux accord, qu'on dirait Théocrite complété par Goethe. En effet, lors même qu'il pénètre le plus avant dans l'esprit antique, Goethe ne dépouille jamais son caractère moderne, son individualité allemande ; pour imiter Ovide ou Bion, Martial ou Théocrite, il n'ira pas se faire, comme André Chénier, jeune consul à Rome ou pasteur sur les montagnes de l'Hymète. Environné de toutes parts de l'atmosphère antique, il y vit de sa propre vie, il donne à ses souvenirs, à ses passions, à ses rêves, l'idéal d'Homère et de Phidias, la forme classique des Grecs, et c'est pour lui vraiment que semble avoir été inspiré ce vers fameux, cité mal à propos si souvent :

> Sur des pensers nouveaux faisons des vers antiques.

Prenez les Élégies romaines, cette effusion lyrique d'un sein qui déborde, ce long monologue du bonheur conçu dans la manière des maîtres de l'antiquité, et pour peu que vous vous attachiez à pénétrer dans le fond du sujet, vous découvrirez bientôt sous cette naïveté de forme le caractère de l'élégie moderne, ramené qu'il est çà et là par plus d'un coup d'œil mélancolique jeté sur la Rome déchue et les voluptés du paganisme.

A mon sens, l'admirable élégie intitulée *Euphrosine* indiquerait mieux encore peut-être que les *Élégies romaines* cette tendance rapportée par Goethe de son voyage en Italie. Là, en effet, cette combinaison naïve d'abord, mais désormais systématique, des deux principes, vous frappe davantage, surtout si de l'idéal poétique vous rapprochez l'événement qui l'inspira. — Cette Euphrosine que le poëte, en gravissant un pic du Saint-Gothard, aperçoit dans les vapeurs d'une nuée incandescente, et qu'il prend au premier aspect pour quelque déesse, n'est autre que Christiane Neumann, jeune actrice dont il avait dirigé les débuts sur le théâtre de Weimar, et qui mourut pendant une course de quelques semaines que Goethe faisait à travers la Suisse. « Au moment où je venais de me charger de la direction du théâtre de la cour (1791), la troupe eut à regretter un comédien estimable; il se nommait Neumann, et mourut en nous léguant sa fille, aimable enfant de quatorze ans, douée des plus ravissantes qualités naturelles, et qu'il me supplia d'assister en son éducation dramatique. *Le Roi Lear*, de Shakspere, fut le grand succès de la saison. Christiane Neumann, dressée par moi, fit des prodiges dans Arthur, et tous mes soins ne tendirent plus qu'à mettre les autres en harmonie avec elle, d'où je contractai plus tard cette méthode d'observer toujours parmi mes comédiens celui qui se rapprochait le plus de la perfection, et de grouper le mieux possible les autres autour de lui. » Quelques années plus tard, comme il parcourait la Suisse, Goethe apprit que Christiane venait de mourir à Weimar. A cette triste nouvelle qui l'atteignit au milieu des glaciers, le poëte ressentit une douleur profonde. Il pleura cette intelligence si vive, ces beaux yeux si doux, ce cœur si simple, et peut-être y eut-il plus que les sentiments d'un père dans les regrets que Goethe donna à cette aimable élève dont il avait serré tant de fois la main avec enthousiasme aux heures dangereuses des leçons. Quoi qu'il en soit, la nouvelle de cette fin si mélancolique, reçue au sein d'une nature âpre et sauvage, l'absorba profondément, et vint pour quelques jours le distraire de l'idée d'un poëme épique de *Guillaume Tell* qu'il méditait sur les lieux mêmes. « Je lui dédiai l'élégie intitulée *Euphrosine;* un souvenir tendre, glorieux, est tout ce que nous pouvons donner aux morts. » Et quel don plus beau pour la jeune élève que le souvenir d'un tel maître ? Goethe a réparé pour Christiane l'injustice des temps, et l'ombre plaintive a dû être apaisée en entendant ces nobles vers qui l'immortalisent, car *Celui que le poëte chante, celui-là marche à part dans une forme qui lui est propre et se joint au chœur des héros.*

Si dans les Élégies romaines le poëte donne ses sensations comme elles lui viennent, en n'ayant jamais l'air de se préoccuper de la forme, qui, par un de ces hasards du génie, se trouve être sublime, à son insu sans doute, on en peut dire autant des Épigrammes vénitiennes, espèce de confessions rimées, écrites à la hâte au crayon sur un coin de son livre. Seulement ici la confidence est encore plus familière. Tout ce qu'il voit, tout ce qu'il observe, tout ce qui lui passe par l'esprit, il le note aussitôt, dût la bienséance elle-même en être quelquefois blessée ; il vous initie à ses ennuis d'auberges, à ses aventures de place publique, à son amour pour une belle enfant qui jongle, et dans laquelle je crois déjà pressentir Mignon. Ce sont là de véritables épigrammes dans le style antique, de ces vers que l'enfant de la Muse cherche à la pipée à ses heures de désœuvrement. Prenons au hasard une ou deux abeilles dans l'essaim. N'aimez-vous pas cette boutade jetée un matin en se promenant au Lido ?

« J'étais étendu dans la gondole, et nous glissions à travers les bâtiments frétés qui attendent dans le grand canal. Là se trouvent marchandises de mainte espèce ; il y en a pour nombre de besoins : du blé, du vin et des légumes, du bois de chantier et des broussailles. Nous passions à travers avec la rapidité d'une flèche. Tout à coup un laurier vint me cingler vertement la joue. « Daphné ! m'écriai-je, toi, me blesser ! j'eusse attendu plutôt une récompense ! » Et la nymphe en souriant : « Péchés de poëtes ne sont pas gros. Léger est le châtiment. Allons donc ! »

Et celle-ci, qui se rapporte à la jolie danseuse de carrefour, à l'idée en germe du Mignon de *Wilhelm Meister ?*

« J'étais las de ne jamais voir que des tableaux, magnifiques trésors de l'art, tels que Venise les conserve ; car cette jouissance, elle aussi, a besoin de récréation et de répit. Mon regard épuisé aspirait après des charmes vivants ; ô jongleuse ! alors je reconnus en toi le type de ces petits drôles que Jean Bellin a peints si attrayants avec des ailes, et que Paul Véronèse envoie avec des coupes au fiancé dont les hôtes abusés boivent de l'eau pour du vin.

« Aimable figurine qu'on dirait taillée par la main de l'art; flexible et sans os, elle flotte comme le mollusque ! tout est membre, articulation, et tout est ravissant, tout est construit avec harmonie et se meut avec liberté. J'ai vu des êtres, aussi bien hommes qu'animaux, qui tenaient de l'oiseau et du poisson, créations étranges, prodiges de la grande Nature; et pourtant je m'étonne de te voir, Bettine, aimable prodige, qui es ensemble tout cela, et, par-dessus encore, un ange !

« Ne tourne pas ainsi, gentille enfant, tes petites jambes vers le ciel : Jupiter te regarde, le drôle ! et Ganymède est inquiet.

« Ton petit cou s'incline de côté; est-ce un prodige ? Il te porte souvent tout entière, légère que tu es; tu ne pèses qu'à ton joli cou. Je ne la hais pas, l'inclinaison de ta petite tête; sous plus charmant fardeau jamais nuque ne s'est ployée.

« Comme Breughel, au génie infernal et nébuleux, trouble de ses visions nos regards éblouis; comme Dürer met le désordre dans nos cerveaux avec ses images apocalyptiques, hommes et fantaisies en même temps; comme un poëte qui nous chante avec puissance les Sphinx, les Sirènes et les Centaures, éveille la curiosité dans notre oreille; comme un songe émeut l'homme inquiet qui croit marcher en avant pour saisir quelque chose lorsque tout flotte dans la confusion; ainsi Bettine, tortillant ses jolis membres, nous embrouille l'esprit; mais bientôt le plaisir succède au trouble, quand elle se remet à fouler le sol.

« Je vois avec tant de plaisir tout ce que tu fais ! mais ce que j'aime surtout, c'est lorsque ton père te lance d'une main agile au-dessus de toi-même. Tu te renverses dans ton élan; et après ce saut mortel, tu te redresses comme si de rien n'était.

« Bientôt chaque visage se déride; les sillons du travail, du souci et de la pauvreté s'effacent : on croirait voir des gens heureux. Le marin s'amollit et te frappe sur la joue; la bourse s'ouvre pour toi, chichement à la vérité, mais enfin elle s'ouvre; et l'habitant de Venise déploie son manteau et te donne, comme si tu demandais au nom des miracles de saint Antoine, des cinq plaies du Seigneur, du cœur de la bienheureuse sainte Vierge, au nom du supplice de feu qui purge les âmes. Chaque petit, le mousse, le bossu, le mendiant, se presse à tes côtés, et se réjouit de ce qu'il est un enfant comme toi. »

Le poëme de *Prométhée* nous montre le fils de Japet avant son châtiment, l'audacieux rival de Jupiter, dans sa grandeur titanique, amer, dédaigneux, superbe, blasphémant l'Olympe, dans la conscience de sa propre force :

« Fais dans ton ciel ce qui te plaît, ô Zeus! enveloppe-toi de nuages, lance tes éclairs et ta foudre sur les bois et sur les montagnes, si pareil jeu d'enfant te divertit; va, tu ne détruiras point la terre, la terre que désormais j'appelle ma patrie, parce que j'ai déserté l'Olympe et suis venu m'associer à l'homme pour lui porter secours; tu ne détruiras point la hutte que je me suis bâtie et que je me bâtirais de nouveau si la foudre osait y toucher. Je le sais, tu m'envies ce foyer par lequel j'ai appris aux mortels l'art de forger les métaux; toi et les autres Olympiens, vous m'en voulez d'avoir conquis leur amour, et vous avez raison de m'en vouloir, vous tous qui êtes réduits à attendre des hommes ces misérables dons qu'ils vous apportent, et que vous cesserez de recevoir du jour où la superstition cessera de régner! Moi aussi, tout enfant, je fus pris à ce piége; je vous invoquai comme si vous entendiez ceux qui élèvent vers vous les bras en suppliant. — Mais vous êtes sans pitié, sans conscience! — Dans la guerre de famille des Titans, où l'injustice triompha, lorsque j'étais au moment de périr, de tomber en esclavage, qui me sauva? Dans l'ingénuité du jeune âge, dans cette première confiance du cœur, je croyais vous devoir mon salut, et je vous payais naïvement ma dette de reconnaissance, tandis que vous ne vous êtes pas même occupés de moi, et que, en cette occasion comme toujours, mon propre courage, ma force et la puissance de ma nature, avaient été mes seuls, mes uniques dieux. Non, jamais dans mes angoisses, jamais dans mes souffrances, vous n'avez rien fait pour moi qui méritât mon adoration, mon encens! L'âge a mûri en moi l'esprit et la force; je dois ce que je suis aux circonstances, au hasard des événements, à la destinée à qui je suis soumis, comme toi qui lui dois ton trône! J'en conviens, mes forces n'ont pas suffi toujours à exécuter ce que je rêvais, j'ai ressenti plus d'une fois la douleur de voir échouer mon œuvre; mais, pour cela, je n'ai point désespéré de la vie; je ne me suis point consumé dans le découragement et l'amertume. — Tiens, vois! je m'occupe aujourd'hui d'une tâche faite pour te tourmenter bien autrement que ma hutte et mon foyer : je crée une race nouvelle que je veux rendre active et, comme moi, accessible à toutes les sensations de la douleur et de la joie, une race qui ne devra qu'à elle-même son bien-être, et qui jamais à tes autels ne portera ce misérable tribut de sacrifices et de prières... »

Goethe donne, au troisième livre de ses *Mémoires*, de curieux éclaircissements sur la formation de ce poëme. Goethe professait l'idée que l'homme, même dans la situation la plus heureuse, doit toujours se sentir appelé à rentrer en lui-même; et quant à lui, chaque fois qu'il s'étudiait de ce point de vue et mesurait son indépendance, il trouvait que son talent productif en était la base la plus sûre. On conçoit que cette idée voulant devenir image et prendre forme, l'antique figure mythologique de Prométhée, du Titan rebelle qui crée malgré les dieux, et peuple tout un monde du fond de son laboratoire, devait lui convenir à merveille. « Je commençai à sentir, poursuit-il, qu'on ne parvient à produire de bonnes choses qu'à la condition de s'isoler. Celles de mes œuvres qui avaient eu le plus de succès étaient filles de la solitude, et dès que je vivais en plein commerce avec le monde, si la force du sentiment persistait, l'exécution clochait. Je n'avais, à vrai dire, de style ni en vers ni en prose, et c'étaient à chaque instant des retouches et de nouveaux essais. Voyant qu'il me fallait éviter les hommes et m'exclure de leurs relations, je n'hésitai pas ; nouveau Prométhée, je rompis avec les dieux, d'autant plus naturellement que, dans mon caractère et la manière dont je pense, une idée enveloppe à l'instant toutes les autres et les absorbe. La fable de Prométhée était vivante en moi ; je taillai selon ma mesure la vieille étoffe titanique, et, sans y avoir pensé davantage, j'entrepris de mettre en scène la discorde survenue entre Jupiter, les nouveaux dieux et Prométhée, lorsque celui-ci s'avisa de créer des hommes de sa propre main, de les animer par la grace de Minerve, et de fonder une troisième dynastie. Et j'avoue que les dieux régnants n'eurent point tort de se défendre vigoureusement ; car il ne s'agissait de rien moins que de les faire passer pour des êtres usurpateurs qui s'étaient glissés illégitimement entre les Titans et les hommes. » A cette bizarre composition restée inachevée appartient ce monologue devenu célèbre dans la littérature allemande, pour avoir provoqué la fameuse levée de bouclier de Lessing contre Jacobi. Je trouve le passage suivant, qui ne laisse aucun doute sur l'intention de la pièce : « Le sentiment titanique-gigantesque, le blasphémateur bouleversant le ciel, n'entre pour rien dans l'étoffe de mon poëme. Il m'a convenu plutôt de représenter cette OPPOSITION SEREINE, PLASTIQUE, ESSENTIELLEMENT PATIENTE ET CALME, QUI RECONNAÎT LA SOUVERAINETÉ A LA CONDITION DE MARCHER SON ÉGALE. »

A côté du dithyrambe de Prométhée je placerai cet autre monologue lyrique intitulé Ganymède. Le héros de cet intermède musical, par le rhythme du vers, le nombre de la strophe et l'indicible sentiment de langueur qu'on y respire, est encore le Troyen Ganymède, que Jupiter, épris de sa beauté, fit enlever par son aigle. Seulement Goethe, en poëte de notre âge que le beau moral préoccupe, même lorsqu'il semble caresser la forme avec le plus de complaisance, Goethe a retourné la fable. La passion, au lieu d'être brutale et de venir du dieu, est idéale et pure, et monte comme un encens sacré du cœur de cet enfant, qu'un printemps universel enivre. Je ne dirai pas qu'il y a comme un rayon de christianisme dans ces aspirations extatiques de l'enfant vers l'être céleste, inconnu, vers le Père tout aimant (*Alliebenden Vater*), — l'expression est-elle bien mythologique? — Mais jamais le panthéisme idéaliste de Spinosa n'inspira hymne plus expansif au Dieu de la nature. Vous voyez cet enfant se débattre sous la fièvre de la divinité, que les irritantes influences d'un printemps universel soufflent dans sa poitrine :

« Comme dans l'éclat du matin tu m'inondes de tes ardeurs, Printemps, ô bien-aimé! mille voluptés ineffables s'éveillent dans mon cœur, où pénètre le sentiment sacré de ton éternelle chaleur, beau infini?

« Oh! si je pouvais te saisir dans ces bras! »

Il cherche à étreindre le vide, il invoque les herbes et les fleurs, comme si les herbes et les fleurs étaient des êtres vivants, l'être infini, ce foyer de lumière et d'amour dont il respire les effluves divines dans les haleines de l'aurore, dans la fraîcheur des eaux et des forêts.

« Oh! sur ton sein je m'étends, je languis! et tes fleurs, ton gazon, se pressent sur mon cœur. Tu apaises la soif ardente de ma poitrine, douce brise du matin! tu m'apportes la voix du rossignol en amour qui m'appelle du sein nébuleux du vallon!

« J'y vais! j'y vais! Où donc vais-je? où vais-je? Là-haut! là-haut j'aspire! Les nuages flottent, ils descendent; les nuages s'inclinent vers l'amour haletant. A moi! à moi! dans votre sein, partons! enlaçant, enlacé! là-haut! vers ton sein, père de l'amour universel! »

Si c'est là le Ganymède de la Fable, il faut avouer qu'il porte à son front un idéal céleste que les Grecs n'avaient pas su lui donner. Mais revenons par l'*Achilléide* au paganisme pur, au calque inanimé de la beauté classique, au marbre de Paros.

Goethe venait de terminer *Hermann et Dorothée*, lorsqu'il jeta le plan d'une épopée dont le sujet devait être *Guillaume Tell*. Schiller, selon son habitude, accueillit cette idée avec transport, disant qu'après *Hermann* et *Meister*, le poëme de genre et le roman, nulle tâche ne pouvait lui échoir plus à propos. Goethe, avant de se mettre à l'œuvre, en examine attentivement les difficultés : il se gardera de se méprendre sur les conditions du sujet et de la forme, il oubliera son siècle pour ne travailler que d'après ses seules convictions ; en un mot, il fait si bien qu'à force de se poser des principes, il recule devant l'exécution. L'idée de *Guillaume Tell* abandonnée, ce fut le tour d'une épopée antique ; mais cette fois encore, le projet en resta là. Laissons Goethe nous expliquer lui-même les motifs qui l'en détournèrent : « Pour ma part, je vivais dans une activité continuelle (1797). *Hermann et Dorothée* paraissait à peine sous la forme d'un petit volume de poche (*Taschenbuch*), et j'avais déjà jeté sur le papier l'esquisse d'un nouveau poëme épique. Le plan une fois combiné dans toutes ses parties, je le communiquai à mes amis ; j'eus grand tort, car ils me dissuadèrent, et je me repens encore aujourd'hui d'avoir écouté leurs avis. En effet, au poëte seul il appartient de savoir ce qu'il y a de charme et d'intérêt au fond d'un sujet, et quel parti il en peut tirer par sa manière de le traiter. J'écrivis alors le *Nouveau Pausias* dans la forme élégiaque. Schiller, piqué d'émulation, me répondit par son *Plongeur* (*der Taucher*). A la lettre, nous ne nous reposions ni jour ni nuit. Schiller ne se couchait qu'au matin. Des passions de toute espèce étaient en jeu. Les *Xenies* avaient mis en rumeur toute l'Allemagne ; chacun s'irritait et riait en même temps ; les mécontents cherchaient tous les moyens de se venger de nous, et nos représailles, à lui et à moi, consistaient en une activité incessante. »

Ce fut à cette époque qu'il entreprit de commenter Homère, et l'on ne saurait dire combien de points de vue nouveaux, d'opinions curieuses, ces études lui inspirèrent sur l'unité et la variété de l'épopée antique. Cependant, au milieu de ces réflexions critiques, il en vint à se demander si, entre la mort d'Hector et le départ des Grecs, il n'y aurait point place pour un poëme. Il lui sembla voir une lacune dans Homère, et son ambition prétendit la combler. De là ce poëme de l'*Achilléide*, imitation littérale du style homérique, étude consciencieuse et profonde sans doute, mais froide, inanimée, et de laquelle on pourrait dire à juste titre ce mot un peu sévère d'une femme d'esprit au sujet de l'*Iphigénie en Tauride* : « C'est beau comme le marbre, mais glacé comme lui. » — Goethe bannit de son poëme tout l'élément subjectif, *pathologique*, si l'on me passe l'expression, de la poésie moderne, et, s'attachant à suivre l'antique jusque dans ses défauts, ne se montre préoccupé que d'une seule chose : d'écrire un épisode qui puisse en quelque sorte s'intercaler dans l'*Iliade*. Mais au moment où cette audacieuse pensée le tient le plus, d'ajouter un appendice au livre d'Homère, il sent mieux que personne la distance infinie qui le sépare de son modèle, et consulte Schiller pour savoir de lui s'il doit continuer son œuvre.

Schiller lui conseilla de se prémunir contre une imitation servile d'Homère. Ce qui souriait au poëte d'Iéna dans ce sujet de l'*Achilléide*, c'était de pouvoir se prêter, sous plus d'un rapport, aux conditions de la poésie moderne ; il l'avertit donc de ne chercher qu'en lui-même ses points de comparaison ; « car pour refaire l'*Iliade*, disait-il, on n'y saurait penser, lors même qu'Homère et la Grèce existeraient encore. » Si ces sages avis ne comprimèrent point chez Goethe l'élan d'une émulation impossible, l'événement donna raison à Schiller, et il se trouva que son poëme contemplatif, qui ne devait pas contenir une ligne qu'Homère n'eût pu écrire, n'en contenait en réalité pas une qu'il eût écrite. Goethe, du reste, ne tarda pas à revenir de son erreur, et déclara, en fin de compte, qu'il s'était entièrement mépris sur ce sujet, qui aurait dû ou ne pas être traité du tout, ou ne point l'être par lui, ou l'être d'une autre façon.

On sait de quel ordre d'idées ou plutôt de faits le *Divan oriental-occidental* fut le résultat. Goethe, interrompu dans sa contemplation éternelle par les événements de 1814. ne trouva pas de plus sûr moyen d'y échapper que de se réfugier par la pensée en Orient. Il leva donc sa tente, et désertant le sol natal, où l'épi de la liberté commençait à mûrir dans la tempête, s'en alla, vieillard studieux que la foudre bouleverse, cueillir avec quiétude au pays des kalifes le fruit opulent du despotisme.

« Le Nord, l'Ouest et le Sud éclatent ; les trônes s'entr'ouvrent, les « empires croulent ; fuis, va respirer en Orient l'air pur des pa- « triarches, et, dans l'amour, l'ivresse et le chant, te retremper aux « sources de Chisa.

« Là-bas dans un élément sain, je veux remonter aux origines des races humaines, lorsqu'elles recevaient encore de Dieu les dogmes célestes dans les langues de la terre et ne se rompaient pas la cervelle ;

« Lorsqu'elles révéraient les aïeux, défendaient tout culte étranger ; je veux prendre plaisir à ces mœurs restreintes des peuples jeunes : vaste croyance, pensée étroite, parole d'autant plus puissante qu'elle était parlée.

« Je veux me mêler aux pasteurs, me rafraîchir à l'oasis, lorsque, errant avec les caravanes, je ferai le trafic dés châles, du café et de l'ambre ; je veux fouler chaque sentier du désert aux cités.

« Que je monte ou descende les mauvais chemins rocailleux, Hafis, tes chants me consoleront, tes chants que, du haut de son mulet, le guide chante avec ravissement pour éveiller les étoiles et pour effrayer les brigands.

« Je veux, dans les bains, dans les hôtelleries, penser à toi, divin Hafis, à toi, quand l'amante expose à l'air son voile et secoue les parfums de ses cheveux ambrés.... oui, et que l'amoureux chuchotement du poëte irrite les désirs jusque dans le sein de la houri.

« Si de cela vous lui en voulez le moins du monde, apprenez que les paroles du poëte voltigent incessamment autour des portes du paradis et frappent, implorant l'immortalité. »

Le monde réel pesant sur lui de tout son poids, il aspirait vers un idéal qui le mît à l'abri des secousses du moment, et c'est dans cette situation d'esprit que tout ce qu'il y avait dans sa nature d'homogène avec les formes orientales se fit jour violemment. Ce que j'admire le plus dans ce lyrisme où se révèle en Goethe un poëte nouveau, dans ces poésies quelque peu nébuleuses et dénuées de corps, parfois même si volatiles qu'elles en deviennent insaisissables, c'est une indicible expression de calme et de sérénité, un quiétisme d'autant plus frappant qu'il est davantage en opposition avec le monde extérieur. Chose assez étrange chez un homme tel que Goethe s'attaquant à l'Orient, ce petit livre n'a rien de sensuel ; ce sont là des émanations lyriques plutôt que des poésies, et Goethe a manqué pour la première fois à son principe, lui qui prétendait que c'est justement dans la vieillesse, lorsque la sensualité commence à s'affaiblir en nous, qu'il convient de choisir des sujets dans lesquels la sensualité réside. Du reste, plus d'une élégie, plus d'une pièce écrite avant le *Divan oriental*, indique déjà cette tendance du maître vers l'épigramme et l'énigme, et marque très-distinctement la transition de la période accessible et claire de son génie à la manière abstruse et mystérieuse qu'il affectionnait dans sa vieillesse. Goethe a si bien compris ces défauts qu'on reproche au *Divan*, qu'il a composé pour chaque pièce un commentaire détaillé, tellement que les notes occupent dans ce petit livre au moins une fois autant d'espace que les vers. Il faut lire deux ou trois pages d'éclaircissement avant de chercher à pénétrer dans le moindre distique de cette poésie essentielle, *sublimée*; heureux encore quand le distique, au moment où vous croyez le tenir, ne vous échappe pas, emporté comme un ballon dans l'air par le gaz dont il est enflé.

Maintenant, si après avoir épuisé les critiques de détail, après avoir analysé pièce par pièce tous ces livres de lieds, de ballades, d'épîtres, d'odes, d'élégies, nous nous élevons jusqu'à l'ensemble général des poésies de Goethe, nous serons frappés de la symétrie véritablement harmonieuse (Beethoven dirait symphonique) qui règne en une variété si grande, de cet esprit d'ordre et de classification qui ne permet pas la moindre dissonance au milieu de tant d'éléments hétérogènes. Les poésies de Goethe offrent en petit le spectacle de cette nature de Protée qu'il se reconnaissait lui-même. Il était impossible, en effet, que cette intelligence, habile entre toutes à se transformer, qui va de la minéralogie à la botanique, du roman à l'exégèse, ne portât point dans la poésie lyrique les qualités de rayonnement inhérentes à sa nature. Aussi, nous venons de le voir, la lyre de Goethe a toutes les cordes. L'antiquité, le moyen âge, l'ère moderne, tout lui est bon; de chaque sujet, de chaque genre et de chaque forme, il ne veut que le miel. L'homme, à son sens, est une tradition vivante, ce qui fait qu'il ne prend nul souci de prétendre à l'originalité. Que lui importe de passer pour imiter les autres, s'il se sent dans le cœur l'étincelle de vie? de se parer du plumage d'autrui, s'il sait donner à ce plumage la couleur et l'éclat? Après cela, nous reconnaissons, aussi bien que personne, les inconvénients de cette universalité dans la création : le dilettantisme se donne trop souvent carrière aux dépens du sentiment, et l'alliage de convention remplace l'or de bon aloi. Puis, à force d'avoir excellé ainsi dans tous les genres, on finit par ne plus pouvoir être classé dans aucun. Ainsi Goethe n'est ni un poëte lyrique, ni un poëte épique, dramatique ou didactique; il est tout cela; mieux encore, il est poëte dans le sens absolu du mot. Religion, morale, science, la poésie chez lui absorbe tout. Aussi rien n'égale la naïveté de ces gens qui vous disent sérieusement qu'ils voudraient Goethe plus moral, peut-être même plus religieux. De la morale, demandez-en à Schiller; demandez de la religion à Klopstock, qui remaniera au besoin sa *Messiade,* pour se conformer aux exigences des orthodoxes. Quant à Goethe, il faut le prendre comme il est, convaincu dans le bien comme dans le mal, entier dans ses faiblesses les plus blâmables comme dans ses plus hautes aspirations, et prêt à braver la foudre plutôt que de supprimer deux vers indécents des Élégies romaines. Plus je le considère, et plus je m'aperçois qu'il n'y avait au fond de cette grande nature qu'un élément, l'élément poétique, où venaient s'abîmer tous les autres.

UHLAND.

VIII.

Les Chants de voyage.

L'autre soir, j'étais à la campagne, dans ma chambre; la fraîcheur commençait à tomber, le firmament à resplendir de tout l'éclat de ses lumières; les grands tilleuls du parc secouaient dans l'air une odeur douce et tiède, les bruits du jour avaient cessé, ceux de la nuit s'élevaient déjà de tous côtés; les oiseaux jaseurs s'étaient enfin endormis; les petits vers luisants s'allumaient dans l'herbe; de tous les bassins montait, comme une vapeur sonore, le chant monotone des grenouilles, dont la voix plaintive et gémissante augmente encore la mélancolie des belles nuits d'été. — L'âme de l'homme est bien la plus capricieuse fée; mettez-la dans un lieu de concerts, environnez-la de bruit et de sons, que les cent bouches de cuivre d'un orchestre immense répandent sur elle un fleuve d'harmonie, et vous la verrez souvent demeurer triste et pensive, et toutes ces vibrations extérieures passeront sans éveiller en elle une musique; et au milieu de tant d'accords puissants elle regrettera la solitude, le recueillement, le silence et la paix profonde. Qu'elle soit au contraire dans un château désert, à vingt lieues de la ville et de tous les orchestres, en face du spectacle de la lune qui monte et des grands tilleuls dont les rameaux en fleur rendent de sourds murmures, et l'âme sentira des désirs immodérés de chansons et de bruit; il faudra, quoi qu'il lui en coûte, qu'elle éclate en fanfares joyeuses; elle voudra chanter pour faire comme les rossignols, comme les fleurs, comme les roseaux de l'étang.

Je laisse aux musiciens qui de nos jours s'occupent de métaphysique, et ils sont en grand nombre, le soin d'expliquer ces étranges fantaisies. Je voulais ce soir-là chanter et me réjouir dans la musique; rien au monde n'aurait pu me distraire de cette pensée. Je me levai, bien résolu à parcourir toutes les salles du château, à remuer tous les cahiers épars çà et là sur les meubles, jusqu'à ce que j'eusse trouvé de quoi satisfaire le désir qui me tourmentait ; j'allai droit à la bibliothèque. Il suffisait d'y jeter un coup d'œil pour se convaincre que c'était la bibliothèque d'une famille élégante et cultivée, qui, n'ayant pas fait de l'art une étude lente et laborieuse, ne lui demandait que les plaisirs faciles du soir et les délassements de l'après-dînée. En effet, ces magnifiques volumes, reliés aux armes de l'une des plus nobles maisons de l'Irlande, réunis là sur des tablettes de bois de rose et de santal, c'étaient la partition des *Puritains*, les *Soirées musicales* de Rossini, les romances de Meyerbeer et de Donizetti, et des contredanses sans nombre, et mille autres choses que j'oublie. Cependant, dans le fond de la bibliothèque, sous une lourde pile de volumes entassés l'un sur l'autre, j'aperçus un petit cahier sans reliure. Ce petit cahier paraissait bien misérable dans cette armoire. On eût dit que le pauvre diable grelottait de froid au milieu de tous ces grands seigneurs si magnifiquement revêtus de manteaux blasonnés. J'en eus pitié : je lui tendis la main, et lus sur sa couverture : *Chants de voyage d'Uhland, mis en musique et dédiés à madame la comtesse d'Agoult, par Dessauer.* — Les *Chants de voyage* forment un petit poëme à part dans le volume d'Uhland. Ce sont des pensées d'adieu, de retour, des mots entrecoupés de larmes de joie ou de tristesse, mille choses empreintes pour la plupart de mélancolie et d'un vague sentiment de tristesse. C'est ainsi qu'on se dit adieu devant la porte, sous le grand pommier en fleurs ; c'est ainsi que doivent s'exhaler les dernières paroles d'une jeune fille allemande à son bien-aimé ; c'est ainsi que ses larmes doivent se répandre. Ces chansons me paraissent avoir surtout le mérite de savoir rendre les émotions sereines ou mélancoliques, heureuses ou pénibles, que le soleil de mai ou les froides brumes de novembre font naître dans l'âme du voyageur, de l'homme qui chemine seul avec ses souvenirs sur les gazons fleuris des vertes lisières, ou qui passe à cheval sur la grand' route, à travers la plaine désolée, enveloppé dans son manteau.

Il y a dans ce petit poëme d'Uhland une pièce admirable, selon moi, par son esprit de tristesse et de douloureuse rêverie, et dont M. Heine a imité le sentiment quelque part ; la voici :

« Je voyage à cheval par la campagne sombre. Ni la lune, ni les étoiles ne donnent de clarté; les vents glacés gémissent. — Souvent j'ai pris cette route lorsque les rayons dorés du soleil souriaient au murmure des tièdes brises.

« Je voyage le long du jardin sombre; les arbres dépouillés frissonnent, les feuilles jaunes tombent. — Ici j'avais coutume, au temps des roses, lorsque tout se voue à l'amour, d'errer avec ma bien-aimée.

« Le rayon du soleil s'est éteint, les roses aussi se sont flétries, mon amour a été porté au tombeau. — Je voyage par la campagne sombre, aux gémissements du vent, sans rayon qui m'éclaire, enveloppé dans mon manteau. »

Toute cette pièce est empreinte d'un caractère élégiaque et sombre. Voilà une de ces pièces comme les Allemands en ont tant; et ce qui fait avant tout le mérite de ce poëme, c'est la vérité. Qui de nous n'a senti de mornes pensées s'élever en son âme lorsqu'il lui est arrivé de voyager seul dans la plaine par une froide nuit d'hiver? Qui de nous, en voyant les arbres se flétrir, ne s'est ému à la mémoire de sa mère, de sa sœur, de sa maîtresse, douces fleurs pour qui l'automne de la vie a précédé l'automne de la nature? Il semble que la terre ne se dépouille de sa robe de gazon et de marguerites que pour nous laisser voir de plus près les fantômes chéris dans leur linceul.

Tel est le caractère de la poésie d'Uhland, qu'elle vous initie à toutes les émotions, à tous les détails mystérieux de la scène qu'elle chante :

« Adieu, adieu, mon bien-aimé; il faut nous séparer aujourd'hui. Un baiser, donne-moi un baiser, je dois désormais te fuir. Une fleur, apporte-moi une fleur de l'arbre du jardin. Point de fruit, point de fruit pour moi; je n'ose en attendre. »

Ne vous semble-t-il pas voir la jeune fille debout sur le seuil de la porte, disant adieu à son bien-aimé qui lui serre la main? Le jour commence à poindre, l'alouette à chanter, le vent frais du matin secoue en s'éveillant les branches du vieux châtaignier sous lequel on s'est vu tant de fois le soir. « Adieu, rapporte-moi une fleur du jardin; adieu, je n'attends point de fruit; adieu, séparons-nous, l'alouette chante. » En vérité, c'est la scène de Roméo; seulement, au lieu du palais de Vérone, c'est une auberge d'un petit village d'Allemagne; au lieu de Juliette, une servante; au lieu du pâle gentilhomme son amant, un robuste garçon aux larges épaules, aux joues vermeilles, qui selle lui-même son cheval et porte une ceinture de cuir. Il y a entre la poésie, la musique et la peinture, une alliance éclatante qu'il est impossible de ne pas apercevoir. Je pourrais citer à l'appui de ce que j'avance dix exemples victorieux, et forts des noms de Beethoven, de Mozart ou de Weber, de Shubert surtout, qui a fait le *Roi des Aulnes* de collaboration avec Goethe; je me contente de l'exemple que j'ai là sous la main. Uhland trouve un sentiment vrai et l'exprime à sa manière; un musicien lit ce poëme, s'en inspire, et voilà qu'une mélodie en est éclose. Qu'un grand peintre, que Téniers, maintenant, s'empare de cette musique où la poésie a laissé son parfum, et vous aurez un des plus charmants tableaux de l'école flamande.

Il est une poésie vague qui ne peut être comprise que dans certaines dispositions d'esprit, et sur l'effet de laquelle l'état de la nature extérieure influe étrangement. Bien des compositions, allemandes [1] par leur caractère irrésolu et par le clair-obscur de la pensée et l'indécision de la forme, se rattachent à ce genre de lyrisme. Je ne vous conseille pas de méditer sur les *Chants de voyage*, par une belle matinée d'avril, lorsqu'il fait grand soleil. Attendez un jour de pluie ou de vent froid, et lorsque les nuages se croiseront au ciel, lorsque les grands tilleuls du jardin secoueront leurs branches avec tristesse, commencez votre élégie, et vous verrez quel orchestre merveilleux est la nature, et combien il est important de s'accorder toujours sur cet orchestre. — Je connus autrefois le marquis d'Op...., vieux gentilhomme provençal, qui avait pour coutume de se soumettre, dans ses études, à toutes les variations du temps, à tous les caprices de la saison. Il réglait sa vie comme on règle sa montre, au soleil. Resté veuf de bonne heure, et sans enfants, dernier rejeton d'une famille autrefois puissante et nombreuse, il se tenait loin du monde qui l'entourait, pour obéir à certaines lois rigoureuses d'une fierté patricienne qui n'est plus guère dans nos mœurs aujourd'hui. La lecture était la seule occupation de sa vie; mais, aussi, comme il entendait ce dernier plaisir d'une vieillesse saine et robuste! comme il avait tout calculé pour faire de la lecture une jouissance exquise, une volupté choisie et presque sensuelle! Il lisait toujours, soit qu'il fût dans sa cham-

---

[1] De l'école romantique surtout. Le trait va plus directement encore aux Berlinois qu'aux Souabes.

bre, le corps étendu sur un large fauteuil de moire jaune, ses pieds dans de bonnes pantoufles ; soit qu'il se promenât, frais et rose, et poudré, le long de ses vastes moissons, à l'ombre de ses mûriers. Chaque matin, avant de prendre le livre de la journée, il ouvrait sa fenêtre, et demandait conseil à la nature ; il observait le ciel avec attention, et, selon que le vent soufflait du nord ou du sud, il emportait avec lui tel volume plutôt que tel autre. Le soleil agissait sur les livres de sa bibliothèque comme sur la terre des prés ; il y en avait qui sortaient aux premiers rayons de mai, en même temps que les bluets et les marguerites du jardin ; d'autres qui, pour montrer le bout de leur nez, attendaient la vigne mûre et les longs soirs d'automne. Pendant les froides nuits d'hiver, il arrivait souvent au marquis de s'enfermer seul dans sa chambre, comme pour une œuvre d'alchimie ; et là, tandis que le vent gémissait au dehors dans les bruyères, tandis que la neige tombait silencieusement sur les grands chênes dépouillés, seul, vis à vis d'un grand feu qui projetait sur le tapis de bizarres lueurs, il lisait Arnim, Arnim le fantastique et le visionnaire, Arnim, ce Boccace des cent nouvelles de la nuit de Walpürgis. Car notre marquis lisait les Allemands dans leur langue, qu'il avait apprise pendant l'émigration.

Un jour, comme nous parlions ensemble de cette étrange manière de lire, il me dit : « Il y a des hommes qui ont la faculté de s'élever d'un bond aux plus hauts sommets, et dont l'âme indépendante se tend et se détend par ses propres forces, comme la corde d'un arc merveilleux. Ces hommes-là sont des poëtes ; qu'ils traversent la vie à leur gré, qu'ils ne prennent à la nature extérieure que tout juste ce qu'il leur en faut pour composer leur miel, qu'ils se livrent à leur fantaisie, ils en ont le droit, ils font bien ; mais moi, pauvre vieillard en qui les malheurs et le temps ont éteint toute force active, brisé toute corde vibrante, je ne puis vivre de cette vie factice ; je n'ai chaud qu'au soleil du ciel, je n'ai froid qu'à l'humidité de la terre. Cet appareil dont je m'entoure correspond parfaitement aux décors du théâtre, et me donne une illusion semblable. Depuis que je me suis accoutumé à lire de la sorte, j'ai découvert dans Hoffmann des choses auxquelles je n'avais d'abord pas pris garde, et qui aujourd'hui me font tressaillir. Croyez-vous que si l'on essayait de représenter Shakspere, comme on faisait au temps de la reine Élisabeth, sur un théâtre nu et affublé d'un simple poteau portant pour inscription : ceci est une forêt, ceci le port de Venise, ceci un jardin de Vérone ; croyez-vous que le public, j'en excepte vous et nos amis, prît à l'action dramatique une part aussi vive? Pour moi, je ne le crois pas. Je vais plus loin. Vous savez quelle aversion profonde j'ai pour le vin, et combien l'odeur du tabac me répugne ; eh bien! telle est mon admiration pour Hoffmann, que, si j'avais dix ans de moins, je n'hésiterais pas à me livrer une fois à toutes les débauches des tavernes allemandes, certain que je trouverais au fond de l'ivresse des trésors qui doivent demeurer éternellement enfouis pour moi. » — Il y a deux ans, dans un voyage que je fis en Provence, j'appris que le vieux marquis d'Op.... était mort. Il était mort dans son cabinet, un matin en lisant ; mort comme le vieux Goethe, qu'il admirait tant. Le gentilhomme français et le prince de Weimar, le représentant ignoré de certaines coutumes abolies pour toujours, et le poëte auguste et glorieux des siècles nouveaux, avaient eu même fin. Si rien n'a été dérangé dans son cabinet, si toute chose est restée à la même place, rien qu'en voyant le dernier livre qu'il a lu, on pourrait dire quel temps il faisait le jour qu'il a fermé les yeux pour l'éternité.

IX.

Caractère de la poésie d'Uhland. — Les Chansons patriotiques. — Les Lieds. — La Fille de l'orfévre.

Schiller, Uhland, Novalis, voilà les poëtes que j'aime, les martyrs dont j'épouse la religion. Je ne suis pas de ceux qui n'ont de sympathie que pour les forts.

Uhland est le poëte le plus populaire en Allemagne, le poëte des universités et des tavernes. On a comparé Uhland à Béranger ; il y a cependant entre le poëte allemand et le chansonnier français toute la différence qui sépare ces deux nations. Uhland est enthousiaste, ardent, plein de foi dans la nature ; il se livre sans arrière-pensée à son exaltation, aux élans généreux de son âme. Chez lui, jamais d'ironie ou d'amertume.

Le mouvement d'Uhland est toujours sympathique, sa poésie, allemande, c'est-à-dire exaltée à la fois et sereine, pleine de flamme et de rêverie. Souvent, au milieu d'une chanson de guerre, vous voyez une strophe paisible et bienheureuse s'épanouir comme une fleur de mai dans un champ de bataille. Il y a du pur sang germain dans les veines de cet homme. A chaque instant il s'interrompt pour vous parler des vertus domestiques ; les vieilles mœurs le préoccupent. Les vertus domestiques, le vieux droit, les vieilles mœurs, c'est là-dessus qu'il a élevé sa poésie. Je traduis ici quelques pièces empreintes de ce caractère allemand, souabe. Le lecteur en jugera.

LE VIEUX BON DROIT.

« Partout où, près d'un bon vin vieux, trinque le Wurtemburgeois, le premier refrain doit être l'antique et le bon droit ;

« Le droit, qui soutient comme un pilier robuste la maison de notre prince, et qui partout, dans le pays, protége la cabane du pauvre ;

« Le droit, qui nous donne des lois que nulle volonté ne brise, qui aime la justice ouverte et prononce un arrêt qui a cours ;

« Le droit, économe d'impôts ; le droit, qui sait compter, qui demeure assis près de la caisse et ménage notre sueur, qui garde comme un patron le bien sacré de notre église, qui nourrit et enflamme fidèlement la science et le foyer de l'esprit ;

« Le droit, qui met les armes dans la main de tout homme libre, afin qu'il s'en serve pour défendre son prince et son pays ;

« Le droit, qui laisse à chacun des sentiers ouverts dans le monde, et nous retient au sol de la patrie par les seuls liens de l'amour ;

« Le droit, dont les siècles conservent la gloire bien acquise, que chacun, dans son cœur, aime et cultive comme sa religion ;

« Le droit, que des jours mauvais nous ont enseveli tout vivant, et qui, désormais régénéré, lève la tête hors du tombeau.

« Ah ! lorsque nous ne serons plus, qu'il soit encore debout, et reste pour les enfants de nos enfants l'arche de salut et de bonheur !

« Partout où, près d'un bon vin vieux, trinque le Wurtemburgeois, le premier refrain doit être l'antique et le bon droit. »

WURTEMBERG.

« Que peut-il te manquer, ô ma belle patrie ? On raconte au loin mille choses de ton état heureux. On dit que tu es un jardin, que tu es un paradis : que peux-tu donc attendre, toi qu'on appelle bienheureuse ?

« Un homme digne d'être honoré a dit cette parole transmise, que, lors même qu'on voudrait ta ruine, on ne pourrait la consommer.

« Tes champs de blé ne débordent-ils pas comme un océan ? le vin nouveau ne coule-t-il pas de cent collines dans tes plaines ?

« Ne vois-tu pas les poissons grouiller dans chaque fleuve et chaque étang? est-ce que tes forêts ne regorgent pas de gibier?

« Est-ce que les toisons de neige ne se meuvent pas sur tes vastes plaines? ne nourris-tu pas des cavales et des troupeaux de bœufs partout?

« N'entends-tu pas vanter au loin le bois fort de la Forêt-Noire? N'as-tu pas le sel et le fer? n'as-tu pas aussi un grain d'or?

« Et tes femmes, dis-moi! ne sont-elles pas ménagères, pieuses et fidèles? Weinsberg, toujours renaissant, ne fleurit-il pas dans tes plaines?

« Et les hommes! ne sont-ils pas laborieux, intègres, simples, habiles dans les arts de la paix, braves quand il faut combattre?

« Pays des blés, pays du vin, race chargée de bénédictions, que te manque-t-il? — Une seule chose qui est tout : le vieux bon droit. »

LE DROIT DOMESTIQUE.

« Franchis du pied le seuil, sois le bienvenu dans ce pays! Pose ton bâton près de cette muraille.

« Prends place au plus haut de la table; il convient d'honorer son hôte. Dispose de tout, rafraîchis-toi après les fatigues de la journée.

« Si quelque vengeance inique te chasse de ta patrie, demeure sous mon toit, comme un ami qui m'est cher.

« Je ne te demande qu'une chose : laisse sans les violer les mœurs pieuses de nos pères, le droit sacré de la maison. »

Je choisis ces pièces parce qu'elles m'ont semblé pouvoir donner une idée assez complète, sinon du talent poétique d'Uhland, du moins de son inspiration ordinaire, de ses sentiments exaltés et de sa franchise allemande. Le bon vieux droit, *das alte gute Recht!* c'est bien là l'homme du Wurtemberg, enthousiaste et inquiet, heureux, mais désirant le mieux, parce qu'il faut que l'esprit de l'homme désire, sans quoi il trouverait ici-bas son paradis; l'homme qui d'une main cherche à s'emparer de l'avenir et de l'autre retient le passé; qui, voyant la liberté nouvelle accourir à son appel, et planter son arbre dans ses campagnes, s'effraie et doute, et se souvient de ses antiques mœurs et les couve de sa pensée. Les romanciers du moyen âge ont inventé des dragons merveilleux, accroupis nuit et jour dans les flancs des montagnes et gardiens obstinés des mines d'or et de diamants; le vrai poëte est un dragon aussi, qui garde les trésors de l'histoire de sa patrie, et montre ses ongles de fer à qui viendrait y toucher.

Il y a des hommes que la circonstance fait poëtes, qui n'ont en eux qu'une corde d'airain, insensible aux caresses des brises, à l'attouchement du soleil, et qui reste silencieuse et muette, si le peuple, étrange musicien, ne la fait vibrer en un jour de colère. Leur inspiration est véhémente, exaltée, amère, pleine d'invectives et de mots grossiers, elle éclate et bondit, puis rebondit encore, comme un lion qui lutte. Leur voix porte haut et loin, mais ne sait pas se maintenir; leurs sons vibrent, mais ne se prolongent pas. Aussi quand les tocsins enroués se taisent, quand les mousquets et les canons se reposent, cette muse qui chantait avec les tocsins, les mousquets et les canons, demeure seule sur la place déserte, et si elle n'a pas dans son cœur une voix pour les fêtes et les jours de paix, elle rentre dans la solitude et l'oubli. Uhland a compris cela, et bientôt à ses chansons patriotiques ont succédé d'autres chansons pures et gracieuses, pleines d'amour et de mélancolie. Le volcan de sa poitrine, en s'ouvrant, avait jeté des flammes; Uhland, voyant les flammes s'éteindre, a creusé le volcan, car il savait bien que la source des larmes était au fond et qu'il la trouverait.

Quand la guerre est finie, quand la mort a déblayé la plaine et fait sa moisson d'hommes, quand le laboureur commence à creuser la terre pour semer sa moisson de blé, Uhland vient s'asseoir sur le banc de pierre devant la maison, et tous les rossignols du printemps n'éveillent pas une musique plus charmante que celle dont la voix emplit alors son âme.

Uhland aime surtout le peuple des campagnes, ces jeunes hommes courageux et blonds, ces belles vierges fraîches et robustes; quand il en rencontre une le soir, au bord du chemin, il l'arrête et la questionne sur sa famille et ses amours, et s'il la voit dévouée à son père, fidèle à celui qui est parti pour aller la gagner sur un champ de bataille, il lui serre la main en lui disant adieu, aussi fier pour l'Allemagne de cette âme honnête et bonne que de toute la gloire de Luther. Tout ce qui est allemand l'émeut et le touche; il bénit la grandeur de sa capitale, et la pauvreté innocente des campagnes, le tilleul épais et sonore sous lequel il s'endort à midi, et la moindre fleur perdue dans le sillon. Pour lui l'Allemagne est partout. C'est la jeune fille qu'il rencontre, le jeune homme qu'il encourage, le pain dont il se nourrit, l'air qu'il respire.

A prendre son œuvre dans son entier développement, Uhland

est un poëte allemand complet, car il a l'exaltation patriotique, l'amour de la nature, le sentiment du merveilleux.

J'ai essayé plus haut de donner une idée des vers politiques d'Uhland ; je vais maintenant citer quelques fragments de ses autres chansons. On a vu le poëte de la patrie ; c'est le poëte de la nature et du printemps que je vais montrer.

LE FIL DE LA VIERGE.

« Comme nous cheminions ensemble, un fil de la Vierge flottait sur le champ, fil léger et lumineux, tissé par la main des fées. Il allait de moi vers elle comme un lien, et je le pris pour un heureux présage comme l'amour a besoin d'en inventer. O espérances des cœurs riches en espérances, tissées de vapeurs, emportées par le vent ! —

« Je vais dans ton jardin ; où donc es-tu, ma belle ? les papillons voltigent dans la solitude, comme tes plantes se ramassent en gerbes, comme le vent qui vient de l'ouest m'entoure du parfum des fleurs.

« Je sens que tu m'es prochaine, la solitude est animée ; ainsi au-dessus de ses mondes l'invisible s'émeut. —

« Les vents tièdes se sont éveillés ; ils murmurent et voltigent nuit et jour ; ils errent de tous côtés. O frais parfums, nouveaux murmures ! Maintenant, mon pauvre cœur, ne sois plus inquiet ; tout, oui, tout se renouvelle.

« Le monde devient plus beau chaque jour ; on ne sait ce que tout cela va être ; la floraison ne veut pas cesser, la vallée lointaine et profonde est en fleur. Maintenant, mon cœur, oublie ta peine ; tout, oui, tout se renouvelle. »

FÊTE DU PRINTEMPS.

« Jour de printemps, jour de miel et d'or, ravissement de mon âme, si je tiens du ciel une voix, c'est aujourd'hui que je devrais chanter.

« Mais pourquoi dans ce temps aller au travail ? le printemps est une fête, laissez-moi me reposer et prier. »

ÉLOGE DU PRINTEMPS.

« Verdure des blés, senteur des violettes, tournoiement des alouettes, chant des merles, pluie du soleil, vent tiède !

« Lorsque je chante de tels mots, est-il donc besoin de plus grandes choses pour te louer, jour de printemps ? »

Je m'en tiendrai là, bien que Uhland ait composé un nombre

infini de ces petites pièces ; j'ai voulu faire connaître au lecteur ces tressaillements de joie et de volupté bienheureuse que les premiers jours de printemps éveillent en Allemagne dans les âmes du peuple et dans celles des hommes qui peuvent les exprimer par la parole ou par les sons. J'ignore si j'ai atteint mon but ; quoi qu'il en soit, les morceaux qu'on va lire donneront une haute idée de la sensibilité profonde et de la mâle énergie du poëte.

LA PLAINTE DE MAI.

« Le soleil du printemps éclaire-t-il déjà la mer et la plaine ? Les rameaux verts se sont-ils voûtés pour faire un toit aux voluptés silencieuses ? Ah ! le bien que je rêve ne m'envoie aucun rayon de mai ; il ne va pas par les touffes de fleurs, ne repose pas dans le vallon des sources.

« Oui, c'étaient des jours plus beaux lorsque, par groupes variés, les pâtres, avec leurs douces fiancées, s'acheminaient vers le bois des sacrifices ; lorsque la jeune fille, portant sa cruche, allait vers le puits frais chaque matin ; lorsque le passant, l'interrogeant avec ardeur, lui demandait de l'eau à boire et de l'amour.

« Hélas ! le tumulte des torrents débordés emporta bien loin le printemps d'or ! Les châteaux s'élevèrent et les tours aussi. La jeune fille, assise tristement, épiait les chants de la nuit, et d'en haut voyait le tumulte de la bataille, et comme dans la mêlée sanglante tombait son fidèle chevalier.

« Un siècle noir et ténébreux s'étendit sur le monde, un siècle qui a pris et emporté comme un rêve les amours fraîches des jeunes gens ; maintenant, ceux qui voudraient s'étreindre étroitement et pour toujours sur leurs poitrines fidèles, se saluent en passant, les yeux pleins de douleur.

« Flétrissez-vous, ô fleurs ; dépouillez-vous aussi, beaux arbres ; n'insultez pas aux douleurs de l'amour ; mourez aussi, beaux ermes d'avenir ; et toi, mon cœur, consume-toi dans ta plénitude. ans le vide ténébreux des abîmes, tombez, tombez, ô jeunes gens ! es sureaux tremblent dans les airs, les roses fleurissent autour de otre tombe. »

CHANSON D'UN PAUVRE.

« Je suis un pauvre homme et vais tout seul par les chemins ; lût à Dieu que je fusse encore une fois franchement de joyeuse umeur !

« Dans la maison de mes bons parents j'étais un gai compère ; le souci amer est devenu mon partage depuis qu'on les a portés en terre.

« Je vois fleurir le jardin des riches, je vois la moisson dorée; mon sentier, à moi, est stérile; c'est celui où l'inquiétude et la peine ont passé.

« Je traverse en rongeant mon mal la troupe joyeuse des hommes, je souhaite à chacun le bonjour de toute l'ardeur de mon âme.

« O Dieu puissant, tu ne m'as pas, cependant, laissé tout à fait sans joie; une douce consolation se répand pour tous du firmament sur la terre.

« Dans chaque petit bourg ton église sainte s'élève; tes orgues et les chants des chœurs retentissent pour chaque oreille.

« Puis le soleil, la lune et les étoiles m'éclairent avec tant d'amour! Et quand tinte la cloche du soir, alors, Seigneur, je cause avec toi.

« Un jour, pour tous les bons s'ouvrira la vaste salle de béatitude; alors je viendrai en habit de fête m'asseoir au festin.

CHANT DES JEUNES GENS.

« Le temps de la jeunesse est sacré; entrons dans le sanctuaire où, dans une solitude mélancolique, les pas résonnent sourdement; que le noble esprit de l'austérité descende dans les âmes des jeunes hommes; que chacune se recueille et médite en silence sur sa force sacrée.

« Maintenant, allons dans la plaine qui s'épanouit au soleil qui monte avec magnificence au-dessus du printemps de la terre. Un monde de fécondité sortira de ce germe; le temps du printemps est sacré, il parle au cœur des jeunes hommes.

« Prenez les coupes; ne voyez-vous pas étinceler, couleur de pourpre, le sang de la nature luxuriante? Buvons, amis, et de tout cœur; qu'une force ardente se réjouisse dans une autre force; le suc des vignes est sacré, il est le compagnon des élans de la jeunesse.

« Voyez venir la douce jeune fille. Elle grandit dans les jeux; un monde fleurit en elle de tendres émotions divines. Elle prospère aux rayons du soleil; il faut à notre force le torrent et la pluie. Que la jeune vierge nous soit sacrée, car nous mûrissons l'un pour l'autre.

« Ainsi donc, entrez dans le temple, aspirez en vous la noble austérité; fortifiez-vous dans le printemps et dans le vin; exposez-vous aux rayons des beaux yeux. Jeunesse, printemps, coupe de fête, vierge dans sa douce fleur, que tout cela soit à la fois sacré pour nos cœurs austères! »

Cette chanson est franche et vraiment belle; il y a dans ce

air de liberté qu'on y respire, dans cette divinisation des voluptés sensuelles qui s'y manifeste à chaque vers, un caractère sacerdotal qui la fait ressembler à ces vieux chants que les Germains chantaient le soir en chœur vers la fin du printemps, lorsque les chênes druidiques commençaient à se couvrir de feuilles. Le suc de la vigne est sacré, la jeune fille est sacrée au jeune homme pour lequel elle mûrit, tout ce qui rend l'homme puissant et robuste est sacré pour lui. Il est impossible de ne pas trouver dans ces paroles un reste du vieux paganisme d'Odin, qui, quoi qu'on fasse, gardera toujours un pied sur cette bonne terre d'Allemagne. Le panthéisme est là dans l'air ; la moindre pensée éclose, le moindre bourgeon venu le glorifie. Entre ces grands arbres chevelus et ces hommes robustes, entre ces blés verts et ces vierges blondes, il y a comme une parenté sympathique, comme une alliance naturelle. La séve qui murmure appelle le sang qui bout. Toutes ces choses fécondes et pures veulent se mêler et se confondre pour un grand œuvre dans la cuve de la science. La fleur des prés ouvre son œil bleu sur la jeune fille et la désire ; le chêne a des embrassements luxurieux pour l'adulte qui passe. La nature et l'homme sont assez vierges encore tous les deux pour se parler et se comprendre.

La petite ballade qui a pour titre *La Poésie allemande* (*Die deutsche Poesie*) est une charmante composition pleine de grâce et de fraîcheur. Il y règne un sentiment parfait du merveilleux aérien tant de fois mis en usage par certains poëtes allemands du moyen âge. On croirait lire un chapitre de *Titurell* ou du poëme d'*Arthur*. J'aime bien aussi *la Fille de l'Orfévre*. Il n'y a qu'un Allemand capable de faire ce petit drame et de vous émouvoir avec si peu. On est pris d'intérêt pour cette douce Hélène, amoureuse d'un beau cavalier qui vient chaque jour lui commander quelque joyau pour sa fiancée. Pauvre Hélène ! Le soir, quand elle est toute seule, elle les essaie en pleurant, ces diamants qui ne lui sont pas destinés. A la voir triste dans sa boutique, attacher à son cou ces beaux colliers de perles, on dirait un reflet de Marguerite essayant l'écrin de Faust.

Un orfévre était dans sa boutique, au milieu de perles et de diamants : « Le plus cher bijoux que je connaisse, c'est toi, mon Hélène, ma bien-aimée fillette. »

Survient un beau cavalier : « Salut, la gentille enfant ; salut, mon noble orfévre; il s'agit de me faire un diadème précieux pour ma douce fiancée. »

Et quand la couronne fut prête et fit jouer ses mille éclairs, Hélène, triste et pensive, un jour qu'elle était toute seule, prit la couronne à son bras.

« Oh! qu'elle est heureuse la fiancée qui doit porter cette couronne! oh! si le beau cavalier m'en voulait donner seulement une de roses, combien j'aurais de joie au cœur! »

Bientôt après, le cavalier revint, il examina la couronne : « Mon cher orfévre, fais-moi vite une bague de diamants pour ma douce fiancée. »

Et lorsque la bague fut prête, la bague au riche diamant, Hélène, triste et pensive, un jour qu'elle se trouvait seule, à son petit doigt l'essaya.

« Ah! bienheureuse est la fiancée qui doit porter cet anneau! Ah! si le cavalier fidèle m'envoyait seulement une boucle de ses cheveux, que j'en aurais de joie au cœur! »

Bientôt le cavalier revint : « A merveille, mon cher orfévre; ces bijoux, que je destine à ma douce fiancée, tu les as très-joliment exécutés.

« Mais pour que je voie s'ils lui siéront, viens ici, ma belle fille, que je t'essaye la parure de ma bien-aimée; elle est aussi belle que toi. »

C'était un dimanche au matin, aussi la gentille fillette s'était parée de son mieux pour aller à l'église.

Tout empourprée d'une pudeur suave, elle se tenait devant le cavalier; il lui met sur le front le diadème d'or, lui passe au doigt l'anneau, puis, saisissant sa main :

« Douce Hélène, Hélène fidèle, que le badinage ait sa fin : c'est toi, l'incomparable fiancée, à qui je destinais la couronne d'or et l'anneau.

« Parmi l'or, les diamants, les perles, ici ta jeunesse a crû; c'est un signe des honneurs qui t'attendaient avec moi. »

X.

Les Ballades. — Bertran de Born. — Le Gallois. — Le Rêve.

L'épopée (j'entends par épopée la mise en œuvre dans un style soutenu de tel événement, soit historique, soit romanesque, d'où l'intérêt ressort), l'épopée est, selon moi, le genre dans lequel Uhland excelle. Animation du récit, couleur, vérité de langage, rien ne manque à ces petits chefs-d'œuvre, où (condition indispensable du genre) jamais n'intervient l'individualité du poëte, habile à maintenir à l'écart ses propres sentiments, à s'abdiquer lui-même en quelque sorte, car le premier mérite d'une épopée, quelle qu'elle soit, c'est de faire oublier qu'il y a là un poëte, un auteur caché derrière la machine, et dont la main pousse et dirige les ressorts. En pareil cas, le suprême de l'art consiste à s'effacer complétement, et si les choses ont l'air d'être là, non par l'effet de votre génie, mais d'elles-mêmes, vous avez atteint la perfection. Or, cette netteté, cette réserve, ce calme impartial, composent le fond du lyrisme d'Uhland; et ses romances comme ses ballades doivent à ce caractère épique, joint à une sensibilité profonde, de passer pour les chefs-d'œuvre du genre. A ce compte, Uhland sort de la sphère lyrique proprement dite, de la sphère des émotions personnelles et des confidences intimes. Le poëte qui, cessant de se prendre pour unique sujet des impressions ressenties dans ses chants, s'efforce de donner à ces impressions, à ce pathétique, des personnages imaginaires ou réels pour interprètes, mariant les mouvements de son cœur aux récits de l'histoire, aux fictions de l'esprit; celui-là, bien qu'on le classe parmi les lyriques, n'en est pas moins de fait un poëte épique. Avons-nous besoin d'ajouter ce que nous pensons d'Uhland à cet égard? D'ailleurs, chacune de ses romances ou de ses ballades indique assez chez lui la tendance dont nous parlons. Quelle variété dans les sujets et dans la manière de les traiter! A tout moment la scène prend un aspect nouveau : du champ de bataille, vous passez au jardin en fleur, du donjon féodal à la chapelle, de la forêt au tournoi, et, quel que soit le lieu de l'action, vous pouvez vous attendre à ce que les personnages, au sein de la joie comme au plus profond de la douleur, se comportent toujours selon les convenances de la vérité historique et humaine.

Bien que la plupart des poésies d'Uhland respirent ce goût printanier, cette vive senteur d'acacias et d'aubépine, particulière aux productions des écoles souabe et autrichienne, cependant la tendance épique de son talent le porte plus vers l'humanité que vers la nature. Dans ses grands poëmes comme dans ses moindres romances, vous retrouverez toujours une idée morale qui domine. La piété, l'amour de la patrie, la foi au serment, tels sont, si j'ai bonne mémoire, les principaux moteurs de son inspiration. Avec lui, qui consent à transgresser les lois divines et humaines, l'impie ou le parjure, a beau faire, une implacable Némésis s'attache à sa poursuite, tandis que l'innocence opprimée ou le crime repentant finissent toujours par trouver grâce devant les hommes comme devant Dieu. Je citerai à ce propos *Bertran de Born* et *le Gallois*, deux ballades célèbres, où cette idée toute chrétienne de pardon obtenu, de rédemption, se reproduit sous une forme austère et poétique. Dans *Bertran de Born* l'absolution vient d'un homme, d'un roi; dans *le Gallois*, elle émane de Dieu. De cette double variation humaine et divine du même thème religieux, la seconde l'emporte, selon nous, pour le pathétique et la douce mélancolie du récit; essayons de la traduire.

« Sur la côte escarpée du pays de Galles, s'élève un miraculeux sanctuaire où la sainte mère de Dieu répand les trésors de sa grâce, où brille une étoile d'or pour le voyageur égaré; là s'ouvre au naufragé un port tranquille. Sitôt que la cloche du soir là-haut s'ébranle, la contrée entière en retentit; dans les villes et dans les cloîtres s'éveillent tous les carillons; le flot qui grondait tout à l'heure s'apaise et se tait, et le pilote au gouvernail s'agenouille, murmurant son *ave* à voix basse.

«Mais le jour où l'on célèbre l'Assomption de l'Immaculée, le jour où le fils qu'elle mit au monde se montre à elle comme Dieu, ce jour-là, dans son sanctuaire, elle fait des miracles de mainte espèce, et bien qu'elle n'y figure qu'en image, on y sent sa présence.

«De saintes bannières se déploient dans la plaine, navires et canaux se pavoisent de banderoles, et les Gallois, vêtus d'habits de fête, grimpent les sentiers de granit; la montagne escarpée semble une échelle tendue pour escalader le firmament.

«Cependant à la suite des joyeux pèlerins, d'autres viennent pieds nus et poudreux, la chemise de condamné sur le dos, la cendre au front; ce sont ceux qui furent mis au ban de la communion des pieux chrétiens, ceux auxquels il n'est pas permis de franchir le seuil de l'église.

«Et le dernier de tous se traîne, un malheureux dont le regard est désolé; ses cheveux fouettent sa joue; sa longue barbe descend toute mêlée sur sa poitrine; il porte rivé autour du corps un cercle de fer rouillé; il a des chaînes à ses bras et des chaînes à ses jambes, tellement que chacun de ses pas rend un cliquetis.

«Il a tué son frère jadis dans un accès de démence, et depuis, pour repentir, il s'est forgé de l'épée même le cercle qui lui ceint le corps; loin de son pays, loin de la cour du prince, il erre, et ne veut nul repos jusqu'à ce qu'un céleste miracle vienne le délivrer de son fardeau de chaînes. Quand il porterait des sandales d'airain, au lieu d'aller nu-pieds comme il fait, il les aurait usées depuis le temps qu'il marche sans repos ; jamais il ne trouvera de saint pour opérer sur lui un tel miracle ; vainement il visite toutes les châsses en renom, aucune ne lui rend la paix.

« Arrivé au faîte de la montagne, il s'agenouille sur le seuil. Déjà tinte la cloche du soir, la multitude silencieuse commence à prier ; mais lui reste dehors, et son pied ne franchit pas la porte du sanctuaire où l'image de la Vierge se montre, éblouissante de clarté, aux rayons du soleil couchant qui déjà s'incline vers la mer.

« Quels torrents de lumière s'épanchent sur la mer, sur les flots et la plaine ! on dirait que le ciel s'est ouvert à l'ascension de la reine des anges ! Au bord des nuages roses fleurit encore la trace lumineuse de ses pieds ; voyez, la divine mère, du haut des splendeurs de l'azur, laisse tomber un regard sur ce monde.

« Tous les pèlerins se retirent l'âme pleine de consolation. Un seul ne bouge pas, et, le visage pâle, il demeure étendu devant le seuil. Un lourd fardeau de chaînes pèse encore sur le corps et les membres, mais l'âme est enfin libre, et plane en des océans de lumière. »

Du reste, on l'aura remarqué, le point de vue religieux est ici tout poétique, et n'a que faire des controverses du moment. Le christianisme d'Uhland s'en tient, la plupart du temps, aux généralités, sans jamais revêtir de forme systématique, sans affecter les actes de foi et les démonstrations. Un spiritualisme religieux, mais simple et nullement exalté, règne là à l'état de puissance morale, pénétrant toute chose de son influence : de là, dans sa manière d'envisager l'histoire, un sens pieux, une tendance honnête, une bonne foi compatissante. Pour son fantastique, il relève de la tradition pure et simple ; c'est la légende historiée, dramatisée, vivante, le récit ingénûment conté sans le mysticisme des uns, ou l'ironie des autres. Également en garde contre la crédulité un peu enfantine de Kerner, et la pointe sceptique des ballades de Goethe, Uhland débite sa romance d'un ton net, rapide, impartial, en homme qui, sans vouloir convertir son lecteur ni le bafouer, se contente d'éveiller chez lui de probes et sincères émotions, en véritable épique. S'il contemple un instant la mort sous son hideux aspect, s'il la proclame l'ennemi du genre humain, le dévastateur de toute beauté, de toute puissance, de toute splendeur terrestre ; si dans *le Chevalier noir* il l'appelle un esprit fatal et jaloux, un spectre affreux qui met sa gloire à briser sur leurs tiges les plus douces roses du printemps, la résignation du chrétien, la paisible et sereine conscience d'une nature essentiellement morale, ne tardent point à l'arrêter au milieu de ses imprécations, et bientôt le sombre convive de la danse d'Holbein n'est plus à ses yeux qu'un charitable messager des génies divins. Le voyez-vous semer de roses le marbre des tombeaux, donnant à entendre que la mort n'a rien d'absolu; qu'elle est au contraire l'occasion d'une floraison nouvelle! Il poétise l'heure suprême, il l'environne de célestes préludes qui la feraient aimer. Ce sont de mystiques accents que la jeune fille agonisante prend pour une sérénade ; ce sont des orgues ineffables entonnant le cantique de délivrance :

« Une fois encore, voisin, jouez-moi de l'orgue, essayons si le pieux concert ne ravivera point mon cœur.

« La malade le veut; le voisin joue, il joue comme jamais il ne l'a fait; non, jamais il n'eut tant de pureté, tant de magnificence; lui-même il ne reconnaît plus son jeu.

« C'est un chant étrange, glorieux, qui s'échappe de sa main : tout à coup il s'arrête avec épouvante : l'âme de sa voisine était partie. »

Comme pendant à la douce complainte, donnons encore l'adorable élégie en trois strophes intitulée *le Rêve* :

En un suave et frais jardin
Deux enfants gracieux et pâles
S'en allaient, la main dans la main,
Foulant les herbes matinales.

Ils s'embrassaient sur les cheveux,
S'embrassaient sur leur bouche rose,
Ils souriaient à toute chose,
Ils étaient beaux, jeunes, heureux.

Deux cloches frappent leur oreille :
Le songe s'enfuit sans retour !...
Elle au fond d'un cloître s'éveille,
Lui, dans le cachot d'une tour.

Je doute que ma traduction puisse donner une idée du gracieux motif si pathétique en sa conclusion. Quel frais et ravissant mirage! c'est comme une bouffée de printemps, lumineuse, embaumée, sonore, qui ne fait que paraître et s'évanouir. Uhland raconte qu'un soir, feuilletant dans la campagne le volume de Kerner, l'autre illustre et cher Souabe, bien que ce fût en plein automne, par un enchantement de cette poésie, il crut voir le printemps s'éveiller et renaître.

« La colline paraissait nager dans les flots d'or de mai, et la voix du printemps courait dans toutes les cimes. »

Je ne sais ; mais cette puissance de sorcier dont le poëte de Stuttgard attribue la possession au mystique auteur de *la Visionnaire*, n'a jamais mieux qu'en cette pièce constaté la magie de ses coups de baguette.

La langue poétique d'Uhland, claire et facile, vise avant tout à la précision, au style net et serré. Ennemie déclarée du néologisme, et du reste, aimant peu les tours gothiques dont les romantiques de l'école de Berlin affectent de se servir, elle prend à tâche d'éviter à un égal degré le précieux et la négligence. Sous ce rapport, la plupart des lieds et des romances d'Uhland doivent être cités comme les chefs-d'œuvre du genre. Chez Goethe, l'artiste perce trop, le curieux faisant jouer à plaisir les ressorts de la forme. Kerner a par moment trop de laisser-aller ; avec moins de plasticité que l'un, moins de richesse sentimentale que l'autre, Uhland a plus de mètre, de mélodie, d'harmonie. Entre le lapidaire industrieux et le virtuose inspiré, Uhland serait le poëte. Ai-je besoin d'insister sur cette contexture habile et sobre, sur ce goût savant apporté dans les moindres détails, sur cette exactitude sévère de la rime, pour qu'on remarque un rapport de plus chez l'illustre Souabe avec notre Béranger. J'ai placé tout à l'heure Uhland entre Goethe (en tant que lyrique, bien entendu) et Justin Kerner. Qu'on se représente pour un moment le chansonnier français entre Victor Hugo et Alfred de Vigny, et l'on aura peut-être la meilleure idée des conditions respectives des trois poëtes allemands.

JUSTIN KERNER.

XI.

Heilbronn. — Weinsberg. — La Weibertreue. — Les Reiseschatten [1].
Wilhelm Müller et la Visionnaire de Prevorst.

« Heilbronn est le point central des vignobles du Wurtemberg, écrit le docteur Strauss dans ses (*Friedliche Blaetter* [2]). S'il vous arrive de visiter ce pays vers le milieu d'octobre, vous assistez à la célébration des vendanges, spectacle varié, bruyant, tumultueux, où se réveille dans son naturel cette bonne vieille Souabe, terre de traditions et de croyances, et qui consacre le travail par des fêtes ayant leur rituel, je dirais presque par des mystères. Dès le matin, à la première aube, vous êtes éveillé par le bruit des vendangeurs qui se rendent au travail. Tant que dure le jour, ce ne sont, sur les coteaux voisins, que joyeuses fanfares et salves d'arquebuses ; puis, au tomber du crépuscule, les fusées et les artifices commencent leur danse lumineuse jusqu'à ce qu'enfin, à nuit close, les chemins et les sentiers qui mènent à la ville se peuplent d'une cohorte animée et nombreuse qui regagne ses toits à la lueur des torches, aux sons des instruments. Cependant, dès l'après-midi, la vaste salle d'une tente dressée à cette occasion s'est emplie de monde ; bientôt la musique s'organise, et les danses vont leur train : fête de tous les jours incessamment renouvelée, à laquelle prennent part, avec les belles jeunes filles de la ville et de la contrée, les jeunes

---

[1] Mot à mot, *Esquisses de voyage;* après, mais seulement après les *Reiseschatten*, sont venus les *Reisebilder* de Henri Heine. Que le tableau succède à l'esquisse, rien de mieux : ces bons Souabes voudraient bien ne pas avoir d'autre grief contre leur spirituel antagoniste.

[2] *Les Friedliche Blaetter* (lettres de paix) furent publiées au lendemain des fameuses controverses soulevées par la *Vie de Jésus*, du même auteur ; de là leur titre en opposition aux vifs débats de la veille et tout de circonstance ; titre qui, du reste, exprime on ne peut mieux le caractère méditatif, *paisible*, du recueil.

marchands de l'industrieuse Heilbronn, les officiers de la garnison, les étudiants en vacances, et bon nombre de désœuvrés de tous les pays qui sont venus passer l'automne dans sa résidence de prédilection.

« Après vous être attardé quelque temps au sein de cette mêlée tumultueuse, continuez votre chemin, allez jusqu'à Weinsberg. Weinsberg est situé à deux petites lieues au-dessus de Heilbronn. Là encore vous vous trouvez au milieu des vendanges, mais sur un théâtre moins étendu. La ville est beaucoup plus petite, le nombre des riches propriétaires qui donnent des fêtes à cette époque de l'année plus restreint, et partant le concours des étrangers peu remarquable. Traversez une partie de la magnifique allée de marronniers qui embrasse Heilbronn du côté du midi, longez une double haie d'agréables jardins plantés aux portes de la ville, saluez en passant le vieux cimetière dont les croix funèbres et les urnes sépulcrales projettent leur ombre mélancolique sur toute cette végétation luxuriante, et vous arrivez, après une demi-heure de marche, dans la plus admirable plaine qui se puisse voir, vous arrivez à un endroit où le chemin commence à monter entre deux coteaux. Au terme de cette route est un sentier de traverse unissant deux collines qui se fondent l'une dans l'autre ; de là vous apercevez la hauteur ; encore quelques pas, et vous embrassez du regard la délicieuse vallée de Weinsberg. Maintenant quelles mélodieuses bouffées s'élèvent de ce ravin à gauche ! Écoutez ces mille oiseaux jaseurs qui gazouillent dans les arbres, aux derniers rayons du soleil couchant ; aimable musique, salut précurseur, voix de l'hospitalité cordiale qui vous attend en bas. De là vous plongez dans la Souabe ; de là vous découvrez, si le ciel est clair, tout ce magnifique pays du Neckar et des Hohenstaufen, toute cette noble terre de l'épopée et du lyrisme germaniques. A vos pieds, çà et là, se déroulent bien quelques vertes prairies, ondulent quelques frais jardins ; mais autour de vous, sur les coteaux, aussi loin que votre regard perce, tout est vigne : des raisins, puis des raisins encore. Le premier éblouissement du paysage une fois dissipé, regardez devant vous, là, tout juste vis-à-vis, sur cette hauteur isolée, si couverte de pampres que le sol s'en aperçoit à peine : distinguez-vous ces murailles croulantes, ces vieux pans de granit en ruines, cette tour féodale verrouillée ? C'est la *Weibertreue*. »

A ces mots, le lecteur m'arrête; qu'est-ce que la Weibertreue? Bürger va nous l'apprendre. Lorsqu'il s'agit d'une tour allemande, qu'elle s'élève sur les bords du Rhin ou du Neckar, soyez sûr qu'elle a sa légende généalogique; et si vous tenez à connaître les origines de son nom, adressez-vous à la poésie plutôt qu'à l'histoire.

LES FEMMES DE WEINSBERG.

« Qui me dira où est Weinsberg? Une vaillante petite ville, ma foi, qui a dû pieusement bercer bien des fillettes et des femmes. Si jamais je me fiance, je veux me fiancer à Weinsberg.

« Un jour, l'empereur Konrad en voulait à la bonne ville, et, s'avançant en grand tumulte, l'assiégeait en poussant contre elle ses hommes et ses chevaux.

« Comme la citadelle (1) tenait bon malgré sa détresse, l'empereur, enflammé de colère, fit publier par le héraut cette sentence: « Drôles! apprenez que, si j'entre, chacun de vous sera pendu. »

« Sitôt que l'avis eut été proclamé à son de trompe, des cris d'alarme éclatèrent dans les maisons et dans les rues. Le pain était rare dans la ville, un bon conseil le devint encore davantage.

« — Malheur à moi, pauvre Corydon! malheur à moi! *Kyrie, eleison*, s'écrièrent les pasteurs; c'en est fait, c'en est fait de nous! Oh! malheur à moi, pauvre Corydon! il me semble déjà que j'étrangle.—

« Mais, lorsque nous sommes à bout de tout, efforts, prières et conseils, il reste encore la ruse féminine pour nous tirer d'affaire; car fourberie de moine et ruse de femme dépassent tout, comme vous savez.

« Une jeune femme, fiancée de la veille, avise un projet ingénieux dont tout le peuple s'édifie, et que vous, qui que vous soyez, applaudirez en souriant.

« A l'heure calme de minuit, la plus gracieuse ambassade de femmes se rend dans le camp et demande grâce; elle prie doucement, elle implore, mais n'obtient rien que ce qui suit:

« — Il est accordé aux femmes de sortir avec leurs plus précieux trésors; ce qui restera sera passé au fil de l'épée et mis en pièces. — Avec cette capitulation, l'ambassade se retire soucieuse.

« Mais, dès que l'aube vient à poindre, attention! qu'arrive-t-il! Voilà que la prochaine porte s'ouvre, et que chaque femme déloge, emportant sur son dos, vrai comme j'existe, son petit mari dans un sac.

---

1 Depuis la Weibertreue (*fidélité des femmes*).

« Maint courtisan, pourtant, travaille à faire avorter le stratagème ; mais Konrad alors : — Une parole impériale ne souffre interprétation ni commentaire. — Ah ! bravo ! s'écrie-t-il, bravo ! Plût à Dieu que notre femme en fît autant !

« Le pardon suivit, puis un banquet qu'il donna en l'honneur des belles ; on dansa au bruit des fanfares, on dansa avec toutes, avec la dame châtelaine comme avec la plus humble fille.

« Eh ! dites-moi donc où est Weinsberg, la vaillante petite ville, la ville fidèle, avisée et pieuse, qui berça tant de fillettes et de femmes ? car moi, si jamais je me fiance, je veux me fiancer à Weinsberg. »

Cette tour, rendue populaire en Allemagne par Bürger, doit sa récente illustration à la présence d'un autre poëte de renom, au célèbre docteur Justin Kerner, qui est venu avec sa famille établir au pied son ermitage. Il s'agissait de restaurer cette ruine nationale, et voici de quelle manière on s'y prit pour s'en procurer les moyens. De petites pierres jaspées, provenant des murailles de la Weibertreue, furent montées en bagues et vendues partout dans le pays. Avec quel empressement les dames et les jeunes filles allemandes recherchèrent ces précieuses reliques, on le devine. Il y avait émulation et fierté, dans chacune d'elles, à contribuer pour sa part à relever ce monument dont le nom seul était un hommage rendu au sexe, à intervenir pour la durée de ce compliment séculaire taillé dans le granit. En peu de temps on eut rassemblé une assez forte somme dont la direction fut confiée à Kerner, qui l'employa à rendre la ruine abordable par toutes sortes de petits sentiers semés de gazons verts, à ménager d'agréables ombrages sous de fraîches et odorantes plantations ; que sais-je ? à augmenter encore le pittoresque des lieux, le romantisme du paysage, par des jeux de harpes éoliennes.

Mais nous n'y sommes pas encore. A peine arrivons-nous au point d'où le regard distingue pour la première fois la Weibertreue. D'ici à la tour, il nous reste une bonne distance à parcourir, d'abord en descendant, puis en suivant la plaine, jusqu'à ce que nous découvrions à droite, au pied même de la ruine, la petite ville de Weinsberg, qui se tenait cachée derrière la montagne. Weinsberg n'offre rien qui soit digne d'être remarqué. L'on se figure des rues étroites et tortueuses serpentant sur le dernier versant du coteau, une place en escarpement qui sert de marché, et, régnant sur le tout, au point culminant de cet amphithéâtre, l'église. Aujourd'hui, jour de vendanges, les rues deviennent impraticables, grâce à l'encombrement des cuves placées devant chaque maison pour recevoir les raisins qu'on foule, et parmi lesquelles manœuvrent chariots et porteurs, occupés sans relâche à voyager de la vigne au pressoir. Des marchands étrangers circulent parmi les travailleurs ; les propriétaires, les intendants affairés, vont et viennent, distribuant à qui de droit des informations ou des ordres. Mais quel est donc cet homme robuste et grand qui sort de la maison voisine, vêtu d'une ample redingote noire, un bambou solide à la main? Tous se découvrent sur son passage, chacun le salue avec respect, et lui, rendant le salut à tout le monde, traverse la rue et va frapper là-bas à la porte d'une autre maison, où il entre et disparaît. Il marche d'un pas ferme et sûr, la tête inclinée et pensive ; affable envers les gens qu'il rencontre, on voit au sérieux paisible de son air que leur activité et leurs bourdonnements lui demeurent étrangers. C'est Justin Kerner, le poëte, le visionnaire, le médecin, qui, dès cette heure matinale, fait sa tournée chez ses malades, accompagné, comme le docteur Faust, de son chien noir, qui le devance et court par les semailles, satellite ordinaire du médecin, que le poëte a chanté plus d'une fois :

« Animal fidèle, lorsque tu bondis de joie et que ta petite queue frétille, lorsqu'on éveille du repos du sommeil ton maître vers minuit, et lorsque tu jappes devant la porte et parais avoir hâte de partir, il me semble alors, généreux animal, que tu ressens plus profondément que moi-même la souffrance des hommes.

« Tel qu'un esprit léger et précurseur, tu trottes devant ton maître au corps pesant. Il mesure, lui, en soupirant, la carrière que toi tu poursuis volontiers d'un pied agile.

« En toi réside une seconde vue qui manque à la cervelle humaine, et souvent je pourrais te demander en toute confiance : Celui-ci mourra-t-il ou ne mourra-t-il pas ?

« Mainte fois déjà, tel paraissait à mes yeux rose et bien portant, dont toi tu t'obstinais à fuir l'approche, et la mort ensuite arrivait bientôt.

« Écoute, ô fidèle animal ! lorsque tu liras déjà la mort sur mon visage, ne t'éloigne pas de moi, n'abandonne pas celui qui doit bientôt mourir.

« Toujours le long des rues de cette ville, toujours tu m'accompagneras ; lorsque la terre possédera le corps, toi seul apercevras encore l'esprit. »

Y pensez-vous ? Kerner, cet homme robuste et corpulent ? Impossible. Un visionnaire, un homme qui passe son temps à converser avec les Esprits ne saurait avoir cet aspect. Nous en avons connu plus d'un, et ce n'est pas nous qu'on trompera jamais sur ce chapitre. Une physionomie hâve et languissante, des joues creuses, des yeux embrasés de lueurs mornes et fatales, d'épais cheveux blonds en désordre, à la bonne heure ! Mais cette mâle figure, ce visage si plein et si rond, en vérité vous vous moquez ; ce ne peut être là Kerner.

— Le voilà qui sort de la maison ; je vais l'aborder et vous convaincre que c'est bien lui. Peut-être, en y regardant de plus près, remarquerez-vous alors que cette tête, devenue un peu épaisse, j'en conviens, n'en a pas moins gardé les traits les plus délicats, les lignes les plus symptomatiques de l'esprit ; que cette main qu'il va me tendre est la plus blanche et la plus fine qu'on puisse voir, et qu'enfin ces yeux bruns qu'enchâssent de petites lunettes d'écaille percent à travers avec une vivacité singulière, moins pour énumérer de fantastiques visions, ce qui ne lui arrive guère, à ma connaissance, que pour saisir dans le recueillement et la méditation du silence les phénomènes mystérieux d'un spiritualisme transcendant.

Tout en causant ainsi, nous avions atteint l'auberge qu'on rencontre à l'autre bout de la ville. De là au petit domaine de Kerner il n'y a qu'un pas ; et tandis que nous admirions cette charmante retraite si délicieusement épanouie au milieu du plus frais paysage, nous vîmes le docteur qui s'en revenait gaiement de ses visites du matin. Kerner, m'apercevant à la fenêtre du rez-de-chaussée, me tendit la main du dehors, et nous engagea, mes compagnons et moi, à le suivre chez lui. « Pardieu, docteur, je vous fais mon sincère compliment, vous êtes là comme un scarabée dans un bouquet, » lui dit en l'apostrophant avec sa pétulance ordinaire notre plus jeune compagnon, tout émerveillé du site de cette maison, placée au centre d'un paradis terrestre, et comme noyée dans les arbres, les vignes et les fleurs.

— La maison de Kerner est petite, mais agréable, commode, et semble faite à souhait pour l'hospitalité qu'on y exerce. Vous auriez peine à vous imaginer de quels soins affectueux, de quelles prévenances sont entourés les étrangers qui viennent journellement visiter dans son ermitage le poëte de Weinsberg. Quant aux amis, nous n'en parlerons pas ; il ferait beau les voir s'installer autre part! Vous passeriez là des mois et des années, heureux de vous sentir vivre dans cet isolement pacifique, de vous attarder au sein de cette cordiale bienveillance, de vous abandonner au cours de cette hospitalité douce qui ne se laisse pas soupçonner, et semble prendre à tâche d'aller au-devant des scrupules de la discrétion la plus timorée. En effet, vous arrivez, et votre présence n'apporte aucun trouble, aucun dérangement; vous restez, et l'on vit aujourd'hui comme on vivait hier, et les choses continuent d'aller leur train honnête et régulier. D'abord c'est le docteur-poëte, c'est Kerner, assis gravement dans son fauteuil de bois, ou debout à la fenêtre, les mains croisées derrière le dos, ou se promenant de long en large dans son jardin; noble cœur, savoir immense, grand esprit, douce et candide physionomie, où se fondent dans le plus mélodieux accord des qualités qui partout ailleurs, Novalis excepté, se contredisent d'habitude ; fantaisie que l'empirisme tempère, empirisme qu'un rayon de fantaisie illumine. Puis vient sa femme, l'épouse et la mère, la ménagère dont parle Schiller, opposant l'économie traditionnelle à l'enthousiasme, l'esprit de raison et d'ordre à l'imagination, et cependant, du côté du sens littéraire, assez douée pour que rien de poétique ne lui échappe; enfin (car je n'en veux nommer que trois sur cinq) la fille aînée, aimable enfant tout embaumée d'idéalisme, et qu'on prendrait pour une vaporeuse émanation de la plus fraîche fantaisie du père. Vous trouveriez difficilement, dans tout ce beau pays du Neckar, une maison où se soient perpétuées avec plus de fidélité ces saintes mœurs de l'antique Souabe. Aussi, c'est là, dans cette vie toute d'études, de dévouement, de croyances, de spéculations métaphysiques qu'un peu de fantaisie égaie à chaque instant, là, dans son intérieur, dans sa famille, qu'il faut surprendre le poëte et le médecin, le philosophe ami de l'humanité et le rêveur fantasque, le penseur et le visionnaire, si l'on veut se faire de Kerner une idée juste et la rendre.

Kerner, en véritable propriétaire, ne se lasse pas de vous faire parcourir les moindres recoins de son agréable ermitage; vous verrez la maison et le double jardin qui l'entoure ; grâce à l'humeur avenante et descriptive du maître, pas un détail, pas une particularité mémorable ou curieuse ne vous échappera. Sur toute chose, dans cette promenade, la tour fixera votre intérêt : ce morceau de vieille architecture, ce fragment d'une antique forteresse germanique fait à ravir dans le jardin du poëte, qui, de son côté, n'a rien épargné pour en augmenter le pittoresque et l'utile. Au premier étage, une salle gothique, véritable chambre d'étude du docteur Faust, à laquelle il ne manque ni l'ogive, ni les vitraux bariolés d'enluminures, ni le bois sculpté ; puis tout en haut, sur la plate-forme rendue accessible et praticable, une vue magnifique, immense, qui plonge dans la vallée de Weinsberg, et s'étend au loin jusqu'aux montagnes du Löwenstein ; voilà pour les avantages de cette ruine, dont Kerner a su tirer un excellent parti. Cependant midi sonne, l'heure du dîner pour la bourgeoisie allemande : alors, pour peu que le temps soit favorable, la table se dresse en plein air, devant le chalet bâti en amphithéâtre derrière la maison, ou sur la tour, à l'ombre du pommier. Puis, tandis que le repas se prolonge, des hôtes nouveaux arrivent : le corbeau familier, qui descend d'un arbre et vient réclamer sa nourriture ; la cigogne, qui mord sans pitié la main généreuse dont elle reçoit le pain, ce qui faisait dire à Kerner que cet oiseau a perdu son paradis comme l'homme, car il est ingrat comme lui.

La bibliothèque de la tour contient, entre autres monuments précieux, le manuscrit autographe des poésies d'Uhland, envoyées successivement et par lettres aux jours de leur éclosion. Puis ce sont des volumes sans nombre renfermant des actes scientifiques, d'épais in-folio remplis de pièces à l'appui de certains faits magnétiques, la démonologie coudoyant la littérature. Fouillez ces archives étranges, consultez ces annales d'un autre monde, ces parchemins presque cabalistiques, et vous serez épouvanté en face des révélations qui en émanent. Plus tard, si vous en êtes digne, s'il vous juge suffisamment initié pour prendre à la chose un intérêt sérieux, le secrétaire intime de la visionnaire de Prevorst vous conduira dans quelque sanctuaire retiré, où languissent en charte privée, dans une vie incertaine et comme flottant entre l'extase et le sommeil, de ces êtres d'une susceptibilité nerveuse toujours voisine du délire, sensitives humaines qui se crispent et rendent des oracles au souffle du trépied. Là, vous assisterez à des phénomènes singuliers, effrayants parfois, souvent aussi, plaisants et comiques. Il y a quelques années, Kerner avait chez lui une possédée qu'il traitait. Cette femme, à l'état ordinaire parfaitement raisonnable, d'un naturel décent et réservé, donnait, pendant la période de ses crises, les véritables symptômes de la convulsion démoniaque. Contraction subite de la face en horribles grimaces, évolutions spasmodiques, propos tumultueux, menaçants, obscènes, effrénés, où perçaient par moments une saillie drôlatique, un bon mot : tels étaient les signes accoutumés par lesquels se trahissaient ces attaques de catalepsie, qui la prenaient, du reste, à l'improviste, au milieu des soins du ménage ou des travaux d'aiguille et de rouet. Kerner, esprit religieux, chrétien, tout en gardant la conviction profonde qu'il réside chez les gens de cette espèce un mauvais démon sur lequel on peut agir au nom du Christ, n'en saisit pas moins le côté comique de ces hallucinations, et ne se fait pas faute de s'en divertir. Avec la possédée se trouvait, dans la maison du docteur, un vieux domestique atteint autrefois de folie, et qu'une certaine exaltation cérébrale inquiétait toujours depuis. Cet homme savait la Bible par cœur, en récitait de longs passages à la malade, et lui psalmodiait aussi toute sorte de musique et de plain-chant, ce qui soulageait bien un peu la pauvre femme, mais agaçait et soulevait extraordinairement le démon qu'elle avait en elle ; et il n'était pas rare de voir celui-ci, poussé à bout, interrompre la séance avec fureur, et se livrer aux emportements les plus injurieux contre les saintes Écritures et leur malencontreux interprète. Le digne serviteur, désespérant du salut de sa cliente, finit, en dernier ressort, par lui conseiller d'essayer de boire un peu au delà de sa soif, afin que le bon esprit du vin s'emparât du mauvais démon. Un jour qu'il était à prescrire ses ordonnances dans la chambre de la malade, Kerner voulut absolument nous y conduire, et lui demanda de chanter quelques fragments de sainte prose. Le bonhomme obéit, mais d'une voix si chevrottante, que le respectable démon, n'y tenant plus, finit par éclater en invectives et se démener d'une orageuse façon.

Ludwigsburg, lieu de naissance de Justin Kerner, est une petite ville qui, sous de prosaïques apparences, cache une poésie que notre élégiaque a su rendre mieux que personne dans ses *Reiseschatten*, où elle figure sous le nom de Grasburg. Ville toute moderne, et qui ne date guère de plus de cent ans, Ludwigsburg doit à sa position, médiocrement favorable au développement industriel, d'être restée inachevée, inconvénient dont on n'a du reste pas trop à se plaindre, grâce à ces belles allées de tilleuls qui remplissent l'espace demeuré libre dans l'enceinte des murailles, à ces fraîches et vertes promenades semées çà et là de fragments d'architecture, d'ébauches de palais abandonnés au milieu de leur construction, ruines anticipées qui, tout en peuplant ces pittoresques solitudes, ne laissent pas d'en augmenter la mélancolie. Mais laissons parler le poëte lui-même, écoutons la description qu'il va nous faire du pays natal, et voyons glisser devant nous les silhouettes de certains originaux qui l'avaient frappé dans son enfance, et qu'il s'est amusé depuis à crayonner d'un trait. Kerner appelle Ludwigsburg Grasburg (ville du gazon), sans doute à cause de ses rues, où le gazon foisonne.

« On arrive à Grasburg par une allée ombreuse de châtaigniers et de tilleuls. Un silence de mort régnait dans la ville, silence interrompu seulement par le bourdonnement des abeilles en maraude autour des branches qui bourgeonnaient. Des rues longues et larges s'ouvraient devant nous, entre deux rangées de jolies maisons peintes en jaune. Au bout d'une de ces rues, je vis comme flotter une figure blanche. — C'est le perruquier de la ville, me dit mon compagnon.

« Le long des maisons croissait l'herbe; des papillons, des oiseaux d'or, des hannetons voltigeaient dans ces rues pleines de soleil, et tantôt se posaient sur le toit des maisons, tantôt sur cette herbe qui croissait à terre et qui était merveilleuse à voir.

« — Pour peu que nous restions ici une heure, me dit mon compagnon, nous avons chance d'apercevoir un citadin. Et tenez, là-bas, vers la dernière maison, il me semble déjà voir poindre quelque chose.

« Je mis mes lunettes; le citadin approchait; c'était une étrange et épaisse machine, dont le souffle pénible couchait les herbes à la ronde et chassait du plus loin les petits oiseaux d'or de leurs tiges fleuries.

« — Vous voyez devant vous l'entrepreneur des puits, me dit mon compagnon.

« Notre homme s'arrêta un moment pour prendre haleine, tira de son sac un papier qui enveloppait une oie rôtie, dont il dévora les deux ailes, puis se remit en mouvement.

« — Cet homme, car en réalité c'en était un, poursuivit mon compagnon, a l'habitude de commander à dîner pour sept et d'arriver ensuite sans ses hôtes, de sorte qu'il engloutit à lui seul huit portions. Mais tenez, en voici venir un autre. — Et j'aperçus alors une espèce d'escogriffe long et sec, avec une coiffure qu'on eût dite de porcelaine, du reste élégamment vêtu, et qui remontait la rue ventre à terre. Je l'observai de plus près. Sa tête se trouvait dans une telle position, qu'il avait le menton juste devant les yeux. Le bras droit appuyé sur les reins, et la main armée d'un fouet, il arrondissait le bras gauche et semblait suer sang et eau pour contenir une force invisible. Il avait des bottes et des éperons, et, tout en agitant son fouet en arrière, s'écriait chemin faisant : En avant, Blaufuchs, en avant!

« Cet homme, reprit mon compagnon, est le plus furieux amateur d'équitation que j'aie jamais vu. La manie des chevaux lui a coûté son patrimoine ; et, maintenant qu'il n'a plus de quoi se fournir de monture, il chevauche à pied pour n'en point perdre l'habitude, et parcourt ainsi tous les jours la ville au galop et du plus grand sang-froid.

« Nous demeurâmes encore près d'une demi-heure, pendant laquelle âme qui vive ne m'aborda ; çà et là seulement je voyais par intervalles glisser et flotter au bout d'une longue rue quelque apparition incertaine, à moitié perdue dans les vapeurs de l'horizon. »

A la mort de son père, contraint par l'enchaînement des circonstances à se livrer au commerce, Justin Kerner entra, bien malgré lui, on le devine, dans une fabrique de toiles à Ludwigsburg ; pauvre poëte réservé, comme tant d'autres, aux tribulations de la vie réelle, chaste et naïf amant de la plus éthérée des muses, jeté sitôt l'enfance au milieu des machines et des calculs de l'industrie, isolé mortellement dans cette vie de la fabrique, véritable cloître des temps nouveaux, affreux cloître où Dieu manque. Pour échapper à ces occupations peu propres à développer le génie poétique, à ces ingrates occupations du comptoir et de l'atelier auxquelles il se livrait depuis deux ans, Justin Kerner n'eut de refuge qu'en lui-même. Il descendit à la fin dans son âme, cette âme mélancolique et profonde où fermentait tout un printemps, comme dans ces enclos abandonnés que nul jardinier ne visite. O poëte ! il était temps. Et Kerner chanta, et tous ces fils de la quenouille du printemps, fils de soie et d'or, rayons de la lune et du soleil, servirent désormais à son œuvre; car Dieu l'avait fait tisserand, mais tisserand de toiles merveilleuses, de ces tissus de fées que la reine Mab de Shakspere aime tant. Des premiers *lieds* que la muse de Kerner bégaya en s'éveillant, de tous ces lieds qui durent s'exhaler comme autant de soupirs vers le ciel, il ne reste plus rien ; le poëte les a brûlés depuis, effaçant de son cœur ainsi que de son livre ces souvenirs douloureux d'une époque d'épreuves et de servitude. Ludwigsburg avait alors pour ministre protestant le poëte Conz

C'est à lui que Justin Kerner communiqua ses premiers essais littéraires, à lui qu'il soumit ses traductions de poëtes italiens. Conz ne tarda point à remarquer chez son élève de rares qualités de sentiment et d'imagination ; et, sans prédire encore au jeune lyrique la destinée d'un Pétrarque ou d'un Goethe, comme on n'eût certes pas manqué de le faire chez nous, il reconnut aisément l'incompatibilité de vocation. Le pasteur prit en amitié son disciple, l'aida de ses conseils, et fit si bien que, dix mois après, Justin Kerner, secouant la poussière du magasin, se rendit à Tübingen afin d'y étudier la médecine. C'est là qu'il rencontra pour la première fois Ludwig Uhland. Ces deux nobles âmes ne pouvaient demeurer étrangères l'une à l'autre ; le sens de la poésie, de la vieille poésie nationale, les unissait d'avance irrésistiblement. Un troisième lyrique, devenu célèbre depuis, Schwab, ne tarda pas à se mettre de la partie.

Temps illustre et mémorable pour les lettres allemandes, que celui où les trois poëtes fondateurs de l'école souabe, Uhland, Kerner et Schwab, étudiaient ensemble à Tübingen, au plus fort des guerres de l'empire. Goethe et Schiller venaient de trouver la forme classique de la poésie allemande, et l'école romantique, ayant Tieck à sa tête, travaillait déjà à donner à l'idée un sens plus religieux, plus fervent, plus essentiellement germanique ; à la forme plus de mouvement, de passion, de simplicité populaire d'une part ; de l'autre, plus d'indépendance et de liberté. Nos trois jeunes Souabes, destinés par la vocation et le talent au culte de la poésie lyrique, rivalisaient donc de leur mieux en toute sorte de lieds et de romances, dont plusieurs restent encore comme les plus charmants modèles qu'on cite. Dès cette période, se laisse entrevoir la différence qui sépare Uhland de Kerner, et qui devait, plus tard, décider de leurs tendances opposées. En général, Uhland passe pour avoir plus de raison, de plasticité ; Kerner, de sentiment et de fantaisie. Sans nous en tenir à cette formule, un peu vague et indéfinie, nous dirions volontiers, et d'une façon plus caractéristique peut-être, que l'un cherche davantage l'accident humain et s'y complaît, tandis que l'autre le dépasse. Les sensations que font naître dans le cœur de l'homme le printemps, le voyage, et les mœurs poétiques du pâtre, du chevalier, du barde, tels sont les sujets que Uhland affectionne et qu'il excelle à rendre sous les couleurs mêmes de la vie. Kerner procède tout autrement ; il ne

lui suffit pas de passer de l'activité humaine dans la nature, de
la plaine dans la montagne et la forêt ; il va de l'exil terrestre à
la patrie supérieure, il oublie l'existence pour la mort. Dans
l'empire romantique, où tous les deux s'agitent, et qu'ils se par-
tagent, Uhland aura le côté classique, si je puis m'exprimer
ainsi ; Kerner, le côté plus spécialement romantique. La muse
d'Uhland, bien qu'elle s'égare parfois dans l'infini, n'en a pas
moins pour habitude, et cela dans ses meilleures manifestations,
de savoir se contenir dans le fini et d'y trouver son infini. La
muse de Kerner, au contraire, quelque effort qu'elle fasse dans
certains lieds et certaines ballades pour trouver son entier apaisement dans les limites de la sphère terrestre, ne se montre avec
son caractère original et sa véritable physionomie que lorsqu'il
lui arrive de dépouiller l'humanité qui l'enveloppe et de s'abi-
mer au sein de l'océan de l'être, dans les vapeurs insaisissables
de la *Sehnsucht* allemande.

Ses études une fois terminées, Kerner se mit à visiter une
partie de l'Allemagne, et les lettres qu'il écrivit pendant ce
voyage à ses amis, devinrent plus tard le texte d'un livre excellent, source de poésie éternellement fraîche et pure, de saine
et délicieuse poésie, l'une des œuvres qui caractérisent peut-être
le mieux ce charmant génie ; je veux parler des *Reiseschatten*,
publiées vers 1811. Pour l'indépendance de la forme, la variété
du mouvement, le mélange rapide, bigarré, du sentimental avec
le fantastique et le comique, on pourrait comparer ce livre aux
plus capricieuses imaginations de Jean-Paul, n'était l'éclair romantique qui le traverse, la vague tendance vers le moyen âge,
qui, tout en précisant davantage le sentimental, en gêne un peu
l'essor et le restreint. Le comique des *Reiseschatten* est aussi
plus simple, plus populaire, et le caractère général de l'œuvre
plus immédiat en quelque sorte, plus essentiellement naïf.
Kerner, dans les *Reiseschatten*, manipule et travaille à fondre
ensemble deux éléments. D'un côté, c'est l'élément romantique
en ce qu'il a de négatif et de positif, avec son ironie plaisante,
son amer dédain de toute vérité prosaïque, son enthousiasme
pour le moyen âge et la nature, son effusion sublime dans le
recueillement religieux et l'amour ; de l'autre, ce sont les souvenirs du poëte : impressions de personnes et de lieux, vicissitudes de l'existence, toutes choses qui ont pu l'affecter, et que
tantôt il adapte au côté négatif ou positif de l'élément roman-

tique, et tantôt éparpille entre les deux, sans dessein, au hasard, dans un laisser-aller humoristique. Et, le croira-t-on ? cette verve originale que Justin Kerner a de commun avec Jean-Paul, cette tendance vers le burlesque et le baroque, loin de porter atteinte au sérieux du poëte, à son élégiaque gravité, comme il semblerait au premier abord, s'y coordonne à merveille, grâce au spiritualisme dominant, à une métaphysique propre à cette intelligence de visionnaire un peu cousine de Jacob Böhm. Interrogez les idées de Kerner, suivez la théorie d'où relève chez lui toute inspiration : que trouvez-vous, sinon un détachement absolu des choses de la terre, une manière d'envisager l'existence qui se rapproche de l'ironie du moyen âge, de l'esprit qui anime la danse macabre ? La vie par elle-même n'est rien, on n'en saurait tenir compte ; le véritable but n'est pas en elle, mais au delà. Ses travaux, ses efforts, ses œuvres, son va-et-vient tumultueux, pour quiconque y regarde de près, ne sont qu'une éternelle mascarade, qu'un jeu de marionnettes ridicules dont le sage s'amuse, quitte à se mêler, lui aussi, à la bande des fous, lorsqu'à la fin le poids du sérieux l'écrase.

Le premier chapitre des *Reiseschatten* nous introduit par une belle soirée d'automne dans la vieille cité de Reichstadt. Les honnêtes bourgeois sont assis devant leurs portes : l'homme, la femme, la jeune fille, les voisins, la servante ; une de ces paisibles assemblées en plein air comme on en voit encore dans les petites villes de la Thuringe. L'enclume ne bat plus, nul chariot n'agite le quartier. Çà et là une voix s'élève, quelque fileuse qui chante au rouet ; mélancolique voix qui porte l'âme au recueillement. Peu à peu les bruits diminuent, le passant attardé fredonne encore, la rue devient déserte, et l'on n'entend plus que le chuchotement des amoureux sous la porte des maisons et le murmure du puits.

« Je m'acheminai vers la cathédrale gothique, sépulcre immense que la lune n'éclairait pas encore. De longs soupirs s'exhalaient de son sein : les pulsations de l'horloge ; et de plus en plus autour d'elle s'étendaient l'épouvante et la solennité des ténèbres et du silence. Tout à coup une voix sourde et caverneuse sortit comme des profondeurs du sanctuaire, et se mit à chanter ; c'était l'esprit de l'église. »

L'esprit de la cathédrale se lamente et gémit sur l'indifférence et le froid scepticisme des générations nouvelles.

« Malheur à la race contemporaine, race énervée et bâtarde! Dans les soupirs et les sanglots, que de milliers d'heures n'ai-je point attendu! Hélas! attachée au cercueil, nulle main ne se lèvera pour ma délivrance.

« Ceux qui pour moi ont souffert la mort, l'infamie et la torture, gisent autour de moi dans leurs fosses. Alerte donc, Esprits qui flottez dans les airs; debout, vous qui dormez sous la pierre du sépulcre! Venez tous errer aux clartés des étoiles, dans mes vastes salles désertes; venez, que les chants sacrés retentissent encore sous mes voûtes! »

Dans cette plainte de la cathédrale éplorée est le point de vue sérieux du livre. Abordons maintenant le côté comique; aussi bien il ne tarde guère à nous apparaître et se laisse surprendre sitôt que notre voyageur met le pied dans le coche, grâce à l'étrange compagnie qui s'y rencontre. C'est d'abord le poëte Holder avec ses extravagances par moment sillonnées d'un éclair de génie, maniaque dont le type existe aussi parmi nous, et qui représente, dans l'idée de l'auteur, le romantisme bizarre, désordonné, tel que tant de gens s'obstinent encore à le vouloir comprendre. Un chimiste, à force d'entendre notre poëte discourir, finit par déclarer que sa folie provient d'un excès d'oxygène amassé dans son âme. Sur quoi le pasteur s'effarouche, trouvant l'opinion singulièrement matérialiste, et travaille à ramener, par l'exposition de doctrines plus saines, cette noble intelligence aliénée. Le pasteur, ainsi qu'un menuisier qui fait partie de la caravane, appartient à la rédaction d'une revue anti romantique. Les têtes s'échauffent; entre le poëte Holder et chimiste d'une part, le pasteur et le menuisier de l'autre, l'orage menace d'éclater, lorsque le poëte antiquaire Haselhuhn s'avise par bonheur d'intervenir.

Si, au dire de Kerner lui-même, ce petit livre n'est parto qu'allusions, si les types ont vécu et vivent encore, de ces silhouettes qui défilent derrière le rideau poétique à la manié des ombres chinoises, je soupçonne fort ce maître Haselhuh qu'on fait asseoir, à cause de sa corpulence énorme, sur le siè du cocher, afin qu'il serve de contre-poids aux bagages, je soupçonne d'avoir certaine parenté avec un digne écrivain d nom de Conz, qui donna, comme nous l'avons vu, à Justin K ner les premiers conseils littéraires, et joua entre les classiq et les romantiques de l'Allemagne le rôle un peu niais du con liateur de la voiture.

Chose étrange, dans ces ébauches singulières où le comique touche parfois au burlesque, jamais le sentiment n'abdique. C'est la physionomie originale de Kerner d'avoir en soi la poésie inhérente, infuse, de ne pouvoir s'en départir un seul instant; même lorsqu'il côtoie la réalité du plus près, lorsqu'il s'attache à reproduire des personnages, des événements non plus imaginaires, mais véritables, existants, d'une authenticité pour ainsi dire quotidienne, Kerner idéalise; sérieux ou comique, rêveur ou bouffon, il idéalise toujours. Par un secret merveilleux qu'il possède seul peut-être avec Novalis parmi les Allemands, au moment où l'on s'y attend le moins, il perd la pesanteur terrestre, et vous le voyez, essence éthérée et poétique, flotter librement dans l'azur. Quels que soient les personnages réels qu'il adopte, les eût-il encore plus connus et pratiqués, il sait leur inoculer dans les veines, au lieu de sang, un baume surnaturel qui répand sur leur front une sérénité divine, une jeunesse inaltérable, comme fait pour Mignon le médecin de *Wilhelm Meister.*

Voyons maintenant la fantaisie de Kerner, le motif élégiaque et vaporeux du livre; suivons le poëte dans ce voyage nocturne qu'il fait sur le fleuve, en société d'une jeune harpiste aveugle, de compagnons et de jeunes filles qui se rendent à la foire prochaine; rêverie mélodieuse où sont esquissés à traits rapides la plupart des personnages familiers au lied du moyen âge; fond romantique d'où se détachent çà et là de mélancoliques et sentimentales figures, entre autres cette singulière jeune fille de la mer du Nord, et ce pauvre garçon meunier appelé à la guerre, et qui s'est séparé de sa bien-aimée avec le pressentiment qu'il tomberait le premier sur le champ de bataille.

« En ce moment les rochers gigantesques reparurent. — Dieu te garde! Dieu te garde! vociférèrent les mariniers, et l'écho répondit : Dieu te garde!

> Écho, écho du vallon et des bois,
> Va saluer mon trésor mille fois!

s'écria le garçon meunier, que nous avions pris avec nous; et l'écho répéta « mille fois » intelligiblement. — Or çà, ne perdons pas à dormir cette belle nuit; debout, jeunes filles, debout! dit un chasseur de la compagnie; il s'agit maintenant de chanter. — Et es jeunes filles, déjà presque assoupies, se levèrent, moitié souriant, moitié boudant. La virtuose aveugle accorda sa harpe. — Bravo! reprit le garçon meunier, entonnons tous un lied de voyage.

— Non, plutôt des lieds qui parlent de la nuit, des fleuves et de la mer, de vrais lieds à chanter sur un bateau, dit le marinier. Et nous commençâmes ainsi qu'il suit, au battement des rames, aux sons de la harpe qui nous accompagnait :

> C'était au mois de mai : les belles jeunes filles
> De Tübingen dansaient sous les vertes charmilles ;
>
> Elles dansaient, dansaient en leur croissante ardeur,
> Autour d'un frais tilleul, dans la vallée en fleur.
>
> Un jeune homme étranger, de superbe apparence,
> Vers la plus belle vierge en souriant s'avance,
>
> Lui présente la main, et couvre ses bandeaux
> D'une verte couronne à la couleur des flots.
>
> — Jeune homme, la pâleur de ta main, d'où vient-elle?
> — Dans le fond du Neckar il fait si froid, ma belle !
>
> — O jeune homme ! d'où vient qu'il est glacé, ton bras !
> — La chaleur du soleil sous l'eau ne plonge pas.
>
> Loin, bien loin du tilleul, il l'entraîne, il l'entraîne.
> — Jeune homme, laisse-moi ; quelle angoisse est la mienne !
>
> Par sa taille élancée il la saisit soudain.
> — Te voilà, belle enfant, la femme de l'Ondin.
>
> Toujours dansant, il plonge au sein des eaux profondes.
> — O mon père ! ô ma mère ! ô mes compagnes blondes ! —
>
> Et lui donne pour chambre un palais de cristal.
> — Adieu, mes blanches sœurs dans le vallon natal !

« Maintenant laissez, que je chante un lied d'amour et d'adieux, dit la jeune fille à la harpe. Elle accorda sa harpe, puis elle et le garçon chantèrent :

« — Qui te rend, bien-aimé de mon cœur, la joue ainsi pâle ? Qui te mouille ainsi de larmes ?

« — O chérie, chérie de mon cœur ! j'ai tant de peine ! il me faut aller loin d'ici, bien loin, au delà de la mer.

« — Et si tu t'éloignes ainsi, là-bas, au delà de la mer, tu trouveras une autre bien-aimée. Chéri de mon cœur, adieu !

« — Des milliers d'étoiles étincellent au pavillon céleste ; mais nulle d'entre elles ne plaît comme la lune.

« — Bon ; prends seulement cet anneau, cet anneau d'or, et, s'il te devient trop étroit, jette-le dans la mer.

« — Mets encore cette fleurette sur ton cœur palpitant, et, quand elle ne s'exhalera plus, ta douleur aussi sera passée. »

« Le lied convint aux jeunes filles, et, dès la troisième strophe, elles se mirent à chanter en chœur.

« Maintenant, dit le garçon meunier, entonnons tous ensemble le lied du sire de Haide (1) : la mélodie a quelque chose d'étrange, et c'est aussi un lied de matelots.

«La jeune fille accorda de nouveau sa harpe, et tous, d'une voix grave, aux battements monotones des rames, chantèrent en chœur le lied qui suit :

>Dites, sire de Haide, dites,
>Pourquoi ce long vêtement blanc?
>— Là-haut, sur ces hauteurs maudites,
>La roue, hélas! déjà m'attend. —
>
>Et ta femme, où donc, capitaine,
>Est-elle quand tu vas mourir?
>— Sur la mer, sur la mer lointaine,
>Elle vogue pour son plaisir. —
>
>Vers la hauteur patibulaire
>Le convoi défile en chantant;
>Deux corbeaux volent par derrière,
>Deux autres volent par devant.
>
>— Sombres messagers de l'espace
>Une fois repus de ma chair,
>Allez tout raconter, de grace,
>A ma femme errante sur mer. —
>
>La lune éclaire, l'air est tiède,
>Le vaisseau glisse doucement;
>La femme du sire de Haide
>Prend le frais avec son galant.
>
>— Voyez-vous, au feu des étoiles,
>Voyez-vous ces sombres oiseaux?
>Ils vont s'abattre sur les voiles.
>J'ai peur; arrêtez, matelots!
>
>— Hurrah! hu! hu! funèbre race!
>Délogez, hôtes de malheur! —
>Mais eux ne bougent pas de place.
>— Arrêtez, matelots, je meurs!
>
>Le premier laisse choir la jambe,
>Le second un doigt tout sanglant,
>Le troisième un œil noir qui flambe,
>Et le quatrième une dent.
>
>La lune éclaire, l'air est tiède,
>Le vaisseau glisse doucement;
>La femme du sire de Haide
>Git morte aux bras de son galant!

Immédiatement après son voyage, Kerner s'établit pour quelque temps à Wildbad en qualité de médecin des eaux, puis de

---

¹ *Herr von der Haide;* le mot à mot voudrait : *Sire de la Bruyère.*

là se rendit à Welzheim. Au milieu des travaux scientifiques, des observations médicales, qu'il publia pendant son séjour en ces deux petites villes, remarquons déjà certaines poésies lyriques imprimées, tant avec Uhland dans le *Dichterwald* qu'en d'autres recueils littéraires de l'époque.

De Wildbad et de Welzheim, Kerner se transplanta d'abord à Gaildorf, plus tard à Weinsberg, non sans quelque regret de ces grands bois de sapins, de ces lacs solitaires et bleus perdus dans les crevasses du granit, de tout ce beau pays romantique dont il s'éloignait [1]; ce qui ne l'empêcha pas cependant de plonger, avant peu, dans ce sol nouveau des racines plus profondes qu'il n'avait fait partout ailleurs. Il bâtit au pied de la *Weibertreue sa maisonnette hospitalière sous de verts ombrages*; puis ayant pris pour femme une jeune fille qu'il adorait, trois beaux enfants lui vinrent, qu'il voyait avec amour *s'ébattre çà et là joyeusement* [2]. La Weibertreue fut mise en honneur et restaurée ; une ère lyrique s'ouvrit, ère de légendes et de bons vieux récits où ne manquaient jamais de figurer les exploits glorieux de Weinsberg pendant la guerre des paysans, tout cela sans préjudice d'excellents écrits scientifiques aujourd'hui encore estimés ; car, avec Kerner, le poëte et le docteur marchent de front, et il n'est pas rare de les voir écrire sous la dictée l'un de l'autre, dans ces expériences magnétiques surtout auxquelles notre docteur ou notre poëte, comme on voudra, commença à se livrer de corps et d'âme, peu après son installation dans le pays de la célèbre héroïne du drame de Henri de Kleist [3]. De l'observation des cas simples, tels qu'il les décrit lui-même dans son *Histoire de deux somnambules,* il en vint à des spéculations plus hautes, et finit, grâce à la visionnaire de Prevorst, par

---

[1] *Gedichte,* p. 67.

[2] *Gedichte, Zueignung.*

[3] *Kaetchen von Heilbronn :* Heilbronn, à deux lieues de Weinsberg. En cette partie du sud de l'Allemagne, le magnétisme nage dans l'air. A défaut de cet instinct irrésistible qui l'entraîne à rechercher surtout dans la science le transcendant, le mystique, le *surnaturel,* avec une imagination comme la sienne, Justin Kerner devait en être amené là par les phénomènes singuliers qui frappèrent ses yeux dès les premiers jours. Il semble, en effet, que cette contrée de Heilbronn ait reçu le don du ciel de produire des sujets magnétiques ; les exemples qu'on pourrait citer s'offrent en foule. Privilége bizarre pour un pays, et qui du reste ne date pas d'hier, puisqu'à quatre siècles de distance la célèbre Kaetchen, l'héroïne cataleptique de Kleist, et la visionnaire de Kerner s'y rencontrent.

s'élever à l'apogée des expériences magnétiques, et traverser librement, à la suite de sa cataleptique, les plaines où s'agitent l'*agathodemon* et le *kakodemon*.

A propos de la Weibertreue, nous citerons en passant une douce et touchante anecdote qui se rattache à ses annales contemporaines. Il ne s'agit, cette fois, ni du comte Éberhard ni d'un margrave du Rhin, mais d'un poëte mort à la fleur de l'âge, du chantre élégiaque de *la Belle Meunière*, et l'anecdote, pour sa mélancolie, vaut la plus ancienne légende. — Wilhelm Müller, déjà épuisé par cette maladie de langueur et de consomption qui le mit au tombeau, devait, en revenant d'une promenade sur les bords du Rhin, visiter dans son ermitage le solitaire de Weinsberg. L'entrevue avait lieu le lendemain, et Justin Kerner, voulant rendre un hommage triomphal à son mélodieux confrère, dont les *Poésies grecques* faisaient alors grand bruit en Allemagne, imagina de hisser l'étendard hellénique sur le plus haut point de la Weibertreue. On arrache un jeune arbre du jardin, une toile est bientôt trouvée, il ne reste plus qu'à la badigeonner aux couleurs nationales du pays de Tyrtée et de Botzaris; grand embarras pour notre poëte, qui n'a jamais ouvert un livre de blason, et qui, si on excepte le drapeau de Wurtemberg, n'en connaît pas d'autre sur la terre. N'importe, en pareil cas l'intention est tout. A défaut du véritable on compose un pavillon de fantaisie, champ d'azur et d'argent, croix de sable brochant sur le tout; les hôtes qu'on attend n'en demanderont pas davantage. On était alors au commencement de l'automne. Vers le soir le vent du sud se leva, et la pluie, en tombant à flots, lava tellement sur le pic du donjon l'étendard improvisé, qu'à l'aube naissante toute espèce d'azur avait disparu de ses plis; et, dans la matinée, lorsque Wilhelm Müller arriva, la première chose qu'il aperçut fut, ô lugubre étendard ! cette croix noire sur un linceul blanc qui flottait à son intention au sommet de la tour. Du drapeau grec, tel que Justin Kerner l'avait imaginé la veille, les caprices du ciel venaient de faire le pavillon de la mort, la bannière des funérailles, triste présage qui, du reste, ne tarda pas à s'accomplir. Wilhelm Müller quitta Weinsberg l'âme frappée. Il avait voulu, malgré toutes les représentations qu'on lui adressa, consulter la visionnaire de Prevorst que Justin Kerner traitait en ce moment. Ce qui se passa entre la cataleptique et le poëte languissant, on ne l'a jamais su.

Le fait est que la femme de Wilhelm Müller remarqua chez lui, après l'entrevue, une exaltation inusitée et qui la surprit douloureusement. Comme on s'en retournait, tout le long du chemin, le pauvre poëte ne fit que parler de la somnambule, et, lorsqu'il rentra dans sa maisonnette de Dessau, ses amis sentirent s'évanouir leur dernier éclair d'espérance. Il avait cette résignation douce et mélancolique, cette sérénité souffrante que respirent les âmes pures au moment de s'envoler à Dieu. « Maintenant, disait-il un jour, la veille de sa mort, au baron de Simolinn, dont il avait combattu autrefois les idées sur le magnétisme, maintenant je suis entièrement de ton avis, mais je t'ai dépassé ; il te manque, à toi, l'initiation : pour l'avoir complète, il faut te rendre à Weinsberg, là tu t'entretiendras avec les Esprits qui sont au-dessus de nous. » Savait-il donc, lorsqu'il parlait de la sorte, qu'il touchait déjà de si près au seuil du monde invisible ? Citons ici le sonnet que Justin Kerner a consacré depuis à la mémoire de cette visite :

« Tu vins à moi, étoile dans la nuit calme, pour disparaître au retour du soleil ; ni les douces chansons, ni les blessures d'Hellas n'occupèrent alors notre causerie ou notre muette pensée.

« Non ; les heures rapides du terrestre songe, le jour du réveil intérieur, le jour où l'on se reverra dans la gloire d'un meilleur monde, voilà ce que nos esprits se dirent l'un à l'autre en leur étroit commerce.

« Le matin se leva, et dans le voile du brouillard je vis ton image pâle flotter ; je vis, du haut de l'antique tour, se balancer l'étendard funèbre.

« Les cloches tintaient la fête du dimanche ; mais moi, dans mon âme, j'entendais vibrer une voix qui me disait : Adieu ! adieu ! au revoir dans une autre vie ! »

XII.

La Visionnaire de Prevorst.

Revenons à la Visionnaire.

Le livre de Kerner est l'histoire d'une de ces malheureuses créatures chez lesquelles la maladie, les souffrances morales, ou bien (et c'est ici le cas) une disposition héréditaire, innée, ont tué le corps. L'équilibre rompu, on devine ce qui en résulte : plus l'élément charnel disparaît et s'efface, plus le spirituel grandit, plus rayonne et flamboie, dans le globe chaque jour moins opaque, la mystique clarté de Van Helmont et de Jacob Böhm. Qu'arrive-t-il? Les nerfs finissent par devenir le principe unique de l'existence, Kerner dirait l'esprit des nerfs. Le merveilleux abonde dans ce livre, le merveilleux en tant que révélation des secrets de cette vie intérieure, en tant que recherches et vues nouvelles sur un monde d'Esprits en rapport continuel avec le nôtre. Cette vie intérieure, dont parle Kerner, s'agite en nous non-seulement durant le sommeil magnétique, mais dans l'activité réelle de l'existence; si nous ne la sentons plus guère, si nous sommes désormais inhabiles à déchiffrer ses nombres substantiels et profonds, c'est que le tumulte du monde extérieur nous en empêche jusqu'au jour où, le monde extérieur s'effaçant, l'esprit se sent irrésistiblement attiré vers le cercle intérieur, et contemple, souvent trop tard, ce qui s'y passe.

« Seriez-vous perdu encore davantage dans le tourbillon de la vie extérieure, vous appliqueriez-vous mille fois à ne chasser que les phénomènes du dehors, il viendra une heure, et fasse le ciel que ce ne soit pas la dernière de votre existence! une heure de désespoir et de larmes, où, précipité tout à coup du faîte du bonheur terrestre, vous resterez seul dans l'abîme, seul dans l'abattement et le repentir. Alors vous chercherez en vous cette vie intérieure, cette vie oubliée peut-être depuis votre enfance, et qu'il vous arrivait d'entrevoir çà et là dans vos songes nocturnes, mais sans en comprendre le sens. Combien ont eu cette destinée, et combien l'auront encore, qui se promènent au soleil, le visage épanoui, et mettent tout leur fond dans les vanités de ce monde! Et naguère n'entendais-je pas l'un d'eux s'écrier, dans le râle de la mort : « La vie a déserté le cerveau, elle est toute dans l'épigastre ; je ne sens plus rien de mon cerveau, je ne sens ni mes pieds ni mes bras, mais je vois des choses inénarrables auxquelles je n'ai jamais cru! C'est une autre vie. » Et, disant ces mots, il expira (1). »

Dans le Wurtemberg, non loin de Löwenstein, sur le plus haut pic du Stocksberg, à dix-huit cent soixante-dix-neuf pieds d'élévation au-dessus de la mer, est situé, au milieu d'une ceinture de bois et de forêts, dans le plus romantique isolement, le petit village de Prevorst. Là naquit, vers 1801, une femme chez laquelle se manifesta dès la première enfance une sorte de vie intérieure, étrange, singulière, et dont les phénomènes forment le sujet du livre de Kerner. Frédérique Hauffe, la fille du fores-

---

1 *Die Seherinn von Prevorst*, Erster. Theil., s. 4.

tier de la contrée, fut élevée selon les conditions du lieu et de sa position, c'est-à-dire avec simplicité et sans nulle recherche. Accoutumée à l'air vif de la montagne, au froid rude et tenace de ces pays escarpés, elle semblait, heureuse enfant, ne demander qu'à vivre et à s'épanouir sur le rocher ou dans la forêt, au milieu de ses sœurs, lorsqu'on remarqua chez elle les premiers symptômes d'un force surnaturelle, d'une puissance de pressentiment qui se révélait la plupart du temps par des songes prophétiques. Un déplaisir, une réprimande amèrement endurée, suffisaient pour mettre en mouvement cette vie de l'âme, qui dès lors n'attendait plus que le repos nocturne pour entraîner la pauvre enfant en ses abîmes les plus profonds, où passaient et repassaient à ses yeux des spectres, des images pleines de leçons et d'avertissements, des ombres presque toujours fatidiques. Les influences sidérales agissaient aussi déjà sur elle irrésistiblement ; l'onde et les métaux l'impressionnaient. On conçoit quelle épouvante sacrée, quelle terreur superstitieuse dut s'emparer de cette honnête famille de montagnards, au spectacle d'une affection semblable, de ce sens intérieur, spirituel, qui se développait de jour en jour, aussi normal désormais, aussi peu facile à retenir en son élan, que la croissance du corps. Cependant, comme il fallait pourvoir à l'éducation religieuse de Frédérique, on l'envoya à deux lieues de là, à Löwenstein, où demeurait son grand-père.

Le vieillard avait coutume d'emmener Frédérique en ses promenades, et bientôt il s'aperçut que cette enfant, si éveillée au grand-air, si heureuse de courir dans les bois et le pré, lorsqu'elle arrivait à certaines places, s'arrêtait tout à coup, devenait pâle et frissonnait. Le bonhomme commença par ne rien comprendre à la chose, jusqu'au jour où il observa que les mêmes sensations se renouvelaient chaque fois que sa petite-fille entrait dans une église où se trouvaient des sépultures. En pareil cas, la pauvre enfant n'y pouvait tenir, et se réfugiait en toute hâte sous le portail. Inutile de dire que des répugnances non moins invincibles la soulevaient dans les environs d'un cimetière, le champ des morts eût-il été du reste encore éloigné de quelque distance, et si bien caché par les touffes d'arbres ou les accidents du terrain que les yeux n'en pouvaient découvrir vestiges.

Cette malheureuse disposition à voir sans cesse et partout des

Esprits ne fit qu'empirer par le mariage. La médecine ne comprenait plus rien à cet état contre lequel tous les traitements avaient échoué. Elle, cependant, languissait et dépérissait de jour en jour ; plus de sommeil, ses longues nuits se passaient dans les sanglots et les extases. Une faiblesse mortelle l'accablait, et l'approche d'un être humain la jetait dans l'épouvante et la convulsion. Elle allait mourir, lorsqu'après avoir tout essayé, jusqu'aux expériences magiques, sympathiques, jusqu'aux exorcismes (un moment on l'avait crue sous une influence démoniaque), sa famille la conduisit à Weinsberg, et, tentant une dernière chance de salut, la remit entre les mains du docteur Kerner, déjà célèbre dans le pays par ses recherches sur le somnambulisme et ses spéculations magnétiques.

Une fois Kerner en possession de sa cataleptique, il ne la quitte plus d'un seul instant ; il la surveille, il l'observe, il l'étudie, il écrit presque sous la dictée de cette organisation de sensitive ; pas un mot, pas un geste, pas une divagation de la visionnaire, dont il ne prenne note pour la recueillir ensuite et la commenter dans son livre, résumé curieux de tous les rêves, de tous les pressentiments, de toutes les émotions surnaturelles qui ont agité jusqu'à sa mort cette malheureuse créature ; tristes annales, en vérité, quand on songe à la condition cruelle que fait la société moderne aux infortunés de cette espèce ! Encore l'antiquité avait pour eux une sorte de vénération mystique ; et ce culte sacerdotal dont ils étaient l'objet, s'il ne pouvait s'appeler une compensation aux douloureuses conséquences d'une susceptibilité maladive incessamment éveillée, du moins les aidait à prendre leur sort en patience, et, si j'ose le dire, abondait dans le sens de leur infirmité, en les tenant à l'écart d'un monde où l'état magnétique les empêchait de vivre. L'état magnétique, devenu désormais une expérimentation presque banale, une science en règle ayant ses adeptes et ses détracteurs, une chose que les incrédules peuvent toucher du doigt et dont les charlatans trafiquent, était alors un mystère sacré dans le sanctuaire des dieux, un délire sublime que le prêtre irritait aux fumigations du laurier de Castalie et qu'il exploitait au profit de sa politique. On élevait alors les somnambules dans les cellules du temple, au fond du tabernacle, où ils vivaient en reclus solitaires, dans un demi-jour favorable à l'extase, dans le solennel recueillement de la majesté divine. Dans l'antiquité, le somnambusisme porte avec lui un caractère grandiose; il est politique, il est social et sacré, il préside aux conquêtes des peuples, aux progrès de la civilisation; au camp de Saül, au sanctuaire de Délos, partout il s'interpose entre l'homme et les dieux, partout il intervient dans les affaires humaines comme une voix intelligente, inspirée, comme une voix d'en haut. L'observation moderne, en ôtant à l'état magnétique son illuminisme révélateur, son appareil mystique et sacerdotal, ne s'est guère préoccupée, on le pense, de la condition misérable qu'elle créait à ces organisations à part, errantes désormais, sans abri, sans asile, au milieu d'une société qui ne les comprend plus. Du moment que le fait social devient un fait individuel, isolé, un simple cas critique, il n'y a de refuge pour la pythie chassée du temple que la maison des fous. Je me trompe, une dernière ressource, un moyen suprême restait encore, que la cupidité de notre temps ne pouvait manquer d'employer. L'état magnétique, devenu, comme nous disions, un fait individuel, isolé, en dehors de la conservation commune, fut mis en demeure de pourvoir à ses propres besoins; le somnambulisme fut érigé en industrie, on en trafiqua, et nous eûmes ces malheureuses filles que l'Esprit visite à jour et heure fixe, ces cataleptiques de contrebande toujours prêtes à dépenser leur inspiration en menue monnaie d'ordonnances et de recettes. Cependant, parmi les sujets excentriques dont nous parlons, il s'en est rencontré plus d'une fois de sincères, d'honnêtes, et qui descendent, sans trop de bâtardise, de la sibylle antique; témoin la Frédérique de Kerner, cette malheureuse créature condamnée, du berceau à la tombe, à vivre entre deux éléments qu'elle finit par ne plus distinguer l'un de l'autre, les pieds dans la réalité humaine, l'esprit dans la contemplation et l'extase, épouse à la fois et visionnaire. Quel sort que celui d'une organisation pareille ayant à se développer dans les conditions de la vie commune, le sort d'une chrysalide poursuivant son éclosion au milieu d'une troupe d'écoliers turbulents! L'un lui souffle dessus, l'autre la remue avec force, un troisième la perce d'une aiguille, et la pauvre larve périt lentement sans pouvoir aboutir.

J'extrais de ce livre quelques particularités singulières, quelques observations caractéristiques sur ce *sujet* longtemps soumis à l'analyse du poëte-docteur, et qu'on ne lira peut-être pas ici sans intérêt.

« Elle avait dans les yeux une lueur étrange, *spirituelle,* qui vous frappait dès l'abord, et, dans tous les rapports de l'existence, elle était plus esprit que femme. Qu'on se figure l'instant de la mort devenu un état permanent, presque normal ; un être suspendu par une fixation mystérieuse entre la mort et la vie, et plongeant déjà plus dans le monde qui s'ouvre devant lui que dans l'autre, et l'on aura peut-être une idée assez juste de la visionnaire en tant qu'appartenant à la nature humaine. Et qu'on ne prenne pas ce que j'avance pour une imagination de poëte. Combien d'hommes ne voit-on pas auxquels un monde nouveau se révèle à l'instant de la mort, un monde dont ils racontent aux assistants les apparitions surnaturelles ! Eh bien ! prolongez pour un être humain ce moment qui chez les mourants n'est qu'un éclair, et vous aurez l'image de cette visionnaire ; mais, je le répète, ce que je dis est l'absolue vérité, la vérité pure et sans alliage poétique...

« En fait de culture intellectuelle, Frédérique n'en avait reçu aucune ; elle en était restée là-dessus aux simples dons de la nature, n'avait point appris de langue étrangère, et, comme on le devine, ne savait pas un mot d'histoire, de géographie, de physique, et de toutes les sciences qu'on ignore d'ordinaire dans cette condition. La Bible et un livre de cantiques faisaient, pendant ses longues années de souffrance, son unique lecture. Quant à sa moralité, elle était sans reproche. Pieuse, mais sans affectation, elle avait coutume de rendre grâce à Dieu de la résignation qu'il lui donnait dans la douleur, ainsi qu'on peut le voir par les vers suivants qu'elle écrivait dans son sommeil :

« Dieu puissant, que ta miséricorde est grande ! Tu m'as envoyé la foi et l'amour, mes seules forces dans l'excès de mes maux. Dans la nuit de mes angoisses, je m'étais laissée aller jusqu'à souhaiter le repos dans une mort prochaine, lorsque la foi est venue, énergique et profonde, lorsque l'espérance est venue et l'amour éternel, pour clore mes paupières terrestres. O volupté ! mes membres gisent morts, et dans mon être intérieur une lumière flambe, une lumière que nul dans la vie réelle ne connaît. Une lumière ? Non, une illumination divine ! »

« Il lui arrivait aussi, mais seulement lorsque les souffrances devenaient plus cruelles et dans le paroxysme de l'état magnétique, de composer des prières en vers. En voici une qui m'a paru digne d'être citée :

« Père, exauce-moi, exauce ma prière ardente ! Père, je t'invoque, ne laisse pas mourir ton enfant ! Vois ma douleur, mes larmes, souffle-moi l'espérance dans le cœur, apaise mon désir languissant. Père, je ne te laisse pas, bien que la maladie et la douleur me consument, et que la lumière du printemps ne brille plus pour moi qu'à travers un nuage de larmes. »

« Comme à cette époque je m'occupais déjà de poésie, la première idée qui dut naître fut que la visionnaire avait reçu de mon influence magnétique l'inoculation de ce talent, opinion du reste assez vraisemblable, et de laquelle je me serais rangé, si un fait plus puissant que toutes les inductions n'était venu la contredire. Frédérique avait en elle le don poétique avant même de m'avoir jamais rencontré. L'état magnétique développe dans l'être intérieur la force de rimer [1], de voir et de guérir.

« Longtemps avant qu'on l'eût amenée ici, la terre avec ses habitants n'était déjà plus rien pour elle. Pauvre femme! il lui fallait ce que nul mortel ne pouvait lui donner : d'autres cieux, une autre atmosphère, d'autres substances; elle appartenait à un monde invisible; elle-même à moitié esprit, elle appartenait à cet état qui succède à la mort et qui dès ce monde était le sien.

« Si l'affection eût été prise à temps, peut-être aurait-on pu rendre cette malheureuse créature aux conditions de la vie humaine; mais, lorsqu'elle me tomba dans les mains, cinq ans avaient déjà passé sur son organisation maladive et brisée, cinq ans d'épreuves douloureuses, d'émotions incessantes, d'ébranlements surnaturels, et la vie magnétique avait pris son pli. Cependant, à force de soins assidus et de ménagements, j'étais parvenu à ramener au plus haut degré dans son être intérieur, l'harmonie et la lucidité. Elle vécut à Weinsberg, ainsi qu'elle avait coutume de le dire, les jours les plus heureux de sa vie spirituelle, et la trace lumineuse de son apparition parmi nous ne s'effacera jamais.

« Son corps n'était guère pour elle qu'un voile transparent jeté autour de son esprit. Elle était petite, elle avait les traits du visage orientaux, et ses yeux, à travers de longs cils épais et noirs, dardaient le regard perçant des visionnaires. Fleur du soleil qui ne vivait que de rayons!

« Frédérique avait dans le monde invisible un gardien mystérieux, chose du reste assez commune à tous les somnambules ainsi qu'aux êtres qui vivent beaucoup de la vie intérieure. Socrate, Plotin, Hiéron, Cardan, Paracelse et tant d'autres dont le nom m'échappe, entretenaient commerce avec un esprit familier. « On en viendra un jour à démontrer, dit Kant dans ses *Rêves d'un Visionnaire*, que l'âme humaine vit, dès cette existence, en une communauté étroite, indissoluble, avec les natures immatérielles du monde des Esprits, que ce monde agit sur le nôtre et lui communique des impressions

---

[1] *Rimer* dans le sens de *dichten*, avec plus d'extension créatrice que notre langue n'en accorde au mot. Avant Kerner, le symbolisme antique n'a-t-il pas fait d'Apollon le dieu des poëtes, des visionnaires et des médecins?

profondes dont l'homme n'a point conscience aussi longtemps que tout va bien chez lui. » J'avais dans ma maison une servante auprès de laquelle Frédérique voyait toujours flotter le spectre lumineux d'un enfant de douze ans environ ; j'interrogeai cette fille pour savoir si elle avait jamais eu quelqu'un de cet âge dans sa parenté, elle me répondit que non, et, quelques jours après, m'avoua qu'en y réfléchissant, elle s'était souvenue d'un petit frère mort à trois ans et qui tout juste en aurait eu douze alors. »

Plus loin, dans le second volume, la visionnaire de Kerner explique ainsi cette singulière croissance d'*outre-tombe* :

« J'interrogeai une fois l'Esprit et lui demandai si véritablement on pouvait grandir encore après la mort, comme semblaient l'indiquer différentes apparitions d'êtres enlevés à la vie dès leur première enfance et que je retrouvais avec la taille et le développement d'un âge plus avancé. Et l'Esprit me répondit : Oui, lorsqu'il arrive à un être de quitter la terre avant d'avoir atteint sa croissance complémentaire. L'âme se forme alors peu à peu une enveloppe qui grandit ensuite jusqu'au volume qu'elle aurait eu ici-bas. Cette enveloppe est, d'ordinaire, chez les enfants d'une transparence lumineuse et semblable au corps des saints. »

Suivent les théories mystiques de la visionnaire sur cette croissance ultérieure :

« L'âme d'un enfant, arrêtée avant sa croissance, doit nécessairement se développer au delà de cette vie, d'abord parce qu'elle est en état de pureté, ensuite parce que la force plastique de l'esprit des nerfs n'a pu encore, dans un enfant, atteindre son type, qui est d'être parallèle à l'âme.

« Cette faculté de converser avec les Esprits était commune à la plupart des membres de la famille de Frédérique ; son frère surtout l'avait, bien qu'à un moindre degré et sans qu'on pût remarquer chez lui les phénomènes cataleptiques qui se manifestaient chez la visionnaire. Ainsi je l'ai souvent entendu raconter plusieurs apparitions simultanées qui l'avaient frappé avec sa sœur. Un jour, comme nous causions, il s'interrompit tout à coup en s'écriant : « Silence ! un Esprit vient de traverser cette chambre pour se rendre chez ma sœur. » Et presque au même instant, nous entendîmes Frédérique qui s'entretenait avec le fantôme.

« Les personnes qui veillaient dans la chambre de Frédérique, lorsqu'une apparition survenait, en avaient le sentiment par des rêves étranges, dont elles parlaient le lendemain. Chez d'autres, la venue des Esprits excitait un malaise général, une suffocation, parfois des tiraillements dans l'épigastre qui allaient jusqu'à d'effrayantes syncopes. — Frédérique prétendait aussi qu'aux organisations nerveuses qui recherchent le commerce des Esprits, l'hiver est un temps plus favorable que l'été, l'homme vivant davantage en lui-même pendant l'hiver, et concentrant dans le foyer intérieur des facultés qu'il dissémine aux beaux jours. Une chose certaine, c'est que la vie *tellurique* domine alors, et que l'époque des apparitions date sutout du solstice d'hiver, *solstitium hiemale*. De là, dans les livres saints, le sens mystique de l'Avent, et de ces douze nuits, à partir de Noël jusqu'au 6 janvier, qu'on désigne comme la période que les Esprits affectionnent.

« La plupart du temps, ces Esprits menaient avec eux des bruits appréciables aux oreilles des personnes qui se trouvaient là par hasard. C'étaient d'ordinaire comme de petits coups secs frappés sur la muraille, les tables ou le bois du lit. Tantôt on croyait entendre des pas sur le carreau, tantôt vous eussiez dit le tâtonnement d'un animal, le bruissement d'une feuille de papier, le roulement d'une boule. Par instants, c'était comme un bruit de sable qu'on tamise ou de cailloux qu'on jette, bruit qui ne laissait point d'être accompagné d'effet ; une fois, entre autres, d'énormes plâtras se détachèrent du plafond et tombèrent à mes pieds. Il est à remarquer que ces bruits ne s'entendaient pas seulement dans la chambre de la visionnaire, mais dans toute la maison, et principalement dans mon appartement, qui se trouvait juste à l'étage au-dessus. Tant que durait la rumeur, Frédérique, d'ordinaire, ne voyait rien ; l'apparition ne commençait pour elle qu'un moment après. Moi-même, je me souviens parfaitement d'avoir vu un Esprit à la place que Frédérique m'indiquait. Je ne dirai pas que j'en aurais pu, comme elle, définir la figure et les moindres traits ; c'était plutôt pour moi une forme grise et incertaine, une colonne vaporeuse de la grandeur d'un homme, debout au pied du lit de la visionnaire, et lui parlant tout bas. J'appris ensuite par Frédérique que cet Esprit la visitait ce jour-là pour la troisième fois. Consultez les récits des autres visionnaires, et vous serez étonné de les voir tous s'accorder avec ce que rapporte la cataleptique de Prevorst touchant ces bruits qui d'ordinaire accompagnent les apparitions surnaturelles, et qu'il faut prendre peut-être pour de malicieuses espiègleries de ces Esprits, qui, fort bornés du reste dans leur manière d'agir sur le monde sensible, s'évertuent à marquer leur présence par quelque phénomène singulier, chaque fois qu'il leur arrive de forcer les limites de notre cercle solaire. Frédérique prétendait aussi que plus un Esprit est sombre et ténébreux, plus il possède en lui la faculté de se manifester par le tapage et ces manœuvres fantastiques ; car, disait-elle, ils ne peuvent atteindre que par l'esprit des nerfs à des résultats semblables, et c'est surtout chez les Esprits encore peu avancés dans la purification qu'il domine. Cet esprit des nerfs, invisible aux yeux comme l'air, appartient, en tant que substance éthérée, aux forces de la nature, à ses forces organiques plutôt que physiques. L'esprit des nerfs comprend en lui le principe énergique, intense, de l'activité que nous nous sentons. Nos muscles ne seraient qu'une chair inerte, si la puissance organique de l'esprit des nerfs ne les poussait à la contraction. La force de résistance que nous développons lorsqu'il nous arrive de gravir une montagne ou de soulever un fardeau vient en droite ligne, non pas des muscles, mais de l'esprit des nerfs, qui leur communique son énergie, car l'aptitude des fibres à se contracter ne saurait en aucune façon passer pour une force. A l'instant seulement où l'esprit imprime aux fibres la volonté, la force de contraction se manifeste. Or, tant que nous n'entrons en rapport avec l'objectivité que par l'intermédiaire d'un corps, il est tout simple que l'énergie de cet esprit des nerfs n'éclate que par lui. Cependant il pourrait se faire (et c'était la théorie de la visionnaire) qu'à la chute du corps cette puissance organique supérieure, essentielle, s'unît dans l'air à un principe spirituel, et parvînt de la sorte à agir sur le monde sensible et la matière, et par conséquent à produire des phénomènes physiques du genre de ceux dont nous avons parlé.

« Voilà par quels arguments je voudrais combattre les incrédules qui s'étonnent et vous demandent, le sourire sur les lèvres, comment il peut arriver qu'un Esprit ouvre une porte, soulève un poids et le laisse tomber ? Mais j'oubliais que tout ceci n'est qu'illusion, raillerie et mensonge, que Frédérique n'était qu'une aventurière, et que je ne suis, moi, qu'un imposteur ! J'ai visité Frédérique plus de trois mille fois, j'ai passé des heures, des jours entiers à son chevet, j'ai connu ses parents, ses amis, toutes ses relations dans ce monde, elle a vécu sous mes yeux les trois dernières années de sa malheureuse existence, elle est morte dans mes bras, et des gens qui ne l'ont jamais ni visitée, ni vue, des gens qui parlent d'elle comme l'aveugle des couleurs, vont crier ensuite au mensonge, à l'imposture !

« Frédérique ne parlait jamais de ces apparitions sans y avoir été poussée ; il fallait la supplier, insister vivement. Quand elle cédait, c'était plutôt par grâce pour moi et les personnes que je lui amenais, et je dois dire qu'elle le faisait alors avec une simplicité, une persuasion intérieure, auxquelles ne résistaient pas les plus incrédules. Elle se sentait souvent si affligée de ce don surnaturel (à cause des bruits calomnieux qu'il éveillait de toutes parts), qu'elle ne se lassait pas de prier Dieu de le lui retirer. Dans une lettre qu'elle écrivait à un ami se trouve ce passage : « Hélas ! que ne suis-je en état d'empêcher que ces Esprits s'occupent de moi et me visitent ! Mon état s'allégerait de beaucoup si je pouvais les éloigner, ou seulement savoir que d'autres en ont la révélation, ce que je ne souhaite à personne, Dieu m'en garde! Il y a des moments où je me sens si seule, si abandonnée, si méconnue de tous les côtés, que je voudrais mourir; cependant je me dis que c'est la volonté du Seigneur, et je me tais. »

« Si l'on pesait les avantages et les préjudices qui peuvent résulter d'une organisation douée de la faculté double de vivre à la fois dans ce monde visible et dans l'autre, dit Kant à peu près dans le même sens [1], on verrait que c'est là un présent du ciel qui ressemble assez à celui dont Junon voulut doter le vieux Tirésias, qu'elle rendit aveugle afin de lui octroyer le don de prophétie! »

« Quiconque s'approchait de Frédérique trouvait en elle une conscience religieuse et pure. Le merveilleux s'exhalait de sa bouche avec simplicité, naïveté, candeur, sans qu'elle ait jamais cherché à éveiller le moins du monde l'intérêt ou la curiosité. Elle disait ce qu'elle voyait, ce qu'elle entendait; on allait au fond de la chose, et la chose était vraie. Je ne citerai ni deux ni vingt témoins à l'appui de ce que j'avance, mais tous ceux qui l'ont connue [2].

Jamais je n'ai surpris en elle aucun désir de convaincre les gens de la réalité de ses apparitions. « Une semblable croyance, disait-elle souvent, n'importe nullement à la religion, et l'homme n'en a pas besoin pour croire en Dieu. Il me suffit de garder pour moi cette conviction profonde, je n'ai que faire d'y vouloir convertir les hommes, et quand ils appellent hallucination, illusion, délire, cette

---

[1] Kant, *Traumen eines Geistersehers*.

[2] Rappelons ici les paroles de Strauss, l'auteur de la *Vie de Jésus* : « Kerner me reçut, selon son habitude, avec une bonté paternelle, et ne tarda pas à me présenter à la visionnaire, qui reposait dans une chambre au rez-de-chaussée de sa maison. Peu après, la visionnaire tomba dans un sommeil magnétique. J'eus ainsi pour la première fois le spectacle de cet état merveilleux, et je puis le dire, dans sa plus pure et sa plus belle manifestation. C'était un visage d'une expression souffrante, mais élevée et tendre, et comme inondé d'un rayonnement céleste; une langue pure, mesurée, solennelle, musicale, une sorte de récitatif; une abondance de sentiments qui débordaient, et qu'on aurait pu comparer à des bandes de nuées, tantôt lumineuses, tantôt sombres, glissant au-dessus de l'âme, ou bien encore à des brises mélancoliques ou sereines s'engouffrant dans les cordes d'une merveilleuse harpe éolienne. A cet appareil surnaturel, aussi bien qu'à ces longs entretiens poursuivis avec des Esprits invisibles, bienheureux ou réprouvés, il n'y avait point à en douter, nous étions en présence d'une véritable visionnaire, nous avions devant nous un être ayant commerce avec un monde supérieur. Cependant Kerner me proposa de me mettre en rapport magnétique avec elle; je ne me souviens pas d'avoir jamais senti une impression semblable depuis que j'existe. Persuadé comme je l'étais qu'aussitôt que ma main se poserait dans la sienne, toute ma pensée, tout mon être lui seraient ouverts, et cela sans retour, lors même qu'il y aurait en moi quelque chose qu'il m'importerait de dérober, il me sembla, lorsque je lui tendis la main, qu'on m'ôtait la planche de dessous les pieds et que j'allais m'abîmer dans le vide. »

vie spirituelle à laquelle j'assiste, je me soumets et les laisse dire. Par malheur, ma vie a été faite ainsi, que je plonge dans ce monde invisible, et que lui plonge en moi, et que je suis seule à prendre part à cette existence surnaturelle à laquelle nul ne veut croire, car rien ne s'efface plus vite du cerveau de l'homme que l'idée de ces sortes d'apparitions et de fantômes. Je le sais par ma propre expérience, il m'arrivait ainsi dans le commencement. »

Il n'est pas en effet d'impression que le tumulte de la vie dissipe plus rapidement. « Ces impressions, dit Novalis, provoquent, au moment même où elles nous affectent, une inspiration soudaine, une sorte d'état magnétique qui, une fois évanoui, le rapport ayant cessé, laisse le cerveau, instantanément ébranlé, rentrer dans ses anciens droits et reprendre son miroir analytique; au point que nous finissons par nous persuader que nous avons été les jouets d'une illusion. »

Nous ne suivrons pas le docteur dans l'appréciation des différents effets produits par les substances physiques sur le sujet soumis à ses observations, non plus que dans les définitions du cercle solaire et du cercle vital. Nous aimons mieux renvoyer le lecteur à ce livre singulier, un des plus étranges, et, nous pouvons le dire, des plus consciencieusement élaborés qu'on ait jamais produits en pareille matière. Mais qu'il nous soit permis de nous arrêter un instant à cette langue mystérieuse à laquelle, au dire de Kerner, la cataleptique de Prevorst revenait sans cesse dans ses extases, et dont presque tous les êtres qui ont vécu de la seconde vie, Jacob Böhm, par exemple, et tant d'autres inspirés et visionnaires, ont toujours paru si puissamment préoccupés.

« Frédérique parlait, dans son demi-sommeil, une langue bizarre qui semblait avoir quelque rapport avec les langues orientales. Elle disait que cette langue était en elle de nature, que tout homme en avait, au plus intime de son être, la tradition innée, et qu'elle se rapprochait de celle qu'on parlait au temps de Jacob. Cette langue avait son foyer dans les nombres intérieurs de l'homme, et chez elle les verbes fondamentaux de l'existence tant intérieure qu'extérieure consistaient dans les chiffres 10 et 17. Cette langue était en outre sonore, et dans ses expressions très-conséquente, de sorte qu'en s'y appliquant un peu, on arrivait insensiblement à la comprendre. Frédérique disait souvent que cette langue était la seule qui rendît ses sensations les plus intimes, et qu'elle ne pouvait exprimer quoi que ce fût en allemand sans l'avoir d'avance traduit de cette langue intérieure. Elle pensait dans cette langue, mais pas avec la tête, car cette langue semblait monter des profondeurs d'elle-même. Aussi, lorsqu'il se présentait des noms, des qualités qui manquaient dans cette langue, éprouvait-elle les plus grandes difficultés, au point de renoncer souvent à les rendre... Elle ne parlait et n'écrivait dans cette langue qu'à l'état de demi-sommeil : pendant la veille il n'en restait plus trace ; mais aussi, chaque fois qu'elle écrivait, le sens des mots lui redevenait clair, et jamais elle ne se démentait dans son style. Voulait-on lui entendre nommer une chose dans cette langue, sans qu'elle fût disposée à le faire de son propre mouvement, il suffisait alors de la lui présenter, et le mot se dégageait de son sein. « Ce mot, disait-elle ensuite, a cet avantage sur le nom vulgaire, qu'il contient en lui l'expression des propriétés et de la valeur de la chose. » Ainsi, les noms qu'elle donnait aux gens dans cette langue intérieure résumaient presque toujours leur nature. Les philologues trouvaient dans cette langue des rapports non équivoques avec le cophte, l'hébreu, l'arabe et l'égyptien. Les caractères de cette langue s'alliaient toujours pour Frédérique à des nombres. « Si je me sers de cette langue intérieure, disait-elle, sans que ce soit pour exprimer quelque chose de profond et qui m'affecte sensiblement, je me passe de chiffres, mais alors il me faut plus de mots et de *crochets*. Le mot que je n'affermis pas d'un chiffre est pour moi d'une médiocre importance, il exprime bien ce que je veux dire, mais sans aucune signification profonde. Le nom de Dieu, par exemple, me paraît incomplet, à moins que les chiffres ne l'accompagnent, car alors seulement il me représente Dieu dans tout son être, il semble que les chiffres illuminent le verbe et vous conduisent dans ses profondeurs. Les nombres sans caractères me sont au fond plus sacrés que les mots. Dans les circonstances insignifiantes, on n'emploie pas les nombres, mais je sens que je n'aurai jamais d'une chose une idée complète, harmonieuse, si je ne les associe aux caractères. » Niera-t-on maintenant qu'il y ait dans ces vagues ressentiments de la visionnaire, de cette humble fille qui n'a jamais rien appris, rien étudié, rien lu, une analogie mystérieuse avec les systèmes numériques des temps primitifs, avec ces nombres sacrés qu'on rencontre si souvent au livre de Moïse, 3, 7, 40, par exemple, et dont les prophètes se servent dans leurs combinaisons fatidiques, Daniel, entre autres, dans son ère mystique des soixante-dix semaines? Et sans parler ici des traditions génésiaques, toutes pleines de cette langue intérieure, algébrique, qui se retrouve en partie chez les visionnaires, comment ne pas être frappé des rapports presque immédiats qui existent entre cette mystique et les systèmes de Pythagore et de Platon? « L'ame est immortelle, dit Platon, et elle a un principe arithmétique, de même que le corps un principe géométrique. » Ainsi, d'après Platon, la connaissance des nombres est indispensable à la recherche du bon et du beau. Heureux, selon lui, l'homme qui comprend les nombres et reconnaît l'influence toute-puissante du pair et de l'impair sur la production et les forces des êtres ! — Sans ce présent de la Divinité, dit-il, on ne connaît ni la nature humaine, ni ce qu'elle a de divin et de périssable, ni la vraie religion. Les nombres sont les causes de l'harmonie du monde et de la production de toutes choses. Celui que son nombre abandonne perd toute communauté avec le bien et devient la proie des anomalies. — Et voilà presque mot pour mot le texte de notre visionnaire, qui n'a pas même de sa vie entendu prononcer le nom du philosophe grec. La doctrine pythagoricienne donne les nombres pour aliments à toute chose, à toute science ; Pythagore applique les nombres au monde invisible et dénoue par là plus d'une énigme impénétrable à l'arithmétique moderne. Qu'on essaie aussi de comparer à ses théories les révélations de Frédérique. »

La plupart des illuminés ont pressenti cette loi mystique des nombres dans la nature. Les nombres, dit Saint-Martin, ne sont que la traduction des vérités dont le texte fondamental repose en Dieu dans l'homme et dans la nature. Et Novalis : « Il est « plus que vraisemblable qu'il y a dans la nature une mystique « des nombres ; tout n'est-il pas rempli d'ordre, de symétrie, de « rapport et de connexion ? »

Autre part, Kerner voit dans ce travail de l'état magnétique un effort pour retrouver la langue primitive, cette langue dont notre âme aurait désormais perdu le secret :

« L'Orient est le berceau de l'humanité ; les langues qu'on y parle sont les restes plus ou moins corrompus et tronqués de la langue originelle de l'homme déchu. Quelle autre explication donner à ces mots hébreux et chaldéens balbutiés par la visionnaire en extase ? « Notre langage moderne, sonore, mais de peu d'expression, disait une autre somnambule, est impuissant à traduire les sensations de l'être intérieur. » Ainsi, jamais vous ne verrez un individu en état de catalepsie se servir de titres conventionnels et de certaines formules en usage dans le monde, dire *vous*, par exemple, à qui que ce soit. « J'aimerais mieux mourir, s'écriait un jour Frédérique dans son sommeil, que d'apostropher quelqu'un autrement qu'en lui disant *tu*. »

Nous nous sommes égaré bien longtemps sur les traces de la visionnaire de Kerner ; peut-être nous pardonnerait-on ces études si l'on savait par quelles gradations nous y avons été amené. En sortant des steppes arides de Kant, on aime parfois à côtoyer les plaines quelque peu luxuriantes de la philosophie de la nature, à se perdre, ne fût-ce que pour un temps, à travers les grands bois mystérieux de Jacob Böhm. Il arrive un moment alors où, la contemplation intellectuelle ne suffisant plus, on en vient à recourir au regard surnaturel du visionnaire, à ce coup d'œil qui plonge au sein de la Divinité et dans les profondeurs de la nature; on mettrait volontiers Jacob Böhm au-dessus de Schelling, et pour Kant, peu s'en faut qu'on ne le prenne en pitié, tant on a de peine à comprendre, dans cette passion pour la philosophie du sentiment, comment il se fait qu'on ait besoin de tant d'artifices et de détours méticuleux pour arriver à la connaissance des choses, lorsqu'il est si facile d'entrer en rapport immédiat avec la vérité. Qui de nous n'a traversé une semblable crise? Je ne terminerai pas cependant sans reprocher à Kerner le formalisme philosophique adopté par lui dans ce livre, ce ton de sectaire qui trop souvent tourne à l'aigreur. On aimerait plus de laisser-aller et d'abandon dans ces transcendantes hypothèses, plus de cet illuminisme poétique, de cette sérénité d'âme qu'on respire dans un ouvrage antérieur et par lequel il préludait à *la Visionnaire*, je veux parler de son *Histoire de deux somnambules*, divagation charmante où sont touchés, mais avec une grace tout aimable et non prétentieuse, ces mystères d'un monde invisible érigés depuis en articles de foi, où l'hypothèse, devenue dogmatique, flotte encore dans cette vapeur rose et nébuleuse de l'étoile du matin et de la poésie. D'ailleurs, sans révoquer en doute le moins du monde la sincérité de la visionnaire de Prevorst, sans mettre en cause l'autorité de la parole de Kerner, n'y aura-t-il pas toujours, contre ces phénomènes d'un monde surnaturel envahissant le nôtre, un argument bien fort dans le fait éternellement contestable de l'objectivité des apparitions?

Nous avons étudié Kerner le visionnaire, le spiritualiste transcendant, le mystique un peu disciple de Van Helmont et de Swedenborg; il nous reste maintenant à connaître à fond le poëte. C'est de quoi nous nous occuperons dans le chapitre suivant. Revenons au véritable sujet de ces études, rentrons à pleines voiles dans la poésie; en sommes-nous donc sorti?

XIII.

Différents caractères de la poésie lyrique. — Les poésies de Kerner. — Son romantisme. — Les lettres de Prevorst.

Comme Uhland, Justin Kerner est Souabe ; Uhland vit à Tübingen, Justin Kerner à Weinsberg, et ce voisinage des deux lyriques n'est pas le seul lien qui les rapproche. Frères par le sol, enfants tous deux de cette noble Souabe, où la vigne et les chansons viennent comme à souhait, les mêmes influences extérieures ont développé chez eux le sens inné ; les mêmes traditions, les mêmes lois climatériques ont sollicité leur génie et mis en belle humeur la veine mélodieuse. Toute vraie poésie, la poésie lyrique surtout, en tant que la plus individuelle, la plus *subjective*, conserve, indépendamment de son caractère national absolu, des traits particuliers, certaines singularités de provinces et de cantons, certains idiotismes. Il va sans dire que ce caractère provincial ressortira d'autant plus que la poésie s'exercera dans la sphère populaire et bourgeoise, et voilà justement d'où vient la physionomie si prononcée de Hans Sachs, par exemple, le Nurembergeois par excellence. Sans prétendre aller chercher ces idiotismes de la poésie dans une vocation héréditaire, un instinct de race, qui peuvent même quelquefois ne pas se démentir à l'étranger, — témoin la poésie des Grecs, poésie dorique, ionique, éolienne, etc., — ne suffirait-il pas d'alléguer certaines influences plus simples qui se rattachent à la vie quotidienne, influences de climat, de mœurs, de site et de gouvernement, pour s'expliquer, dans le caractère des poëtes allemands, ces modifications souabes, autrichiennes, franconiennes, ces modifications qui tiennent du pays de la Marche et de la Thuringe ? Nous n'entrerons pas ici dans les mille détails qui rappellent chez Goethe la ville natale, nous aimons mieux renvoyer le lecteur aux mémoires du grand poëte de Francfort. Si Uhland fût né à Berlin, s'il eût été élevé dans la capitale de la Prusse, Uhland serait poëte ni plus ni moins ; mais serait-il bien le poëte que nous connaissons ? Il y a, au delà du Rhin, une poésie de facile culture, qui se trouve sur son terrain partout où l'allemand se parle, poésie dont la fleur pousse au jardin des Alpes tyroliennes aussi bien que dans les sables de la Marche, car, pour cette fleur sans racines, il n'est point de sol de prédilection, toute surface lui convient, et ses feuilles demeurent insensibles aux influences de l'air ; mais la vraie poésie, comme une plante féconde et pourvue de tous ses organes, tire du sol où elle s'élève sa force, son éclat, son parfum, tout, jusqu'à la forme, jusqu'à la nuance de ses feuilles et de ses fleurs. La poésie d'Uhland, souabe par sa douce et naïve simplicité, souabe par son expansion cordiale et son intime profondeur, la poésie d'Uhland est une plante de cette nature, et nous ne croyons pas trop dire en affirmant que ce caractère souabe a trouvé, de notre temps, une expression plus pure encore, plus spéciale chez Kerner, cet honnête et paisible enfant de la plus mélancolique, de la plus allemande des muses.

En ramenant le mot à son origine, nous appellerions volontiers Justin Kerner un lyrique *monotone*, monotone à ce compte, qu'il n'a qu'une voix, qu'un ton ; et s'il nous était permis d'employer ce mot dans son vrai sens, dans son acception littérale et dégagée de toute expression défavorable, nous voudrions nous en servir pour désigner toute une classe de poëtes lyriques à une seule corde, et dont la monotonie fait le charme. Ces poëtes représentent assez certaines voix sentimentales, certains instruments à vent qui n'embrassent qu'un mode ou ceux qui lui correspondent, et tiennent un peu dans l'ensemble d'une lyrique rayonnante et complète, telle que l'entendait Goethe, la partie que, dans l'orchestre, occupe le cor de basset ou le cor des Alpes. Ce qu'on exige d'eux, comme des instruments dont nous parlons, c'est qu'ils expriment en accords doux et flûtés les modes de leur compétence, parcourent de bas en haut l'échelle de leur tonalité, variant les temps et les modulations, ménageant avec art les nuances du *piano* au *forte*, en un mot, s'exerçant dans les limites qui leur sont assignées, limites fort convenables, du reste, et capables de suffire aux meilleures natures. En effet, si à l'unité lyrique, à l'unité de sentiment, on impose la variété de la forme (condition indispensable et sans laquelle autant vaudrait entendre chanter la caille dans les blés, ou gémir le coucou au fond des bois), personne ne songe à réclamer de ce genre je ne sais quelle faculté de rayonnement contraire aux lois élémentaires de l'esthétique. Il n'est pas dans la nature du basson ou du cor des Alpes de se complaire en de merveilleux *scherzan-*

dos, pas plus qu'il n'entre dans la vocation d'un Wilhelm Müller d'écrire les sonnets de Pétrarque, ou d'un Justin Kerner de composer les *Élégies romaines*.

Parmi les coryphées de cette poésie unicorde, on citerait au besoin d'excellents lyriques; ainsi, dans l'ancienne Allemagne, tous les *minnesinger* (j'excepte pourtant Walter de Vogelweide), dans la nouvelle, Holtey, Salis, Max de Seckendorf, Hebel, Carl Mayer, Édouard Mörike, et tant d'autres.

Je ne sais pas à cette poésie de contraste plus beau, plus splendide, plus caractérisé, que la lyrique de Goethe, si variée de forme en ses mille rayonnements. La lyre de Goethe, pourvue de cordes multiples et puissantes, parcourt la double et triple gamme, et module par tous les tons de chaque sentiment, passant de la mélancolie à la quiétude, de l'effusion des larmes au délire du cœur, toujours pure, toujours sonore, toujours vibrante en pleins accords. Goethe tout entier se retrouve dans sa lyrique.

Cependant on fera bien de se défier de cette faculté rayonnante, qui, la plupart du temps, leurre les intelligences poétiques et les entraîne hors de la sphère où la nature les avait circonscrites, pour les jeter au hasard dans le vide. N'oublions pas qu'il n'est pire espèce dans les arts que celle des esprits flottants, et si, par fortune, il nous échoit une note en partage, tenons-la bien, car autrement elle nous échappe, et nous devenons comme ces cantatrices qui, à force d'avoir voulu rompre leur voix à tous les styles, finissent par ne plus savoir si elles ont perdu un ton ou gagné vingt nuances.

Tout en reconnaissant les avantages attachés à ce lyrisme qui se concentre dans un seul mode, une seule tonalité, il convient néanmoins de dire que ses produits ne sauraient correspondre à toutes les dispositions de l'âme; et si la muse lyrique de Goethe en a pour le caractère et l'humeur de chacun, de telle sorte que l'individualité la plus distincte peut se composer un Goethe relatif, son Goethe à elle, et l'extraire pour son propre usage du Goethe complet, on doit supposer chez le lecteur habituel d'un lyrique du genre *monotone*, une manière de sentir également restreinte, une âme de très-près apparentée à l'âme du poëte. De cette communion de sentiments naît souvent chez le lecteur une tendresse intime, une prédilection, un enthousiasme pour son poëte, qu'on ne s'expliquerait pas, si l'on n'était dans la

confidence. C'est le privilége des lyriques dont nous parlons
qu'ils savent se faire çà et là par le monde des amis passionnés
Peu de bruit les accompagne, la plupart du temps la multitud
ignore jusqu'à leur nom ; mais ce qu'ils perdent en popularité
ils le regagnent en délicates sympathies, en douces émotion
qu'ils procurent. Ce n'est plus la bouche qui les prône, c'est l
cœur qui les sent ; on ne les admire pas, on les aime, on les pren
avec soi dans les promenades du printemps, on rêve avec eu
dans le petit bois où fleurit l'aubépine, où l'oiseau chante..
l'automne, vous les avez encore sur le banc de pierre du sentier
et c'est sur eux que tombent les dernières feuilles. Ils se mêler
tout naturellement à vos joies, à vos tristesses, à vos souvenir
comme à vos espérances ; tout au rebours des grands poëtes
dont on se fait volontiers le héraut, il est telles heures où vou
ne voudriez pas même prononcer leur nom, tant vos pensées le
plus intimes s'y rattachent. Il y a de la jalousie d'amant dans ce
commerces. Qu'on s'étonne ensuite que certains lyriques soier
si peu connus. Je me figure très-bien un lecteur divinisant No
valis, Justin Kerner ou tout autre de cette classe, y retournan
en toute occasion, et n'ayant de sens poétique que pour lui :
entre dans ces prédilections moins de dilettantisme que de goû
naturel, de spontanéité ; il ne s'agit plus d'art, mais de senti
ment. Toutes les âmes n'ont-elles point en elles une musique
voix ou écho, qui n'attend pour vibrer ou chanter que la not
féconde et sympathique ?

Nous avons appelé Kerner enfant naturel de la poésie. Enfant
ce mot nous semble exprimer on ne peut mieux tout son caractèr
lyrique. Il chante en effet comme un enfant sous la voûte d
ciel, et sans s'inquiéter qu'on l'écoute ou non. C'est avec le re
gard pur et bleu des enfants qu'il contemple le monde, c'est ave
leur insouciance naïve qu'il touche aux plus grandes chose
comme aux plus petites. Simple, candide, dénué de toute pré
tention, vous diriez qu'il s'ignore lui-même, qu'il n'a pas con
science des idées, souvent profondes et sublimes, qu'il effeuille e
douces énigmes : pareil à cette fleur de la Passion, à cette pas
siflore dont le frêle calice contient l'immensité d'une douleu
divine. En ce sens, il y a du mysticisme dans la muse enfantin
de Kerner, je dis enfantine et non puérile. Chaque fois qu'il ar
rive à cette muse ingénue et blanche de toucher aux objets de
vie extérieure, elle passe en les effleurant, et glisse dessus d'

vol rapide, tant elle a peur de voir s'y prendre ses molles ailes de Psyché. Uhland, dans le sonnet qui suit, me paraît avoir compris à merveille ce caractère délicatement superficiel de la poésie de erner :

« C'était dans les sombres jours de novembre, j'étais venu au bois silencieux de sapins ; et debout, appuyé contre l'un des plus hauts, je parcourais tes lieds.

« J'étais plongé dans tes saintes légendes : tantôt je m'inclinais devant le roc miraculeux de Saint-Alban, tantôt je contemplais Regiswind dans un nimbe de rose, tantôt je voyais poindre le cloître d'Hélicène.

« O doux prodige de tes lieds ! la hauteur m'apparut tout à coup baignée dans l'or du mois de mai, et l'appel du printemps retentit dans les cimes.

« Bientôt pourtant se dissipa ce printemps merveilleux. Il craignait de s'abattre dans la vallée, et ne fit qu'effleurer de son vol les sommets de la terre. »

Souvent c'est la rêverie que la muse de Kerner affectionne, rêverie enfantine, indécise, ballottée entre la joie et la tristesse, mais, d'un côté comme de l'autre, n'éclatant jamais, au contraire s'efforçant toujours de se contenir et n'exprimant que peu, avec réserve. Ici, comme chez Uhland, le peu est essentiel, *sublimé* ; la réticence donne à penser. Une bienheureuse quiétude, une sérénité presque divine, éclairent sa joie et ses douleurs, et toujours, même à travers une larme, vous voyez s'épanouir sur son visage la fraîche rose de l'enfance. Dès sa venue au monde, la muse de Kerner a respiré ce sentiment dont nous parlons. Qu'on lise la pièce intitulée *Consolation,* un des premiers lieds qu'elle ait bégayés :

« Si nulle bien-aimée ne verse un jour des larmes sur ma tombe, les fleurs y laisseront dégoutter une douce rosée. Si nul voyageur en passant ne s'y attarde, la lune, dans sa route la regardera.

« Si bientôt dans ces plaines nul mortel ne pense à moi, à moi pensera la prairie, et le bois calme aussi.

« Fleurs, bois et prairie, étoile et clair de lune que j'ai chantés, n'oublieront pas leur chantre ! »

Citons encore cette pièce, d'un ton plus profondément élégiaque :

« Jamais encore jeune fille n'a songé à moi avec amour. Jamais elle ne m'a donné de pure ivresse dans un signe ou dans un baiser ;

mais cette petite étoile m'aime bien, cette étoile pâle qui tremblote dans la nuit.

« Oh! voyez, elle me regarde si amicalement, elle s'arrête silencieuse dans son cours, et souvent épie mon faible chant, et moi, je la contemple alors, les yeux en larmes, au fond du bleu du ciel.

« Bientôt tu viendras, étoile fidèle, et tu rôderas silencieuse, tu chercheras dans ma cellule, qui sera déserte et vide, et ton regard s'arrêtera sur ma harpe, qui ne vibrera plus jamais.

« Car bientôt sur ma tombe se dressera une petite croix de pierre; tu flotteras devant, toi, et ta douce lueur, avec amour, la baignera, et mes ossements dans la tombe tressailleront de volupté. »

Une ardeur vague et languissante, cette indicible aspiration qui refuse de s'expliquer ouvertement, ce désir sans fin que les Allemands appellent *Sehnsucht*, tel est, si je ne me trompe, le ton fondamental de la poésie de Kerner. De là, chez le lyrique souabe, une effusion sans réserve, un irrésistible besoin du cœur d'exprimer tout ce qui palpite et frémit en lui, lors même qu'il n'en a pas bien nettement conscience. On l'imagine, cette innocence naïve aime mieux murmurer et bégayer ce qu'elle ne saurait produire autrement, que de le garder en elle inexprimé. Elle chante, elle chante, jusqu'à ce que le cœur, à force de se gonfler, lui ôte la respiration. Cet épanouissement excessif de l'âme qui déborde et cesse de tenir compte des mesures de l'art, cette lyrique effusion ne dépend ni de la volonté ni du calcul, et cependant le phénomène, tel qu'il existe et se produit chez certaines natures, agit presque toujours plus puissamment que n'auraient pu le faire les conditions plastiques qu'il exclut. La *Sehnsucht* de Kerner porte en elle le caractère enfantin, inséparable de tous les sentiments de notre poëte; elle flotte entre le ciel et la terre, irrésolue, indécise, sans projet ni but arrêté; elle ne sait trop, à vrai dire, ni ce qu'elle a perdu, ni ce qu'elle cherche, et cependant elle sent qu'il lui manque quelque chose, un idéal dont elle croit apercevoir le fantôme dans les mille apparitions de la terre en fleurs et du ciel en étoiles. A ce compte, la nature lui devient un livre mystique, un hiéroglyphe d'étoiles et de fleurs qu'elle interroge avidement.

« Par un beau temps d'été, au mois où les lys fleurissent, où l'œillet et la rose s'enflamment et embaument, où par les jardins courent les fillettes, que le rossignol salue gentiment;

« Moi, loin de mon pays, je m'arrête au bord de la mer. — Mais voilà que, du sein du vide, Rose, ton doux jardin fleurit pour moi ; voilà que tes roses s'enflamment ; la croupe des flots bleus imite nos montagnes ; je vois dans l'immensité nos vallons, nos plaines en fleurs.

« Alors un inquiet désir m'attire ; les yeux en larmes, je veux me noyer dans tes roses ; mais, hélas ! les flots seuls grondent à l'entour. »

Nous recommanderons encore, dans ce genre de suave et tendre mélancolie, la *Plainte du Printemps* (*Frühlingsklage*), et la *Sensation matinale* (*Morgengefühl*), que le lecteur nous saura gré de traduire ici :

« La clarté de l'aurore annonce le nouveau jour, le jeune bois frémit tout enflammé des chaleurs de l'amour.

« Les étoiles, lasses d'errer, sont depuis longtemps descendues ; les oiseaux de la contrée volent joyeux dans le ciel.

« Et toi, pauvre cœur en peine, d'où te vient l'angoisse où te voilà pris ? Je sais un petit oiseau souffrant derrière le treillis d'une cage.

« Il entend la joyeuse volée des autres, et lui, languissant et malade, il ne peut chanter ni voyager.

« Et cependant tout à l'heure, en son rêve, la tête ployée sous l'aile, il s'imaginait qu'il chantait sur un arbre, et planait au-dessus des vallées et des collines. Oh ! éteins-toi, rayon de soleil ! nuit, monte, monte vite ; qu'au-dessus des vallons et des montagnes nous volions encore joyeusement. »

Quel regard pur et sympathique jeté dans la vie intime de la nature ! Ce pauvre oiseau rêveur, ce petit oiseau qui penche ainsi son col sous l'aile, chacun le voit et le connaît, mais nul ne l'avait encore si bien pris au filet de son lied.

Entre autres caractères distinctifs, la muse de Kerner a celui-ci, qu'elle ne saurait vivre qu'au grand air, en pleine atmosphère, sous la coupole immense du firmament. La colline et le ravin, le bois et la campagne, la clairière et le taillis, tout lui convient, tout, hormis la chambre et le renfermé. Dans la joie comme dans la peine, dans sa *Sehnsucht* ardente comme dans ses recueillements pieux, dans sa rêverie solitaire comme dans ses espiègleries sociables, il lui faut la nature autour d'elle, il faut qu'elle sente la nature, la nature sous ses pieds, au-dessus de sa tête, qu'elle s'y baigne et s'y noie comme un oiseau dans l'air. Cependant n'ayons garde de voir dans Kerner un paysagiste. La nature, pour lui, n'a rien que de relatif ; il la prend dans son sein, pour la rendre ensuite modifiée à ses sentiments, teinte des nuances de sa pensée, imprégnée des parfums de son âme. De là cette nature si profondément individuelle et pourtant si simple, si vraie. Le vague désir, l'ardeur langoureuse, la *Sehnsucht* enfin, puisque l'expression manque dans notre langue pour cette idée tout allemande (au fait, nous disons bien l'*humour*), la *Sehnsucht* insaisissable se fond, elle et son sujet, dans les images de la nature, et le soleil et la lune, dépouillant toute réalité absolue, n'existent, pour la plupart du temps, aux yeux du poëte, qu'à l'état de moteurs des sentiments qui l'affectent. Il réfléchit en lui pour mieux extraire, il aspire et respire avant de chanter, et l'objet tel qu'il le contemple a passé déjà par une période de subjectivité.

« Le matin vient avec un gai salut, la nature commence sa fête; plus d'un encore, avec un baiser de flamme, presse sur son cœur quelque objet chéri.

« Mais moi, errant, abandonné, il me pousse à travers flots et campagnes, et ce que dans mon âme je voudrais saisir, ni la lune ni le soleil ne l'amènent.

Je le vois s'épanouir dans les fleurs, je l'entends dans le chant du rossignol, je le vois d'en bas, du vallon, filer doucement en silence avec les étoiles.

« Hélas! vainement mes yeux en larmes le cherchent vers le ciel; inassouvi dans son angoisse ardente, ce cœur embrasé meurt au loin. »

Ce dernier lied et ceux qui précèdent peuvent donner une idée du motif qui revient dans presque tous les chants de Justin Kerner. Nous remarquerons encore, dans ce genre de mélodieuse sentimentalité, *la Solitude, la Dernière Consolation,* et surtout la pièce intitulée *Sehnsucht.*

Autre part, cette indéfinissable disposition de l'âme, sans changer d'expression, varie un peu de gamme. Vous diriez alors le mal du pays dans ce qu'il a de plus mélancolique et de plus vague. Tantôt c'est un regard suprême de regret et de douleur que l'âme laisse tomber sur les collines terrestres, tantôt une extatique aspiration vers l'infini, vers la patrie éternelle, au delà des astres. La pièce suivante, une de celles qui, à mon sens, caractérisent le mieux la poésie du lyrique souabe, reproduit sous une forme originale cette transposition, qu'il affectionne, du monde intérieur dans le monde extérieur, et *vice versa.* Le cor des Alpes est ici une voix mystérieuse qui appelle l'homme incessamment vers cette patrie dont nous parlions ; mais lui hésite et cherche d'où vient le son :

« J'entends sonner un cor des Alpes qui m'appelle du sein de mon être ; vient-il des profondeurs du bois ? de l'air bleu ? Vient-il du haut de la montagne ? Vient-il de la vallée en fleur ? Partout où je me tiens et vais, ému d'une douce inquiétude, je l'entends !

« Que je sois au jeu, à la danse, ou seul, seul avec moi, il sonne sans trêve, il sonne à fond dans mon cœur. Jamais encore je n'ai pu découvrir le lieu d'où part la voix, et jamais ce cœur ne sera tranquille jusqu'à ce qu'elle ait cessé. »

On connaît maintenant la note sympathique de Kerner, le mobile intérieur de ses chansons et de ses harmonies. La douleur, le désir inquiet, l'aspiration ineffable, ardente, inassouvie, voilà partout et toujours sa muse de prédilection ; l'apaisement le rend muet[1]. De là cette chanson en manière d'apologue, où le poëte donne au sapin le pas sur la vigne, à cause de l'éternel repos que ses planches renferment.

« Un don m'est départi à moi, plus méritoire que ton vin. Passant fatigué de la vie, quelle paix contiennent mes planches ! »

Partout vous retrouvez des traces de ce sentiment inquiet, profond, inexorable, compensation douloureuse que le poëte cherche en lui-même à la solitude extérieure. De là encore cette élégie si mélancolique sur la mort du pauvre meunier dont le moulin cesse de battre en même temps que le cœur :

« Les étoiles éclairent le vallon, on n'entend que la roue du moulin ; je vais chez le meunier malade : il a demandé son ami.

« Je descends l'escalier de pierre ; le moulin gronde sourdement, une cloche y tinte la fin du travail.

« J'entre dans la chambre du meunier ; le corps du vieillard gît là immobile, son cœur ne bat plus, son pouls s'arrête ; dehors aussi tout est muet. Ses amis fidèles pleurent, son cœur demeure silencieux et froid ; les eaux coulent et passent, mais le moulin se tient muet. »

---

[1] Voyez la dédicace de ses *Poésies*. « Maintenant, ce qu'à peine j'entrevoyais en songe s'est réalisé pour moi. Au pied de la Frauentreue, sous les arbres verts, s'élève hospitalière notre petite maison, etc.

« Bien loin se sont enfuies la douleur et l'*aspiration inassouvie* qui éveillaient le lied en moi ; ma joyeuse humeur, elle aussi, ne jaillissait que de mes larmes secrètes, que des tristesses dont j'étais la proie. Et maintenant, mon cœur, j'ai fini de chanter, puisque tu t'es défait de ta douleur ! »

La patrie céleste, lumineuse, constamment opposée au désert, à l'exil terrestre, où le voyageur, entendant jour et nuit un cor mystérieux, une voix du pays natal, finit par mourir dans une illusion toujours déçue ; sympathies tumultueuses et lointaines, vagues désirs tournés vers l'infini, semblables, au fond du cœur, à cette fièvre étrange qui remue le vin dans la tonne sous l'influence de la vigne en fleur : telle est cette poésie de Kerner. S'il s'éveille au matin, c'est pour regretter le rêve de la nuit, le rêve libre, indépendant, que les entraves de l'existence remplacent ; s'il rencontre sur le soir une blonde fileuse dont il s'attarde à chanter le travail, c'est qu'il voit au bout un suaire. Larmes silencieuses, blessures du cœur, où trouver un baume à vos souffrances? La nature, parmi tant de simples et de racines, n'a qu'une herbe pour vous guérir : la mousse des tombeaux.

Ce goût, ou plutôt, pour parler le langage de Saint-Simon, ce *vol pour la nature* est tel chez notre poëte, que les objets qui semblent le moins faits pour s'animer s'y soumettent, et, grâce aux plus curieuses métamorphoses, prennent part à la vie active. Ainsi, la tour de Saint-Étienne à Vienne se change en un pâtre gigantesque qui garde le troupeau des étoiles au firmament :

« Lumineux, le troupeau chemine sur la colline bleue du ciel, et le pâtre, debout, solitaire, livre sa plainte à la nuit.

« Ainsi tu chantes ton antique peine, ô sublime Esprit ; cependant l'inerte sommeil enveloppe le monde.

« — O temps glorieux de la terre, où jadis je conduisais dans le droit sentier le pieux troupeau, race naïve et fidèle !

« Alors les chants sacrés résonnaient gravement sous mes arceaux divins ; alors princes, héros, entraient et sortaient avec humilité.

« Alors des hommes trônaient puissamment dans la salle impériale allemande ; puis, fidèles et droits, descendaient habiter dans le val souterrain.

« O vous, femmes décentes, ô vous, héros forts et magnanimes, troupeaux qui m'êtes restés fidèles, vous reposez dans mon sein.

« Mais qui se glisse en bas, maintenant, en clignant des yeux à la lumière du soleil? Esclaves, éloignez-vous de moi ! je ne suis pas votre gardien.

« Les étoiles m'ont choisi pour leur guide, depuis qu'en votre vertige vous vous êtes vous-mêmes perdus. —

« Ainsi du pinacle sublime chantait l'Esprit de la tour ; les étoiles s'effaçaient, l'oiseau ouvrait ses ailes.

« Le soleil montait du sein de l'abîme, la tour se dressait silencieuse ; à ses pieds s'agitaient et se démenaient les atomes humains. »

Peut-être doit-on regretter de ne pas trouver dans cette pièce certains développements que le sujet paraîtrait comporter. Sans recourir aux digressions puériles de la muse architecturale, j'aurais voulu voir cette image originale exprimée avec une simplicité plus grandiose dans un style plus lapidaire. Évidemment, le poëte s'est laissé aller, comme on dit; sorte de faiblesse assez commune aux lyriques d'instinct, à ces organisations délicates dont la poésie émane, comme le parfum de la fleur. Natures mélodieuses par essence, la note leur vient sans effort ni travail, comme en dormant; aussi vous les voyez se faire scrupule de marchander avec le don de Dieu, qu'elles cultivent religieusement, et non sans quelque petite superstition. L'art leur apparaît comme une idole à laquelle elles dédaignent de sacrifier. Bien entendu que de semblables pratiques seraient désastreuses en dehors de la poésie lyrique, j'ajouterai même en dehors du genre le plus *subjectif* de la poésie lyrique. Dans une sphère un peu plus haute, l'idole devient une divinité.

La joie de Kerner est plutôt timide qu'épanouie, plutôt sereine que bruyante et fougueuse : de même que toujours un arc-en-ciel de printemps serpente et se joue dans ses larmes, un grain de tristesse et de mélancolie tempère son sourire, qui ne manque jamais de vous attendrir, et, s'il ne vous arrache une larme, l'amène du moins jusqu'au bord de la paupière. Aussi, n'attendez pas chez lui de ces brusques péripéties, de ces transitions instantanées de l'humeur vive et sémillante à l'humeur sombre, de la gaieté rose au noir chagrin. C'est dans un clair-obscur de joie et de tristesse, dans une sorte de sérénité crépusculaire que la muse de Kerner s'attarde et se complaît. Chez lui, le sentiment religieux porte en soi un caractère de grâce naïve et d'innocence, de simplicité tout ingénue. Évidemment, Spinosa n'a point passé par là. Le panthéisme n'a point ici, comme chez Goethe, conscience de lui-même; il n'existe qu'à l'état d'inspiration, de prélude; c'est le culte aimable d'un enfant pour la nature. Heureux ou triste, affligé ou content, il l'invoque sans cesse, et ne saurait se passer de ses sympathiques assistances. C'est vers elle, toujours vers elle, qu'il tend les bras, du sein de la mêlée humaine.

« O nature! prends ton fils repentant dans tes bras maternels, et qu'il se ravive en ton sein pour une amour nouvelle.

« Comment s'est-il fait que je me sois égaré si longtemps? A toi, mère, à toi! Que d'angoisses et de malaise avant qu'il me soit donné de vivre en ton sein, comme la fleur et comme la source! Mère, oh! conduis-moi bien vite là-bas où nulle mêlée humaine ne s'agite. »

Et dans une autre pièce d'une expression plus significative encore s'il est possible, plus individuelle :

« La destinée m'a jeté sur plus d'un rivage d'où tant d'autres n'eussent pas tardé de s'enfuir en gémissant.

« Moi, cependant, j'y demeurais avec plaisir, et, pourvu qu'il m'advînt d'y voir un arbre, d'y voir des oiseaux agiter leurs ailes, je sentais à peine ma souffrance.

« Je portais en moi douleurs et blessures, et jamais ne laissais ma plainte éclater, car je savais toujours que je guérirais au printemps, au renouveau, dans l'herbe.

« Je me suis constamment tenu à toi, nature chaleureuse, et j'ai laissé régner les hommes; Dieu! qu'ils sont froids et pauvres! »

La nature est et demeure le lieu de repos où retourne incessamment la *Sehnsucht* de Kerner, soit que cette passion, irritée par la nature même, serpente avec la source et le ruisseau vers quelque élysée inconnu, soit qu'elle plonge avec la fleur dans le sein antique et maternel de la terre, soit enfin qu'elle s'élève au ciel sur le nuage empourpré de l'aurore ou le rayon mystique de l'étoile du soir. Son espérance, son amour, ses croyances, tout chez lui repose dans la nature. C'est là que les germes divins se développent, c'est de là qu'ils sortent pour fleurir. Sans prétendre compter ici les innombrables transitions par lesquelles passe la muse de Kerner en ses divagations à perte de vue, nous citerons certaines pièces comme points de départ, comme premiers degrés de cette échelle de Jacob que le poëte ne se lasse pas de gravir. A cette classe à laquelle se rattache *le Cor des Alpes*, appartient, entre autres, le lied du *Pèlerin*, si mélancolique dans l'allemand, si nuancé d'ombres vaporeuses. Citons encore les *lieds de jardiniers.* Le jardinier voit ses roses se transfigurer en étoiles. C'est, entre les fleurs du firmament et les fleurs de la montagne, un perpétuel échange de rayons et de parfums. Les unes envoient dans l'air leurs émanations embaumées, les autres laissent tomber la rosée et les larmes. Justin Kerner a consacré à cette indéfinissable sympathie, à ces langueurs divines, deux charmantes poésies : la première, le *Lied du Jardinier*, qui parut autrefois dans l'almanach de Seckendorf, et que je ne retrouve pas dans les œuvres complètes ; la seconde, *le Jardinier de la hauteur (der Gaertner der Hoehe)*, que je vais essayer de traduire :

— Déserte ces hauteurs bien vite ;
Ton enclos, pauvre jardinier,
N'est plein que d'herbe parasite ;
L'hyacinthe et la marguerite
N'y veulent pas multiplier.

Là-bas, au fond de la vallée,
J'ai vu dans plus d'un frais jardin
Croître des fleurs sous la feuillée ;
Dans la plus heureuse mêlée,
De l'or, l'émeraude et le lin.

Dans ce jardin, sur la montagne,
Le lys s'incline avant le temps
Au souffle du froid qui le gagne.
Brave homme, laisse ta campagne
Et ton vieux toit battu des vents. —

Le jardinier de la contrée
Reste pensif en attendant
L'heure où la montagne sacrée
Nage dans la flamme empourprée
Du dernier rayon d'occident ;

L'heure où la terre tout en sève
S'abîme dans l'obscurité,
Où, dans la vapeur qui s'élève,
Flottent les images du rêve
Comme en un pays enchanté.

— Ici mon jardin sans limites,
Ici le printemps éternel.
Où sont les herbes parasites ?
Vois les roses, les marguerites,
Croître sur le sol bleu du ciel.

Vois ce beau palais, à cette heure,
Où tant d'or reluit, tant de feu,
Que l'œil s'en éblouit et pleure ;
Eh bien ! j'y marche et j'y demeure
Avec tous les anges de Dieu. —

Autour de cette note fondamentale de la lyrique de Kerner se croisent et se jouent d'autres voix plus ou moins indépendantes, fugitives, mais toujours dans le ton et l'harmonie de l'ensemble. Chemin faisant, il s'édifie au récit des pieuses légendes, il écoute et recueille les traditions qui consacrent les monuments et les cités. L'enfance croit au merveilleux, mais sans arrière-pensée, sans épouvante ; la mort elle-même est sans terreur pour l'enfant, qui distingue à peine le cadavre des fleurs qui le couvrent, et dont l'œil n'aperçoit pas la fosse sous l'éminence calme et proprette du tombeau.

Justin Kerner, comme Bürger, Uhland, Novalis, Goethe et tous les lyriques de l'Allemagne, puise volontiers aux sources du passé des idées qu'il varie, arrange et complète à sa manière. Si tout a été dit, il y a façon de redire ; en fait de lyrisme surtout, où le sentiment, l'individualité, transforme, comme chacun sait, où la nuance décide. Combien d'idées que la tradition met dans l'air à l'état de germe, et que le poëte seul fait vivre d'un souffle ! La tradition me représente assez en poésie ce que sont dans la théologie catholique ces limbes où flottent entre le paradis et le purgatoire, c'est-à-dire dans le non-être provisoire, les âmes une première fois avortées. — Pour ce qui regarde l'invention, ou plutôt le choix des sujets, comme aussi pour l'expression pleine de grâce, de foi, de simplicité, les ballades et les romances de Kerner me semblent plus lyriques, plus *subjectives*, que les ballades et les romances d'Uhland. Le style, par les formules naïves qui s'y rencontrent, les tours de phrase inusités, les vieux mots passés de mode qu'il adopte de préférence, contribue surtout à donner à ces morceaux un caractère gothique, original, qui sied au mieux. Entre les poëtes modernes de l'Allemagne, je n'en sais point chez qui cet excellent air de famille, ce trait de l'aïeul, se manifeste aussi naturellement[1]. Il faut l'entendre raconter la fondation du cloître de Hirschau. — Sainte Hélicène voit en rêve une coupole merveilleuse et comme flottante dans l'azur du firmament, lorsqu'un ange lui crie du fond du ciel : « Tu vois cet édifice ; eh bien ! c'est à toi, sainte fiancée de Jésus, d'en élever un semblable à l'endroit que t'indiqueront ces trois arbres, d'où s'échappe une source vive. » Dès l'aurore, la sainte se met en campagne avec sa servante. Un parfum de mai embaume la plaine, les oiseaux chantent pour saluer son passage, et les fleurs ressentent comme un désir de la suivre. Elle, cependant, avance toujours, et, parvenue au plus haut point de la montagne, finit par découvrir, au sein d'une vallée heureuse et verdoyante, les trois arbres jumeaux et la source. Alors elle descend en toute

---

[1] Plus d'une fois, les éditeurs du *Wunderhorn* ont pris le change et donné des fantaisies de son invention pour des morceaux populaires du vieux temps.

hâte, et, dépouillant ses habits de fête, sa couronne d'or et ses bracelets d'émeraudes, elle consacre cette place où le monastère s'élèvera. — Il y a dans ce court récit d'une simplicité charmante une onction naïve et de bonne foi, qu'on trouve rarement dans le mysticisme de seconde main. C'est réussi comme une vignette d'Overbeck, et, si l'on a pu dire avec raison qu'André Chénier avait ravi une abeille à Moschus, nous dirions, dans le même sens, que Justin Kerner a pris un lys au légendaire doré du moyen âge.

Romantique et Souabe, Kerner ne pouvait manquer de célébrer les Hohenstaufen. Il les voit la nuit, au clair de lune, dans de fantastiques hallucinations dignes d'Ossian. Alors une lueur étrange inonde la montagne historique où leurs spectres gigantesques se promènent. Une architecture de nuées imite la vieille citadelle; tout revit et s'émeut comme jadis. Écoutez ces musiques de harpes, ces fanfares belliqueuses, qui descendent jusque dans la vallée : c'est Barberousse à cheval dans son armure de fer; c'est Irène et Philippe rêvant sous les tilleuls en fleur aux douces chansons d'un rossignol venu du beau pays de Grèce; c'est Konradin, pâle et taciturne. Puis, tout à coup, le coq chante; héros et citadelle s'évanouissent; le roc demeure triste et nu, et le poëte songe à l'Allemagne. — Mais où le bourgeois souabe se manifeste dans toute sa loyale franchise, dans toute la bonhomie d'un patriotisme sans jactance, c'est dans le petit poëme du *Prince le plus riche*, d'une si naturelle inspiration, et qui, pour le naïf et le gothique, égale, s'il ne le dépasse, *le Roi de Thulé* de Goethe :

« Un jour, à Worms, dans la salle impériale, étaient assis plusieurs princes d'Allemagne, exaltant en belles paroles la valeur et le nombre de leur pays.

« — Splendide est mon pays et sa puissance, disait le prince de Saxe; ses montagnes couvent l'argent dans plus d'une mine profonde.

« — Voyez mes États dans leur luxuriante abondance, disait l'Électeur du Rhin; des moissons d'or dans les vallées, un noble vin sur les montagnes.

« — Grandes cités, riches cloîtres, disait Louis de Bavière, font que mon pays au vôtre ne le cède pas en trésors.

« Eberhard à la longue barbe, maître chéri du Wurtemberg, dit alors : — Mon royaume a de petites villes et ne porte pas des montagnes grosses d'argent, mais le joyau qui s'y cache, et que j'estime, c'est que, dans mes forêts, moi si grand, je puis confier ma tête au soin de chacun de mes sujets.

« Et le prince de Saxe, celui de Bavière et celui du Rhin, de s'écrier : — Comte à la longue barbe, vous êtes le plus riche d'entre nous, et votre pays porte le diamant. »

Dans un autre genre de romantisme, le romantisme humoristique de Jean-Paul, qui se retrouve aussi dans ses vers, Kerner continue la polémique des *Reiseschatten* et poursuit à outrance les partisans absolus de l'utilité pratique en poésie, les *plattistes*, comme on les appelle en Allemagne. On en jugera par ce dialogue :

PREMIER CRITIQUE.

Toute belle mélodie qui ne sert à rien m'inspire une sainte horreur. Encore si la chanson du pâtre faisait aller un seul moulin dans le vallon !

SECOND CRITIQUE.

Foin du vent qui s'engouffre dans les tuyaux de l'orgue, s'il n'en sort aussitôt pour nettoyer les grains !

TROISIÈME CRITIQUE.

Foin des cloches du soir, si elles ne dispersent les nuages qui menacent la plaine !

QUATRIÈME CRITIQUE.

Foin des statues de marbre, si leur bouche ne me verse l'eau, si leurs épaules ne servent d'appui aux bâtiments !

CINQUIÈME CRITIQUE.

Foin surtout à jamais du clair de lune et des étoiles, dont les rayons impuissants ne savent pas fournir le moindre épi de blé !

Cherchez-vous le Wurtembergeois bon vivant que réjouit la mousse du vin nouveau, vous le trouvez encore chez Kerner, dans ses chansons à boire, dans ses *Trinklieder*, véritables épopées dont la vigne est l'héroïne, le personnage. L'homme grave et spéculatif, dont le regard plonge au delà de cette vie, a bien pu, sans courir grand risque, s'oublier une fois aux choses de la superficie, d'autant plus qu'il ne s'agissait pas ici de faire rimer *treille* avec *bouteille* ou *liqueur vermeille,* mais d'obéir à cet irrésistible besoin d'animation qui travaille la poésie allemande; de trouver un sens mystique aux larmes du cep, un effet sympathique à la floraison, de créer entre la plante et son essence, l'âme et le corps, de vivaces et mystérieuses relations; en un mot, de céder aux lois imprescriptibles du panthéisme allemand.

« Qui s'exhale ainsi du haut de la montagne jusque dans le fond de la vallée? — C'est la vigne, qui, pourvue de feuilles nouvelles, monte en fleur autour de l'appui.

« Qui se remue dans les entrailles de la maison, dans les cavités du cellier? — C'est le vin, qui dans la tonne dormait déjà depuis longtemps.

« La fleur l'a éveillé, la senteur qui s'exhale du sol natal, tellement que, tout ému de désir à cette heure, il veut faire sauter son ban.

« Amis, nous ne sommes pas des geôliers; apportez-nous les coupes, que le pauvre captif voie la lumière ainsi qu'il le désire tant.

« Et tous, chantant, levez vos coupes écumantes du côté de la montagne. — Eh bien! te sens-tu plus libre à présent? vois-tu le vignoble natal nager dans les parfums et le rayon du soleil?

« Voyez comme ses yeux se multiplient pour contempler le sol natal avec ravissement, sa patrie, d'où la vigne chargée de fleurs tourne ses regards vers lui!

« Il bout, il chante : « Salut à toi, coteau que la lumière inonde! Et maintenant, vous, mes amis, buvez! je ne suis pas le dernier. »

« Noble suc! tu nous pénètres avec puissance jusque dans le cœur! Allons, trinquez; et toi, sois porté vers ta chère patrie!

« Et qu'à celui qui erre sur le sol étranger, qu'à celui qui gémit dans les cachots, la patrie apparaisse encore comme à toi, avant de mourir! »

Dans la pièce intitulée *Lied après l'Automne*, Kerner célèbre les travaux et le destin de l'artisan qui donne aux buveurs le suc précieux de la vigne. En parcourant le cycle de la lyrique populaire au moyen âge, nous avions eu déjà occasion d'indiquer cette espèce de *poétisation* mystique des métiers dans leurs rapports avec la nature. La pièce dont nous parlons relève de ce sentiment, passé aujourd'hui dans l'art, et dont la chanson du *Mineur* de Novalis reste, pour le naturel et le fini de l'exécution, le plus intéressant modèle. Un lied plus populaire, où Kerner a chanté un autre produit de la nature toujours dans ses rapports avec l'activité, l'industrie humaine, c'est *l'Éloge du Lin* (*das Lob des Flachses*). Ce petit poëme, dans sa simplicité toute concise et dénuée de prétention, rappelle un peu de loin *la Cloche* de Schiller, dont il fait comme le pendant. Dans *la Cloche* aussi, pour peu qu'on s'en souvienne, il est question du rouet et du lin, les deux inséparables attributs de la ménagère allemande et de la poésie allemande, sans contredit la plus ménagère des muses. S'asseoir au rouet, tourner sa quenouille, filer;

n'est-ce point là de tout temps leur vocation et leur orgueil, à l'une comme à l'autre? et l'industrie moderne, en multipliant les fabriques, en remplaçant par les machines à vapeur l'honnête et paisible métier domestique, ne menace-t-elle pas dans leur double existence les deux bonnes sœurs jumelles, la ménagère [1] et la muse allemandes? Mais revenons au lied de Kerner.

La plante en fleur couvre le champ de son azur, dont les ondulations célestes réjouissent l'été. Dès que la floraison commence à décroître, on arrache le lin de la terre, on le passe à la flamme qui l'argente; alors des mains actives s'en emparent et le travaillent. Il orne l'alcôve de la jeune fille, il entoure de ses plis ce corps pudique dont la virginité première, la première fleur, est pour lui. Il accompagne à l'autel la jeune épouse, il couvre le cercueil de la trépassée. Langes du nourrisson, voile de noces, drap mortuaire, comme la cloche, on le retrouve inévitablement dans toutes les solennités humaines. Ici la modulation élégiaque se présentait d'elle-même, et Kerner ne pouvait manquer de la saisir. — D'où lui vient cette tristesse profonde, cette mélancolie incurable qui ne fait que varier ses tons? Vous me le demandez? n'a-t-il pas vu l'instabilité de toute chose? n'a-t-il pas contemplé à fond les misères de ce monde où la beauté se flétrit, où l'amour passe, où la jeunesse et le cœur s'effeuillent, où vous perdez chaque jour un des êtres qui vous sont chers, où l'on ne vit que dans le pressentiment de la mort? — L'idée de sa propre mort le préoccupe et l'obsède, il se voit lui-même mourant, défunt, enseveli. Il se promène au bord de l'eau, il entend scier des planches, ces planches tombent une à une jusqu'à quatre, il y voit son cercueil; et le sapin, dont l'acier martyrise la chair, lui psalmodie aux oreilles ces paroles funèbres : « Tu viens à propos, passant, car c'est pour toi que je souffre cette mortelle blessure, c'est à la caisse qui doit t'enfermer dans le sein de la terre que ce bois est destiné! » Il cherche à la fois la mort et la redoute, le *grand peut-être* l'épouvante : « Quand on s'enquiert des morts auprès de la nature, elle ne répond pas. »

Cet antagonisme de sensations contradictoires, humain autant

---

[1]   Elle emplit de trésors l'odorante cassette,
    Tourne le fil autour du rouet murmurant,
       Dans l'armoire lisse et proprette,
    Elle amasse à flocons le lin éblouissant.
                (SCHILLER, *La Cloche*.)

que poétique, avec lui ne dépasse jamais la mesure. Ce vague désir, cet élan vers la mort, ne dégénère point en mépris, en haine de l'existence, en négation systématique, absolue. Le sens profond qu'il a de la nature, une résignation pieuse, intelligente, éclairent de lueurs vaporeuses ses tristesses en apparence les plus sombres ; sa fantaisie et sa foi semblent attacher un nimbe de gloire à la mort elle-même.

Pour la forme proprement dite, Kerner est loin d'Uhland, plus loin encore de l'art exquis, du ciselé parfait de l'oriental Rückert, qui taille son vers à facettes comme un diamant, et dont la recherche et le fini dépassent parfois les conditions de la prosodie classique et touchent au précieux. L'expression, chez Kerner, sort trop souvent confuse, embarrassée ; la mesure, le rhythme, lui présentent des difficultés énormes que l'énergie de son sentiment et de sa pensée a toutes les peines du monde à surmonter ou plutôt à franchir ; de là des incohérences fréquentes, des charnières mal soudées, des soubresauts qui vous déconcertent. On compte dans ses poésies les pièces bien venues, d'un seul jet, et encore est-ce alors au poëte inspiré, à la flamme intérieure qui entraîne et fond en débordant tout ce qui s'oppose à son passage, plutôt qu'à l'artiste habile et distingué, qu'on en doit savoir gré.

XIV.

Idéalisme et rationalisme. — Polémique. — Atmosphère fantastique de Weinsberg. — Le Jardin de Salomon. — Strauss et Kerner. — Conclusion.

On concevra aisément comment une organisation poétique, mue par de pareilles tendances, devait en venir à rechercher le commerce des somnambules et des visionnaires, et, si nous pouvons le dire, finir par trouver dans un semblable milieu son point de bien-être et de quiétude. L'infini des poëtes, ce monde que les âmes rêvent au delà des bornes de l'horizon, est tout simplement le vide, le vide qui ne s'anime et ne se peuple qu'à l'aide de formes et d'images transfuges d'ici-bas, plus propres à bercer la fantaisie en de chimériques illusions qu'à la satisfaire, à irriter la soif qu'à l'apaiser. Qu'on se figure, d'après cela, ce qui arrive au poëte qui se laisse emporter dans sa course à travers l'étendue sans avoir assuré d'avance son retour ici-bas : d'une part, le sentiment du vide le travaille ; de l'autre, il s'épuise à donner au vide un contenu, à porter le fini dans l'infini. Or, cette tendance ne serait-elle pas une disposition organique chez certaines natures maladives, nerveuses, toujours en humeur de créer des fantômes dont elles ont hâte de peupler les solitudes du vide, donnant ainsi un sujet déterminé à ce vague désir de l'âme, à cet essor presque involontaire qui l'entraîne vers les régions surnaturelles?

Les conséquences de ce phénomène, qui semblent devoir être les mêmes pour le poëte que pour l'homme, aboutissent cependant à deux points tout opposés. Une fois que le vide s'est peuplé, grâce au coup d'œil extatique du visionnaire ; une fois que, des flottantes ombres du pressentiment, un monde nouveau s'est dégagé,— un monde avec ses figures vivantes, ses lois organiques, ses influences positives sur la vie humaine, — l'imagination n'y tient plus. Enthousiaste et religieuse, spiritualiste et dévote, elle voit, elle touche, et, plongée jusqu'au cou dans le miracle, semble ne pouvoir s'en rassasier. Bientôt cependant, à mesure qu'on y regarde de plus près, la contradiction éclate, la plus effrayante des contradictions entre le contenu fini et la forme infinie qui l'enserre. Comment concilier cet extérieur prétendu, cette physionomie, ces lèvres qui murmurent des oracles, ces mains qui lèvent le marteau, tirent la sonnette et lutinent toute une maison, avec l'idée d'Esprits, d'Esprits détachés des liens de ce monde? Hélas! le plus cruel reproche qu'il y aurait à faire à ces apparitions, serait qu'elles nous ressemblent trop bien, et ne répondent guère à ce qu'on attendait d'êtres habitant au delà de nos terrestres horizons. Eh quoi! vous avez passé par l'initiation de la mort, vous revenez d'Uranus ou de Saturne, et vous n'avez rien de mieux à nous dire, et vous ne savez que répéter les gestes et les manœuvres en usage depuis six mille ans sur cette terre d'épreuves et de misères, d'où l'âme veut bien s'enfuir, mais dans une tout autre espérance que celle de retrouver chez vous tout ce qui se passe de ce côté!

Chez le poëte, cette incompatibilité, ce contraste des acteurs et de la scène, ce choc bizarre d'éléments qui se heurtent et se contredisent, pourra bien agir d'une façon plaisante et provoquer çà et là des velléités humoristiques. Ne serait-il pas nouveau, en effet, de nous représenter une fois ce monde d'Esprits sous son point de vue critique? Ne trouverait-on pas plus d'un incident burlesque, plus d'un contraste curieux, dans cet amalgame du fini et de l'infini, dans cette association impossible des contraires? Évoquer avec un certain esprit d'analyse, mais en poëte et sans trop de philosophisme, à la manière de Jean-Paul plutôt que de Voltaire, évoquer cette multitude surnaturelle ; lui ôter, mais légèrement, ce qu'on lui supposait d'originalité; nous montrer ce monde dans ce qu'il a d'insuffisant, de pauvre, de borné : il y aurait là, selon nous, le sujet d'un charmant poëme. Mais, pour le faire, il faudrait un génie excellent, une inspiration impartiale, si jamais les deux mots pouvaient s'accorder ensemble, quelque chose qui ne fût ni la sécheresse des encyclopédistes, ni le mysticisme nuageux des Allemands; une imagination semant dans l'air ses fantaisies, mais ayant ses assises sur la terre, Goethe peut-être. Kerner, esprit transcendant, romantique par essence, devait n'avoir qu'ironie et persiflage pour un pareil compromis. Malheureusement, aujourd'hui comme pendant la période des *Reiseschatten*, l'ironie, chez lui, n'a plus sa source dans la conscience d'un infini vaguement pressenti. L'infini a laissé voir son contenu ; il a vidé son sac, pour nous servir d'une expression populaire, mais énergique, et le sac renfermait plus d'une misère qui n'a pas échappé aux brocards du poëte lui-même. « Je le soupçonne d'être, sur plus d'un point, sujet à la critique, » s'écrie dans *Faust* le philosophe Thalès en voyant voltiger Homunculus dans sa fiole de verre. Kerner, j'imagine, a plus d'une fois eu la même idée de ses fantômes. Eux aussi, sans aucun doute, il les a trouvés sujets à la critique. Mais était-ce bien à lui de le dire? N'en résulte-t-il pas, dans son œuvre, une certaine confusion? Le trait manque son but, faute d'un point d'appui ; la critique, n'ayant où s'étayer, perd son effet ; je n'en veux d'autre exemple que son drame humoristique assez étrangement intitulé *der Baerenhauter im Salzbade*[1], satire dirigée à la fois contre les esprits forts qui refusent de croire au diable et aux fantômes, et contre ceux-ci, qu'il s'efforce de rendre grotesques et risibles. Cette ironie sans levier, si je puis m'exprimer ainsi, qui s'attaque aux phénomènes d'un monde invisible aussi bien qu'aux choses d'ici-bas, a cette conséquence pour le poëte, qu'elle entraîne la chute de sa rêverie et de son imagination

---

[1] *La Peau d'Ours à Salzbade.*

dans le vide. Ces campagnes de l'infini, où germaient tant d'espérances, ont perdu, en s'ouvrant à lui, leur fécondité mystérieuse, et, s'il y plonge encore après tant de pressentiments trompés, tant de splendides illusions déçues, c'est tristement, l'oreille basse, sur l'aile grise et silencieuse de la foi. Or, cette foi résignée, mais incolore, n'ayant plus en elle de quoi parer aux découragements, aux misères d'ici-bas, comme l'autre militante et fougueuse et qui tenait de l'illuminisme, il en résulte pour le poëte une douleur languissante, abstraite, un sentiment de la mort qui se trahit à chaque pas, et couvre, comme un voile de crêpe, toutes les riantes nuances de son printemps. La dernière édition des poésies de Kerner est pleine de pièces de ce genre, de ces lieds moins écrits que sentis où l'âme se soulage : poésie est délivrance. Je citerai encore cette pièce où le poëte se compare à un papillon fixé au mur par une épingle qui lui traverse la poitrine.

DEDANS.

« Je vois passer dans l'air une vive et joyeuse volée d'oiseaux libres. O ciel ! que n'ai-je un pareil essor ! que n'ai-je une pareille existence de voyageur !

« Hélas ! pauvre insecte que je suis ! cloué à la même place, attaché par une épingle à une case dans le cabinet !

DEHORS.

« Aïe ! aïe ! qui m'a délivré du casier où je dormais ? Oh ! l'épingle ardait profondément, et maintenant voilà mon cœur à nu.

« Lumière rayonnante du soleil, limpide azur du ciel, parfum des fleurs, rosée des fleurs, ne font qu'aviver la blessure.

« Remportez-moi dans le casier, attachez-moi plus fort, martyrisez-moi ! Ah ! qu'au moins je puisse enfin mourir ! ».

Cependant, où le poëte renonce, il s'en faut que l'homme doive abdiquer. L'homme absorbe en lui le poëte, et tend à de plus hautes, à de plus indépendantes fonctions. L'âme, déçue à la fois dans ses rapports avec les hommes et dans son commerce avec les Esprits, avant de s'engloutir dans le vide, se réfugie en elle-même, rentre dans son foyer intérieur, dans son propre amour, et jette là les bases d'une félicité d'autant plus pure qu'elle se fonde sur une résignation intelligente. L'action morale, l'influence poétique de Kerner, médecin, ami de l'humanité, père de famille, l'impulsion généreuse de sa nature, en un mot tout ce fonds *concret* de l'existence qui ne saurait passer dans la poésie, lui donne en tant qu'homme un point d'appui duquel il peut combattre en même temps les rationalistes et les visionnaires, ne ménager personne, et s'égayer comme il lui plaît, tantôt aux dépens de ses antagonistes, tantôt à ses propres dépens. De là ce laisser-aller singulier, mais qui n'implique nullement la contradiction ou le charlatanisme, le sans-façon dont il use avec ses Esprits, qu'il traite lestement et en véritables personnages de comédie. Avouons aussi qu'à force de les avoir sous les yeux à toute heure, de vivre dans leur commerce et leur fréquentation, il devait finir par n'y plus prendre garde, et, pour peu que vous séjourniez à Weinsberg, il vous en arrive autant.

On ne saurait imaginer une vie plus étrange, plus merveilleuse que celle qu'on mène là. Le prodige n'est plus un fait inaccoutumé, surprenant, un phénomène en dehors des lois naturelles, qu'on recherche de loin et qu'on évoque ; mais une chose toute simple et ordinaire, l'élément dans lequel on se meut. Vous le trouvez dans les corridors de la maison, dans les allées du jardin, blotti derrière un meuble ou rôdant à la brune sous les touffes d'arbres ; le fantastique est à demeure dans ce palais de Salomon. On conçoit comment cette familiarité, ce commerce de tous les jours et de tous les instants avec le monde invisible a dû amener Kerner à ne plus accorder qu'une attention médiocre à des Esprits qu'il traite avec aussi peu de cérémonie que les chiens, les chats et les autres animaux domestiques dont il peut s'entourer. « Cher docteur, lui disait un jour Strauss dans une promenade à Weinsberg, chaque fois que je viens ici, je me surprends en flagrant délit de superstition. » — « Oui, certes, répondit Kerner ; tous les deux compatriotes, tous les deux natifs de Ludwigsburg, vous et moi, nous nous complétons ; plus vous arrachez de mythes, plus j'en sème. » Kerner, prenant pour sujet de son caprice poétique ses visions magnétiques, magiques, ses phénomènes démoniaques, et cela du plus grand sérieux du monde et sans abdiquer rien de ses croyances, me représente assez ce bon peuple du moyen âge, jouant, à certaines époques, avec les saints et les saintes de la légende, et faisant, sans le moindre scrupule, parader sur des tréteaux les augustes figures qu'il ne cesse ni de reconnaître, ni d'avoir en honneur.

Si l'on recherche la somme des divers jugements portés en Allemagne sur Kerner, voici à peu près ce qu'on trouve : Otez à cette nature l'élément superstitieux, magnétique, démoniaque, et vous aurez un excellent homme, un des maîtres de l'école

14.

souabe, un poëte religieux, naturel, d'une sentimentalité suave, élégiaque, mais, disons-le aussi, maladive et par moments dangereuse comme l'opium. Kerner lui-même s'écrie quelque part, sans doute en faisant allusion à ce verdict : « Je vis par la poésie et la médecine, et seulement lorsqu'on parle d'Esprits, on se souvient du mien, et pour railler encore. » Cependant nous ne pensons guère qu'on puisse voir dans les tendances magnétiques de Justin Kerner, dans ses spéculations magiques si l'on veut, une simple affaire de dilettantisme et de curiosité. Il y a plus : ce besoin d'évoquer et de connaître est chez lui une chose instinctive, profonde, inhérente à son individualité, dont on ne saurait l'extraire sans dissolution. « Destinée, conscience, deux mots pour une même idée, » a dit un philosophe allemand, Schubert, je crois ; et cette phrase, prise dans son sens légitime, enferme une très-grande vérité. Je doute que sur un autre la visionnaire de Prévorst eût jamais agi comme sur Kerner ; les mêmes conditions scientifiques, médicales, religieuses, se fussent-elles rencontrées d'ailleurs ? Cette femme fut pour lui, pour son âme et sa poésie, une sorte de miroir fidèle, de réfracteur lumineux ; et dans ce sens on pourrait dire que la physionomie de la visionnaire, telle qu'il nous l'a donnée, est l'œuvre de Kerner. Elle participait de son originalité, de son individualité, comme lui prenait en elle de nouvelles impulsions, d'autres vues ; et, sans prétendre porter un jugement sur la réalité, sur le degré de réalité de ces apparitions dont on s'est préoccupé si vivement de part et d'autre en Allemagne, ne pourrait-on pas dire, en ayant égard à l'influence personnelle de Kerner, que ces phénomènes ont puisé dans le cercle où ils se sont développés, dans la mystique atmosphère du médecin, de l'ami, du poëte, cette couleur éthérée, ce merveilleux, qui n'ont certes pas médiocrement aidé à leur concilier l'intérêt général ? Il est tout à fait selon les principes du magnétisme que la visionnaire prenne part à l'individualité de son médecin, de son magnétiseur, et, sur ce qui regarde l'originalité parfaite de cette individualité, les témoins compétents se prononceront. Déjà, il y a plus de trente ans, Varnhagen, le spirituel et incisif Varnhagen, lorsqu'il étudiait à Tübingen avec lui, remarquait l'excentricité singulière, *transcendante*, de cette nature souabe, et la notait dans ses écrits avec cette réserve, ce ton diplomatique des Allemands du Nord. Kerner crut, avec la visionnaire de Prevorst, porter un coup mortel au rationalisme, opposer une digue à la dialectique, alors comme aujourd'hui envahissante, confondre les railleurs, amener les gens du monde aux idées sérieuses, et les incrédules à la foi. Il concluait de lui-même aux autres, et s'écriait, après la mort de sa visionnaire :

« Adieu ! Tous les trésors que je te dois, je les porte désormais dans mon sein, et mon être intérieur plonge sans hésiter dans les profondeurs de l'esprit... Apparais à ma dernière heure, viens m'avertir lorsque mes yeux se fermeront. »

Et dans une autre pièce :

« Il t'était donné, à toi, de lire dans les cercles lumineux du monde intérieur ; tu savais ce que c'est que l'esprit et que l'âme, comment ils se séparent, se cherchent et se réunissent dans la mort. »

Cependant le livre fut loin d'accomplir les miracles qu'on espérait, et l'humanité continua d'aller son train comme par le passé. Il fallait bien se résigner ; on le fit, non sans quelque amertume contre les doctrines du temps et leur perversité :

« Un livre que la multitude repousse, parce qu'à ceux qu'un ignoble appétit consume, il ne promet pas le ciel, le ciel étoilé, mais la nuit éternelle pour le repentir ; un livre où les paroles d'une faible femme menacent de ruiner l'esprit des forts, la sagesse du monde, de ruiner la Babel telle qu'ils la construisent ! De là leur colère à tous en le lisant. »

Les *Lettres de Prevorst* et bon nombre d'écrits théoriques ou critiques, contenant soit de nouveaux faits de l'ordre magnétique et démonologique, soit des exposés de doctrines et des réponses à ses adversaires, sont venus depuis compléter ce système de spiritualisme transcendant dont Kerner avait jeté les bases dans *la Visionnaire*.

Le grand moyen de conviction qu'emploie Kerner, ce sont les faits qu'il produit, et qu'il entasse comme à plaisir, associant l'antique au moderne, mêlant ensemble la tradition et l'observation, souvent sans trop s'apercevoir qu'il ouvre par là le champ à la critique. Si Kerner a jusqu'ici rencontré bien des incrédules, avouons cependant que ses convictions à lui ne se sont jamais démenties ; ni les arguments de ses plus redoutables antagonistes, ni leurs railleries, n'ont jamais su le prendre au dépourvu. « Venez, voyez et croyez, » leur disait-il dans le temps ;

et maintenant : « Pourquoi n'êtes-vous pas venus alors? » S'il n'a pas atteint le but suprême qu'il se proposait, du moins peut-on reconnaître que ses efforts n'ont pas été infructueux pour la science. En opposant à la froide raison de notre époque, à cet esprit qui tend à tout réduire, à tout analyser, à ne pas laisser subsister un fil de ce vêtement vivant de la divinité dont parle Goethe, en lui opposant des problèmes nouveaux, des mystères nouveaux, ou plutôt ignorés, oubliés, Kerner appelait l'attention sur une des plus grandes questions de la philosophie moderne : l'être de la conscience, et, qu'on me passe le mot, l'énigme de l'individualité. Ces phénomènes physiologiques, psychologiques, pathologiques, qu'il observe et décrit en les appuyant d'analogies et de parallèles rassemblés curieusement dans les archives du passé, devaient nécessairement provoquer des recherches plus sérieuses, des éclaircissements nouveaux. Tandis que d'un côté on cherchait à démontrer l'unité humaine, l'identité de l'esprit et de la matière, Kerner s'efforçait de prouver la division des deux principes, une division non plus simplement abstraite, spéculative, mais réelle, et d'établir son système de dualité dans l'esprit. Sous l'empire des phénomènes que nous avons cités dans la première partie de ce travail, il déclare la conscience humaine quelque chose d'éternel en soi, mais de réel, de substantiel à ce point, qu'elle est susceptible de recevoir l'action d'influences étrangères et de se modifier à leur contact. Ainsi je m'explique sa théorie des Esprits familiers, des bons et mauvais anges, etc. Il fallait trouver une loi d'être à ces apparitions, il fallait, avant tout, les loger quelque part. On inventa le royaume intermédiaire, idée peu originale et renouvelée des alexandrins, qui devait paraître aussi monstrueuse aux théologiens orthodoxes, que frivole et ridicule aux partisans fanatiques du réalisme absolu. La science se souleva, avec quelle énergie, on le devine, contre ces opinions et ces théories de visionnaire, combattit à outrance ces hypothèses d'un éther nerveux, d'un organe *psychique*, et donna pour dernière raison aux phénomènes en question la maladie du sujet, la perturbation du système nerveux et de la vie de l'âme. Kerner riposta de pied ferme, et, dans ce conflit, le spiritualisme eut plus d'un bénéfice à enregistrer. Ainsi, l'attention se porta davantage du côté de la nature, le cercle de la raison fut étendu, le possible empiéta sur les limites où naguère commençait le domaine de la superstition. On accorda plus de valeur à l'instinct, à la conscience une base plus substantielle. Il fallut descendre dans les profondeurs de la nature, de l'âme humaine, et reconnaître le jeu divin, *le poëte caché,* pour me servir d'une expression originale de Schubert, là où l'on s'efforçait de ne voir qu'un engrenage matériel de forces mécaniques, et c'est justement avec ce poëte caché, ce poëte de l'âme, que Justin Kerner vit en rapport intime ; c'est vers ce sens prophétique, révélateur, que sa nature sentimentale et contemplative, que son individualité l'entraîne. De là une poésie d'inspiration plutôt que de fiction, une poésie dénuée de manière, d'éclat, mais fortement empreinte d'un caractère de vérité, et toujours, ouvertement ou par symbole, parlant à l'âme. Sous ce point de vue, la direction poétique de Kerner et sa tendance magnétique se confondent ; et si sa philosophie a pour but de rechercher partout le principe spirituel, mystique, ignoré ou méconnu, et de l'attirer dans le cercle de notre activité prosaïque, sa poésie est-elle autre chose qu'une plainte monotone, le chant douloureux de l'âme qui languit dans la nuit ou l'ombre, et soupire vers la lumière, la délivrance? De bonne heure ce penchant vers la sympathie et le magnétisme se fait sentir dans ses productions poétiques, comme, en revanche, la poésie intervient dans ses spéculations démoniaques. Je trouve dans un de ses contes, écrit il y a près de trente ans, cette peinture d'un médecin idéal, qui pourrait bien n'être que son portrait :

« Non loin de là s'élevait la maison d'un homme singulier ; on l'appelait maître Lambert ; il passait pour un grand médecin, et tous les malades, ceux du voisinage et ceux des contrées lointaines, venaient à lui. On disait qu'il opérait des cures merveilleuses par la force de la sympathie, et conservait des secrets profonds dans de vieux manuscrits héréditaires. Ce qu'il y a de certain, c'est que c'était un homme qui, secouant la poussière de l'école, s'était donné de lui-même à la nature, en véritable enfant, avec simplicité, avec amour, libre des influences perturbatrices de la vie du monde. La nature, apprivoisée en quelque sorte, le laissait faire. Il connaissait ses influences, mais sans vouloir jamais les formuler en règles. Il avait observé attentivement le cours des étoiles et leurs révolutions, la vie et la mort des animaux et des plantes. Il avait plongé dans les profondeurs de la terre pour y surprendre le travail des minéraux et des métaux, et plus d'un prodige se révélait à son âme paisible, inaltérable, dont une conscience étrangère à la nature, en proie à de vulgaires impressions, n'aurait pas même eu jamais le

plus lointain pressentiment. « La nature, cette bonne et généreuse
« mère, s'écriait-il souvent, nous prend volontiers dans ses bras et
« nous révèle les harmonies de son être, pourvu que nous consen-
« tions à ne pas prendre avec elle des airs de docteur. Comme
« une mère attentive ouvre ses bras à son enfant qui commence
« à peine à courir et lui montre ainsi la route de son sein, de
« même fait pour nous la nature, cette excellente mère; seulement,
« n'ayons garde de nous croire de si grands héros, car alors la
« timide mère se retire et dérobe ses secrets à notre grandeur. »

Dans les *Reiseschatten*, cette espèce de monstre esthétique dont nous avons parlé, cet amalgame bizarre d'arabesques humoristiques, on rencontre aussi, comme un motif éternellement cher au poëte, cette idée de magnétisme et de seconde vue; et par un surcroît d'analogie qu'on n'enregistre qu'avec peine, comme si la nature eût voulu compléter, selon les règles traditionnelles, cette étrange figure de philosophe visionnaire au XIXe siècle, Kerner, sur ses vieux jours, se trouve menacé de cette infirmité que la légende attribue aux poëtes et aux devins de l'antiquité [1].

Esprit méthodique, mais honnête, convaincu, persistant, Kerner n'a jamais varié. Prosateur, poëte, vous le retrouvez toujours égal, identique à lui-même. *La Visionnaire de Prevorst*, les *Reiseschatten*, les *Gedichte*, sont pour lui trois cycles dont il ne saurait se départir; les fondements de ces ouvrages, rayonnements d'une même idée, une fois jetés à ses premiers pas dans la carrière, il n'a plus fait qu'y revenir, ajoutant çà et là, complétant, aimant mieux un appendice qu'un volume. Aussi, qu'il philosophe, qu'il rêve ou qu'il rime, vous ne voyez guère que le nombre de ses livres s'en augmente : les faits de l'ordre magnétique vont à *la Visionnaire*, les fantaisies aux *Reiseschatten*, les lieds nouveaux aux poésies, qui s'augmentent ainsi à chaque édition, naturellement, et presque sans qu'on s'en aperçoive. Pour une hirondelle de plus, le printemps ne change pas. Au dé-

---

[1] Kerner devient aveugle; depuis quelques années, sa vue s'est affaiblie au point qu'il a aujourd'hui toutes les peines du monde à tracer quelques lignes; épreuve bien douloureuse pour un chantre du soleil et de l'arc-en-ciel, mais supportée avec résignation, et à laquelle ses récentes poésies, non moins que ses entretiens familiers, contiennent de touchantes allusions. C'est ainsi qu'il disait, l'an dernier, à une jeune femme venue de loin pour le visiter, et qui lui promettait de revenir : « Hirondelle qui ne passez qu'une fois l'année, quand vous reviendrez au printemps, je ne vous verrai plus. »

clin de l'âge, ses lieds ont encore la fraîcheur et les grâces de la jeunesse, et le seul trait qui les distingue dans leur famille harmonieuse, c'est la mélancolie plus profonde et le détachement terrestre qu'ils respirent. Il n'y a point à rechercher quels progrès Justin Kerner a fait faire à la muse allemande. La nature domine ici trop ouvertement toute question d'art, de culture, d'école, pour qu'on puisse y voir autre chose qu'une individualité pure et simple. D'ailleurs, avant la venue de Kerner, la poésie allemande n'avait-elle pas touché à son plus haut point? Kerner, c'est un peu l'oiseau sur la branche, l'oiseau qui demeure fidèle au chant que Dieu a mis dans son gosier, et qui, s'il n'étend pas sa gamme, vocalise dans sa mesure et se garde au moins des fausses notes. Élève de la nature, véritable néophyte de Saïs, Kerner appartient à toute une catégorie de poëtes allemands qu'on ne saurait ni classer ni définir. Comme les âmes pathétiques en qui le sentiment déborde et qui jamais n'atteignent l'idéal qu'elles cherchent, il a besoin que les sympathies du lecteur lui viennent en aide et le complètent. Aux amateurs de l'art curieux, aux partisans absolus de la forme, je ne le conseillerais pas. Il y a dans cette poésie une autre poésie latente, et, si l'on me passe l'expression, interlinéaire, que les initiés seuls peuvent saisir ; j'entends par initiés tous ceux pour qui les mots d'âme et de nature ont encore un sens aujourd'hui.

FRÉDÉRIC RÜCKERT.

XV.

Ce que nous entendons par les Souabes. — M. Anastasius Grün. — M. Henri Heine. — M. Franz Dingelstedt. — Coup d'œil général. — Désaccord entre l'homme et le poëte. — Herder. — Schiller. — Gœthe. — Grabbe. — Caroline de Günderode. — Rückert. — Caractère de la Muse de Rückert. — Son orientalisme opposé à celui de M. Freiligrath.

On nous a reproché, au sujet de ces études, de nous enfermer trop exclusivement dans le passé, et de négliger, au point de vue d'une critique rétrospective, tout ce que la littérature contemporaine offrait en Allemagne de vivace et de généreux à l'observation des étrangers. Nous répondrons en deux mots à ce reproche. Et d'abord nous doutions que, pour apprécier un mouvement, quel qu'il soit, il fût indispensable d'en rayer d'un trait de plume les origines naturelles ; puis nous avouerons ingénument que nous ne pensions point être si retardataire en nous occupant, à propos de poésie lyrique, d'Uhland, de Kerner, et de tant d'autres dont la plupart vivent encore. Cependant il paraît que nous avions compté sans l'esprit de l'époque. Il s'agit bien du passé, en vérité ! parlez-nous du présent, parlez-nous surtout de l'avenir : à quoi nous répliquerions volontiers que nous n'aimons guère les prophéties, et qu'en toutes choses la marche régulière et méthodique nous semblera toujours la meilleure. Oui, certes, il nous eût été plus commode, nous en conviendrons facilement, d'enjamber un demi-siècle, et de venir nous poster d'emblée au beau milieu du groupe remuant ; mais à pareil jeu on court aussi grand risque de tomber dans la confusion, et de s'exagérer singulièrement la valeur des individus, faute de s'être rendu un compte exact et sévère des relations qui peuvent exister entre les nouvelles muses et certains maîtres dont elles dérivent. Il serait puéril, sans doute, de prétendre que toute poésie en Allemagne relève infailliblement aujourd'hui d'Uhland et de Rückert. Néanmoins, comment contester l'influence des deux génies sur les lyriques du moment? influence d'idées, influence de formes et de rhythmes. Niera-t-on que M. Anastasius Grün [1] et M. Gustave Pfizer empruntent leur manière au style épique et narratif du chantre de *Bertran de Born*? Et Rückert, le volumineux Rückert, est-ce qu'on ne se dispute point son héritage, dont M. Dingelstedt [2] semble réclamer la partie mélancolique et douce, l'idylle sentimentale, et M. Freiligrath l'orientalisme? Et pour tout dire, sans *le Prin-*

---

[1] Je range Anastasius Grün, quoique Autrichien, dans le groupe souabe (en pareil cas, la dédicace à Uhland de ses *Promenades d'un poëte viennois* ne serait-elle point significative?), comme j'y fais entrer Lenau, Platen, Julius Mosen, tous ceux enfin qui, sans avoir renoncé à rimer dans l'occasion leur mot de politique, me semblent n'avoir point méconnu la rêverie et l'idéal. Que la Liberté et la Muse soient sœurs, je l'admets volontiers; je doute cependant que la poésie lyrique ait été mise au monde uniquement pour rédiger des constitutions et morigéner en strophes cadencées les Chambres et les Cabinets d'un pays. D'ailleurs, chacun d'entre eux, poëtes de la nature et poëtes de la politique, chacun, nous voulons le croire, aime la liberté et la souhaite; il n'y a guère de différence que dans la manière de l'invoquer. Les *vivants* (c'est les viveurs qu'il faudrait dire) lui portent du matin au soir et du soir au matin des toasts à l'assourdir, tandis que les autres, plus recueillis, plus calmes, préférant aux utopies du jour les grandes vérités morales, n'en poursuivent pas moins le but humain sans déroger aux lois divines de l'art. — On comprend maintenant ce que nous entendons par les *souabes*, et combien le mot, ainsi étendu, offre de latitude aux classifications.

[2] Parmi les talents de récente origine, M. Franz Dingelstedt mérite qu'on le distingue. Lui du moins a la note mélodieuse, et si la chanson politique intervient çà et là, elle ne tarde guère à céder la place à la poésie du sentiment, à ces nobles voix de l'amour, de l'espérance et de la douleur, dont le charmant lyrique connaît si bien les inépuisables modulations. La poésie de M. Dingelstedt est mélancolique de sa nature; je l'appellerais volontiers une poésie de pressentiment, en tant que reflétant à merveille les idées d'espérance et de deuil que la nature inspire à certains moments précurseurs du printemps et de l'hiver. Écoutons-le plutôt chanter la venue de décembre. « La dernière fleur pare la terre, le dernier soleil l'échauffe doucement; au cep desséché tremble une grappe oubliée, et les flots grondent avec fureur. Menons à bout notre dernier couplet avant que la vie entièrement disparaisse, avant que dans les sombres crépuscules l'hiver glacé ensevelisse tout, fleurs, chansons, automne et poëte! » Un autre trait caractéristique de M. Dingelstedt, qui, selon moi, le rattache de très-près à Rückert, c'est de posséder au plus haut degré l'instinct de la forme et du rhythme; je dis instinct et non science. Le vers s'écoule de ses lèvres abondant, sonore, musical; il y a toute une mélodie dans ses combinaisons de rhythmes, et l'on aimerait à voir un Schubert les compléter.

temps d'amour, ce divin souffle d'une âme enivrée de poésie, est-il bien sûr que le *Livre lyrique* de M. Heine eût épanoui ses clochettes sonores? Je sais qu'on se vante d'avoir à part soi plus d'une recette à l'usage de ces transformations ingénieuses. Ici le grain de politique vient à propos, et l'on croit se tirer d'affaire à l'aide du vaudeville final à l'adresse du roi de Prusse; mais de pareils expédients ne constituent pas une originalité très-grande. Avec son imagination rayonnante, son universalité, Rückert me paraît représenter bon nombre de ces variétés contemporaines. Je retrouve chez lui en gerbe, en faisceau, tous ces rayons éparpillés et miroitant, ici et là, non sans grâce. C'est à ce point de vue que nous l'étudierons longuement, à notre aise, dussions-nous passer pour retardataire et *Bemooster* aux yeux de M. Herwegh et de la bande politique.

Il serait curieux de rechercher ce qu'il peut y avoir de vérité au fond de cette idée, à savoir, qu'entre le créateur et l'œuvre, de mystérieuses relations doivent incessamment exister, de telle sorte que la vie d'un poëte sera, du commencement à la fin, l'image parfaite de sa poésie, laquelle à son tour se réfléchira dans ses moindres actions. Du côté de l'antiquité, de l'antiquité grecque surtout, les contradictions ne seraient point à craindre. Partout où vous voyez un peuple jeune célébrant, au premier épanouissement de la puissance et de la force, son âge d'or et ses temps héroïques, soyez sûr que la poésie et l'existence se compléteront là l'une l'autre, et formeront ensemble, en dépit de quelques rares exceptions, un tout harmonieux et sublime. Quel dommage que les historiens de cette belle Grèce, où la poésie, l'amour et la liberté devaient trouver leur plus glorieux trône sur la terre, aient toujours si fort négligé de descendre dans ces détails intimes qui nous eussent montré, chez les illustres chantres, l'heureux accord dont nous parlons! Quoi qu'il en soit, en l'absence de tout document qui s'y oppose, on aime à se représenter ces héros de l'intelligence et de l'art d'après le modèle de leurs créations, à voir dans le poëte des *Perses* et du *Prométhée enchaîné* l'homme sérieux, incompris, faisant de la liberté de son pays le plus grand de ses biens, et prêt à lui tout sacrifier, à l'exemple de ce héros superbe dont un vautour ronge le flanc pour sa rébellion sublime contre la tyrannie des immortels; on aime à voir dans Sophocle une des plus nobles natures qui aient existé, une de ces grandes âmes qui savent à quel prix l'homme achète ici-bas la paix ; et à poursuivre ainsi, modifiant ses types selon les variétés de l'œuvre, avec Anacréon et Pindare, avec Aristophane et Sapho.

Dans les temps modernes, la vie civile a tout changé ; avec elle commencent de nouvelles tendances, de nouveaux intérêts se font jour, et, l'horizon s'élargissant à l'infini, la poésie se sépare de l'existence. Désormais les deux sœurs qui, jusque-là, marchèrent de pair, iront, chacune de son côté, celle-ci par les ronces et les âpres chemins, celle-là par les collines et les bois en fleur ; celle-ci au grand soleil de midi, à travers les rumeurs de la place publique et toutes les horreurs de la réalité ; celle-là au clair de lune, le long des buissons embaumés où fleurit l'églantine, où l'oiseau chante en écoutant la cascade qui pleure. A la vérité, par intervalles, les éléments disjoints se rencontrent encore ; il serait difficile d'interroger la vie des grands poëtes de ce temps-ci, à quelque nation qu'ils appartiennent, sans y rencontrer des moments qui vous reportent malgré vous à certains passages de leurs livres ; mais presque toujours ce ne sont là que des éclairs. Une fois, comme par hasard, les deux voix se sont unies dans un accord, et cette fois, plaintive ou triomphante, douloureuse ou tendre, l'harmonie qui en résulta fut sublime.

Nous n'en finirions pas si nous voulions citer tant de nobles génies en qui la dissonance éclate. En France surtout, et chez les contemporains, les exemples abonderaient ; mais nous sommes en Allemagne, loin du terrain glissant des allusions : restons-y et pour cause.—Prenez Herder, le psalmiste par excellence, le coryphée de toutes les vertus chrétiennes, le chantre harmonieux de toutes les cavatines de l'humanité ; ce Herder, que les notices biographiques, inhabiles à jamais séparer l'homme du poëte, vous donnent, d'après ses écrits, pour un vénérable Père de l'Église, pour un saint brahmane des bords du Gange, n'était, en somme, qu'un assez maussade compagnon, portant sous la robe noire du consistoire un cœur plein de rancune, d'égoïsme, d'envie, et de toute sorte de mauvaises petites passions de sacristie.—Professeur inquiet et solitaire, sans cesse trompé dans ses efforts et ses espérances, véritable fiévreux dégoûté de tout, mal à l'aise partout, tel fut Schiller, lequel n'en créa pas moins Posa, Wallenstein et Max, idéales figures qui semblent ne respirer qu'amour, gloire et liberté. Je voudrais bien me taire sur Goethe. Incontestable ment, ses premières œuvres portent l'empreinte des orages de sa jeunesse. *Werther* n'est lui-même qu'une sorte de traduction poétique d'un état ressenti en prose, si je puis m'exprimer ainsi. J'y retrouve à chaque page de douloureuses réminiscences du séjour à Wetzlar ; mais, dans la suite, entre le poëte et l'homme, quel abîme ! Où reconnaître, sous cette enveloppe impassible, quelqu'un des rayons glorieux dont vivent en son œuvre *Iphigénie* et *Tasse* ? Où découvrir vestige de ces enthousiasmes valeureux faits pour forcer la sympathie, et qui, dans le cœur du poëte objectif, montent à la surface lorsqu'il en est besoin, pareils à ces fleurs de lotus et de nénuphar, flottant sans racines sur la transparence d'un lac immobile et glacé ? Parlerai-je de Byron, et de tant de victimes, celles-ci déplorables, les autres ridicules, entraînées par son illustre exemple vers le gouffre ? Parmi les plus à plaindre, je citerai l'auteur de *Don Juan et Faust*, d'une tragédie d'*Annibal*, et de vingt compositions dramatiques auxquelles il n'a manqué pour vivre que la nuance indéfinissable qui d'une ébauche puissante fait un chef-d'œuvre immortel. Je n'ai pas besoin de nommer Grabbe, nature désordonnée, esprit tumultueux, donnant à l'idéal évoqué tout ce qu'il a de pur, de généreux, d'honnête, et cherchant ensuite parmi les plus grossières réalités de la vie un apaisement introuvable [1]. Serait-ce le secret de Dieu que cet accord du poëte et de l'homme ? et ne réussira-t-on jamais à concilier ensemble la force qui agit et la force qui pense ? « De l'instant où j'ai pu commencer à craindre, j'ai cessé de craindre :

« . . . . Wenn zu fürchten angefangen
« Hab'ich, zu fürchten aufgehört, »

s'écrie en un vers admirable de profondeur et de concision le

---

[1] Il y a du volcan chez cet homme, et sa poésie produit sur nous l'effet de ces laves qui débordent à flots embrasés du cratère d'une montagne pour se figer ensuite et s'arrêter immobiles au pied. Grabbe ne veut du cœur humain que ses plus ténébreuses énigmes, de l'histoire que ses plus terribles catastrophes. Qu'il trouve un motif bien amer, bien douloureux, bien triste, au sein de ces abîmes fantastiques où il séjourne, et vous l'en voyez à l'instant remonter le front rayonnant, l'ivresse du désespoir au cœur ; c'est en grinçant des dents qu'il donne à sa pensée la vie du marbre ou plutôt du granit, cette vie énorme et colossale que respirent certains blocs du moyen âge. De même qu'il n'a ressenti de l'amour que la passion, ainsi son œuvre ne connaît que les extrêmes, sa joie est d'une bacchante, son deuil a des éclats de rire de démon, sa plaisanterie tourne au cynisme. La femme manque ici, l'*Ewig weibliche* dont parle Goethe.

Philippe II de Schiller. Ces paroles du roi d'Espagne sur la jalousie, faudra-t-il les retourner à propos de cette harmonie des deux principes, et dire que chercher à l'établir en soi, c'est démontrer qu'on l'a perdue sans retour? Il se peut, après tout, que la majorité des poëtes soit prédestinée à ces déchirements douloureux de l'être, et que le nimbe du génie attire la foudre sur le front qu'il consacre. M. Freiligrath, s'inspirant de la mort de Grabbe, a dit du poëte que « la forêt sainte de son cœur n'était qu'une place à sanglants sacrifices. » Si cette observation du lyrique trouve son application à propos des hommes, combien n'est-elle pas plus vraie quand on songe à tant de natures délicates poétiquement douées, et qui sont mortes faute de pouvoir traduire en plaintes mélodieuses les élégies passionnées, les trésors d'amour qui débordaient de leur poitrine! Puisque le courant du discours m'amène à cette pensée, je ne saurais m'en éloigner sans donner au moins un souvenir à la douce mémoire de Caroline de Günderode. Arnim raconte qu'un jour, en descendant le Rhin, la pente du fleuve porta sa barque vers l'endroit du rivage où la Sapho allemande trouva les flots pour sépulture. « Nous descendîmes, et, nous regardant en silence les uns les autres, nous cherchions la languette de terre consacrée ; là une noble existence vouée aux muses s'abîma, et le torrent a fini par attirer à lui et dévorer la place sainte, comme pour empêcher qu'elle ne fût profanée. » Ainsi nous faisons, saluant sur notre route, parmi tant d'ombres éplorées, l'ombre gracieuse de cette jeune femme qui noya dans le Rhin sacré son corps si beau, ses amoureuses peines, et dont la mémoire eût à jamais disparu, elle aussi, sous les flots, sans la sollicitude tardivement éveillée, et du reste moins pieuse qu'exaltée, d'une romanesque amie qui naguère imagina d'élever de son propre fonds à cette infortune un monument de fantaisie [1].

Aussi, quand au milieu de cette famille de titans foudroyés, une nature se rencontre chez qui le calme et la douceur des

---

[1] *La Günderode*, par madame Bettina d'Arnim. En admettant qu'il se trouve çà et là quelques traits originaux, quelques fragments de lettres authentiques dans ces correspondances combinées à souhait pour l'intérêt du roman, on n'y doit voir que motifs et thèmes à varier, qu'une manipulation ingénieuse ne s'est pas fait faute d'arranger à sa guise. La spirituelle et malicieuse correspondante de Goethe a dû s'égayer fort lorsque d'agréables critiques sont venus comparer, non sans quelque simplicité, le style de mademoiselle de Günderode au style de madame la baronne d'Arnim.

mœurs, loin d'exclure l'inspiration, la nourrissent et la fécondent, un homme qui, sans rien abdiquer du moi essentiel à toute poésie, sans rien sacrifier de la paix intérieure et des natives croyances, vit en quelque sorte dans sa poésie et rime à loisir son existence, sa figure vous attire comme une heureuse et consolante apparition, et vous aimez, après tant de catastrophes et de trop fameuses épopées, à vous reposer dans cette fraîche idylle.

Tel est Rückert, existence vouée à la contemplation, à la rêverie, à l'étude, et qui s'écoule en une si profonde communion avec la nature, qu'elle semble en ressentir, pour les traduire à sa manière, toutes les métamorphoses et jusqu'aux moindres frémissements. Rückert vous contera les langueurs et les voluptés d'une fleur comme s'il les eût éprouvées lui-même. Ce petit monde du jardin et de la plaine, il le connaît à l'égal de celui des villes et des salons, mieux sans doute, car il l'a pratiqué davantage, et son œil va saisir sur le sein épanoui d'une rose en amour le baiser lascif du vent du sud, avec cette clairvoyance d'Albert le Grand découvrant au son de voix la récente faiblesse d'une jeune fille tout à l'heure encore immaculée. On dirait que l'esprit de la terre, qui monte avec la sève en chaque plante, parcourt et chauffe sa poitrine. En le lisant, vous vous croiriez au fond d'un bois mystérieux ; des océans de verdure ondoient au-dessus de votre tête, des bruits sonores vibrent dans l'air chargé d'aromes enivrants, et vous voyez autour de vous s'épanouir tout un printemps d'éblouissants calices où l'oiseau du ciel boit la rosée, où des milliers d'abeilles d'or se froissent dans un pur rayon de soleil.

Il devient, du reste, indispensable de ne point perdre de vue ces rapports incessants, cette espèce de collaboration de l'homme avec la nature, pour comprendre la personnalité de Rückert et s'expliquer le sens de ses poésies. Bien entendu que nous ne parlons ici que des œuvres lyriques, lesquelles forment les six volumes des *Poésies complètes*, et dont une bonne partie a passé dans les *Poésies choisies*. Sur cet unique point doit porter la question d'identité que nous soutenons. La poésie didactique et l'épopée excluent d'ordinaire la personnalité, en laissant davantage le champ libre à l'objectivité de l'imagination. D'ailleurs, les productions de Rückert, dans ces deux genres, ne sont, à proprement parler, que des traductions, de merveilleuses importations sur le sol allemand de l'esprit étranger, et à ce compte nous pouvons nous dispenser d'en chercher les motifs dans l'intimité de son être ; bien plus, si nous tenions absolument à connaître la raison première de ces inspirations de seconde main, peut-être la trouverions-nous au fond de certaines nécessités de la vie quotidienne que la nature impose ici-bas à chacun, même au plus favorisé d'entre ses élus. Dans la constitution actuelle des États, un petit air qu'on fredonne avec émotion ne produit point grand bénéfice, et je ne sais guère que les oiseaux qui vivent de leurs chansons. A ceux-là du moins une note vaut un grain de mil. Rückert, plus d'une fois, a déploré le contre-temps fâcheux, et sa plainte, douloureuse ou tendre, ironique ou naïve, toujours agréablement poétique, s'est exhalée à ce sujet sur tous les modes. Époux et père, un moment vint où il fallut pourvoir aux besoins d'êtres chéris qui l'entouraient, et force fut bien alors au poëte de recourir à de moins vagues expédients, et d'écouter la voix de la science, laquelle, en assurant la paix du jour, devait le ravir par intervalle à ses chères contemplations. C'est à cet orientalisme, auquel Rückert s'est si fort adonné depuis, qu'il faut attribuer l'introduction dans ses vers de l'élément philologique, élément bizarre, sans doute, et qui, au premier abord, vous déconcerte, mais dont peu à peu l'étrangeté se modifie et s'efface sous la main savante du poëte qui se l'assimile. L'orientalisme de Rückert, comme celui de Goethe dans *le Divan*, remonte aux sources authentiques, et va sous les rosiers en fleurs, que la voix du rossignol enchante, s'enivrer des vins de Schiras en compagnie d'Hafis et de Dschelaledin. C'est assez dire que cette poésie toute contemplative et d'un mysticisme raffiné ne sacrifie jamais à ce pittoresque de convention que M. Freiligrath emprunte volontiers par moment aux *Orientales* de M. Victor Hugo. — J'assistais dernièrement à une représentation de *Polyeucte*, et comme je me récriais d'admiration à ce vers magnifique de Sévère :

> Tous les monstres d'Égypte ont leur temple dans Rome,

mon voisin, homme d'un esprit rare, et qui, en fait de goût, de saine critique et d'aperçus nouveaux sur les chefs-d'œuvre du grand siècle, en remontrerait au plus habile, mon voisin détourna la tête et me dit en souriant : « Cela vous étonne de rencontrer, chez un classique de vieille roche, de ces échappées grandioses qui s'ouvrent tout à coup sur l'infini ; évidemment les dilettanti du drame moderne, les gens blasés par les énumérations excessives d'un certain matérialisme romantique, ne se doutent pas des effets singuliers qu'un style grave et retenu comporte. Maintenant, à la place de Pierre Corneille supposez Victor Hugo, et vous aurez, au lieu de ce vers unique, mais d'une perspective sans bornes, quarante vers au moins, où défileront dans le plus imposant cortége tous les ibis, les boas et les hippopotames des bords du Nil. » Tel est l'orientalisme de M. Freiligrath vis-à-vis de la poésie de Rückert. Coloriste imperturbable, M. Freiligrath ne rêve que tons et paysages, et sa manière crue et chaude rappelle par moments le faire d'Eugène Delacroix dans ses aquarelles. Au temps des *Orientales,* dont M. Freiligrath semble vouloir aussi s'adjuger la défroque, c'eût été là un éloge ; depuis, malheureusement, les choses ont bien changé, et, description pour description, autant vaut lire une lettre du voyage en Orient de la comtesse Hahn-Hahn.

D'après ce que nous avons dit, on imagine que l'existence entière de Rückert, avec ses phases diverses et ses développements successifs, se retrouvera dans ses poésies. On prétend qu'il y a des gens qui, sur quelques lignes tracées de la main d'un homme ou d'une femme, vont deviner à l'instant ses mœurs et jusqu'aux plus minutieuses singularités de son caractère. Sans être un sorcier de cette espèce, avec des lyriques de la trempe de Rückert, le volume suffira pour construire une biographie, et je parle ici d'une biographie complète où le monde extérieur interviendra dans l'occasion. Les agitations et les rêves de l'adolescent, l'ardeur bouillante du jeune homme, le sens plus grave de l'homme fait, auquel la maturité n'ôte rien de la chaleur de l'âme, toute période notable vous apparaîtra de la sorte, tantôt au grand soleil, tantôt à la faveur d'un clair-obscur approchant de la vérité.

Les *Poésies complètes* ne forment pas moins de six volumes, auxquels on reprochera de contenir avec profusion des richesses qui, pour exercer tout leur prestige, voudraient être davantage ménagées. Les diamants ainsi entassés outre mesure finissent par paraître aux yeux des gens d'une valeur équivoque, et l'on se demande si par hasard on ne se serait point d'abord exagéré le prix de cette pierre qu'un homme a le secret de fabriquer à toute heure et sans qu'il lui en coûte rien. Du reste, ce n'est pas la première fois que semblable critique est adressée à Rückert ; en général, le merveilleux lyrique a le tort de ne point savoir compter avec lui-même ; sa poésie, en coulant de source, épanche trop souvent le sable et l'or dans la même nappe liquide. C'est pourquoi aux *Poésies complètes* je préfère de beaucoup les *Poésies choisies*, dont Rückert a dirigé en personne la publication [1]. Ici du moins, grâce à une ordonnance plus variée, grâce aux salutaires efforts d'une main qui émonde et relie, les points de vue s'éclaircissent, la lumière se fait, l'air circule ; en un mot, la forêt d'Amérique, la forêt vierge, devient un parc anglais où votre rêverie s'égare volontiers en de fraîches allées sablées de jaune, et qui la promènent de rencontre en rencontre à travers les bosquets mystérieux le long desquels la gazelle s'effare, à travers les grottes pleines de fleurs et de cascades et les amples rideaux de peupliers, jusqu'à la pagode chinoise, dont les mille clochettes d'argent s'agitent aussitôt et carillonnent à son approche dans le bleu de l'air. — Tenons-nous donc aux *Poésies choisies*, et contentons-nous d'interroger là, en même temps que les produits du génie de Rückert, l'histoire de son cœur et de sa vie. D'ailleurs, il s'agit encore, en dépit des omissions, d'un volume de plus de 700 pages d'édition compacte, ce qui, pour un lyrique, est, on le voit, fort honnête.

XVI.

Les Chants de Jeunesse.

Le premier livre, intitulé *Chants de Jeunesse (Jugendlieder)*, n'est, à proprement parler, qu'une variation nouvelle de ce thème éternel que toute âme plus ou moins douée de poésie entonne à son aurore. Là pullulent par milliers les vers à l'arc-en-ciel, aux étoiles, aux clairs de lune, que sais-je ? toute cette nuée atomistique qui poudroie d'ordinaire autour du premier rayon sacré. A ne consulter que la table, on se croirait en plein al-

---

[1] *Gedichte von Friedrich Rückert, Auswahl des Verfassers*; Frankfurt-am-Mein, Sauerlander ; Paris, Klincksieck. — C'est aussi l'édition qu'emploie M. Braun dans son remarquable travail, dont nous voudrions emprunter la méthode pour le nôtre.

manach; mais ce qui dès l'abord indique le poëte, c'est l'entrain du mouvement, la loyauté de l'enthousiasme, et, dans les sujets d'originalité contestable, une façon de dire dont le menu peuple ne se doute pas. Quant à ce qui regarde l'exaltation du lyrisme de Rückert à cette époque, elle répond à ce qu'on peut attendre d'un néophyte de dix-huit ans à qui son commerce avec la nature révèle la poésie. En vérité, ces Allemands ont d'étranges ivresses; le printemps leur monte au cerveau comme un vin [1]. J'ai connu autrefois un humoriste qui partageait l'histoire universelle en deux époques : l'époque du vin ou de l'antiquité classique, et l'époque de la bière, autrement dite celle du monde germanique et du romantisme. Évidemment les hommes du Nord possèdent des facultés d'enthousiasme qu'on ignore ailleurs est-ce à la bière qu'ils les doivent? enthousiasme toujours un peu enclin à tourner au mysticisme, ce qui justifierait les conclusions de notre humoriste, lequel rattachait à la période historique du vin l'âge des républiques, des héros, des poëtes et des orateurs, et gardait pour la seconde la chevalerie et des moines. Je ne sais si Rückert est un buveur de bière, mais, de quelque source que l'inspiration lui vienne, elle déborde, surtout si cette première fièvre d'un amour jusque-là sans objet met son jeune lyrisme en effervescence :

« Je voudrais seulement savoir où mes yeux pourraient se fixer sans te trouver, amour! Je voudrais savoir où je pourrais aller pour éviter ta présence!

« Tu es partout, partout où le souffle du vent s'exhale, où le murmure des flots résonne; et là où ni le vent ni les flots ne s'entendent, tu es encore.

« J'ai voulu aller dans le bois verdoyant, j'ai voulu interroger les oiseaux; et les oiseaux, de leurs voix innombrables, n'ont su que me parler d'amour; le rossignol surtout me parla, son langage fut un hélas! et cet hélas! n'était qu'amour.

« J'allai ensuite au bord du fleuve, voir l'eau s'épancher écumante; là encore je retrouvai l'amour; il faisait la transparence du gouffre,

---

[1] Voir l'hymne au printemps qu'entonne le poëte dans les *Reiseschatten* de Kerner :

> C'est l'odeur de l'aubépine,
> C'est le murmure du vent,
> C'est la source cristalline,
> Qui circulent dans mon sang;
> C'est le *vert* de la colline,
> C'est le *bleu* du firmament,
> C'est la *pourpre* du couchant! etc.

il attirait sur le rivage les fleurs qui s'inclinaient sur l'abîme et s'y plongeaient en amour.

« Je me tournai ensuite vers l'azur du ciel, espérant échapper à l'amour. Soudain je sentis son haleine tiède descendre de là-haut sur moi ; le soleil n'était lui-même qu'un calme regard d'amour, et, lorsqu'il s'éteignit, je le vis se multiplier en des milliers d'amoureuses étoiles.

« Alors je regardai sur la terre, encore l'amour ! Rêveuse une jeune fille m'apparut ; elle avait tous les firmaments en elle ; un univers d'amour battait dans son sein, tous les soleils d'amour flamboyaient dans ses yeux et passèrent embrasés dans les miens.

« D'ivresse je dus baisser les paupières, sans quoi l'amour m'eût aveuglé, et je m'étonnai, en regardant dans ma poitrine, de n'y pas moins trouver l'amour. Oui, ces mille parcelles d'amour que j'avais vues naguère dispersées ici et là, au ciel et sur la terre, elles étaient là désormais rassemblées.

« C'est pourquoi je voudrais savoir où mes regards pourraient plonger sans te voir, amour, où je pourrais aller pour éviter ta présence, car je te porte avec moi à travers le monde dans la cellule de mon cœur, et je sens que tu m'accompagneras au tombeau et dans le ciel. »

Ce livre est une peinture assez vraie d'une sorte d'initiation douloureuse par laquelle il faut qu'un poëte ait passé, et vous y retrouvez fidèlement exprimées les indicibles aspirations, les langueurs, les fantaisies d'une âme qui travaille à mettre d'accord ses sensations intérieures avec les phénomènes du dehors, le bouillonnement d'une poésie qui cherche son niveau. Une verve sincère et de bon aloi, quelque chose qui ressemble à du sang généreux, circule dans ce lyrisme, où, comme pour mieux indiquer la jeunesse, un peu d'imitation se laisse surprendre, de cette imitation des muses novices qui se promènent indistinctement d'un genre à l'autre, et vont d'essais en essais, changeant à leur insu de sujet et de style, selon la lecture du jour. Tantôt c'est la sentimentalité légèrement surannée de Salis ou de Matthisson, tantôt la strophe alambiquée de Schiller ; mais à travers ces éléments d'origine diverse, que du reste il modifie avec goût et finesse en se les appropriant, l'originalité instinctive perce toujours par quelque trait ; je veux parler d'une certaine grâce enfantine qui va et vient, de ce sourire parmi les larmes, qui rend ses tristesses aimables. La plaintive élégie, sans se dépouiller complétement des longs habits de deuil dont la revêt Boileau, se couronne chez Rückert des plus fraîches roses du printemps et de ses jasmins les plus embaumés. Ce n'est pas lui qui, dans la chambre d'une belle trépassée, oubliera jamais le lys mystique épanoui près du chevet. Ceci me rappelle une charmante pièce que j'essaierai de traduire en passant : le poëte, troublé d'un mal dont souffre sa maîtresse, vient à l'église pour prier, et, comme il s'approche du banc accoutumé, aperçoit l'ange gardien de la jeune fille qui l'avait devancé :

A la place où dans l'église.
 Elle vient prier,
J'ai vu, jugez ma surprise,
Un bel ange en robe grise
 A genoux hier.

Une étoile d'or vermeille,
 Sur son front rêveur,
Voltigeait toute pareille
A la matinale abeille
 Qu'attire une fleur.

La foi vive en ses prunelles
 Dardait son rayon ;
Je l'ai vu croiser ses ailes,
Joindre ses mains immortelles
 Pour une oraison.

« La vierge pudique et chère,
 « A-t-il dit alors,
« Dont par un divin mystère
« Je garde sur cette terre
 « Et l'âme et le corps,

« Souffre, hélas ! d'un mal funeste ;
 « Et je viens soudain,
« De peur que son banc ne reste,
« Pendant l'office céleste,
 « Vide ce matin.

« O divine Immaculée,
 « Dont mes yeux ravis
« Ont vu la face étoilée
« Luire en la sainte vallée
 « Du beau paradis ;

« Vierge, elle est de ta famille,
 « Elle est de ta cour ;
« Rends la vie à cette fille,
« A son œil le feu qui brille,
 « A son cœur l'amour.

« Vite, à cet affreux suaire
 « Vierge, arrache-la,
Pour que demain, moi son frère,

« Je l'amène au sanctuaire
« Chanter Hosanna ! »

Somme toute, la grande affaire de Rückert en ces chants de jeunesse, c'est d'aimer. Rien, dans cette poésie sereine et pure, qui rappelle un engagement quelconque avec la société. Grâce à Dieu, notre poëte n'en est pas encore là. Son cœur fait valoir ses premiers droits, et il aime. Peut-on appeler amour cette aspiration indéfinie, ce culte idolâtre des beautés de la nature, dont l'être préféré n'est en quelque sorte qu'un reflet périssable ? Toute jeune fille qui lui apparaît, il l'aime, mais comme il aime la fleur épanouie, l'oiseau dans l'air, l'étoile au firmament : histoire de rêver, de s'écouter souffrir, de se complaire en vapeurs langoureuses. L'heure des passions qui ravagent, des passions définitives, n'a point sonné. Qu'elle meure demain, sa perte lui sera une source inépuisable de couplets mélancoliques et de beaux sonnets éplorés, et il la regrettera mélodieusement, en attendant le jour où quelque Lise nouvelle, surprise au détour du sentier, lui jettera, en s'esquivant, son bouquet d'églantine, qu'il ramassera soudain pour l'effeuiller jusqu'à la dernière strophe, comme si c'était le premier. Ce délire d'une âme enivrée, quel poëte à vingt ans ne l'a ressenti ? Qui de nous n'en a fait le sujet de ses premières harmonies ? Six mois après, sans doute, tout était oublié ; mais, si désenchanté que le temps et la pratique du réel vous aient laissé, osera-t-on jamais nier la loyauté de pareilles impressions ? Je me souviens d'avoir eu dans les mains une idylle traitée à la manière allemande[1], dont cet état de l'âme avait fourni l'idée, et qui, pour la nature du sujet du moins, eût semblé appelée à figurer dans les *Chants de Jeunesse*. Il s'agissait de peindre ce lyrisme de la passion, un de ces accablements désespérés dont le cœur en sa plénitude se relève pourtant, sans trop d'efforts, aussi loyal, aussi sincère en sa guérison, qu'il le fut en son agonie. Voici donc, si j'ai bonne mémoire, le roman que notre poëte avait imaginé.

---

[1] Laquelle même faisait partie d'un roman dans le goût de Novalis, et resté inachevé.

XVII.

Hypérion.

Un jeune homme que je pourrais nommer Frédéric Rückert, Louis Uhland ou Wolfgang de Goethe, mais que je me contenterai de nommer Hypérion, uniquement afin de ne point l'appeler Silvio, a pour maîtresse une adorable fille qu'il aime de tout cet enthousiasme d'une âme en qui les mille sources de la vie commencent à gronder. Stella, de son côté, tout entière au doux sentiment qui la possède, s'est isolée du monde, et cache au fond d'un bois le mystère enchanté de son bonheur. Comme le jeune Goethe, lorsqu'il étudiait le droit à Strasbourg, s'en allait à cheval visiter chaque soir la fille du pasteur de Sesenheim, de même Hypérion, dès que la nuit tombe, quitte ses livres et vient au rendez-vous. Quelles émotions l'agitent à cette heure! A quels ineffables épanchements il s'abandonne en gagnant, au clair de lune, l'amoureuse retraite! Les chantres illustres que j'ai cités pourraient seuls le dire.

> Il va sans mesurer l'espace ni le temps,
> Sans penser aux rochers, à l'abîme, aux épines,
> Et les Illusions, ses compagnes divines,
> Secouant émeraude et saphir sous leurs pieds,
> A dix pas devant lui courent dans les sentiers.

Cependant, au déclin de l'été, Stella tombe malade; son œil se creuse, son joli cou se penche, l'ovale si pur de son visage perd ses fraîches couleurs à mesure que la croisée qui lui servait de cadre se dépouille de ses festons. Hypérion, que son lyrisme aveugle, continue à se bercer de confiance, et, comme un poëte qu'il est, vit étranger à la catastrophe qui le menace, lorsqu'un soir, arrivant à son ordinaire, plein d'enthousiasme et de joie expansive, il trouve sa maîtresse morte. Ici le désespoir a son cours. Cette âme jusque-là insensible aux nuances de la douleur, mais que tout paroxysme trouve prête, se précipite dans le deuil comme dans un torrent. En face de sa maîtresse inanimée, Hypérion ne se contient plus; il la prend dans ses bras, l'appelle à grands cris, la couvre de pleurs et de baisers. Quarante heures s'écoulent ainsi dans les gémissements et les sanglots. Enfin, sur le soir du troisième jour, tandis que, debout à la fenêtre, frissonnant et la tête en feu, il rêve à la solitude qui va se faire autour de lui dans l'avenir, ses yeux brûlés de larmes aperçoivent sous les rameaux dépouillés de la forêt une ombre solennelle et blanche, assise dans l'attitude de la pensée et du recueillement,

> Une femme sublime, à l'air sévère et doux ;
> Son auguste visage a la pâleur des marbres,
> Ses deux mains gravement posent sur ses genoux :
> On dirait la Niobé pleurant sous ces grands arbres.

C'est la Mélancolie, non cette robuste matrone d'Albert Dürer, sœur cabalistique de Faust et de Manfred, et qui reste loin du soleil et de la clarté des étoiles, silencieusement accroupie au milieu des parchemins, des équerres et des alambics ; mais l'immortelle déesse des communes douleurs, celle que les affligés trouvent au sein de la nature, comme la Samaritaine trouva Jésus au bord du puits. A cet aspect, Hypérion sent pénétrer dans son cœur je ne sais quel baume qui l'épure. Une force inexprimable, une douloureuse attraction le pousse malgré lui vers l'étrangère, et quand celle-ci va pour s'éloigner, baignant d'une dernière larme le corps de sa maîtresse déjà couchée au cercueil, il s'attache aux pas de l'inconnue, et tous deux disparaissent ensemble à travers les ombres de la forêt.

Six mois s'écoulent ainsi, pendant lesquels l'inconsolable enfant se livre sans réserve à sa compagne. Ils visitent ensemble toutes les catacombes de la nature, parcourent les lacs glacés, s'enfoncent dans la vallée brumeuse, et la lune, se levant morne et lugubre en un ciel d'hiver, les surprend tantôt assis sur des ruines et les pieds dans la neige, écoutant le glas lointain d'une cloche funèbre, tantôt arrêtés au fond d'un cimetière, elle accroupie sur le marbre d'une tombe, lui debout, interrogeant, à la façon d'Hamlet, quelque crâne desséché.

« Siége de la pensée, qu'est-il devenu, ce monde mystérieux qui s'agitait en toi? Parle, qu'est-il devenu, ce dieu puissant qui trônait sous ta voûte, entre l'argile et la lumière? N'es-tu qu'un ballon creux d'où le gaz s'est enfui, ce gaz qui t'emportait par les espaces infinis au-dessus de la terre et des cieux? Tu frémis sous mes doigts, mais sans répondre à ma question, noble forme où l'esprit de Dieu s'est manifesté. — Un jour, je rencontrai dans la rue un pauvre diable de musicien ambulant dont la harpe s'était brisée, et qui se démenait comme un insensé sans pouvoir tirer un son des cordes détendues. Serais-je, par hasard, cet homme? — Et le crâne, à ces mots, lui tombait des mains. »

Cependant avril renaît :

> . . . . Le temps du renouveau,
> Où le sillon fleurit, où l'abeille bourdonne,
> Où la pensée en feu monte dans le cerveau,
> Où, comme un chien de chasse ayant perdu la piste
> Et ne flairant partout que boutons printaniers,
> La Mort sur les chemins reste confuse et triste,
> Et ne retrouve plus le lit des infirmiers. . . . .

A ce réveil unanime, l'âme d'Hypérion répond par l'émotion et le trouble. Pour la première fois depuis la mort de Stella, il se demande si tant de merveilles ne valent point qu'on se donne la peine de vivre. Et cette réflexion lui vient une nuit que le rossignol en amour vocalise dans les cyprès.

« Serais-je donc plus funéraire que cet arbre? » se dit-il à lui-même, et là-dessus il se met à siffler un air d'opéra. —

Un matin, une jeune fille passe. « Où vas-tu ainsi, la belle enfant? » —

Et notre héros de s'élancer sur sa trace en jetant à sa compagne de la veille, avec la rose flétrie enlevée à la couronne de Stella, ces dernières paroles pour adieu :

> Si jamais celle-ci meurt, me quitte ou m'oublie,
> Je reviendrai vers toi, douce Mélancolie.

Avant de quitter les *Chants de Jeunesse,* nous regretterons que Rückert ait cru devoir exclure des *Poésies choisies, les Trois Étoiles sur la terre (die Drei Sterne auf Erden*), et le *Chant funéraire de Roeschen (Roeschen's Sterbelied*), deux aimables élégies qui figurent dans les œuvres complètes. Pour ce qui regarde la seconde de ces deux pièces, peut-être le poëte, devenu plus sévère avec l'âge, l'aura-t-il jugée d'une sentimentalité légèrement affectée, reproche qu'on adresserait, ce nous semble, à bien meilleur droit à la chanson intitulée *Douces funérailles* (*Süsses Begraebniss*), qui n'en a pas moins pris rang dans la collection. Quant aux *Trois Étoiles sur la terre*, en y réfléchissant, j'avoue que l'idée de cette pièce se trouvant reproduite sous une autre forme dans *les Esprits du Printemps* (*Frühlings Geister*), Rückert ne pouvait que choisir entre les deux. La seule question serait de savoir s'il a bien fait de se décider pour *les*

Esprits du Printemps, de donner à la poésie de seconde main la préférence sur l'inspiration originale. Ici comme dans *les Trois Étoiles*, de surnaturelles apparitions descendent de tous côtés sur le poëte et viennent l'entretenir de la mystérieuse patrie.

« De célestes pensées, d'ineffables sensations m'inondent en cette fraîcheur; du haut des cimes bleues je les vois descendre et prendre corps; leurs membres exhalent les parfums du printemps. — Celle-ci devient une fleur, cette autre un papillon. On dirait un groupe de chérubins autour du tabernacle. L'un, bruissement léger, se perd dans la feuillée; l'autre, frais murmure, va rider la surface des eaux. Leurs chœurs vaporeux me bercent en doux songes; ils m'annoncent des choses d'une autre sphère; ils me content que déjà nous nous sommes vus ensemble dans un Éden d'où nous venons, où nous retournerons. »

XVIII.

Les Sonnets cuirassés. — Max de Schenkendorf, Arndt, Théodore Koerner. — Sa mort. — Sa sépulture près de Ludwigslusht.

Cependant les événements de 1812 et 1813 vinrent arracher le poëte à ses pastorales rêveries. A cette époque les voix belliqueuses s'élevaient de plusieurs points de l'Allemagne. Arndt, Max de Schenkendorf, Théodore Koerner, Forster et toute une génération de Tyrtées, entonnaient contre nous le hurra prophétique aux lueurs de l'incendie de Moscou. Rückert, entraîné vers l'ardente phalange, publia alors les *Poésies allemandes de Freymund Reymar* (*Die deutschen Gedichte von Freymund Reymar*). Ce recueil, qui fixa pour la première fois l'attention du public sur le poëte, contenait *les Sonnets cuirassés* (*die geharnischten Sonette*), poëmes de circonstance, écrits de verve et d'enthousiasme, et qui prennent leurs armes partout, même dans le panier aux invectives. Du reste, on ne saurait refuser à ces dithyrambes empanachés de fleurs sanglantes (où ne retrouvez-vous pas les fleurs chez Rückert?), à ces sonnets dont l'étincelante armure se décore au soleil de la rose empourprée des batailles, une ironie ardente, un trait qui emporte la pièce, et qu'on chercherait vainement dans les chansons populaires d'Arndt et dans les hymnes éplorés du mystique Schenkendorf. A vrai dire, aujourd'hui que trente ans ont passé sur ces emportements terribles et que tant de haines se sont éteintes, tout ce bagage militaire nous touche médiocrement : *Morta la bestia, morto il veneno*, observe en un langage grossier, mais expressif, certain proverbe italien. On en pourrait écrire autant, il me semble, de la poésie politique, dont la valeur ne s'étend guère au delà des événements qui l'inspirent, ce qui, en des temps comme le nôtre, réduit ce genre de lyrisme aux conditions d'un article de journal. Aussi, à plus d'un quart de siècle de distance, aurait-on mauvaise grâce à venir prendre ces sonnets un à un pour chercher sous la rouille de leur cuirasse ce qu'ils peuvent avoir gardé de sentiments haineux et d'animosité contre la France, et, quand nous les interrogeons, c'est moins à cause de la question d'art qu'à titre de documents d'une grande et illustre époque où le poëte qui nous occupe a figuré à sa manière.

Aux *Sonnets cuirassés* se rattache une série de préludes et d'appendices dans la même forme : ces derniers, publiés en 1817 sous le titre de *Couronne du temps* (*Kranz der Zeit*); les autres, restés inédits et gardés en portefeuille jusqu'au jour où Rückert, remaniant ses œuvres, donna par une classification ingénieuse le tour et l'ordonnance d'un poëme à tous ces fragments dépareillés. A travers les trois cycles dont se compose aujourd'hui ce recueil, vous suivez la filière des événements. Cela commence par des invocations sur le mode élégiaque à la grandeur passée de l'Allemagne, puis viennent les coups de canon et les fusillades; enfin la paix s'annonce au monde, et le dithyrambe finit *moriendo* par un hymne à l'avenir. Je ne sache pas que les poésies patriotiques de Rückert aient jamais joui en Allemagne d'une popularité bien reconnue, et cette défaveur s'explique par leur nature même, trop exclusivement littéraire. Ce n'est pas avec des contre-points qu'on fait les *Marseillaises*. Voyez Max de Schenkendorf, Arndt, Théodore Koerner, les héros de la phalange, les véritables coryphées du mouvement. Celui-ci ne respire que patrie et liberté, et porte dans les tourmentes nationales la rêverie fiévreuse, l'extatique enthousiasme d'un saint du martyrologe; celui-là, mêlé à l'action, attire sur ses chants la popularité de sa personne. Et d'ailleurs, que sont-ils, ces chants? des improvisations à mettre en musique, de ces refrains aventureux dont un motif fait la fortune. Quant à Koerner, tombé à la tête d'un corps franc, la mort lui a valu le plus beau fleuron de sa couronne de poëte, et, si ce n'était à cause du sang magnanime dont il l'arrosa, on peut douter que la tige eût jamais tant prospéré. Ce qu'il y a de certain, c'est que sa popularité ne date que de sa mort. Alors seulement on se mit à chanter ses hymnes patriotiques; alors seulement la Renommée, en les attachant aux drapeaux, fit un cri de guerre de ces vers, connus la veille à peine de quelques étudiants, ses compagnons d'armes. A Dieu ne plaise que nous voulions ici porter atteinte à la gloire intéressante de Théodore Koerner! mais n'est-il pas permis de dire que la catastrophe du bois de Rosenberg, en appelant sur lui l'attention de l'Allemagne, sauva de l'oubli sa mémoire littéraire? Son volume de *Lyre et Épée* (*Leyer und Schwerdt*), où le pathos si souvent se marie au véritable enthousiasme, son volume ne s'en tient encore qu'aux espérances; on peut sans doute entrevoir là un poëte de la famille de Schiller, dont il reproduisait plus d'un trait caractéristique dans son inspiration comme dans sa personne; mais ces éléments généreux, ces prémices, ces dons du ciel, eussent-ils abouti aux fins illustres qu'on aime à supposer? C'est le secret de la destinée, et non le nôtre. Et qui sait? en l'enlevant ainsi au milieu de la tempête et des éclairs à la façon de ces demi-dieux de l'antique Rome, la destinée a plus fait pour sa gloire peut-être qu'en lui laissant vider jusqu'à la lie la coupe de ses jours. « Celui qui jeune a quitté la terre, jeune aussi marche éternellement dans le royaume de Perséphone; il apparaît aux hommes à venir éternellement jeune, éternellement regretté. Le vieillard qui repose gît complet, accompli; mais le jeune homme éveille en tombant chez tous les mortels à venir une ardeur, une sympathie infinie. » Ces paroles que Pallas adresse au fils de Pélée dans l'*Achilléide* de Goethe nous reviennent en mémoire à propos de Théodore Koerner, dont la mort a consacré le nom d'une auréole ineffaçable. D'autres, sans doute, entonneront dans l'avenir le chant de délivrance d'une voix plus sûre et plus puissante. Koerner restera comme un type, comme une de ces individualités qui se détachent lumineuses d'une époque dont elles résument en quelque sorte les sentiments et la grandeur. Aujourd'hui les poëtes se font journalistes, et c'est sur un champ de bataille moins dangereux qu'on s'escrime; n'importe, quel que soit le prosaïsme où l'on s'engouffre, et quand ils se mettraient soixante greffiers à croasser comme des corbeaux sur le *Rhin allemand*, le type évoqué sera toujours (la destinée l'a voulu ainsi) ce chevaleresque jeune homme tombé en un jour de combat sous le vieux chêne germanique, un mousquet d'une main, une lyre de l'autre.

Rückert ne possédait rien à part lui de ces moyens d'action qui impressionnent les masses. Sa personne, en tout ceci, n'est point en jeu; et pour ses sentiments, exprimés sans doute avec quelque enthousiasme, j'y vois moins cet élan spontané, irrésistible, ce cri de la conscience au désespoir, qu'un besoin de se conformer à la pensée commune. Chantre paisible de la nature, poëte amoureux de toutes les ciselures, de toutes les élégances de la forme, le tumulte des événements le chassant hors du cercle de sa contemplation, il se met à composer selon la circonstance. Il y a ainsi dans toute époque un motif d'inspiration qui est dans l'air, et dont chacun doit, en fin de compte, faire usage; une influence de l'atmosphère littéraire à laquelle on ne se soustrait pas. Et pour cela, ne croyez point qu'il soit besoin que les empires s'ébranlent ou s'entre-choquent. La Muse a ses caprices comme l'onde. Nous-mêmes, en France, que de périodes n'avons-nous pas vues se succéder depuis quinze ans, sans que nous puissions dire d'où nous vient aujourd'hui ce superbe mépris pour tous ces merveilleux ouvrages de marqueterie poétique dont nous raffolions tant aux beaux jours romantiques des odes en spirales et des ballades en losanges! Du reste, dans le cours du volume, Rückert n'abdique pas un seul instant son caractère de poëte sentimental. Ses chants patriotiques sont plutôt des romances chevaleresques, des ballades dont un épisode de la veille fait le sujet, que des hurras poussés à la manière d'Arndt et de Koerner. Aussi, lorsque l'horizon se rassérène, que la situation, de morne et sanglante qu'elle était, devient élégiaque et douce, comme sa poésie gagne à changer de ton! c'est le cri de l'oiseau après l'orage, quelque chose comme cet indicible sentiment de rêverie et de bien-être qui vous inonde en présence de l'apaisement universel de la nature. Le ciel tout azur, vous regarde de ce limpide et transparent regard d'un œil qui a pleuré; les fleurs relèvent insensiblement leurs calices chargés de pluie, et, tandis que le tonnerre s'éloigne en grondant, l'alouette risque un appel. Je voudrais pouvoir donner ici les pièces intitulées *Restez au pays, le Chant de la Moisson, les Oiseaux de la Moisson*, échos mélancoliques d'un temps cruel qui tire vers sa fin; mais, puisque j'ai parlé de Koerner, et que d'ailleurs on ne saurait tout citer, je me contente de traduire ces vers, écrits à sa mémoire :

« Couvert par la mousse, un chêne robuste et sublime s'élève non loin de Wobblin, un village dans la marche du Mecklembourg.

« Au-dessous est une tombe nouvellement scellée d'une simple pierre. A minuit, un fantôme en sort au clair de lune.

« Son œil se fixe sur l'écorce de l'arbre et lit le nom qui s'y trouve incrusté;

« Puis, cherchant une épée gisante près de là, il se la passe autour des reins ;

« Et, saisissant une lyre suspendue aux rameaux, il s'assied sur son sépulcre, et sa voix s'exhale ainsi dans le silence de la nuit : —

« Je fus un franc chasseur dans le sauvage escadron de Lützow; poëte, mon chant de guerre retentit aussi vaillamment.

« Désormais mes compagnons poursuivent sans moi la campagne; une balle mortelle m'a renversé de mon cheval, et j'ai été enseveli à cette place.

« Continuez à battre la plaine jusqu'à ce que vous arriviez au but. Merci! vous m'avez enterré selon mes vœux.

« Les deux maîtresses que j'aimai dans la vie me sont restées fidèles dans la mort : la lyre et l'épée.

« Et mon nom, devenu immortel, est gravé glorieusement au cœur du chêne séculaire.

« Quelles plus belles couronnes que celles qui décorent ma sépulture? Chaque printemps en renouvelle les senteurs.

« On a voulu me donner la sépulture des rois; mais ici, à la vive senteur des branches, laissez-moi reposer,

« Et que souvent j'entende frissonner les feuilles, lorsqu'au bruissement du vent mon esprit fera vibrer la lyre. »

Là repose en effet Théodore Koerner, près du chemin qui mène à Lübelow, à un mille de Ludwigslust, résidence des ducs souverains de Mecklembourg, où grandit, pour l'honneur de l'Allemagne, l'auguste personne qui depuis est devenue Mme la duchesse d'Orléans. Cette place isolée sous le grand chêne, cette tombe en pleine nature, fut concédée au père de Théodore par la munificence du grand-duc. Aujourd'hui un mur d'enceinte règne autour de la fosse, qu'un mausolée d'airain consacre aux yeux du passant, sépulture deux fois sainte, car la sœur du poëte y repose auprès de son frère. Emma-Sophie-Louise adorait Théodore; à peine celui-ci fut-il mort, qu'une sombre mélancolie s'empara de la pauvre fille. Comme elle peignait, elle fit de mémoire le portrait de son cher défunt, puis elle voulut aussi dessiner sa sépulture, et cette dernière tâche n'était pas accomplie que la douce enfant, minée de chagrin, rendit l'âme. On raconte encore, parmi les particularités qui suivirent le trépas de Koerner, qu'au nombre des amis qui accompagnèrent ses funérailles se trouvait un jeune gentilhomme des plus distingués, M. de Bärenhorst, lequel, après avoir rendu les devoirs suprêmes à son compagnon d'armes, déclara ne pas vouloir lui survivre. Peu de jours après, comme nos troupes attaquaient un avant-poste dont la garde lui était confiée, au moment le plus chaud de l'action, Bärenhorst se précipita dans la mêlée en s'écriant : « A moi, Koerner, je vais te rejoindre, » et tomba frappé mortellement de plusieurs balles.

XIX.

Les Poëmes en sonnets. — Les Poésies mêlées. — Symptômes de transition à l'orientalisme. — Rückert et Uhland. — Les anciens et les nouveaux. — Les odes antiques de Platen.

D'après ce que nous venons de dire, on aurait tort de croire que tous les sonnets de Rückert exhalent une odeur de poudre et de bataille. Cette forme italienne qu'il affectionne et traite en véritable Florentin du XVIe siècle, le maître l'a donnée aussi bien souvent aux agréables et printanières fantaisies de son imagination, et, si tels de ces sonnets méritent qu'on les compare à des escadrons secouant dans la fumée d'une charge tumultueuse les banderoles de leurs lances, nous dirons que les autres se groupent en ravissants bouquets de fleurs aux nuances les mieux assorties. Aucun poëte allemand n'a compris à l'égal de Rückert tout le parti qu'on pouvait tirer de cette savante combinaison du double quatrain et des deux tercets; et, parmi tant de roses du Sud si heureusement importées sur le sol natal, celle-ci n'est point la moins rare, à coup sûr, dont il ait à se glorifier. A quelque distance du poëte qui nous occupe, je citerai Platen, moins abondant que Rückert, mais auquel on doit de curieux petits chefs-d'œuvre dans ce genre. Quant à nous, la forme du sonnet nous a toujours semblé devoir comporter plus de développement qu'il n'est ordinaire de lui en donner. Sans prétendre renverser la définition admise, laquelle consiste, si je ne me trompe, à regarder le sonnet comme un chaton de richesse exquise où se fixe le diamant de la pensée, ne pourrait-on lui souhaiter plus d'extension? Qui empêcherait, par exemple, que dans l'occasion on ne l'employât comme strophe? C'est là en effet une admirable strophe de haute et savante harmonie. Nous-même, avant de connaître Rückert, nous avions essayé autrefois de mettre en pratique cette idée de l'emploi du sonnet en manière de strophe, et l'on devine combien notre amour-propre de poëte a dû être agréablement caressé en voyant que nous nous étions par hasard rencontré sur ce point avec un aussi grand maître. D'ailleurs, qui nous dit que dans l'origine l'emploi de la forme en question fût si restreint? Quand je parcours Pétrarque, ce livre si merveilleusement varié en son apparente unité, j'y vois moins des sonnets que les strophes d'un poëme à la gloire de Laure. De ce qu'au lieu d'enchâsser des perles vous les enfilez, s'ensuit-il que chacune en particulier doive perdre de sa valeur? Non, certes; au lieu de trente bagues, vous aurez un collier d'impératrice ou de sultane; voilà toute la différence.

Parmi ces cycles gracieux, ces aimables poëmes dont le sonnet fournit la strophe, je noterai en première ligne *Amaryllis* et les *Feuilles d'un Voyage en avril* (*Aprilreiseblaetter*); mais je ne connais rien dans ce genre de plus frais, de plus mélodieusement éloquent, de plus pur et de mieux senti que les *Funérailles d'Agnès* (*Agnes Todtenfeier*). — Lorsqu'il écrivit ce poëme, Rückert en était encore aux premières émotions de la jeunesse; les rumeurs du jour, les bruits de la politique et des armes, en offusquant sa contemplation adolescente, ne l'avaient point encore arraché aux sources vives de la nature. Aussi toute l'effervescence de l'âge s'y répand-elle en accents éplorés et douloureux. Le choc est violent, non mortel; il ébranlera peut-être, mais sans les abattre, les colonnes sacrées du temple où flotte, à toutes les haleines embaumées du printemps, la harpe éolienne, la céleste harpe aux inépuisables accords. Cette fois le mode sera funèbre, car il s'agit de chanter le trépas de la bien-aimée du poëte, une Béatrix enlevée à seize ans; mais, si l'élément funèbre prédomine, rien ne sera épargné pour donner à la scène toutes les grâces mélancoliques, tout l'appareil suave et pur qu'elle comporte, et la cloche qui sonnera le glas des morts va se festonner, sous les mains de Rückert, de vigne vierge et d'aubépine :

« Apportez les flambeaux et l'appareil des funérailles; apportez les suaires et parez son cercueil; comme elle ornait jadis les fleurs de sa jeunesse, ornez-la désormais ainsi qu'elle eût fait elle-même!

« Que la couronne des trépassés remplace dans sa royale chevelure la couronne des fiançailles que le sombre faucheur a moissonnée, et, comme nous l'eussions conduite à l'autel, conduisons-la maintenant à sa demeure dernière.

« Point de vaine parure cependant. Ne parons la trépassée que pour montrer comment, vivante, nous eussions voulu la voir parée.

« Ce que la destinée jalouse lui refusa dans l'existence, que l'amour ici le lui prodigue dans la mort, et qu'elle monte enviée vers les cieux! »

La nature fournit au poëte une somme indicible d'images; les brises et les moissons, la vallée et la colline, l'étoile au firmament et les lys épanouis du jardin, prennent part à son deuil, et c'est surtout dans cette effusion si tendre de sa plainte qu'on sent combien il est initié à fond dans cette vie intime du grand tout.

« J'aime le rayon du soleil, mais seulement parce qu'il brille comme jadis ton doux regard brilla; j'aime le souffle de l'air, mais seulement parce qu'il me semble t'avoir dérobé quelque chose de ta tiède haleine.

« J'aime les arbres, parce qu'ils ont le balancement de ta taille élancée; la source, parce qu'elle me rappelle presque ta pureté; l'ombre, parce que toi, mon soleil, tu n'en eus jamais; les fleurs, parce que tu les avais en toi sans nombre.

« Enfin j'aime encore la terre et j'aime encore le ciel : la terre, parce qu'elle te sert de tombeau comme je pense; le ciel, parce qu'il te sert de demeure comme j'espère. »

Pour le mouvement de la strophe, la grâce et l'élégance de la pensée, le fini même et le précis de l'expression qui tournerait volontiers au concetto, ne dirait-on pas un sonnet de Pétrarque:

Benedetto sia il giorno, etc.

C'est la canzone prise dans l'autre sens, le mineur du motif, si l'on veut. Combien la reproduction du type italien frapperait davantage, si nous pouvions ici donner la moindre idée de ce rhythme parfait, de cette versification qui lutte avec Goethe de transparence, de netteté, de justesse; en un mot, de cette forme de Rückert où le brouillard de la langue allemande se condense et devient cristal! Détachons encore une perle du collier :

« On me disait que le printemps avait paru; je sortis pour chercher où je le trouverais. Je vis bien en effet dans les champs des fleurs et des épis ; mais le printemps, je ne l'y trouvai point. Les oiseaux bourdonnaient, les abeilles chantaient, mais c'était une triste histoire ; les sources ruisselaient, mais il n'y coulait que des larmes ; le soleil souriait, mais d'un air si triste ! et je ne pouvais cependant venir à bout de savoir des nouvelles du printemps. Enfin, je m'acheminai vers une place où depuis bien des jours je n'étais point allé ; là je le trouvai, le printemps. Les yeux en pleurs, la joue pâle, il était assis, le bel enfant, sur ta tombe, ô ma bien-aimée, comme sur la tombe de sa mère. »

J'allais oublier un très-beau passage sur le néant de la vie humaine, dans lequel, irrité de voir cette nature qu'il évoque continuer d'épanouir ses fleurs et ses étoiles et de mener sa fête, le poëte s'écrie en un découragement sublime :

« Ah ! oui, je comprends, il n'y a qu'un cœur de brisé, rien de plus ! qu'une existence d'anéantie, rien de plus ! Du reste, toute chose en ce monde poursuit sa marche accoutumée, après comme devant.

« Et d'Elle aucune trace n'est restée, aucune ! si ce n'est cette pauvre feuille de tremble qui frissonne au souffle de mes chants. »

En feuilletant les poésies complètes de Rückert, on trouve çà et là plusieurs pièces qui se rapportent plus ou moins par le sentiment à cette douce élégie d'*Agnès*, dont elles forment comme un harmonieux corollaire ; ainsi des *Trois Étoiles sur la terre*, des *Douces Funérailles*, du *Salut angélique de Roeschen*, variations pathétiques du même thème, d'où nous conclurions volontiers qu'Agnès et Roeschen ne font ensemble qu'une seule et même personne, ou plutôt que ni l'une ni l'autre n'ont jamais existé, et qu'il faut voir en ces blanches figures une vingtième incarnation du type idéal que les poëtes ensevelissent à seize ans, uniquement pour mener le deuil et chanter à ses funérailles.

Nous abordons maintenant un cycle de poésies qui ne comprend pas moins de la moitié du second et du quatrième volume des œuvres complètes ; et s'il se rencontrait déjà certaines difficultés de classification sommaire dans les deux premiers livres, celui des *Chants de Jeunesse (Jugendlieder)*, auquel se rattache d'ailleurs l'élégie des *Funérailles d'Agnès*, et celui des *Poésies contemporaines (Zeitgedichte)*, dont les *Sonnets cuirassés* forment la plus grande partie, nous avouons qu'ici notre tâche se complique singulièrement. Quel ordre voulez-vous qu'on mette dans ces fugitives impressions, espèces de flocons de neige qu'une

17

nuée d'avril apporte, et qu'un rayon de soleil va dissoudre? La belle affaire de piquer des papillons sur une carte, pour avoir ensuite un lépidoptère mort au lieu d'une vivante émeraude! Écloses ici et là, tantôt sur le sol de l'Allemagne, tantôt sur la terre du Sud, en partie avant, en partie après le voyage à Rome, filles du soleil d'Italie ou de ce beau ciel d'Orient vers lequel, par l'étude de la langue et des mœurs, insensiblement Frédéric Rückert s'achemine, ces poésies ont dû le jour à diverses influences de temps et de lieux. Du reste, leur titre de *Wanderungen,* autrement dit *Impressions de voyage,* l'indiquerait ainsi. Le poëte et sa fantaisie font leur ronde buissonnière, longeant le fleuve et le ruisseau, parcourant le sentier où l'oiseau chante au clair de lune, grimpant sur la montagne pour y jouir de quelque spectacle : le torrent écumeux, le lac argenté, l'Océan immense; mieux encore, un de ces paysages évoqués de l'ancien monde, comme en voit la nuée fantastique dans l'orientale de Victor Hugo. — Ils vont, à travers l'ivresse et le chagrin, l'enthousiasme et la déception, le soleil et l'ombre, le bonheur si doux de s'oublier soi-même et le pressentiment qui ronge ; ils vont et marchent jour et nuit, sans relâche, jusqu'à ce qu'ils arrivent à l'abri souhaité, à l'heureuse retraite où l'amour veille.

En plus d'un point, ces poésies mêlées se rattachent aux *Jugendlieder,* et je dirais presque qu'elles en sont la continuation, avec cette différence toutefois, qu'ici l'homme se manifeste, et qu'une appréciation plus posée, plus rassise des choses, remplace les anciens élans. La sentimentalité, elle aussi, a disparu, et c'est à peine si vous en trouvez encore trace, tandis que vous voyez se lever à l'horizon, comme un de ces splendides reflets d'orange et d'or annonçant pour la moisson du lendemain une belle journée, ce principe philosophique au sein de la poésie, cet esprit grave et sentencieux qui, trouvant en Orient le point d'attraction, le point magnétique, deviendra dans la suite l'originalité du poëte et le trait caractéristique de son génie. A ce compte, ces poésies mêlées répondraient à une période de transition chez Rückert. Inutile d'ajouter d'ailleurs que certaines préoccupations plus humaines désormais, plus pratiques, n'altéreront en rien le commerce intime du poëte avec la nature, qu'il anime et fait parler volontiers, à la manière de La Fontaine, mais d'un La Fontaine allemand, c'est-à-dire avec la bonhomie de moins et l'idéal de plus. A ce propos, nous voudrions pouvoir citer ici une charmante pièce où les arbres invitent le voyageur à s'arrêter sous leur ombrage, tandis que l'Ahasvérus humain poursuit sa marche infatigable, et, sans prendre même le temps de secouer la poussière de ses souliers, se contente de passer son chemin en fermant l'oreille aux accents de sirène des feuilles frémissantes qui lui soufflent d'un ton moitié sérieux, moitié moqueur : « Veux-tu donc jusqu'au tombeau ressembler au bâton que tu portes, à ce bâton stérile, sans fruits ni fleurs? Ne peux-tu donc jamais prendre racine nulle part, ni porter des fruits? Réponds, est-ce impuissance chez toi ou volonté? »[1] Je ne sais guère en Allemagne que l'excellent Kerner qui possède à ce degré le sens de la nature; Uhland en a bien quelque chose, mais l'art s'y montre davantage; ensuite l'inspiration d'Uhland goûte mieux l'élément chevaleresque, et, si la fantaisie prend au chantre de *Bertran de Born* de contempler les bois et la campagne, c'est toujours plus ou moins à travers les fenêtres à vitraux coloriés du romantisme.

Ici encore on ne manquera point de nous reprocher d'invoquer, de préférence aux noms nouveaux, les renommées d'il y a vingt ans. Que faire cependant? est-ce notre faute, à nous, si la poésie allemande s'éloigne de ses traditions, si l'esprit français tourne, à l'heure qu'il est, tant de têtes inhabiles à se l'approprier? Sans doute, un jour, de tous ces éléments en travail quelque chose de bon résultera, du moins ne risque-t-on rien de le prédire; mais dans cette cuve où l'avenir s'élabore à si grand fracas, je ne vois jusqu'ici que pastiche. Que la métamorphose s'opère, que la vieille Allemagne change de peau, nous le savons; mais qui

---

[1] Je retrouve un motif à peu près semblable dans un fragment de poëme inédit. C'est encore l'humanité cheminant vers le but inconnu, à laquelle la nature s'adresse en tentatrice :

    . . . . . Arrêtez, n'allez pas plus avant,
Vous dont la chevelure est de sueur trempée;
Arrêtez, c'est ici qu'il faut poser l'épée,
Dénouer sa ceinture et s'essuyer le front,
Pour goûter le repos au sein du bois profond !
« Venez, disoient les fleurs, le sourire à la bouche,
« Venez, nous vous gardons une odorante couche
« De rose et de jasmin, et les branches nos sœurs
« Inclineront sur vous leurs sombres épaisseurs. »
. . . .
. . . .
Et le ruisseau : « Venez, livrez-moi vos pieds nus,
  « Car je porte avec moi des baumes inconnus,
  « Et mes eaux dans leur cours entraînent, infusées,
  « Les essences des fleurs qu'elles ont arrosées! etc. »

doute aussi qu'on en soit à ce point de la transformation où, sans avoir gagné ce qu'on souhaite, on a déjà perdu ce qu'on avait? La régénération, vous avez beau le prétendre et le tambouriner, n'est pas venue encore. Viendra-t-elle donc jamais? Paraphraser les *Orientales* de M. Victor Hugo, comme le fait M. Freiligrath; déclamer, en lui montrant les poings, d'inconvenants dithyrambes au roi de Prusse, comme fait M. Herwegh, ou chansonner en style de feuilleton la cathédrale de Cologne, sérieusement, peut-on appeler cela fonder une littérature? On constate de pareilles tendances; les admirer serait le comble de la déraison. Tâchons d'être avant tout ce que la nature nous a faits; et de ce que notre crâne poétique n'a pas été taillé sur la mesure de la couronne impériale de Goethe et de Schiller, n'allons pas, comme des enfants, nous mettre en quatre pour entamer cette couronne avec la marotte de Voltaire. En général, lorsqu'il s'agit des coteaux du Rhin ou du Neckar, on aime assez à boire le vin du cru, et Dieu me garde de vous tendre mon verre si vous n'avez à m'y verser que du vin de Champagne frelaté!

Nous ne nous trompions pas en disant que les poésies de Rückert étaient le meilleur guide à travers l'histoire de sa vie. Bien qu'il ne puisse être ici nullement question de labyrinthe, prenez toujours ce fil d'Ariane, et pas un incident, pas un détail ne vous échappera. Ainsi, l'influence du voyage en Italie se fera sentir chez lui, même avant le départ: ce seront toutes sortes de canzones, d'octaves, de sonnets, de gloses, de sixains, débités en manière de préludes, comme on siffle un air du pays en montant en voiture. Dans son impatience de fouler le sol inspirateur où tendent ses souhaits, il étudiera les poëtes: Dante, Pétrarque; ensuite, il leur empruntera d'autres formes, il rimera sur leur mode, afin d'avoir, sitôt en arrivant, l'air de famille. Toutefois, dans cette espèce d'antienne entonnée pieusement aux approches du départ, nous blâmerons en maint endroit l'excès du sentiment classique; pourquoi ne pas s'être tenu aux rhythmes des poëtes de l'Italie moderne, aux tercets, aux sixains, aux octaves, qu'il traite dans la perfection? Qu'avait-il besoin d'évoquer le vieux mètre classique, incompatible, quoi qu'on fasse, avec le génie des langues du Nord, et qui, en dehors d'une prosodie basée uniquement sur les rapports de l'accent et du nombre, perd son éclat et son prestige? On nous objectera peut-être les *Élégies romaines*, l'*Hermann et Dorothée* de Goethe et les odes antiques de Platen ; mais ce sont là des exemples isolés qui, tout à la gloire de leurs auteurs, ne prouvent absolument rien à l'avantage du système préconisé par Voss et son école. De toute façon, avouons-le franchement, Rückert était peu fait pour réussir en pareille restauration, bien entendu que nous laissons ici de côté la question de forme. Avec le mécanisme prodigieux que possède Rückert, nulle prosodie ne saurait avoir de secrets pour lui.

Quoi qu'il en soit, l'ampleur du vers sied mal aux grâces un peu minaudières de sa pensée ; cette idée, que je comparerais volontiers aux plus agréables modèles de Claudion, n'a que faire de la pompe du marbre : la terre cuite lui va mieux, et, malgré l'exemple cité plus haut de Goethe dans *Hermann et Dorothée*, je ne saurais approuver qu'on s'adresse à ce que la forme antique a de plus solennel pour rimer l'églogue suivante, dont la coquetterie et le précieux s'accommoderaient davantage du quatrain de M. de Boufflers.

LE JARDINIER, à son fils.

De tant de roses que j'élève, je n'en trouve pas une à porter au marché. Avant que j'aie pu les vendre, un larron me les dérobe.

LE FILS.

Hélas ! il faut en convenir, je n'avais pas songé à l'argent dont je vous faisais tort ; vos roses, c'est moi qui les ai dérobées pour en donner un bouquet à ma maîtresse.

LA FILEUSE, à sa fille.

J'ai beau tourner ma quenouille, jamais rien ne va comme je veux. Quel ciseau de malheur me coupe donc mon fil ?

LA FILLE.

Hélas ! ces ciseaux sont les miens. Votre fil, c'est moi qui l'ai pris pour lier les roses de mon amant.

LE GARÇON, à la jeune fille.

Si mon père me refuse ses fleurs, j'en saurai bien trouver une, une dont le calice est beau, mais dont la racine est du poison.

LA JEUNE FILLE.

Si ma mère me sépare de toi, j'assemblerai secrètement tous les fils de sa quenouille jusqu'à ce qu'ils forment un lacet à me passer au col.

LE JARDINIER, à la fileuse.

Mon garçon commence à perdre la tête et met sens dessus dessous mon jardin. C'est pourquoi je viens vous prier de lui donner pour femme votre fille.

LA FILEUSE.

Pour mettre fin aux soupirs de ma fille chérie, que votre fils la prenne, et son rouet aussi avec elle.

LE FIANCÉ.

Par tous les dieux d'amour! je ne veux désormais plus planter que des roses, et, pour qu'elles prospèrent, tu vas donc, ô soleil, habiter avec nous!

LA FIANCÉE.

O Parque, laisse là ta quenouille! je saurai bien me filer ma destinée moi-même. Amour, que ton rouet d'or me file la soie du bonheur!

LE JARDINIER.

L'ivresse du moment passée, la faim fera valoir ses droits, et je vois déjà dans le jardin pousser à la grâce de Dieu des carrés de légumes.

LA GRAND'MÈRE.

Bien qu'il ne soit point d'or, le fuseau va tourner, tourner des lunes entières, afin qu'au bout de l'an le petit-fils, en venant au monde, trouve ses langes prêts.

XX.

Voyage en Italie. — Wilhelm Waiblinger. — Croisade poétique. — Les Siciliennes.

Italiam! Italiam! ce fut jadis le cri des empereurs d'Allemagne, aujourd'hui c'est le cri des poëtes. Combien de nobles voyageurs l'Allemagne moderne n'a-t-elle pas envoyés de l'autre côté des Alpes, depuis Wolfgang de Goethe, qui s'en allait rêver à son *Iphigénie* dans les silencieuses solitudes du Colysée, jusqu'à Platen, jusqu'à ce Wilhelm Waiblinger, poétique et intéressant jeune homme, physionomie aimable, studieuse, originale en ses goûts d'archaïsme, reproduction germanique de notre André Chénier, et qui, dans son infatigable croisade au sépulcre d'un monde, devait trouver si tôt sa propre tombe, où ses ossements reposent à l'ombre du laurier-rose de Virgile! Étrange aspiration que celle-là! singulier pèlerinage, où l'on s'étonne de voir les poëtes suivre sans se lasser les statuaires et les peintres! De part et d'autre, en effet, l'intérêt et le profit sauraient-ils être les mêmes? Que la pompe imposante de certaines ruines, que le spectacle des chefs-d'œuvre de Raphaël et de Michel-Ange, poussent irrésistiblement à l'imitation, au travail, à la production originale, l'individu voué aux arts plastiques, rien de plus naturel ; ici la matière entre pour beaucoup, et l'exploitation de la matière nécessite toute sorte d'études et d'expériences qui ne peuvent que gagner à être pratiquées sur les lieux. En direz-vous autant du poëte, du poëte, qui reçoit ses impressions de voies toutes différentes, et d'ailleurs ne dispose que du plus immatériel des instruments : la parole? N'importe ; il est sur la terre certains pays prédestinés où la pensée humaine se sent attirée par d'héréditaires influences dont on ne cherche pas même à s'expliquer le charme. Aussi vous avez beau invoquer la raison, vous avez beau leur demander à tous : Qu'allez-vous chercher en Italie ? ils passeront leur chemin en s'écriant comme Mignon : *Dahin ! dahin !* « Là-bas où les citronniers fleurissent, où, dans la feuillée sombre, jaunit l'orange d'or ; là-bas où les statues de maîtres vous contemplent. » Et lorsque du fond de sa pauvre chambre d'Iéna, où le cloue la misère, l'illustre, le divin Schiller verra s'enfuir joyeusement le groupe voyageur, des larmes de regret mouilleront sa paupière, et l'oiseau captif, l'œil fixé vers le Sud, déchirera ses ailes aux barreaux de sa cage.

Pour le poëte, entre l'instant de la contemplation et celui de la production, il n'y a que la rêverie, doux pays où l'on s'attarde volontiers, et d'où plus d'un aimerait, j'imagine, à ne jamais sortir. Qui sait? peut-être est-ce le besoin pressenti d'un état semblable qui nous attire en Italie, la conscience anticipée d'une de ces rêveries solennelles, profondes, comme les inspirent seuls les grands sépulcres. J'ai dit qu'il devait arriver parfois qu'on s'oubliât en ces ivresses de l'imagination surexcitée par les fantômes du passé. Sans aller bien loin, Rückert va nous en fournir un exemple : lui aussi, l'irrésistible aspiration l'a poussé vers l'Italie ; mais si je m'en fie au nombre bien restreint des pièces qui marquent dans ses poésies la trace du voyage, la veine productive, au lieu de jaillir, s'est repliée sur elle-même, et sur les débris de la Rome classique, sous les orangers de Sorrente et les pins verdoyants de Naples, notre poëte a beaucoup plus rêvé que rimé. On conçoit à peine qu'à un semblable pèlerin Rome ait pu ne fournir qu'un si médiocre bagage. Après cela, peut-être la pensée discrète de Rückert n'était-elle point faite pour les impressions grandioses de la ville éternelle. En présence de l'épopée de vingt siècles inscrite sur ces débris croulants, l'harmonieux rêveur, habitué aux confidences d'une muse moins sévère, laissa la plume s'échapper de ses mains. Il faut être au moins Goethe pour tenir tête à ces immortels souvenirs de l'histoire du monde. Sous l'écrasante impression qui le domine, le poëte se sent tout à coup comme atteint du mal du pays ; et lui qui, en Allemagne, soupirait après l'Italie, se prend ici à regretter le sol natal. « O champs de la patrie! champs de la patrie! qu'en songe du moins je puisse m'échapper vers vos régions sacrées! »

A vrai dire, la Sicile l'inspire mieux ; ici le passé devient plus abordable, et le dithyrambe prend le ton de l'élégie. « On ne se figure point l'Italie sans la Sicile, écrivait Goethe ; ici est la clef de tout. » Pour une intelligence aussi curieuse des beautés de la nature que l'est Rückert, tant d'harmonie et de richesse ne pouvaient être perdues. Aussi surprendrez-vous dans les poésies siciliennes je ne sais quel aimable reflet de ce ciel d'azur, de cette mer enchantée, de ce merveilleux paysage de Palerme et de la *conque d'or.* Si Rückert a paru un moment s'effacer en présence des monuments de l'histoire, ici les phénomènes de la nature attirent sa fantaisie et la ravivent. De là toute sorte de charmants tableaux qu'une forme ingénieuse et pure encadre à ravir : octaves, tercets et quatrains, l'amour, la tradition et le printemps en composent presque toujours le fond, et vous retrouvez partout cette imagination si prompte à semer au vent ses parfums et ses perles. Parcourez le *Voyage en Sicile* du grand poëte de Weimar, et vous y verrez Goethe, l'Odyssée à la main, évoquant sur ces rivages les souvenirs d'Homère. « Comme je sens qu'il nous faudra bientôt quitter ce paradis terrestre, j'espérais trouver aujourd'hui dans ma promenade au jardin public un baume salutaire à ma douleur. J'avais pris pour pensum de lire quelques pages de l'Odyssée, puis je comptais descendre au vallon, et là, poursuivre au pied de la montagne de Sainte-Rosalie le plan d'une *Nausicaa*, et chercher s'il n'y avait pas moyen de donner du dramatique à ce sujet. Tout cela s'est accompli, sinon avec un plein succès, du moins à ma parfaite satisfaction. J'ai disposé mes plans, et n'ai pu m'empêcher d'esquisser et d'exécuter même quelques passages qui me souriaient particulièrement. » Les notes de Rückert n'ont rien de cet imposant caractère de froideur et de méditation studieuse. Il s'étend sous le frais parasol d'un sycomore, et soupire en se laissant bercer au murmure de la source voisine :

« Amour est amour, et, lorsque je me sens ravir au ciel par lui, j'en mourrais volontiers d'ivresse ; amour est amour, et, pourvu que son mal seulement me tourmente, je ne demande point d'autre bonheur. »

Cependant, çà et là, les faunes et les dryades vous rappellent que vous foulez le sol sacré :

« Lorsque je vais au bois avec ma belle, les faunes nous lorgnent par tous les buissons, et leurs flûtes à sept roseaux résonnent du plaisir qu'ils ont à contempler ma brune. Puis, si nous descendons au rivage, les tritons embouchent de joie leur trompette marine. »

Mais bientôt la coquetterie familière au poëte reprend ses droits ; Dorat se montre sous Pétrarque ; il y a de l'un et de l'autre chez Rückert :

« Amour bondit à ma rencontre, une torche embrasée à la main : — Ta maîtresse, s'écrie-t-il, m'envoie par le pays à ta recherche ; elle ne peut se passer de toi, si j'ai bien compris, et, comme son regard ne va point assez loin pour t'atteindre, j'ai promis de te toucher au cœur de ce flambeau, allumé au soleil de ses yeux. »

Les Siciliennes de Rückert nous reportent involontairement aux *Épigrammes de Venise*, ce chef-d'œuvre de la rêverie au sein du *far niente*, cette inspiration mi-partie antique et moderne, où les réalités contemporaines coudoient sans vous choquer les idéales imaginations de la Fable. Le laisser-aller du grand poëte a séduit Rückert ; mais, dans *les Siciliennes*, je ne vois que la grâce, une grâce un peu mêlée d'afféterie ; le côté philosophique, élevé, manque. Goethe en veut aux onyx, aux agates, aux marbres de toute espèce ; Rückert, en Sicile, se contente de cueillir des fleurs. Qu'on ne s'y trompe pas, le trait est significatif. J'ajouterai que la flore poétique de ce terroir volcanisé ressemble souvent trop à celle d'Allemagne, témoin la pièce suivante, qui, tout agréable du reste, me fait moins songer aux campagnes de l'Etna qu'au jardin du Neckar.

« Fleur de l'amandier ! tu voles au-devant du printemps, et disperses au vent ta poussière embaumée sur les sentiers que mon pied va fouler ! »

« Gentille clochette ! de la neige qui s'est enfuie des campagnes, tu es restée comme un flocon !

« Douce violette ! tu demandes quand viendra la rose ! Tant mieux qu'elle vienne ; mais toi, demeure encore un peu !

« Lys splendide ! les fleurs accomplissent au champ un devoir divin, et vous, dans la famille, vous êtes le prêtre !

« Tige de lys, non, tu n'es pas faite pour orner un bouquet; les anges de Dieu seuls te portent dans leurs mains! »

Un mot sur ces quatrains dont je viens de parler, et qui forment, dans les poésies de Rückert, le passage de l'Occident à l'Orient. Qu'on se figure une strophe concise, nette, ciselée à ravir, une cassolette de sultane donnant pour essence un aphorisme emprunté à la philosophie pratique du poëte :

« Malédiction à qui va mourir sans avoir su jamais inspirer l'amour! malédiction au verre qui se brise sans avoir étanché la soif d'un malheureux!

« Prétendre aux jouissances de l'amour sans en avoir goûté les amertumes, autant vaudrait s'imaginer qu'on reposera sous les voûtes de la Mecque sans avoir revêtu l'habit de pèlerin. »

Rückert affectionne ce genre de poésie; mainte fois nous l'y verrons revenir, et cela se conçoit : à sa contemplation silencieuse de la vie humaine rien ne répondait mieux. Citons encore quelques versets :

« Le poëte est un roi banni par ceux que la pourpre ici-bas décore, un roi dans lequel jamais ils ne consentiront à voir leur égal. C'est pourquoi il convient qu'il évite leurs cours.

« Le printemps est un poëte; là où son regard se pose, l'arbre fleurit, le buisson de même. L'automne est un censeur fâcheux; la feuille se flétrit que son haleine touche.

« La poésie est une enchanteresse, je l'avoue; mais, si le poëte est l'enchanteur ou l'enchanté, voilà la question. »

En maint endroit, le trait malin se glisse, *inter rosas spina*, et la sentence tourne à l'épigramme :

« La vérité est dans le vin, ce qui signifie en notre temps qu'il faut être au moins ivre pour avoir loisir de dire son mot de vrai.

« Ma lumière s'était éteinte; je courus à la porte du voisin : il me la ralluma, et j'éteignis la sienne pour la peine. »

Les quatrains de forme persane (*Vierzeilen in Persischen Form*) ne se distinguent guère des autres que par le rhythme moins familier peut-être; le vers y compte onze pieds au lieu de sept. Quant au fond, il reste exactement le même; on en jugera par ces exemples :

« La terre est une magicienne, un peu vieille sans doute, mais encore séduisante, et c'est dans la nuit de l'hiver qu'elle pratique ses charmes mystérieux, au moyen desquels elle se réveille jeune à l'aurore du printemps.

« Flamme sans aliment s'éteint au vent, fleur sans air ni soleil se flétrit. Chanson, plante de mon jardin, *lied*, ma flamme, pour vivre il nous faut le suffrage des hommes. »

Maintenant tournons quelques pages, et nous voici transportés tout à coup au milieu du *Jardin des Roses orientales*, c'est-à-dire en plein mysticisme asiatique, sur ce sol qu'à défaut de persévérantes études, le génie de Rückert eût conquis encore par la divination.

XXI.

Les Gazelles. — Le Jardin des Roses orientales. — Le Divan de Goethe et les Orientales de Victor Hugo.

C'est de Rückert qu'on pourra dire à bon droit quelque jour cette parole que nous retrouvons si souvent dans le panégyrique des grands princes, à savoir, qu'il eut un cœur pour tous les cœurs, un esprit pour tous les esprits. Sagace, industrieux, souple à l'excès, il s'insinue au milieu d'un peuple, l'observe, et va surprendre en un clin d'œil sa physionomie, sa nationalité lyrique. En pareil cas, rien ne lui coûte : il se fera Chinois pour psalmodier la complainte du magot monosyllabique et nous initier, par son poëme de *Schiking*, au bizarre génie de ce monde vieilli dans l'enfance. Ensuite, l'histoire de *Nala et Damajanti* lui fournira le prétexte de s'attarder au sein de la civilisation hindoue, et de rimer pour nos oreilles européennes une des plus touchantes inspirations de la muse sanscrite. Et nous le verrons enfin, avec Nisami, Hafis et toute la bande érotique, fredonner le *minnelied* persan, et s'enivrer de l'extase de Dieu dans la coupe écumante de Dschelaleddin. C'est à ce point de son pèlerinage que nous le prendrons, lorsque, à son retour du fleuve Jaune, à sa descente de l'Himalaya, Rückert aborde le plus fougueux représentant du panthéisme oriental, celui que nous appellerions volontiers le Spinosa derviche.

« Aussi longtemps que le soleil n'a point déchiré le crêpe de la nuit, les oiseaux du jour demeurent inquiets. L'œil du soleil éveille les tulipes ; maintenant, ô mon cœur ! l'instant est venu pour toi de t'épanouir. Le glaive du soleil verse en gouttes de rosée sur le sein de l'aurore le sang de la nuit, qu'il a vaincue. La lumière vient d'Orient, et moi je suis à l'Occident, espèce de montagne sur la cime de laquelle le rayon se brise; je suis la pâle lune du soleil de beauté. N'importe, regardez au delà de moi; regardez le soleil en face. Dschelaleddin s'appelle en Orient la lumière; ma poésie vous en montre le reflet. »

Ainsi débutent les *Gazelles*. C'est au plus grand, au plus exalté des poëtes mystiques persans, à Mewlana Dschelaleddin Rumi, que s'adresse Rückert. Tout à l'heure, dans les **OEstlichen Rosen**, nous verrons notre Allemand saisir l'autre point de vue de la poésie orientale, le côté sensuel, voluptueux, badin, que le viveur Hafis chansonne de si joyeuse humeur en vidant son verre. En attendant, c'est à l'ascétisme qu'il en veut, à la contemplation effrénée d'un pontife du soleil ivre de son dieu; l'ivresse, s'il y en a, sera divine et point terrestre. En mettant le pied sur le sol oriental, Rückert devait son premier hommage au coryphée splendide du panthéisme indien, quitte à se dédommager ensuite de tant d'énervantes extases à la coupe de l'amour et du printemps. Partout Dante passe avant Pétrarque. Quant à l'étendue du mysticisme du poëte persan, dont Rückert essaie de reproduire l'enthousiasme passionné, elle est sans bornes : qu'on se figure l'angoisse de l'infini, l'avide soif de l'être, un besoin furieux de se plonger en lui, de s'y abîmer, et d'aller, comme ce papillon qu'une flamme attire, s'absorber dans l'océan de la lumière universelle. Bienheureuses les âmes qui sont restées au jardin de la patrie! La vie de l'homme est un exil plein de misère et de néant, un passage où il ne recueille que l'erreur sur son origine et sa destination; aussi, l'âme bannie en ce monde de réalité, prisonnière dans les liens du corps, n'aspire-t-elle qu'à briser ses entraves. L'élu de Dieu met sa vie dans cette aspiration, qui forme avec l'absorption dans l'être le terme ordinaire de cet illuminisme poétique, thème reproduit d'ailleurs sur tous les tons. Le pèlerin couché dans la poussière appelle de ses vœux l'heure de la transfiguration; mais avant qu'elle sonne pour lui, cette heure tant souhaitée, il faut que l'âme céleste ait triomphé dans cette lutte à mort qu'elle livre à l'âme terrestre. De là une initiation continuelle à la vie pure, une inspiration empruntant ses arguments à l'image, au symbole, et ramenant par toute sorte d'allusions la pensée édifiante.

« Cette épée dont la lame et la pointe sortent pures des mains du forgeron, veille à ce qu'elle ne se rouille point dans un impur fourreau. Cet or qui, dans les coffres-forts de l'avarice, sert aux projets des Esprits ténébreux, est au trône de notre EMPEREUR un ornement sublime. Quand le nuage des cieux répand des ondées, tous les arbres se désaltèrent. Le pommier porte des fruits, et le saule un feuillage grisâtre. Vois, ce jonc reste creux, et cet autre est enflé de sucre : tous deux cependant ont bu au même étang. Deux bêtes ont tondu le même pâturage; le cœur de l'une sécrète le musc, celui de l'autre le fiel. Deux vers de différentes espèces ont mangé de la feuille à l'arbre : l'un donne un fil stérile, l'autre file de la soie. L'abeille et le serpent ont sucé la même fleur, et du suc nourricier celle-là fait un baume pour soulager la souffrance, celui-ci un poison pour l'aviver. Tel voit la lumière du ciel, et ses propres ténèbres s'en augmentent; tel autre, pareil à la rose, s'en enveloppe amoureusement. O toi, sois à ton tour un vase de cristal, et transforme en pure essence tout ce que tu recueilleras dans les riches pâturages de Dieu! »

Qui ne sait point secouer l'impureté ne contemplera jamais Dieu dans sa gloire; et celui-là seul sera maître du monde, qui sait renoncer au monde.

« L'amour cria de la porte du ciel : Qui donc ose d'en bas regarder vers Dieu? — C'est nous qui regardons vers Dieu, répondit à l'amour un chœur de prêtres. L'amour cria : Comment pouvez-vous regarder? devant vos yeux s'étend un voile, un voile tissé de haine et de cupidité, à travers lequel la lumière ne pénètre pas. Devant votre regard troublé, la face du soleil se voile, la Grâce qui trône au-dessus des nuages ferme l'oreille à votre clameur sourde, et les invocations de votre prière ne seront point exaucées. Oh! dépouillez, avant de regarder vers le ciel, dépouillez les ténèbres terrestres; en place de la cupidité et de la haine, prenez l'amour dans votre cœur, et vous pourrez ensuite lever vos yeux vers la Divinité. »

L'amour embrase l'élu de Dieu; il est sa foi, sa vertu, son trésor; il est la source de sa morale et de son ascétisme. L'homme tend à se rapprocher le plus possible de la Divinité, et pour cela il faut qu'il aime, qu'il aime en petit comme Dieu aime en grand. L'immortel Sultan a fait de l'amour l'âme de l'univers, et quant à lui, il est partout, dans le fétu de paille comme dans l'astre flamboyant qui verse la lumière à flots d'or.

« Je suis le grain de poussière, et je suis le disque du soleil; je suis le rayon de l'aube et le bruit du soir, le murmure dans la feuillée et la rumeur des vagues; je suis le mât, le gouvernail, le pilote et le navire; je suis le banc de corail où l'on échoue; je suis ensemble l'oiseleur, le filet et l'oiseau; je suis l'image et le miroir, le bruit et l'écho; je suis l'arbre de vie et l'hôte qui s'y perche, le silence, la pensée, la langue et le son; je suis le souffle de la flûte, je suis l'esprit de l'homme, je suis l'étincelle dans le caillou, le rayon d'or dans le métal; je suis la vigne, le pressoir, le marc et l'ivresse, l'échanson et le buveur, et la coupe de cristal; je suis la bougie et le papillon dont le vol l'enveloppe; je suis la rosée et le rossignol qu'elle enivre; je suis le médecin, le malade, le poison et le contrepoison, le doux et l'amer, le miel et le fiel, la guerre, la paix, le champ de bataille, la victoire, la forteresse et le défenseur, l'assiégeant et le rempart; je suis la chaîne des êtres, l'anneau des mondes, l'échelle de la création, la montée et l'abîme; je suis ce qui est et n'est pas; je suis, ô toi qui le sais, Dschelaleddin, oh! dis-le, je suis l'âme du tout. »

Je ne sais, mais cette façon tout orientale qu'affecte Rücker de rappeler Dschelaleddin au dernier vers me semble augmenter encore le mystérieux du poëme. On dirait un autre Alighieri suivant un autre Virgile, et s'arrêtant à chaque pas pour invoquer le guide inspiré, le *maestro* divin qui l'entraîne loin des sentiers terrestres. Écoutons maintenant le cri du poëte :

« Tu es la source universelle des jouissances, ton miel donne à la vie sa douceur; mon sein regorge de pierreries, oh! laisse-moi les répandre à tes pieds! Les âmes éprises d'amour vont à ton océan comme des fleuves. Tu es le soleil des pensées; tes baisers sont les fleurs du printemps. L'amour devant toi pâlit d'amour, la lune s'épanche en torrents de larmes; tu es la rose, et les soupirs du cœur sont pour toi les saluts du rossignol. Hélas! mon *moi* s'est-il donc rendu si coupable que mon amour ne puisse racheter le mal? O perle de la conque de l'univers! l'écorce extérieure me répugne. O vin pur de la vie dans la coupe de la mort, que ton parfum aujourd'hui me ranime!

« Je suis la vigne, oh! viens, et sois l'ormeau autour duquel s'enlacent mes festons. Je suis le lierre, sois mon appui, ô cèdre! afin que je ne tombe pas tristement sur le sol humide. Je suis l'oiseau, viens et sois mon aile, afin que je m'élève vers ton ciel; le coursier, viens et sois mes éperons, afin que je tende au but de ta carrière. Je suis la couche où l'on sème les roses, sois ma rose, afin que de mon suc je n'alimente pas la mauvaise herbe. Je suis l'Orient, lève-toi dans mon sein, ô soleil! que ta clarté dissipe, en montant, ces voiles de brouillards. Je suis la nuit, sois mon diadème d'étoiles, afin que, dans les ténèbres, je ne m'épouvante pas moi-même. »

Ce n'est partout que semblable délire; de strophe en strophe de gazelle en gazelle, le fleuve écumant s'accroît. On ne se figure point un tel luxe de métaphores, un tel débordement d'images empruntées à tous les règnes de la nature. Il y a d'âpres harmonies, de sauvages musiques dans ces vers, où le souffle oriental de la Bible se retrouve en maint endroit. Je citerai dans le nombre la pièce qui commence ainsi :

« L'éternel échanson, qui verse la source de l'étang aux sables du désert, poussé les nuages aux campagnes du ciel comme un troupeau de dromadaires. Écoutez les timbales de son tonnerre... »

Écoutons en effet le Dieu-mage épancher les torrents de son amour :

« O vous tous dans la poitrine de qui je bats, j'aime, j'aime sans fin ! O vous dans le sang de qui je brûle, j'aime sans fin ! Le monde n'était pas encore, Adam non plus, que moi j'étais déjà ; le temps n'était point, que j'étais cependant ; j'aime sans fin ! Lorsque s'épanouit la première rose de la création, ce fut moi qui lui soufflai son haleine ; j'aime sans fin ! Sept fois j'ai changé d'image à chaque jour de la semaine de la création ; j'aime sans fin ! J'étais dans le jardin avec le couple, et lorsque le serpent s'y glissa, j'y étais ; j'aime sans fin ! Lorsque Pharaon s'engloutit dans la mer Rouge, c'était moi qui tenais élevées les mains de Moïse ; j'aime sans fin ! Avec Noé dans l'arche, avec Joseph dans la citerne, au ciel avec Hénoc, j'aime sans fin ! Lorsque Mahomet monta vers les régions du firmament, il me trouva dans le septième ciel ; j'aime sans fin ! Chérubins qui supportez mon trône, élevez-le toujours plus haut ; j'aime sans fin ! Je suis sévère au muphti, hostile aux prêtres en qui j'ai flairé l'injustice ; j'aime sans fin ! »

Et le poëte, ivre de Dieu comme Spinosa ou Novalis, reprend en s'écriant :

« L'Orient parle de ta gloire à l'Occident, la rose s'entretient de ta magnificence avec l'aurore du printemps, la voix des cieux te proclame et l'écho de la terre aussi, toi ! toi ! ce que la langue annonce en énigmes ; et toi ! ce que l'amour pense tout haut...

« Viens, ô printemps de mon âme ! renouveler les mondes, renouveler la lumière au firmament et l'éclat de la terre ! *Viens attacher l'escarboucle du soleil au bleu turban de l'air, et jeter le vert caftan sur le dos des prairies.* »

Nous voudrions continuer nos citations, et pouvoir donner tout le recueil ; reste à savoir si le lecteur serait de notre avis. Il y a dans les fréquentations d'un poëte aimé, qui doivent naturellement accompagner toute étude du genre de celles que nous poursuivons ici, il y a, disons-nous, d'irrésistibles enchantements que les esprits délicats et fins peuvent seuls s'expliquer. Peut-être n'est-ce au fond que la conscience de lutter contre l'impossible qui vous soutient. On se récrie volontiers sur l'enthousiasme (c'est la manie que je devrais dire), mettons sur la manie d'enthousiasme, de certaines intelligences éprises des beautés d'une littérature étrangère, et qui s'en vont chercher bien loin, pour nous les rapporter d'un air de triomphe, des choses cent fois moins dignes d'être admirées que celles qu'on a sous la main; mais, dans ce compte, on ne fait point la part des beautés intraduisibles, des beautés qu'on sent et ne peut rendre. Dans cette strophe qui, même après tant d'efforts de notre part, va sembler à bon droit au lecteur d'une valeur beaucoup moindre que telle autre de Lamartine ou de Victor Hugo, qu'il a vue en son lieu et place, et dûment investie des grâces natives; dans cette strophe, nous avons aperçu, nous, des tourbillons d'atomes lumineux, et ce mot de la traduction, si froid et si décoloré, a dans l'original des jets de phosphore et des chatoiements d'émeraude. Aussi faut-il se garder d'admirer après avoir cité. Qui vous dit, en effet, que de cette fleur exotique, transplantée par vous avec zèle et recueillement, toute la senteur vive, tout l'arome ne vous est point resté aux doigts?

Passons au *Jardin des Roses orientales*. Ici, comme nous l'avons remarqué, le ton change. A l'hymne effréné du panthéisme succède le refrain moqueur, la chanson à boire que rien n'effarouche; et nous avons à la place des apostrophes délirantes du sofi abîmé dans la contemplation d'Allah, nous avons l'ivresse plus humaine du musulman qui déguste à loisir les jouissances terrestres, et, le crâne aviné, son turban sur l'oreille, volontiers se gausse du Prophète en clignant de l'œil à quelque bel adulte de seize ans, rose et frais, dont la main lui verse à flots écumants les rubis de la treille. Assez longtemps le poëte a puisé aux sources dévorantes de l'ascétisme et du renoncement; à d'autres chansons maintenant: que les roses de Schiraz s'effeuillent dans le cristal empourpré du sang défendu et deux fois précieux de la vigne, que le printemps souffle sur les bosquets son haleine trempée des émanations du paradis, et que Bulbul, caché sous les buissons, égrène, au clair de lune, sur les couples amoureux, les perles sonores de son gosier! Le livre des *Roses orien-*

tales est là comme un retour à la vie, à ses plaisirs, à ses fêtes ; comme une mélodieuse litanie ; le printemps, la jeunesse, les joies, l'amour et le vin, reviennent à chaque verset. « Je voudrais courir ivre les rues, dit quelque part Rückert, ne m'arrêter que là où les verres tintent, et me poussant au milieu de la fête, chanter, selon que l'esprit d'Hafis m'inspire, chanter le printemps, la jeunesse, les roses, le vin et l'amour. » Or, ce passage entier s'applique aux *Roses orientales*. Si Goethe, qui, lui de même, avait accompli le pèlerinage, quoique de façon tout épisodique, si Goethe n'eût prévenu Rückert en mettant sous l'invocation de l'Anacréon persan une des douze parties du *Divan*, le recueil des *Roses orientales* aurait pu à merveille s'intituler le livre d'Hafis, en opposition au recueil des *Gazelles*, lequel se fût appelé non moins naturellement le livre de Dschelaleddin. Ces noms propres, en effet, caractérisent mieux qu'aucun titre pittoresque les deux tendances de la poésie persane. D'un côté l'extase, de l'autre l'ivresse, comme si, sur cette terre de feu, il n'y avait d'inspiration que pour la démence. Ivresse de Dieu ou du vin, peu importe, pourvu que le cerveau duquel jaillit la strophe embrasée ne se possède plus. En général, c'est ce mysticisme inhérent à la race elle-même, cet être intime et latent qui nous échappe à nous tous, poëtes, dessinateurs et musiciens français, chaque fois qu'il nous prend fantaisie de nous occuper de l'Orient.

Je dis fantaisie, car, il faut bien l'avouer, nous n'aimons guère à choisir d'autre guide en ces excursions où le dilettantisme seul nous entraîne. Ouvrez *les Orientales* de Victor Hugo ; voilà certes un beau livre, et dont personne, j'aime à le croire, ne contestera les splendides qualités lyriques. Comment nier cependant que la moindre gazelle de Goethe ou de Rückert vous en apprenne plus sur la physionomie originale et l'esprit de ce monde que tous les jeux de rime chatoyants, que tous les épanchements descriptifs du chantre de *Sarah la Baigneuse* et du *Feu du ciel* ? saphirs et diamants, si l'on veut ; roses de Schiraz, tissus de Cachemire, nous l'admettons volontiers. Un collier qu'une indolente main de sultane égrène dans l'albâtre sonore et transparent, un bouquet embaumé qu'on effeuille, des étoffes de soie et d'or qu'on déploie au soleil, tout cela certes vaut son prix. Mais que faites-vous du personnage principal, de l'âme humaine, qui prétend, elle aussi, jouer son rôle en votre drame,

18.

fût-il turc, indien ou persan, fût-il même chinois? Si maintenant, après avoir constaté le mal, nous en cherchons la cause, peut-être la trouverons-nous dans un certain système d'improvisation qui règne malheureusement chez nous, même dans les plus hautes sphères de la pensée.

A Dieu ne plaise que je veuille le moins du monde disputer ici au génie cette faculté de divination qu'il tient du ciel. Sans abdiquer, toutefois, ces forces vives de l'imagination qu'on appelle enthousiasme et spontanéité, ne saurait-on donner davantage à la méditation, à l'étude, et faut-il dédaigner comme indignes de toi tant d'utiles ressources et de riches trésors que les muses silencieuses gardent en réserve pour les esprits qui les fréquentent? Telle occasion peut s'offrir où l'instinct, si profond, si généreux qu'il soit, a besoin que la réflexion lui vienne en aide. Chez nous autres, je le répète, la précipitation gâte tout. Une idée conçue le matin est exécutée le soir même; le lendemain on l'imprime, on la publie avant qu'elle ait eu le temps de s'épurer à cette lumière critique dont tout penseur a le foyer. Quand des *Orientales* de Victor Hugo ma vue se reporte au *Divan* de Goethe, je ne puis m'empêcher d'admirer au plus haut degré ce sens critique dont je parle, et qui, je m'en aperçois alors, m'avait jusque-là trop peu frappé; j'en dirais autant de cette analyse subtile, de cette observation métaphysique qui creuse avant tout l'être moral, et, loin de s'en tenir au phénomène extérieur, va chercher au fond des consciences le secret de la vie d'un peuple. Qu'on se donne seulement la peine de parcourir, dans la dernière édition des œuvres complètes de Goethe, le volumineux appendice annexé au *Divan*, et l'on verra quelles recherches, quels travaux d'exégèse et de critique ont servi de prélude à ce recueil léger, à ces poésies fugitives, comme on disait au temps du Directoire. A des considérations sur la poésie des Hébreux, des Arabes et des anciens Perses, succèdent des documents puisés aux sources authentiques; puis viennent des notices biographiques, sur Ferdousi, Emveri, Nisami, Dschelaleddin-Rumi, Saadi, Hafis, Dschami, les sept planètes de la pléiade orientale; études fortes et bien nourries que l'auteur de *Faust* termine par une ingénieuse remarque. « Si nous avons essayé de décrire en quelques chapitres les cinq siècles de la poésie et de la belle diction persane, observe-t-il au dernier paragraphe, qu'on nous le passe, et qu'on le prenne, pour parler à la manière de Quintilien notre vieux maître, de la façon dont on prend un compte rond, sinon pour l'exactitude, du moins pour quelque chose d'approchant. » A mon sens, de pareils matériaux ne sauraient nuire, et je ne pense pas que la fantaisie ait jamais rien à perdre à les consulter d'abord, quitte à se donner plus tard libre carrière.

Ne vous est-il point arrivé, en passant, l'été, devant le laboratoire d'un chimiste, de voir des salles entières remplies de roses effeuillées? Bientôt, à l'action du feu, le monceau va diminuer et se fondre, et cette odorante pyramide qui embaumait le voisinage donnera pour dernier résultat un petit flacon d'essence. Tel est à peu près l'effet que produit sur moi cette poésie orientale du *Divan* de Goethe, extrait substantiel, rare et suprême essence émanée, à la flamme du génie, de tout cet amas de notes et de documents. Je dirai la même chose de Rückert, orientaliste et poëte, procédant à la fois de Goethe et de M. de Hammer, et qui pourrait traduire en prose ses modèles, s'il n'aimait mieux les imiter en vers.

Nous tous tant que nous sommes, la rage du pittoresque nous tue; peu soucieux de creuser le fond des consciences, il nous suffit d'interroger l'habit, et ce qui nous charme davantage, c'est la couleur. J'ai nommé là le grand cheval de bataille du romantisme. On remarquera que je ne parle pas seulement ici de la question littéraire. — Tenez, ce musicien nouveau venu, qu'on affecte aujourd'hui de proclamer un génie, qu'a-t-il vu en Orient, sinon des effets de soleil et de lune? Musicien d'une caravane illustre dont Victor Hugo serait le poëte et Decamps le peintre, il s'en est tenu comme les autres à la couleur, au pittoresque. Je trouve bien dans cette ode-symphonie qui pompeusement s'intitule ode pour obéir à cet esprit de confusion auquel le premier poëme qui paraîtra demain devra à son tour de s'appeler symphonie; je trouve bien dans cette ode-symphonie d'agréables motifs cousus à la file avec une industrie rare, des mélodies caractéristiques surprises sur les lieux et présentées de main de maître; mais de cette verve divine qui déborde, de ces rapports effervescents de l'être à l'infini, de tout ce panthéisme d'Atar et de Dschelaleddin, pas un mot, pas une note. Il semble pourtant que c'eût été le cas ou jamais; la musique, peu propre à certaines abstractions métaphysiques, se fût admirablement prêtée à rendre cet enthousiasme écumant, ces élans sublimes qui rentraient dans le ressort de l'hymne. Certes, si Mozart, dont on a osé prononcer le nom avec un peu de cette irrévérence qu'on affectait autrefois pour Racine, si Mozart eût entrepris le pèlerinage, il nous eût à coup sûr rapporté de la Mecque d'autres trésors que ceux-là, et le génie surhumain auquel s'est révélé, dans les quelques mesures de l'air monumental que chante Sarastro [1], toute la pompe mystérieuse du sanctuaire d'Isis, aurait, je n'en doute pas, demandé au pays du Prophète une plus haute et plus sévère inspiration. Ceci soit dit sans prétendre le moins du monde porter atteinte à la gloire un peu hâtive du chantre de la symphonie du *Désert*, musicien descriptif, poëte coloriste, peintre à la manière de Decamps. Est-il besoin de rien ajouter maintenant pour qu'on voie quelle distance le sépare encore de Mozart, j'allais écrire de Raphaël?

Il est cependant tel trait caractéristique de l'épicurisme d'Hafis dont nous pensons que le lecteur eût volontiers fait grâce à Rückert. Avant lui, et dans le neuvième livre du *Divan* appelé le *Livre de l'échanson* (*das Schenkenbuch*), Goethe avait déjà insisté bien crûment pour des oreilles européennes sur un certain motif fort en honneur chez les érotiques persans. « Je ne pouvais omettre en pareille œuvre, écrit-il quelque part, cet amour effréné de l'ivresse particulier aux Orientaux, le vin ayant pour eux le charme du fruit défendu ; non plus que leur tendresse pour la beauté de l'adulte en sa fleur de croissance, me réservant, bien entendu, de traiter ce dernier sentiment avec toute la pureté due à nos mœurs. » M. de Chateaubriand, ayant à s'expliquer sur les singuliers hommages rendus par Shakspere à lord Southampton, met sur le compte de l'allégorie les deux sonnets qu'adresse le poëte d'Élisabeth au jeune et galant gentilhomme transformé symboliquement en une maîtresse, s'il faut en croire l'auteur de l'*Essai sur la littérature anglaise* [2]. Ce mysticisme de sentiment et cet abus de l'allégorie, si communs au XVᵉ siècle, existent au plus haut degré chez les peuples de l'Orient, et, sans qu'on ait besoin de recourir à de honteuses convoitises,

---

[1] Au premier acte de *la Flûte enchantée*.

[2] « Hamlet parle d'Yorick comme d'une femme, quand les fossoyeurs retrouvent sa tête : « Hélas! pauvre Yorick, je l'ai connu comme Horatio; c'était un compagnon joyeux et d'une imagination exquise... Là étaient attachées ces lèvres que j'ai baisées ne sais combien de fois (*that I have kiss'd, I know not how oft*). » Hamlet dit à Yorick ce que Marguerite d'Écosse disait à Alain Chartier. » (Chateaubriand, *Essai sur la Littérature anglaise*, t. I, p. 318.)

serviront peut-être à nous donner le mot de ces étranges rêves de leurs poëtes. Je citerai pour preuve une simple histoire qui se trouve au *Jardin des Roses* de Saadi [1]. « Dans mes jeunes années, dit le lyrique persan, il m'arriva de lier amitié constante et pure avec un garçon de mon rang. Son visage était pour mes yeux la région céleste où nous nous tournons dans la prière, comme vers un aimant, et sa compagnie fut pour moi ce que j'ai trouvé de plus cher dans l'existence. Je tiens que nul n'a vécu parmi les hommes (peut-être en serait-il autrement parmi les anges) qui aurait pu se mesurer avec lui pour la beauté, la droiture et l'honneur. Dans les jouissances d'une amitié semblable, je devais naturellement épuiser la coupe de ma tendresse; et maintenant qu'il est mort, je regarderais comme injuste de donner jamais mon amour à un autre. Par malheur, son pied s'engagea dans les lacs de la destinée, et il dut précipitamment descendre au tombeau. J'ai passé un bon temps sur sa pierre, assis et couché à le veiller, et j'ai chanté sur sa mort et notre séparation bien des hymnes de deuil, qui ne cesseront jamais de nous émouvoir, moi et tant d'autres. »

Cependant, de pareils sentiments, si platonique et si épurée que soit la sphère où l'imagination les porte, ont quelque chose en soi qui répugne aux bienséances et provoque le trait, même injuste, témoin l'amer sarcasme de Heine contre Platen. On aura beau s'écrier : « Honni soit qui mal y pense ! » jamais la muse moderne, décente et puritaine, ne s'arrangera de ces fadeurs débitées par le poëte au bel échanson dont le vin écumant brûle de baiser les lèvres de rubis.

Pour en finir avec *les Roses orientales*, dirons-nous maintenant qu'elles n'ont rien à nous apprendre sur la vie intime du poëte que nous étudions? Ainsi qu'on a dû voir, il ne s'agit ici que d'une œuvre de pure fantaisie, que d'une de ces imitations brillantes et originales, comme les lyres à plusieurs cordes peuvent seules s'en permettre. Du reste, la digression n'aura pas été stérile, et désormais dans ses vers indigènes nous surprendrons plus d'un reflet du soleil d'Ispahan, plus d'une senteur persistante de ces roses glanées au jardin d'Hafis et de Saadi. « Du peu de ces roses que j'avais rapportées dans mon sein est né le

---

[1] Voir l'élégante traduction qu'en a donnée en allemand le docteur Philipp Wolff, Stuttgart, 1841.

Printemps d'Amour, » écrit-il lui-même en un vers plein d'élégance. Or, il faut qu'on le sache, le *Printemps d'Amour* est le plus pur, le plus rare et le plus merveilleux diamant de son aigrette poétique.

XXII.

Les Poésies diverses. — Le Panthéon.

Au recueil des *Roses orientales* succède, dans les *OEuvres choisies*, un assemblage de pièces diverses dont les unes, par ce sentiment de la vie secrète des sources et des fleurs qu'elles respirent, par le naturalisme inséparable de l'inspiration de l'auteur, se rattachent aux chants de la première époque, tandis que les autres, d'un style plus calme et plus posé, d'une contemplation en quelque sorte plus critique, semblent préluder à l'avénement d'une période nouvelle. Après Simurg, l'oiseau mystique de la légende persane, voici encore l'alouette. Écoutons-la bien, car c'est peut-être un cri d'adieu qu'elle nous jette. Demain notre enthousiaste d'autrefois va pendre à cette porte de sa demeure, ouvrant sur un jardinet embaumé, la cage d'osier, symbole des félicités domestiques; et si quelque oiseau vient au coup de midi becqueter les miettes de sa table, ce ne sera, croyez-le, ni l'oiseau de Safi, ni celui de Roméo, mais bien plutôt l'hôte emplumé de noir que nous avons déjà rencontré chez Kerner, cet honnête et naïf corbeau, dernier signe traditionnel du ménage d'un poëte allemand. L'incertitude de l'existence, son côté fragile et mesquin, forment, à quelques exceptions près, l'unique sujet de ces méditations. Je distinguerai entre autres morceaux remarquables ce passage des *Chants élégiaques*, qui me semble donner en un cadre restreint une image parfaite de l'activité humaine et de son impuissance :

« Je courais dans les sentiers de ma vie vers le feu follet du bonheur, lequel toujours paraissait s'éloigner; et d'une ardeur toujours croissante, je m'élançais vers le brillant phosphore; vain effort : il fuyait toujours! Enfin, qui m'expliquera ce mystère? je me retourne tout à coup, et l'aperçois derrière moi qui étincelle à l'occident du feu de l'étoile du soir. Comment donc ai-je fait pour passer devant sans m'en apercevoir? Il faut que ç'ait été en rêve. »

J'ai parlé d'exceptions. Çà et là reparaissent encore les fantaisies, les ciselures. Vous savez ces symphonies où vingt motifs se croisent et se combattent avant d'aller se perdre, se résoudre dans quelque idée dominante, comme des ruisseaux dans l'Océan ; cette partie mélangée, qui vient après *les Roses orientales*, produit exactement sur moi le même effet. La corde frivole, enjouée, y vibre bien encore à côté de la corde grave ; mais on sent que cette dernière l'emportera. La fantaisie elle-même s'y hérisse de je ne sais quel tour épigrammatique où l'humoriste se révèle, comme dans cette charmante petite pièce intitulée *Dans le Parc*, et que je ne puis m'empêcher de traduire en vers, tant la forme allemande en est invitante. La voici :

> N'allons jamais nous promener, ma belle,
> Dans ces jardins où les fleurs et les bois
> Ont de grands airs de pompe officielle,
> Où le zéphyr n'ose élever la voix ;
> Jardins royaux, où le soleil de glace
> Semble à plaisir éteindre son éclat,
> Où les buissons, chuchotant à voix basse,
> Causent entre eux des secrets de l'État,
> Où la cascade, en tombant sur les marbres,
> Conte aux échos son éternel ennui.
> Le rossignol chante mal dans les arbres,
> En ces bosquets d'où le mystère a fui ;
> Sa mélodie aux notes embrasées
> Risque, en montant dans l'air comme un parfum,
> De s'y heurter au babil importun
> D'un papegeai bavardant aux croisées,
> Et la colombe est là contre son gré,
> Où la perruche et le faisan doré
> De leur collier étalent la richesse.
> Devant ces fleurs à grands airs de duchesse,
> La marguerite, et la rose, et l'œillet,
> Baissent la tête et partent sans regret,
> Abandonnant un monde où tout les blesse,
> Et sentant bien que pour figurer là,
> Il faut avoir des quartiers de noblesse,
> Et s'appeler au moins Hortensia !

Néanmoins, en dépit de ces fleurettes dont il s'émaille, le fond général du tableau est grave et sévère, et nous ne trouvons guère là que cette éternelle complainte du cœur humain s'arrêtant à mi-côte pour énumérer ses défaites et mesurer l'espace qu'il lui reste à gravir avant d'atteindre au but inconnu. La partie érotique du mariage a pour centre le *Printemps d'Amour*, et les joies de la famille sont spécialement célébrées dans les *Haus und Jahreslieder* (mot à mot, *Chants de Ménage et d'Anniversaire*), l'un des plus substantiels et des meilleurs recueils du poëte, ses *Feuilles d'Automne*.

Avant d'entrer au paradis du *Printemps d'Amour,* vous traversez un riche vestibule que Rückert a nommé *Panthéon.* Là, en effet, tous les dieux ont leur niche ; japonais, chinois, indous et persans, tous les mythes sont évoqués, et dans ce qu'il nous donne d'original, le poëte affecte certaines tendances plastiques en dehors de ses habitudes. Dans un recueil qui s'intitule *Panthéon,* le moi devait naturellement s'effacer un peu et céder la place à quelque chose se ressentant davantage du parti pris de l'art, à un lyrisme essentiellement objectif, j'ai lâché le grand mot. On m'accusera de parler allemand, mais n'importe, et je ne vois pas d'ailleurs pourquoi l'esthétique s'obstinerait à répudier le vocabulaire de la philosophie, quand ce vocabulaire lui vient en aide.

Panthéon! c'est-à-dire à tous les dieux, à tous les styles ; titre superbe à inscrire en tête du frontispice de son œuvre, trop superbe sans doute quand on est, comme Rückert, un poëte de sentiment, ou plutôt le poëte d'un sentiment. Aussi, qu'arrive-t-il? La note fondamentale prédomine, on en revient incessamment à son lyrisme accoutumé, et cette poésie du printemps et de la nature, qui partout vous poursuit, émaille à votre insu de fleurs luxuriantes ces colonnes et ces chapiteaux où vous n'eussiez voulu que la simplicité du marbre. Dans les *Poésies complètes,* ce recueil s'intitule avec moins de pompe *Matériaux pour servir à former un Panthéon* (*Bausteine zu einem Pantheon*). Je ne m'explique point pourquoi Rückert a cru devoir changer ce titre dans les *Poésies choisies;* la dénomination primitive convenait mieux à la nature du livre, lequel pèche par le manque absolu d'unité, d'harmonie, et surtout par l'absence du fil directeur. J'y vois bien en effet les matériaux d'un temple, mais non le temple, et encore ces fragments de colonnes, ces architraves et ces chapiteaux dispersés sont-ils ensevelis pour la plupart sous des touffes épaisses de gazons et de fleurs, comme les débris du mausolée antique dont parle Goethe dans une élégie vraiment sublime. « Voyez ce couple de colonnes s'élever du sein des décombres, et toi là-bas, leur sœur isolée, comme, le front ceint d'une mousse épaisse, tu sembles contempler du haut de ta majesté sacrée tes sœurs mutilées à tes pieds! Dans l'ombre des ronces et des plantes sauvages les débris et la terre les couvrent, et les grandes herbes ondulent par-dessus. O nature! est-ce donc là le cas que tu fais du chef-d'œuvre de ton chef-d'œuvre? Peux-tu bien renverser ton sanctuaire avec indifférence et semer des chardons à la place? »

Nos réserves faites sur l'ensemble, et à ne voir dans ce *Panthéon* qu'un simple recueil de poésies diverses, il va sans dire qu'ici, comme partout chez Rückert, les richesses de détail abondent. Par exemple, dans tous ces mythes orientaux, dans toutes ces paraboles bibliques, il se trouve des pièces d'une valeur rare, tant à cause de la ciselure exquise que pour le saphir qu'elles enchâssent. De ce nombre, je citerai le petit poëme intitulé *l'Arbre de Vie* (*der Baum des Lebens*), et qui, sous une forme allégorique des plus ingénieuses, nous montre le christianisme se dégageant des mythes de l'Ancien Testament, et prenant pied pour ainsi dire dans l'histoire du monde. Malgré la célébrité qu'on a faite à cette espèce de légende, j'aime moins *Bethléem et Golgotha*, inspiration dépourvue de simplicité, de pathétique, et visant à l'effet. En général, ce reproche pourrait s'adresser à toutes les poésies dont Rückert emprunte le motif aux livres saints. Rückert n'a de foi et d'enthousiasme que lorsque le sentiment de la nature lui monte au cerveau. Alors seulement il est croyant et religieux, alors seulement sa conviction l'anime; quant au christianisme proprement dit, il ne lui inspire guère que des banalités.

XXIII.

Panthéisme de Rückert.

> « O soleil, je suis ton rayon! ô rose, je suis ton parfum! Océan, je suis ta goutte d'eau; je suis ton souffle, ô brise! »

Le moment est venu de chercher à nous rendre compte du point de vue philosophique du poëte qui nous occupe. Or, si, pénétrant au cœur même de cette imagination orientale-occidentale, nous lui demandons le secret de sa pensée intime, son dernier mot, je crains bien qu'elle aussi n'ait à nous répondre

que par le panthéisme. Oui, j'en ai peur pour Rückert, à force
d'entretenir commerce avec Dschelaleddin, l'esprit du maître
l'a gagné, et, sauf une dialectique plus clairvoyante, je retrouve
partout chez lui le panthéisme mystique du grand lyrique persan. Nous ne jugeons ici que le poëte, et n'avons point à nous
occuper des réserves que peut faire à part lui l'homme, le penseur. Toujours est-il que les idées qui ressortent de ses inspirations spéculatives semblent plutôt de nature à conquérir des
prosélytes au panthéisme qu'à en réfuter les doctrines. Dirons-nous maintenant sur quoi repose un tel système, et que l'animation, la divinité du tout en forme la base principale, en tant que
cette omnipotence divine sera plutôt sentie que démontrée par
la théorie appuyée sur le dogme? — Quiconque parvient à s'élever
jusqu'à la contemplation de cette vie universelle, jouit de la félicité parfaite. Pour celui-là, plus de contradictions, plus de dissonances dans le monde, plus de luttes ni de combats; il nage
au sein des océans de l'être. — Tel est, si je ne me trompe, l'idéalisme de Rückert. Or, en admettant que cette intimité profonde,
incontestable, de Rückert avec la nature, n'ait pas été la cause
déterminante qui l'a poussé vers un pareil système, la conséquence nécessaire de ce panthéisme sera cette intimité même du
poëte avec la nature, qu'il ne se lasse pas de contempler en ce
qu'elle a de grand comme dans ses infiniment petits, et dont il
va surprendre dans ses plus insaisissables phénomènes la vie incessante et cachée.

L'air n'a pas un oiseau, le jardin pas une fleur, la forêt
pas un arbre, qu'il ne reconnaisse tout d'abord à sa voix, à
son souffle le plus léger, au frémissement de ses feuilles; d'un
coup de sa baguette de magicien, il vous fera le Gange du
Neckar, et d'un pommier noueux de la Souabe un palmier d'Orient, ni plus ni moins qu'il changera selon sa fantaisie les bœufs
épais du pâturage en fines gazelles au regard velouté, et les mille
chardonnerets qui becquètent les cerises du verger en oiseaux
des tropiques. Le beau prodige, de constater la vie chez les êtres
vivants! Son plaisir, à lui, c'est d'animer la nature inerte, de
donner une âme aux pierres précieuses. Demandez-lui de vous
dire l'*histoire du diamant et de la perle*, vrai conte des *Mille et
Une Nuits*, où la génération des pierres précieuses est décrite
comme si son œil, plongeant à travers l'écorce du granit et des
flots, eût contemplé jusque dans les matrices de la nature le pro-

cédé de ses mystérieux enfantements. Nous n'hésitons pas à l'avancer, les plus ravissantes poésies de Rückert sont celles qui se rattachent à cet ordre d'idées, celles qui, pour les comparer à des fleurs, enfoncent leurs racines invisibles au cœur même de ce panthéisme substantiel. Après tout ce que nous venons de dire, on devinera sans peine quelle a dû être, sur le génie du poëte, la réaction de ces tendances purement spéculatives. Abîmé dans la contemplation de la nature, il y a perdu peu à peu le sens des phénomènes du monde moral, de l'histoire ; l'être et le non-être, la vie et la mort, lui sont devenus des thèmes plus familiers, des contradictions moins ténébreuses que le bien et le mal ; et, soit tempérament, soit système, il a de plus en plus répudié l'histoire, préférant, dans sa sagesse de brahmane, aux images turbulentes de la vie la contemplation de l'idée pure : « Ferme tes sens au monde extérieur, si tu veux lire en toi le secret des mondes et de Dieu. »

N'est-ce point cet élan souverain vers la spéculation, cette tendance à négliger pour l'idée la pluralité des phénomènes, qui lui inspire encore ce chant d'amour délicieux en sa métaphysique :

« L'amour est au-dessus de l'objet que tu aimes, et si terrestre qu'il t'apparaisse, si humain que soit le nom dont tu l'appelles, il n'en est pas moins un et céleste.

« Comme dans le tourbillon d'un bal masqué, dans la salle où les lustres flamboient, une espiègle maîtresse vient t'agacer sous mainte forme et se fait enfin reconnaître :

« Ainsi j'aimai l'une, puis l'autre ; elles changèrent pour moi, moi pour elles. Et toutes, en fin de compte, n'étaient que le masque sous lequel l'amour m'était apparu. »

Comme on voit, le dernier terme de cette philosophie est l'absorption de l'être en Dieu, chez qui l'idée d'amour prime, si elle ne l'exclut, tout autre attribut. Piété orientale par son caractère de quiétisme, et qui, repoussant la lutte, s'éloigne autant que possible de l'héroïsme chrétien.

On concevrait difficilement qu'un poëte aussi profondément imbu de la philosophie de la nature que l'est Rückert, dût réussir à traiter des sujets évangéliques. Il l'a tenté néanmoins et à plusieurs reprises, mais sans succès. Son style y reste froid et décoloré, l'onction manque ; et, chose étrange, cette âme, d'ordinaire exubérante, source vive d'où les parfums embaumés du mysticisme débordent, semble se tarir tout à coup et ne plus donner qu'un flot avare, qui encore ne s'épanche qu'à la condition d'être étendu de paraphrases. Témoin cette *Vie de Jésus* (*Das leben Jesu*), compilation laborieuse et malvenue du Nouveau Testament. Quelle idée aussi d'aller mettre en distiques les versets des Évangiles, de rimer saint Jean et saint Mathieu, et de jeter au four où se cuisent les sucreries du temps le pain sacré du Fils de l'Homme ! La belle affaire, en vérité, de s'amuser à planter des chevilles stériles dans cette bonne terre de labour faite pour recevoir le grain ! Il y a des choses qui existent en dehors de l'art et au-dessus de l'art, la Bible et l'Évangile, par exemple ; et c'est vouloir se méprendre sur le sens et la portée des mots que d'appeler œuvres ou chefs-d'œuvre ces immortels monuments de la tradition divine. Nous n'ignorons pas qu'aux yeux de certains esprits systématiques les livres dont nous parlons passent pour des livres d'art. Il est vrai que ces mêmes hommes proclament Luther et Richelieu des artistes, et Robespierre aussi. Que deviennent alors Shakspere et Michel-Ange, Raphaël, et Mozart, et Racine ? Sans approfondir davantage cette question, qui nous mènerait loin, disons que rien au monde ne nous paraît plus inopportun que cette manie de parfaire ce qui est, de transformer la prose en vers et les vers en prose, et d'effiler la robe d'autrui pour la tisser ensuite à sa manière. Ceci nous rappelle l'impayable équipée d'un honnête versificateur de Nüremberg, lequel, dans son enthousiasme pour les lettres de Bettina à Goethe, imagina de les mettre en vers, sous prétexte que c'était presque de la poésie. Dans ce mot *presque* réside en effet tout le secret du charme et de l'originalité singulière de cette prose musicale au pied de gazelle, au vol de ramier, qui palpite et miroite et frissonne de cette vie intime et murmurante qui dénote le style. Si le digne versificateur eût pu comprendre tout ce qu'il y avait dans ce mot *presque*, il ne se fût point, à coup sûr, donné le ridicule de consommer une telle besogne. Citer Bettina et son livre excentrique à propos des Évangiles, le rapprochement paraîtra sans doute bien profane, et nous ne l'eussions point risqué si le docteur Strauss ne se chargeait de nous en fournir l'excuse ; en effet, le philosophe critique de la *Vie de Jésus* nous représente quelque part Goethe comme un nouveau messie dont Bettina était le saint Jean ; et Strauss, en ceci, ne fait qu'imiter M. Heine, lequel prétend voir dans

O'Meara, Antomarchi et Las Cases, le saint Matthieu, le saint Marc et le saint Luc de cet autre dieu qui a pour temple et reposoir la colonne Vendôme. Niera-t-on ensuite le paganisme des jours où nous vivons? Un dieu fait homme ne nous suffit plus, il nous en faut des légions se renouvelant sans cesse, à la manière de cet Avatar de la légende hindoue ; et si nous adorons encore Jésus, c'est à la condition qu'il s'entourera de nouveaux saints, qu'à défaut de l'église l'histoire aura canonisés; car nous devons bien, hélas! en convenir, désormais notre foi religieuse ne ressemble plus qu'à cette chapelle de l'empereur Alexandre-Sévère, où les images du Christ et d'Abraham coudoyaient la statue d'Orphée.

Les pièces de Rückert qui respirent le plus cet enivrant parfum de panthéisme sont, après les hymnes orientales, ses longs poëmes en tercets : *les Trois Sources, le Diamant et la Perle, Flos et Blankflos*. Ici la soif brûlante de l'infini se calme un peu, la fièvre de Dieu s'apaise, et nous voyons cette flamme qui ne tendait ailleurs qu'à s'absorber au sein du foyer universel, se partager en des myriades d'étincelles semant partout la lumière et la vie. Le panthéisme de Rückert est d'humeur voyageuse; du sofi persan, volontiers il passe à Spinosa, à Novalis, dont l'harmonieuse influence modère sa fougue, ramène au ton européen ses ardeurs spéculatives ; et, comme un bienfaisant clair de lune, semble détendre ce que pourrait avoir d'excessif en poésie un orientalisme ainsi poussé aux dernières limites.

XXIV.

Le Diamant et la Perle. — Flos et Blankflos.

J'ai cité *le Diamant et la Perle*; on n'imagine pas une fantaisie plus agréable, une plus charmante épopée des pierres précieuses. — Le poëte, entrant un soir chez sa maîtresse, la trouve endormie ; et, tandis que penché sur cette douce image, il la contemple avec ravissement, un charme ineffable s'empare de lui ; de ce sein de statue dont le sommeil soulève les ondulations voluptueuses, des parfums enchantés s'exhalent ; il croit rêver, et comme, de plus en plus attiré vers le centre magique, il va pour effleurer de sa lèvre brûlante l'albâtre veiné d'azur de cette peau divine, tout à coup un nouveau prodige l'arrête. Entre la perle suspendue à l'oreille de la déesse et le diamant qui rayonne à son col, de mystérieux dialogues s'engagent, et d'abord les causeries commencent par l'éloge de la douce princesse à laquelle on appartient. Gardienne vigilante de cette avenue que prennent les aveux galants pour s'insinuer dans le cœur, la Perle raconte combien est insensible aux flatteries des gens la superbe beauté que chacun divinise. A ces déclarations, d'intimes confidences succèdent. La pauvrette souffre bien un peu de se voir reléguée de la sorte à l'extrémité d'un corps si suave et si pur, vrai paradis d'amour ; elle a fini, cependant, par en prendre son parti, heureuse en se balançant de saisir au passage tout ce qu'elle peut attraper, heureuse surtout lorsque sa maîtresse croit se livrer, sans témoin, aux soins de sa toilette, de contempler d'un œil fripon, dans le miroir, des trésors de beauté que le monde ignore. Néanmoins le Diamant, lui, est plus fortuné : placé dans le voisinage du cœur, il interroge à loisir chaque pulsation de cette vie aimante. Vous connaissez l'histoire de ces émeraudes qui se fendent en éclats, de ces rubis qui pâlissent pour une mauvaise pensée venue à celui qui les porte. Dieu merci, notre Diamant n'a rien à craindre de pareil ; il entend les silencieuses pensées, voit poindre les plus secrets désirs, sans que jamais nulle ombre fâcheuse, nulle dissonance l'affecte. De parole en parole, on en arrive à se demander qui l'on est. « Depuis si longtemps que nous habitons dans le voisinage l'un de l'autre, jamais encore nous ne nous sommes raconté notre origine ; commencez, dit en l'agaçant d'un rayon le Diamant à la Perle frémissante, commencez, et soyez brève, afin qu'après m'avoir conté comment vous avez fait pour sortir des profondeurs de l'Océan, vous puissiez, avant que ce flambeau ne meure, ouïr de moi quels hasards m'ont conduit du sein des abîmes de la terre à la place adorée où je vis. » Aussitôt Perle et Diamant exposent à l'envi leurs titres de noblesse, titres glorieux, augustes, et revendiquant de part et d'autre l'origine céleste, car si la Perle naquit d'une larme d'archange, le Diamant est à son tour la flamme tombée de l'œil d'un messager divin, qui, jadis égaré sous les abîmes de la terre et cherchant sa route vers le ciel, ensemença les ténèbres de germes lumineux, enracinés depuis au cœur même du granit.

Nous ne suivrons pas nos deux héros à travers les romanesques aventures de leur odyssée mystique ; nous ne dirons pas comment la Perle, après avoir résisté aux enchantements des Sirènes, laissée un jour à sec sur le rivage, tomba des mains d'un enfant au sac d'une vieille mendiante, et finit par devenir la proie d'un juif ; comment le Diamant, qu'une étincelle d'amour, dépôt sacré de l'ange, attirait parmi les hommes, en fut détourné d'abord par le spectacle de leur avarice ; puis comment, las de dévorer sa propre flamme, il surmonte un dégoût séculaire et se livre au premier venu. Nous aimons mieux insister sur l'idée philosophique du poëme, sur cette idée d'amour qui vivifie, éclaire et met en jeu toute chose. Autour de la maîtresse du poëte, de *la Donna,* se groupent ces existences magnétiques, et la belle amoureuse continue à dormir, à rêver, sans se douter que d'elle émanent les fluides créateurs où ce petit monde puise l'être.

Cependant la Perle et le Diamant s'échauffent au récit de leurs aventures, peu à peu l'ivresse les gagne, et leurs voix finissent par s'unir en un chant de gloire auquel l'Amour répond par les strophes suivantes, qu'on dirait empruntées au Livre d'Or de Pythagore :

« Oui, c'est moi dont la main vous enleva aux profondeurs de l'Océan, aux abîmes de la terre ; moi qui allaitai votre enfance.

« C'était moi, cet ange incliné au bord des firmaments, et qui d'en haut laissa tomber cette larme dont tu naquis, ô Perle ! en ton écaille.

« C'était moi, cet ange qui, pensant s'égarer, inonda la caverne de lueurs dont une étincelle, ô Diamant ! vint s'incruster en toi.

« C'est moi qui te sauvai, ô Perle ! des enchantements de la Sirène.

« O Diamant ! c'est moi qui éveillai dans ton cœur de granit cette aspiration sublime qui, t'empêchant de tomber au pouvoir des Gnomes, te fit dédaigner les lieux inférieurs.

« Et lorsque le torrent du monde s'empara de vous, c'est encore moi qui choisis cette place où vous deviez vous surprendre l'un l'autre de vos mutuelles splendeurs.

« O vous, produits de deux principes contraires, vous qui, réunis par moi, semblez vous étonner de célébrer à l'unisson ma gloire !

« O vous, joyaux de ce collier, savez-vous qu'il est une autre chaîne où ce sont des étoiles et des planètes qui remplacent les pierres précieuses, et que je la tiens seul ?

« Et que je la déploie incessamment, cette chaîne, à laquelle sont suspendus, pour perles et diamants, des univers tous dérobés à l'écaille de la nature ?

« Et de même que je me réjouis à contempler les étoiles et les globes de feu, superbes ornements de ma robe éternelle, et que j'ai soin que pas une paillette ne se détache de ses franges;

« De même je m'intéresse au moindre de mes trésors, et je vous ai donnés pour parure à mon plus doux enfant.

« Et si vous semblez faits à ma gloire, c'est aussi à ma gloire que sont faits ces diamants et ces perles qui tremblent au calice de chaque fleur.

« Je ne vous tiens pas pour petits auprès des étoiles et des mondes; mais à votre tour ne dédaignez pas les perles du jardin, dont la sérénité limpide ne le cède en rien à la vôtre.

« D'un souffle je vous attirai à la vie, et d'un souffle je puis vous rendre pareils aux gouttes de rosée.

« Clartés superbes qui puisez votre lumière aux sources de la mienne, à peine daignez-vous jeter un regard sur cette cire qui veille là dans un flambeau.

« Et pourtant, si je l'ordonne ainsi, cette cire que j'ai, comme vous, allumée, va soudain vous éclipser de son éclat.

« Car l'étendue de ma puissance est infinie. Eh bien! oui, je l'ordonne; ô cire! que ta flamme à son tour célèbre ma gloire.

« Et que ces joyaux illustres, ravis aux profondeurs de l'Océan, aux entrailles de la terre, apprennent que tu descends comme eux d'une même origine, et que le poëte qui veille là, lui aussi, l'apprenne. »

A ces mots, un prodige nouveau s'accomplit : le Diamant et la Perle semblent pâlir, tandis que la bougie brille tout à coup d'une lueur inusitée, et, de plus en plus rayonnante, se met à chanter sa céleste origine. Deux gouttes tombent du firmament, l'une de lumière, l'autre d'eau, lesquelles fécondent un germe; de ce germe naît une fleur, délices de la terre et du ciel, car l'amour habite en elle, une parcelle atomistique de cette flamme universelle dont le réservoir est là-haut. Pour cette cause, la fleur ne périra pas tout entière, et sa mort ne sera qu'une transformation. L'Amour appelle à son aide l'Abeille, et lui dit : « Va butiner le suc de ce calice, afin qu'il serve ensuite d'élément à ton industrie. » Et lorsque le vent d'automne se lève, il n'emporte que la feuille flétrie; l'essence distillée par l'abeille échappe à l'extermination. De cette essence, l'Amour, en se jouant, crée un flambeau qui reçoit pour destination d'éclairer des lueurs du printemps les sombres ténèbres de l'hiver; dans cette cire lumineuse, en effet, est l'haleine du printemps et l'éclat des fleurs. En elle est le feu du soleil et le murmure de la source.

Mais nous ne touchons pas au terme des métamorphoses : le

poëte, dont l'hallucination s'est accrue en mesure des prodiges auxquels il assiste, se voit tout à coup transporté au sein d'un monde imaginaire. L'Éden fleurit autour de lui ; la voix du rossignol ivre d'amour se mêle, sous des feuillages frémissants, au bruit de la cascade argentée, et, pour comble d'étonnement, à l'endroit où la mousse plus touffue, plus veloutée, promet un lit moelleux et frais, il aperçoit sa sultane changée en une rose merveilleuse, qu'une brise de mai balance. La bougie qui naguère tremblotait modestement sur le guéridon du boudoir, est devenue le soleil du tableau, et, comme tel, inonde d'un torrent de feu le sein de la mystique rose, où le Diamant et la Perle semblent former deux gouttes de rosée. Le poëte demeure immobile, absorbé dans sa contemplation, lorsque tout à coup un léger bourdonnement vient l'en distraire. Au cœur même de la cire enchantée, quelque chose grésille et s'agite ; il regarde : ô prodige! ce sont des myriades d'abeilles d'or qui se dégagent du rayon et tendent par essaims vers le calice embaumé de la fleur pour y commencer leur métier d'ouvrières empressées. Déjà elles vont butiner les humides perles qui tremblent à son collier, quand notre poëte, touchant la rose de ses lèvres, met fin au charme, et se retrouve dans les bras de sa maîtresse. — Ainsi se termine, par une fantasmagorie à la manière d'Hoffmann, par un de ces feux d'artifice que l'auteur du *Pot d'or* tire si volontiers avec la lune et les étoiles, cet aimable poëme, où je reconnais au passage, habilement modifiée d'ailleurs, grâce aux délicates ciselures de la forme, plus d'une idée de Novalis, qui, on peut le dire, se trouve de la sorte mêlée au torrent de la circulation.

Nous voudrions pouvoir parler aussi de *Flos et Blankflos*, franche et sentimentale imitation du vieux poëme de Konrad Flecke, et dont ce mystique naturalisme que nous venons de voir à l'œuvre fait encore tous les frais. — Le poëte, égaré dans le bois vers l'heure où le soleil décline, s'étend à l'ombre d'un massif de chênes et d'ormeaux. Insensiblement la rêverie le gagne, et bientôt il lui semble ouïr au-dessus de sa tête de mystérieuses voix qui chuchotent entre elles. Ce sont les branches d'arbres qui se racontent, avant de s'endormir, l'histoire de *Flos et Blankflos*, deux enfants des âges passés, et dont la nature a gardé la mémoire, tant fut douce et constante l'intimité dans laquelle ils vécurent avec les fleurs.

Nous renonçons à recueillir en ces études, déjà si longues,

tous les gracieux secrets tombés comme une douce rosée, comme un parfum du soir, des rameaux de l'arbre séculaire sur l'album de Rückert. On nous permettra, toutefois, de citer la dernière scène, d'un coloris si naïf et si pur, vrai fabliau du temps de Charlemagne à buriner sur parchemin en caractères d'azur, de vermillon et de sinople, avec des buissons de fleurs et des volières d'oiseaux pour majuscules. — L'héroïne du poëme, Blankflos (Blanchefleur), est devenue la captive du roi de Babylone, un de ces rois de contes de fée comme on en voit dans les tragédies de Shakspere, et qui vont au lit la couronne en tête. Or, le jeune prince qu'on a si cruellement séparé de la vierge qu'il aime parvient, après des erreurs sans nombre à travers le monde, et toujours grâce à l'assistance des fleurs, à découvrir l'endroit où gémit sa douce princesse. Arrivé un soir à Babylone, une esclave égyptienne se charge de l'introduire auprès de Blankflos. Nos deux amants volent dans les bras l'un de l'autre, et, tandis que la matrone fait le guet dans l'antichambre, s'enivrent à loisir d'ineffables caresses. La nuit s'écoule ainsi au milieu des baisers et des tendres aveux que les sanglots de joie entrecoupent. Cependant le lendemain, au premier chant de l'alouette, le monarque babylonien, environné des grands de son empire, et, comme d'habitude, couronne et sceptre en main, attend dans la salle du trône la belle captive qu'il adore, et, comme elle tarde à venir, lui dépêche un de ses officiers. On devine quelle est la stupeur du messager lorsque, s'inclinant sur le lit de Blankflos, au lieu d'une tête il en voit deux si gracieusement penchées l'une vers l'autre, si mollement baignées des ombres vaporeuses du sommeil, et d'ailleurs si parfaitement semblables, qu'il s'éloigne sans savoir laquelle des deux éveiller. « O mon maître! dit à son retour le royal émissaire; ô mon glorieux souverain, je te porte envie; en cette nuit, la rose de tes pensées s'est épanouie sur la soie verte des coussins en deux nobles fleurs toutes pareilles, et désormais il devient impossible de les distinguer l'une de l'autre. » A cette nouvelle, l'empereur, moins ravi de l'aventure que son officier des gardes ne l'eût soupçonné, et craignant quelque sortilége, se précipite furieux hors de la salle. Pendant ce temps, l'esclave égyptienne, instruite de ce qui se passe, accourt dans la chambre des deux enfants assoupis. « Malheureux! s'écrie-t-elle, éveillez-vous, peut-être pour mourir. — Eh quoi! soupirent les deux amants,

rait-ce déjà le roi? — Oui, le roi, et sur ses pas la mort. »
A ces mots, elle jette sur la couche un anneau magique qu'elle
ient de trouver parmi les fleurs sur lesquelles elle a dormi ; mais
et anneau, mystérieux amulette envoyé par les fleurs au couple
nfortuné qu'elles protégent, ne peut sauver qu'un des deux, celui
ui l'aura au doigt. Entre Flos et Blankflos une tendre et su-
rême dispute s'engage ; chacun des deux veut forcer l'autre à
ivre. Les instants s'écoulent, l'empereur monte à grands pas
'escalier ; il entre, et tous deux, repoussant un salut qui ne saurait être commun, se résignent à mourir sous le poignard pour
se voir ensuite transformés en fleurs suaves que la brise de mai
alance au bord des ruisseaux.

C'est là du reste, si je ne me trompe, le seul essai de Rückert
dans un genre si poétiquement restauré avant lui par les romantiques de Berlin, et dont, naguère encore, un génie éternellement regrettable alliant à la fantaisie le sens pratique,
cousin de cet admirable Achim Arnim, de Brentano, de Tieck,
et aussi cousin de Goethe, le chantre de *Merlin* et de *Münchau-
sen*, Carl Immermann en un mot, donnait en son poëme de
Tristan et Iseult une délicieuse étude.

XXV.

Le Printemps d'Amour. — Les Chants domestiques. — M. Gustave Pfizer.
— Neusess et Berlin. — MM. Freiligrath, Herwegh, Wienbarg, Heine,
Gutzkow, Mundt, Hoffmann (de Fallersleben), Dingelstedt. — Conclusion.

Nous touchons au *Printemps d'Amour*, c'est-à-dire à l'émeraude la plus rare et la mieux montée de l'écrin du poëte. Tout
vrai lyrique a ainsi son petit livre qu'on aime d'amour et sur
lequel on reviendrait sans cesse. Peut-être est-ce là le grand
charme de ceux que nous appellerions volontiers les intimes,
d'avoir su condenser tant de substance exquise en si mince volume. Voyez Horace, Pétrarque, La Fontaine, André Chénier,
Novalis : on emporte avec soi l'aimable bagage, le petit livre ;
on le tourne et retourne au soleil ; à défaut de crayon, la fantaisie l'illustre de ses plus étincelantes arabesques, tant on est
aise d'entrer en confidence plus intime avec qui vous avait d'a-
vance si bien deviné. On a son poëte, et dans ce poëte le feuillet

de prédilection, la page qu'on extrait. A mon sens, chez Lamartine, ce seraient les *Préludes*; c'est le *Liebesfrühling* chez Rückert.

A la place de notre auteur, au lieu de *Printemps,* c'est *Coran* que j'aurais voulu dire. Le titre, en effet, conviendrait, car ce petit livre fait mieux que chanter l'amour, il l'évangélise. J'insisterais d'autant plus sur *Coran,* que c'était là une allusion toute naturelle à ce beau pays d'Orient qu'on n'a garde d'avoir oublié. Rückert, d'ailleurs, le confesse lui-même : « Des roses étincelantes qu'en moi je rapportais je fis mon *Printemps d'Amour.* » Mais je me ravise en songeant que ce titre de *Coran,* dont je parle, eût empêché le jeu de mots : en fallait-il davantage pour que notre poëte y renonçât? N'importe, *Printemps* ou *Coran ,* c'est le chant d'amour par excellence, une œuvre suave et mélodieuse entre toutes.

Il va sans dire qu'il ne s'agit ici ni de romanesques aventures, ni de drame. Ainsi que nous le remarquions plus haut, Rückert célèbre l'amour comme un dogme, il l'évangélise. De là une poésie contemplative, un hymne à l'amour pur, à cet amour absolu qui plane au-dessus des péripéties et des conventions sociales, et ne connaît ni les préoccupations de cette vie ni ses misères.

« L'amour est l'étoile de poésie, l'amour est la moelle de la vie (*des Lebens Kern*), et quiconque a chanté l'amour a l'éternité. »

Le poëme se partage en cinq chants, au dire de l'auteur cinq bouquets, lesquels à leur tour se subdivisent en des myriades de fleurettes composant pour Rückert la moisson d'une année de rêverie :

> Plus nombreux que les fleurs des champs,
> Foisonnent les lieds sous ma plume.

A voir pareil débordement de strophes et de rimes, on serait presque tenté d'en demander compte à je ne sais quel mystère d'organisation particulier à Rückert, et qu'un spirituel critique d'outre-Rhin [1] appelait naguère « l'éternel dimanche d'une tête

---

[1] Gustave Pfizer, le même qui figure dans la pléiade des Souabes, esprit abondant, mais point créateur, du reste fort habile sur la rime et parlant avec une certaine ampleur lyrique la langue ornée de Schiller. Il a écrit bon nombre de ballades dans le genre d'Uhland, qu'il imite de préférence, et auquel il aime à revenir, en prose comme en vers.

poétique. » En effet, c'est dans cette imagination exubérante une fête sempiternelle, un glorieux dimanche de printemps se reproduisant chaque jour, lorsque tant d'autres attendent, pour chanter, que Pâques vienne ou la Trinité. Une chose remarquable, c'est la parfaite indépendance où vit Rückert de cette disposition du moment que nous appelons avec un peu d'emphase l'inspiration. La Muse ne lui rend pas visite, elle habite en lui à la manière d'un Esprit familier qu'il évoque à ses heures, quand il lui plaît, c'est-à-dire du matin au soir.

« Point de délire furieux, de paroxysme échevelé; mais une inspiration douce et féconde, toujours maîtresse d'elle-même : telle ma vocation poétique, ô bien-aimée, tel mon amour. Je n'ai jamais écrit un seul mot étant ivre. »

D'autres blâmeront peut-être le procédé bourgeois et cette façon de rimer à loisir sans que la déesse intervienne. Quant à nous, la prodigalité, même en la poésie, la veine spontanée et jaillissante, ne nous déplaisent pas. A la vérité, un lyrisme passé ainsi à l'état de tempérament n'admet plus guère les extases; mais pour un oracle de moins, que d'inappréciables confidences! Où seraient, s'il eût fallu attendre le trépied, tant de vives fleurettes dont s'émaille *le Printemps d'Amour?* où seraient ces divines stances que la main de Lamartine éparpille en se jouant sur les albums? Il y a des natures privilégiées chez lesquelles la poésie circule avec le sang. Chez plusieurs, elle est dans la tête, chez quelques-uns dans le cœur; chez Rückert comme chez Lamartine, elle est partout, et leur moindre souffle la respire.

Les Chants domestiques et Anniversaires (die *Haus-Und-Jahreslieder*) terminent la série des poésies de Rückert. Sous ce titre, le poëte comprend tout ce qu'il a produit depuis 1822 en fait de lyrisme, bien entendu, et indépendamment de plusieurs drames et tragédies bibliques qui datent de son installation à Berlin. Sans méconnaître complétement cette loi qui assigne à la maturité de la vie l'épopée et le drame, Rückert, en avançant en âge, n'a garde d'abdiquer la vocation lyrique. La source mélodieuse des chants de la jeunesse, la source aux aimables et tendres motifs ne s'est point tarie, mais déplacée; et s'il y puise désormais, ce sera de cet air calme et patient du sage qui a trouvé son lot ici-bas et s'y tient. Pour bien saisir le côté charmant de ce recueil un peu minutieux, un peu hollandais, il faut qu'on se reporte au sein d'un de ces intérieurs naïvement bourgeois tels qu'il en existe encore en Allemagne, dans les provinces surtout. Je me figure Rückert vivant à Neusess, son ermitage de prédilection, comme fait à Heilbronn cet excellent Kerner, avec les revenants et les cataleptiques de moins toutefois. On connaît chaque arbre de la forêt voisine, où l'on herborise un Horace à la main ; entre l'étude et les soins du verger la journée se passe ; le soir, on feuillette en famille quelque beau parchemin oriental, *Atar* ou *Schah-Nameh*, et l'on s'endort en rimant un sonnet. Existence restreinte, mais facile, moitié littéraire, moitié campagnarde, bonheur paisible que le deuil vient interrompre par moment, frais cantique où les strophes pour les chers morts ne manquent pas. Avec plus de far-niente et aussi moins de sentimentalité, n'est-ce point la vie qu'Horace devait mener aux champs ? Ce nom d'Horace me rappelle une manière d'épître délicieuse, et qui complète agréablement le Tusculum :

« Un poëte classique dans les mains, je parcourais les sentiers romantiques du printemps, et, tout en lisant et cheminant, je ne pouvais réussir à mettre d'accord ensemble le classique et le romantique. Regardais-je dans le livre, il me paraissait décoloré en présence de cette explosion luxuriante de la vie, et si mes yeux se levaient sur le bois verdoyant, tout m'y semblait confusion et désordre auprès de ces strophes si bien bâties, et je trouvais qu'ombres et rayons manquaient absolument de symétrie. Ainsi, de ces deux choses, l'une me déplaisait par l'autre : le livre et la nature se livraient un combat à outrance. Enfin, las de chercher comment les accorder, je vins m'asseoir sur une pierre à l'endroit où l'ombre frissonnait au murmure des sources vives, et je continuai à lire, à regarder aussi par intervalle ; insensiblement mon attention et mon silence augmentèrent, et de plus en plus rêveur, absorbé, si je lisais ou si je regardais, moi-même je n'en savais rien. Cependant, toujours plus amoureusement, plus doucement, dans une harmonie de plus en plus intime et profonde, s'épanchaient, murmuraient, se confondaient ensemble et le printemps et le poëte. Étonné, je me sens bercé par un Esprit qui sait entre la vie et la mort faire taire la contradiction : l'Esprit du Sommeil et du Rêve, lesquels, sous ces ombrages, m'avaient enveloppé sans que je m'en fusse aperçu, jusqu'au moment où, par un coup de vent arrachée, une feuille vint tomber sur mon livre, qui, à son tour, me tomba des mains. Sommeil qui sais lier le ciel et la terre, Songe médiateur entre ce monde et l'autre ! frères jumeaux sagement unis et qui rapprochez tout, venez souvent m'accompagner en mes promenades printanières et m'assister dans mes études. Quel commentateur saura jamais ainsi que vous expliquer son poëte d'après la nature, et faire entrer la création dans son poëte? »

Cette aimable résidence de Neusess, Rückert dut cependant l'abandonner vers 1841, pour venir, sur l'invitation du roi de Prusse, s'installer à Berlin. Dans cette académie improvisée que Frédéric-Guillaume IV se recrutait en Allemagne, le chantre gracieux des *Gazelles* ne pouvait être oublié. Orientaliste et poëte, Rückert avait là sa place marquée entre le vieux Tieck et M. de Humboldt. Le rossignol déniché quitta donc le buisson d'aubépine, le doux abri sous la feuillée et la mousse, pour s'en venir avec sa couvée s'établir dans les corniches du nouveau temple. « J'ai remarqué que partout où ces oiseaux font leur nid et leurs petits, on y respire un air délicat et pur, » observe le Banquo de Shakespere, et Frédéric-Guillaume, à ce qu'il paraît, pense sur ce point comme le roi d'Écosse.

Néanmoins on ne s'attend pas à ce que les souvenirs d'un si charmant passé, les souvenirs de tous ces frais printemps écoulés en pleine nature, aient pu se dissiper sans laisser de trace. Aujourd'hui encore, Rückert songe au petit coin de terre et le regrette; le manteau couleur de cendre que M. Gutzkow prête aux hamadryades de la Sprée n'avait pas de quoi faire oublier à cette âme rêveuse, altérée de fantaisie et d'air, les sources vives de Neusess, les courses buissonnières dans la montagne, et les divines escapades au pays des nuages. « Hélas ! soupire-t-il en son inquiète aspiration, si je pouvais seulement m'envoler de cette obscure et poudreuse résidence au vallon où le printemps joyeux s'épanouit, de ce Berlin qui n'en finit pas à ma campagne de Neusess ! » Tout en rimant ainsi, le temps se passe, l'âge vient, qui amène avec lui le désenchantement, l'amertume du cœur. « Pourquoi se plaindre de la fausseté des hommes, lorsque le ciel lui-même se plaît à nous leurrer de promesses vaines et de mensonges? L'aurore a menti qui promettait la pluie; le paon qui la piaulait, la grenouille qui la croassait, ont menti ; le nuage aussi qui nous disait par la voix du tonnerre : « Attendez, il va pleuvoir, pour sûr, » le nuage a menti, et le voilà qui nous jette en fuyant l'arc-en-ciel comme une raillerie. » Bientôt, à ce cortége bourdonnant des pensées moroses la douleur physique va se joindre. « Merci, s'écriait-il naguère en s'adressant à la

Muse ; grâces te soient rendues à toi qui daignes me visiter encore lorsque tout s'est enfui, plaisirs de la jeunesse, bonheur de vivre, tout, jusqu'à la santé, ce bien suprême! Tu t'attaches au pauvre malade incapable de te servir désormais, avec gloire du moins ; plus empressée dans cette chambre, où tu remplis l'office d'infirmier, que tu ne l'étais jadis aux banquets de la jeunesse, tu me livres en fidèle servante les consolations dont tu disposes : l'aimable badinage et la parole grave qui rassérène. »

Triste retour des choses! c'est un peu l'histoire de chacun ; cependant l'heure mélancolique ici paraît hâtive. Né en 1789, Rückert compte à peine cinquante-cinq ans, et d'ailleurs l'individualité souriante du poëte, la fraîcheur, la grâce persistante de son inspiration, eussent défié l'âge. Est-ce qu'il en serait par hasard de la fantaisie comme de certains doux rêves qu'il n'est plus permis de poursuivre passé vingt-cinq ans? Est-ce que ce culte sentimental des fleurs et des étoiles aurait, lui aussi, sa période marquée? On sait la réaction douloureuse que produit sur l'âme irritable d'un poëte aimé un peu d'abandon ou de froideur de la part de son public, s'apercevant un beau matin qu'il admire depuis tantôt vingt ans les mêmes élégances et le même esprit. Je m'expliquerais volontiers de la sorte la mauvaise humeur de Rückert; on l'oublie, mais c'est un peu sa faute : pourquoi vouloir rimer jusqu'à la fin? Il n'y a pire façon de se faire oublier que de prétendre occuper les gens de soi au delà de certaines limites ; à force de revenir à son thème, on l'épuise, et on finit par substituer à l'inspiration je ne sais quelles formules originales sans doute, quels procédés charmants, qui n'ont qu'un tort, celui de manquer d'imprévu. Ici le nom de M. Auber me vient à la plume. Et qu'on y prenne garde, ces réminiscences juvéniles, cette grâce artificielle, cette fantaisie qui ne veut pas vieillir et se met du rouge au besoin pour danser sur la ritournelle favorite, ne sont peut-être pas les seuls points de ressemblance qui rapprochent le poëte du *Diamant et de la Perle* du chantre de *Gustave* et de *la Sirène*. Toutefois, ne disons pas trop de mal de ces combinaisons de mots, de ces accouplements sonores, car cette science de la forme dont Rückert possède en maître le véritable secret, s'il la fait servir par moments à de bizarres contre-points, à de vaines et puériles innovations, il l'emploie aussi bien souvent dans un but plus élevé, plus pur, celui d'enrichir la langue poétique et de fixer nettement la strophe.

On ne saurait penser d'ailleurs combien cette diction musicale et rhythmique sert au microcosme du poëte ; cela chuchote, jase, murmure, frôle, grésille et siffle. A lire ces causeries mystérieuses du rossignol et de l'étoile, on croirait presque à la poésie imitative. Quant au romantisme, Rückert ne le comprend même pas. Abîmé dans le soleil oriental, source vivante de sa pensée, le clair-obscur lui échappe ; il ne sent rien de ces terreurs secrètes, de ce mysticisme froid et plein d'épouvante dont le souffle parcourt les grandes forêts de chênes et plane sous l'ogive des cathédrales. Poëte de la plaine, il vous en contera les merveilles, que ce soient des jardins ou des mosquées, des nappes de cristal ou des champs de fleurs ; mais à d'autres la montagne et l'abîme, à d'autres, tels qu'Arnim, la gorge profonde où la mélancolie se recueille et songe.

L'auteur de l'intéressante notice que j'ai citée au commencement de ces études, M. Braun, appelle Rückert le plus allemand des poëtes de l'Allemagne. J'avoue qu'une pareille assertion de la part d'un écrivain sérieux a de quoi étonner, et je ne me l'explique que par cette étrange manie qui possède le critique badois de tout louer dans son auteur. Si quelque chose manque à Rückert, c'est à coup sûr la nationalité. Orientale dans *les Gazelles*, italienne dans les sonnets et les octaves, française même dans les distiques d'une concision si accusée, si nette, l'imagination de Rückert, essentiellement souple et mobile, curieuse au suprême degré, se prête à toutes les excursions, à toutes les métamorphoses. Qu'elle ne cesse pourtant jamais complétement d'être allemande, qu'au milieu de tant de transformations le sens germanique persiste, je le veux bien ; mais encore doit-on ne point nier l'évidence et reconnaître à quelles doses les divers éléments se combinent. La poésie de Rückert me fait l'effet d'une âme en état d'éternelle métempsycose ; que son idéal absolu soit tout allemand, on peut le soutenir ; en attendant elle voyage du corps d'un sofi persan à celui d'un brahme indien, capable au besoin de s'incarner dans la peau d'un Chinois. Le dilettantisme du célèbre lyrique devait naturellement pousser à l'imitation étrangère, à cet esprit de littérature cosmopolite dont M. Menzel accusait si vertement Herder de s'être fait l'instigateur. Il n'entre point dans notre intention de nous prononcer ici sur le mouvement poétique en vigueur de l'autre côté du Rhin ; toujours est-il qu'on n'y saurait méconnaître certaines tendances révolutionnaires, certaines velléités d'empiétement qui, si elles n'ont point encore donné de bien glorieux résultats, n'en indiquent pas moins une situation nouvelle. « La littérature allemande contemporaine n'a point à rougir du contre-coup qui lui vient de France et d'Angleterre, » a dit M. Wienbarg, l'un des coryphées du jeune groupe. Jusqu'ici le contre-coup n'est guère sorti de la sphère des journaux, où, du reste, la poésie semble de plus en plus vouloir s'emprisonner. Si nous avons bonne mémoire, sur la fin du xviiie siècle, les idées françaises eurent aussi leur contre-coup : ce Voltaire qu'on s'imagine avoir découvert pour les besoins du jour, ne laissa point alors que d'échauffer les jeunes têtes; mais, tout en traduisant *Mahomet*, tout en méritant de la Convention nationale le titre de citoyen français, on savait créer à sa manière, on cultivait le don de Dieu selon les lois climatériques, on s'informait sans être envahi. Aujourd'hui je vois une poésie s'abdiquant trop souvent elle-même en vue de je ne sais quel libéralisme abstrait, qui semble prendre à tâche de s'envelopper de ces mêmes nuages dont on prétend avoir dépouillé la Muse. Chez M. Freiligrath, en dehors de l'inspiration d'ailleurs distinguée de l'auteur d'*une Profession de Foi*, on ne saurait méconnaître l'influence dominante de Lamartine et de Victor Hugo. M. Herwegh, avec une persévérance qui ne se dément pas, continue à débiter contre le roi de Prusse toute sorte de philippiques dans le style de *la Némésis*; et quant à M. Heine, les dernières boutades de cet aimable esprit affectent si ouvertement certaines préoccupations françaises, qu'on n'en saurait en conscience reporter le mérite à la littérature de son pays. Il y a quelques années, M. Gutzkow, ayant à rendre compte du *Salon*, petit livre de l'auteur des *Reisebilder*, renfermant, au dire du critique, plus d'un souvenir pour l'Allemagne, et pour la France plus d'un *enseignement*, M. Gutzkow prétendait voir dans M. Henri Heine une espèce de prédicateur essayant sur un auditoire de poupées l'effet de son sermon. Naturellement, nous Français, nous étions les poupées, tandis que le vrai public, au contraire, le public lettré, intelligent, le seul public capable de goûter l'esprit du poëte, siégeait de l'autre côté du Rhin.

Maintenant, s'il nous était permis de nous expliquer à notre tour sur les dernières productions de M. Heine, de jeter en passant notre mot sur les démangeaisons voltairiennes de l'ingénieux humoriste, nous demanderions tout simplement à retourner la phrase, et nous dirions que, dans ce qu'il écrit désormais pour l'Allemagne, M. Heine songe beaucoup trop à nous, à nos journaux, et que tant de belles chansons, éparpillées au vent de la patrie, sont en définitive pour ces gens auxquels il a l'air de tourner le dos. Que de choses, dans cette poésie d'enfant gâté, mises là uniquement pour qu'elles nous reviennent ! On cite certains passages des tragédies de Racine où le temps d'arrêt, nettement accusé, indique le coup d'éventail à la Montespan, dont Hermione et Bérénice trouvaient on ne peut plus naturel d'entremêler la période. Je noterais ainsi, au besoin, dans les dernières poésies de M. Heine, tel endroit où l'auteur cherche furtivement si nous dressons comme il faut les oreilles, et si l'écho produit l'effet voulu. De M. Gutzkow, qui prétend que l'auteur du *Salon* n'a que l'Allemagne en vue alors qu'il s'adresse à un public français, et de nous, qui soutenons le contraire, qui donc a tort ? Franchement, nous craignons que ce ne soit M. Heine. En effet, on ne renonce point sans de graves dommages aux conditions essentielles de la langue dans laquelle on écrit. Il est de ces qualités faciles et légères, de ces grâces enjouées, de ces malices, passez-moi le mot, de ces espiègleries de style, auxquelles le génie de la langue allemande, avec son habitude de l'infini, ne saura jamais se prêter. Goethe le sentait bien, mais qu'y faire ? En pareille occasion, le mieux est de se résigner, et quand on ne peut faire *Candide*, d'écrire *Faust*, je devrais ajouter pour la circonstance, le *Livre lyrique* (*das Buch der Lieder*). Il n'y avait qu'amour et printemps dans ce mince volume, et cependant M. Heine rencontra-t-il jamais si merveilleuse inspiration ? C'était élégant et vif, sentimental avec la pointe d'ironie, vaporeux, tendre, printanier, un peu *souabe*. Ces pauvres Souabes ont pourtant du bon, quoiqu'ils descendent en droite ligne de Jean-Paul et de Schiller, morts augustes dont les *vivants* ne veulent plus.

Pour en revenir à Rückert et conclure, est-il encore des vivants ? Consultez sur ce point les coryphées de la jeune phalange, ils ne manqueront pas de vous répondre qu'hélas non ; cependant mainte lettre de Berlin vous parlera du grand lyrique comme d'un être parfaitement réel, couronnant, au milieu de la considération publique, par une maturité saine et réfléchie qui n'est point la vieillesse, une existence vouée à l'étude, à la contemplation, aux vertus douces et privées que sa muse respire. Qui donc croire alors? Si vous m'écoutez, ni les uns ni les autres. A merveille ; mais un homme, un poëte qui n'est ni vivant ni mort, que peut-il être? Et s'il n'habite ni l'enfer de ce monde ni le paradis de l'immortalité, en quels lieux séjourne-t-il ? Aux limbes? Oui, peut-être en ces limbes où les esprits supérieurs non encore consacrés par la mort se retirent loin des luttes bruyantes et des querelles de parti, en ces Champs-Élysées contemporains où Châteaubriand et Rossini, Uhland et Béranger, se rencontrent. Il y avait ainsi jadis dans les caveaux de Saint-Denis un vestibule sur le seuil duquel s'arrêtait le défunt monarque avant d'être mis en sépulture, comme s'il eût craint de passer trop subitement et sans transition de pleine vie en pleine mort. — Bien qu'il soit encore de ce monde, Rückert n'appartient déjà plus à la génération active proprement dite, au groupe remuant : les *politiques* l'ont chassé du soleil ; combien cela durera-t-il ? Ah! si Goethe vivait! Et c'est dans le calme et la sérénité de ce demi-jour précurseur de la transfiguration des poëtes, que nous l'avons entrevu l'étoile au front, et pour couronne un rameau du laurier de Pétrarque.

ÉDOUARD MOERIKE.

XXVI.

Origine du mouvement romantique en Allemagne. — Tieck, Uhland, Novalis, Wackenroeder. — Le romantisme de M. Édouard Moerike opposé à celui de M. Henri Heine. — Les poëtes naïfs et les dilettanti. — Diverses tendances de l'école souabe. — Caractère de la poésie de M. Édouard Moerike. — Son naturalisme. — Conclusion.

On sait de quel ordre d'idées naquit, vers les premières années du siècle, le mouvement romantique en Allemagne ; l'étude des anciens, jointe à l'esprit critique du protestantisme, avait, sinon complétement détruit, du moins fortement compromis ce que j'appellerai l'élément naïf dans la poésie. Les esprits éminents de l'époque, Tieck et Novalis à leur tête, sentirent qu'il fallait réagir, et soudain à l'antiquité on opposa le moyen âge, à l'art réel et qui a conscience de sa force et de sa beauté, l'art qui s'ignore, l'art populaire, l'art naïf. Ce fut alors l'époque des fabliaux et des légendes tirés du merveilleux. Les caractères humains, agissant dans un but humain et conséquent, disparurent ; la nature devint un théâtre d'illusions et de fantasmagories, de scènes occultes représentées par des ombres insaisissables défilant au demi-jour d'un mystérieux crépuscule, et flottant sans pesanteur au gré de leurs aspirations infinies ; en un mot, le monde poétique ne fut pour un moment qu'une immense nuit de Walpürgis où la Fantaisie mena sa ronde au clair de lune avec les Fées, se roula dans le cristal des sources avec l'Ondine et les Naïades, et dans la flamme vive avec la Salamandre. Que de muses charmantes ce réveil d'une mythologie si féconde attira ! et parmi celles qui s'attardèrent autour du merveilleux miroir, combien se laissèrent aller à prendre le reflet pour l'image, le moyen âge de convention et de théorie pour le véritable, pour le moyen âge de fait ! Je ne parle pas de Tieck, qui devait, après les temps de délire, aborder par ses nouvelles un monde plus positif, d'où l'on aurait tort cependant de conclure qu'il soit homme à se faire faute, même aujourd'hui, d'une libre escapade au pays des anciens rêves. Je parle encore moins d'Uhland, esprit méthodique et froid dont l'inspiration, en cette sphère du moyen âge qu'elle hante volontiers, a toujours choisi la zone plus éclairée, le fond lumineux dont le profil humain se détache. Mais n'est-il pas permis de penser que des natures délicates comme l'étaient Novalis, par exemple, et ce Wackenroeder, qui se rêvait le contemporain de Raphaël, que de pareilles natures, disons-nous, durent, par l'effet de leur illuminisme, se croire pour un moment au sein même de cette existence dont le seul mirage les enivrait? A ce point de vue, tous deux sont morts à temps. Au moment où l'auteur des *Méditations d'un Solitaire cloîtré* et le chantre aimé de *Henri d'Ofterdingen* quittèrent le monde, l'illusion de leur vie était en pleine efflorescence. Ce qu'il serait advenu s'ils eussent survécu à l'heure enthousiaste, on l'ignore. Peut-être auraient-ils persisté, au risque de passer pour retardataires aux yeux de la génération nouvelle ; peut-être aussi se fussent-ils jetés à corps perdu dans les tendances humanitaires et le socialisme, ainsi qu'il arrive à Bettina. Trop souvent, de nos jours, le socialisme n'est qu'un romantisme qui grisonne. Toujours est-il qu'il y avait chez certains des coryphées du mouvement rétrospectif en Allemagne un élément naïf qui, même encore aujourd'hui, se perpétue. De là toute une filiation de muses gracieuses et discrètes, la plupart ignorées du monde et cultivant le germe transmis dans un coin de la Souabe ou de la Thuringe, de la Silésie ou de la Marche. — Ne vous est-il jamais arrivé, en parcourant les galeries d'un château, de remarquer parmi les portraits de famille la figure élégante et douce d'un jeune homme dont l'expression mélancolique vous indique d'avance la fin prématurée? Vous descendez au jardin, et, voyant des enfants s'ébattre sur les pelouses, il vous semble reconnaître en eux quelque chose de l'air et des traits de l'aïeul adolescent. Ainsi, dans ces physionomies romantiques qui se détachent, non sans charme, sur le fond du tableau contemporain, je crois surprendre un peu du son de voix et du profil de Novalis. Pour ceux-là, nous l'avouons, les événements n'ont pas marché; il s'agit bien, en vérité, de tendances industrielles et de libéralisme! que leur importe l'ère constitutionnelle qui date de Juillet? Parlez-leur de la source vive au fond du bois et du monde merveilleux qui l'habite, parlez-leur des rapports de l'esprit avec la nature, de cette harmonie élémentaire que le christianisme a rompue. Le poëte donne à la nature un œil spirituel pour qu'elle voie, il lui donne une bouche pour qu'elle parle, il remet l'être humain en communauté avec le soleil et la terre, avec les plantes et les bois, et souffle en nous ce sentiment d'épouvante sacrée que l'aspect du beau inspire au sage de Platon.

Que de nuances dans le romantisme ! M. Édouard Moerike est romantique et M. Heine aussi. M. Heine, si je ne me trompe, débuta au déclin de la période et vit éclore sa poésie aux derniers rayons du soleil d'Arnim et des Schlegel. Quoi qu'il fasse pour renier cette origine, l'auteur des *Reisebilder* en subira l'influence jusqu'à son dernier jour. Romantique défroqué, dira-t-on ; oui, sans doute ; mais, heureusement pour lui, l'instinct originaire a persisté. Même en ses écrits d'aujourd'hui, il n'est point rare de trouver çà et là maint passage qui ne respire que fantaisie et grâces naïves ; peu s'en faut que vous ne le preniez alors pour un modèle de simplicité, pour un cœur d'enfant, tant il a l'air de croire à l'existence de ces Elfes et de ces Kobolds, de ces Nixes et de ces Fées dont il conte les histoires avec un si délicieux abandon. D'ordinaire l'illusion ne se prolonge guère au delà d'un paragraphe ; au détour du feuillet, vous rencontrez le Faune qui ricane ; là même, selon nous, est la principale originalité de M. Heine. Dans la phalange romantique proprement dite, M. Heine n'eût jamais figuré au premier rang. Pour l'imagination et les idées, Arnim, Novalis, Bettina elle-même, garderont toujours sur lui une incomparable supériorité. La grande habileté de l'auteur des *Reisebilder* est d'avoir su se faire un romantisme à part, une sorte de romantisme critique dont mieux que tout autre il possède le secret en Allemagne. Marier l'élément naïf de la poésie du moyen âge à l'élément négatif de sociétés modernes, manipuler du soir au matin les principes les plus contraires, mêler Arnim à Byron, Novalis à madame Sand, prendre même quand on peut un aiguillon à Voltaire, tel est, j'imagine, le procédé. Le docteur Julius comparait dernièrement dans sa chaire de Koenisberg la prose de M. Heine à un paradis terrestre, pour la richesse et le luxe de la végétation. J'admets volontiers le paradis terrestre, à condition qu'on n'oubliera pas le serpent. Arrivons à M. Édouard Moeri

Vis-à-vis de MM. Herwegh, Freiligrath, Heine, de tous l dilettanti de l'Allemagne littéraire contemporaine, M. Édou Moerike est un poëte naïf ; bien entendu qu'il ne saurait é ici question que d'une naïveté relative, d'un certain état d'in cence où la fantaisie vit cloîtrée en dehors des bruits et des nées du jour. De tout temps, et cela même au moyen âge, période naïve par excellence, deux muses bien distinctes se s trouvées en présence : la muse qui a conscience, et celle qui l'a pas ; la poésie d'art en un mot, et la poésie populaire. Il sans dire qu'aujourd'hui l'art prédomine. Encore en Allema trouve-t-on çà et là quelques individualités du genre de celle nous occupe. Chez nous, avouons-le, ces individualités devi nent plus rares. Ce sens naïf dont nous parlions tout à l'he cette virginité de l'intelligence, si tant est que nous l'ayons mais eue, voici bien longtemps que nous l'avons perdue. Ai Victor Hugo, Béranger, Sainte-Beuve, sont des artistes d toute la force de l'expression, des natures en qui la faculté tique et la faculté imaginative marchent au moins de front. P trouver l'instinct naïf proprement dit, il faudrait s'adresser vocations féminines, et là même combien rares sont les exe ples ! je ne vois guère que madame Desbordes-Valmore qu' puisse citer ; car ce n'est ni l'auteur des *Glanes,* ni l'auteur *Napoline,* esprits avisés, talents avant tout littéraires, qu' rangera parmi les muses simples et qui s'ignorent. N'impo cette rêverie, en général, a des charmes, et j'aime à l'opposer dilettantisme du moment. Tandis que la muse de M. Freilig parcourt, en oiseau de passage, toutes les zones de l'univers, va des mers de glace au Zahara, tantôt arrêtant son vol sur l' buste embaumé des tropiques, tantôt couvant de l'aile, au b du Nil, des œufs de crocodile, on se prend à suivre les modu tions du rossignol qui vocalise au clair de lune sous le till du voisinage ; et ce poëte qui, sans vouloir sortir du cercle peu restreint de son domaine, se fait modestement l'écho d chastes voix de la nature et des soupirs du cœur, a souvent to ché de plus près à la véritable originalité que celui dont l'im gination se met si fort en frais pour nous décrire la ceinture cheick du Sinaï ou les mœurs des nègres du Congo.

Donner le procédé de cette poésie de M. Édouard Moerike, vrai dire, on ne le saurait guère ; c'est le chant de l'oiseau s à branche, la chanson populaire dans sa plus naïve expression. On croirait lire de la prose, tant cette strophe a de simplicité ; cependant la rime vient à point, et la cadence est telle, que vous vous prenez à fredonner, à part vous, je ne sais quel motif imaginaire, comme si cette poésie avait en soi une musique infuse. Essayez donc de traduire, et vous verrez le beau chef-d'œuvre qui vous restera dans les mains ; autant vaudrait essayer de noter les vocalises du rouge-gorge. Il faut avoir vécu parmi ces honnêtes populations de la Souabe, entendu les refrains du vieux temps qui se chantent à la brune sous les tilleuls de l'église, pour comprendre l'idyllique fraîcheur de ces compositions naïves ; c'est d'ordinaire l'éternelle histoire du cœur des pauvres jeunes filles : un amoureux qu'on avait, et qui s'est enfui sans tenir ses promesses ; les rêves caressés des anciens jours qu'on évoque pour les voir s'évanouir soudain, comme cette plainte jetée à l'écho du vallon, et que la brise emporte. « Temps des roses, hélas ! que tu as passé vite ! es-tu donc passé pour jamais ? Ah ! si mon amoureux m'était resté, je ne souffrirais pas de la sorte. En honneur de la belle moisson, elles chantent toutes, les faucheuses ; mais moi, triste et pauvre engeance, rien d'heureux ne m'attend ici-bas. A travers la prairie en fleurs je me glisse perdue en mes songes jusque vers la montagne où mille fois il m'a juré fidélité, et là, sur le versant, je pleure à l'ombre du tilleul, tandis qu'à mon chapeau le vent agite le ruban rose qu'y attacha sa main. » Ainsi finit le doux motif, ou, pour mieux dire, il ne finit pas, car c'est le caractère, car il entre dans le caractère même de ces émanations élégiaques de laisser l'imagination en suspens, de s'arrêter en l'air comme ces mélodies de Weber et de Schubert, désespoir éternel des amateurs de la symétrie musicale. Un soupir de harpe éolienne, un ruban qui flotte, une larme, voilà toute cette poésie. Libre à vous de passer outre, et même de sourire, si vous n'avez pas la note sympathique. Cependant il est dans ce même volume de M. Édouard Moerike mainte chanson d'un naturel charmant auquel il faut qu'on s'attendrisse ; et pour peu que vous vous souveniez de la complainte que psalmodie à son rouet la divine Marguerite de *Faust*, vous aimerez l'histoire de cette pauvre délaissée dont un mal pareil trouble la vie :

« De bonne heure, avant que le coq chante, avant que l'étoile ait pâli, je descends et j'allume le feu.

« La flamme naît, l'étincelle pétille, je regarde la flamme et l'étincelle toute plongée en ma douleur !

« Et soudain il me revient, cruel enfant, que j'ai rêvé de toi toute la nuit.

« Larmes sur larmes coulent de mes yeux ; ainsi le jour s'écoule ; ah ! s'il pouvait revenir ! »

Une autre fois, l'Ariane champêtre s'adresse au vent : « O brise qui murmures, vent qui grondes, dis-moi d'où tu viens, où tu vas. » Mais le vent poursuit sa course sans l'entendre. « Le secret de ma vie, enfant, est-ce que moi-même je le sais? Je l'ai demandé aux montagnes, je l'ai demandé au ciel, aux fleuves, à l'Océan, et ni les montagnes, ni le ciel, ni les fleuves, ni l'Océan, ne m'ont répondu ; ainsi je vais depuis des siècles. — De grâce, arrête un seul moment, s'écrie alors la jeune fille, ne me diras-tu pas au moins en quels lieux est la patrie de l'amour ? ne me diras-tu rien du secret de sa naissance et de sa fin ? — Qui peut répondre à ce que tu me demandes ? L'amour, ma belle, est comme le vent : rapide et prompt, jamais il ne repose, il est éternel ; ce qui change, c'est le cœur ! »

La muse de M. Édouard Moerike aime le merveilleux, les histoires de sorcières et les contes de fées, en un mot toute cette poésie du nord de l'Allemagne dont nous avons vu Kerner naturaliser l'esprit au jardin du Neckar. Ainsi, même en ce groupe souabe si étroit, si uni, l'étude nous signale deux tendances : l'une réaliste, historique, plus portée quand le surnaturel se rencontre, à le circonscrire dans l'ordre des phénomènes de conscience, — Uhland et Schwab ; l'autre exclusivement romantique et toujours prête à transporter les choses sur le domaine de la fantaisie, Justin Kerner et M. Édouard Moerike, son meilleur élève ou disciple, comme il vous plaira. « Il n'est point mal, écrit le docteur Frédéric Vischer, dans ses *Sentiers critiques*, il n'est point mal que de temps en temps la poésie se révèle sous une apparence fantastique à la plate raison qui prétendrait la condamner à ne jamais produire qu'une froide et vulgaire copie des choses ; ne fût-ce que pour montrer à sa rivale, si prompte à regarder toute simplicité de l'âme comme une concession faite à sa manière prosaïque d'envisager le monde, ne fût-ce, disons-nous, que pour lui montrer que le génie poétique, loin de laisser les choses comme elles sont, les modifie, les retourne et les transporte dans un royaume nouveau et imaginaire. » Et pour ma part, je me range assez volontiers de l'avis du docteur Tübingen, et j'avoue que j'adore les arabesques lorsqu'elles ont de sveltes encolures de Sirène, des huppes de colibri et de voluptueux enroulements de fleurs. — En parlant de Sirène, il nous semble ouïr les voix traîtreusement enchanteresses de celles dont M. Édouard Moerike peuple les grottes de son lac. — Sirène ici n'est pas tout à fait le mot ; en cette mythologie du moyen âge, Nixe conviendrait mieux : si je l'écris me le passera-t-on ?

> Dans leur palais profond, sous les gouffres marins,
> Trône le chœur fatal des Sept Nixes ; leurs mains
> De la rose des eaux balancent le calice,
> Leurs yeux guettent le jour dont un pur rayon glisse.
>
> Et dès que sur les flots par la brise emporté,
>   Un navire fuit comme une ombre,
> Du royaume des eaux monte une clameur sombre,
> Un affreux cri de mort par sept fois répété.
>
> Une cloche magique alors s'ébranle et sonne,
>   Les pâles sœurs dansent en rond ;
> Leur robe se défait, leur ceinture se rompt,
> Leurs cheveux dénoués laissent choir la couronne.
>
> Et la mer aussitôt déchaîne ses fureurs,
>   Et les éléments en délire
>   Rugissent autour du navire
> Jusqu'à ce qu'il s'abîme au sein des profondeurs.

Ainsi chante l'astrologue Dracon au balcon de la princesse Liligi, la blonde élève qu'il a charge d'instruire dans les sciences occultes. Vers minuit le grimoire s'est clos, et l'ardente jeune fille a supplié le maître de satisfaire à sa passion du merveilleux en lui contant des légendes d'un autre monde, la *Grotte des Sept-Sœurs*, par exemple, et l'histoire du *Fils du Roi*. L'astrologue n'a rien à refuser à la princesse, et le voilà commençant les préludes que nous venons d'entendre. — La lune éclaire et se mire dans les transparences vives des grandes eaux du parc ; le pin rend ses accords nocturnes, de tièdes bouffées d'aubépines et d'acacias nagent dans l'air, et puis la voix de l'alchimiste a des vibrations si profondément sympathiques ! Car maître Dracon n'appartient point à cette race classique d'astrologues rébarbatifs qu'on nous montre la baguette à la main, et sur le dos une robe sordide à peine digne d'orner la carcasse d'un usurier talmudiste du Ghetto. Dracon est jeune encore, il est beau, et dès qu'un peu d'exaltation s'en mêle, son œil noir jette des flammes. O douce et blanche Liligi, pourquoi prolonger cette heure dangereuse? Que fait donc votre imprudente mère? Cependant la jeune fille continue à s'enivrer des paroles de l'enchanteur, qui, tandis qu'un charme inconnu la fascine, étend ses mains sur elle, et de sa lèvre basanée effleure ses doux yeux d'hyacinthe, dont une somnolence magnétique appesantit déjà les paupières. — Liligi s'endort, et pendant son rêve il lui semble qu'elle entend les harmonies des sphères, et que les étoiles révèlent à ses esprits le secret de nos destinées. Bientôt pourtant elle s'éveille. « O maître, vous vous taisez; de grâce, encore la ballade du *Fils du Roi* ; » et l'astrologue continue ainsi :

> A la surface de l'onde
> Glissé le vaisseau royal,
> Et les Sept Sœurs à la ronde :
> Viens à nous, bel amiral !
>
> Viens, nos chants doux et suaves
> Te berceront désormais ;
> Viens, tu verras nos palais !
> Viens, nous serons tes esclaves !
>
> Et le fils du roi, séduit,
> Quitte son bord ; ô démence !
> On l'accueille, on le conduit
> Sous la vive transparence.
>
> « Vois la porte du sérail
> « Où t'attendent les sultanes !
> « Vois l'escalier de corail,
> « Les minarets diaphanes ! » —
>
> Cependant le même soir,
> Sur l'Océan solitaire,
> L'étoile du ciel put voir
> Un corps flotter vers la terre.
>
> C'était le beau fiancé
> Du chœur des Nixes marines.
> Sept blessures purpurines
> Étoilaient son sein glacé.

Ici la même scène à laquelle nous avons assisté tout à l'heure se renouvelle ; le couplet qui nous a dit l'enivrement de la jeune fille sous les incantations de l'astrologue se reproduit en manière de refrain ; et, comme dans ces ballades de Schubert, à l'anxiété croissante de la mélodie, au ton plus orageux de l'accompagnement qui toujours davantage se complique, on sent les approches du dénoûment. — Donc, la princesse Liligi demande une autre histoire; Dracon obéit : ce sera la dernière. Il chante, et sa lèvre, sur la fin, effleure encore la paupière de la jeune fille endormie. — Plus d'histoires désormais ni de baisers; cette fois Liligi ne se réveille pas : car cet homme est un magicien au service des Nixes, et voilà cette nuit trois semaines qu'il s'est introduit, à la faveur d'un emploi mensonger, dans le palais du roi pour préparer le sortilége. — Dracon s'empare du corps inanimé de la belle Liligi, et, porté sur son manteau fantastique, gagne l'Océan, où bientôt il plonge avec sa proie, et va frapper à la porte de corail, amenant aux Sept Sœurs l'aimable princesse qui sera Nixe un jour, et commence, en attendant, son apprentissage.

Une des grâces principales de cette poésie est, selon moi, dans la naïveté même de l'inspiration du poëte, dans la profonde sympathie de l'auteur pour son sujet. M. Édouard Moerike aime, on le voit, cette mythologie romantique; il y croit, il a foi dans son naturalisme; et, quand il parle de cette vie élémentaire des sources et des fleuves, je trouve en son accent quelque chose de la persuasive sérénité de Novalis interrogeant au sein des mines de la terre les forces vives des métaux. — Au premier abord l'idée pourra sembler étrange; et cependant rien n'est plus vrai : il y a parmi les poëtes des organisations plus spécialement appelées à rendre certains frémissements, certaines sensations de la vie de la nature. On dira de tel peintre : il fait bien l'eau, le ciel, les arbres; pourquoi n'en dirait-on pas autant de tel poëte, de Wilhelm Müller et de M. Édouard Moerike par exemple, les deux lyriques en Allemagne qui, selon nous, ont pénétré le plus avant dans ces mystérieuses confidences de la Naïade moderne? Celui-là est un peu prosaïque, un peu bourgeois, comprenant davantage l'eau qui fait aller le moulin, le courant leste et clair où voyage la truite entre deux haies de gazon émaillé; celui-ci plus entraîné vers le merveilleux, plus romantique, et préférant au ruisseau de la belle meunière la grotte de cristal des Ondines du Rhin ou du Danube.

> Sur le Danube immense un esquif a glissé,
> Vois, c'est la fiancée avec le fiancé.
>
> « Que puis-je te donner, mon bien-aimé? dit elle,
> Dis, quel est le trésor que ton désir appelle? »
>
> Lui plaisante et sourit; mais la vierge, à ces mots,
> Plonge sans hésiter son bras au sein des flots.

« Naïade du Danube, ah ! que ton flot m'envoie
Pour mon doux bien-aimé quelque splendide proie ! »

Et soudain dans sa main étincelle au soleil
Une royale épée au pommeau de vermeil.

A son tour, lui s'incline, et voilà qu'il ramène
Dans ses doigts un collier qu'envîrait une reine.

Sur le front de sa belle il le pose à l'instant ;
On dirait à la voir la fille du sultan !

« Naïade du Danube, ah ! que ton flot m'envoie
Pour mon doux bien-aimé quelque splendide proie ! »

La vierge recommence, et sa main, ô trésor !
Du sein des flots émus retire un casque d'or.

Et lui, durant ce temps, pêches miraculeuses !
Ramène un peigne orné de pierres précieuses.

Pour la troisième fois sa main plonge dans l'eau ;
O malheur ! la voilà tombée hors du bateau.

Il s'élance après elle, et la saisit à peine,
Que la Nymphe tous deux vers le fond les entraîne.

La Nymphe du Danube est avare et sans cœur ;
Jeune fille et garçon paîront cher sa faveur.

La barque sur les eaux désormais flotte vide,
Le soleil disparaît, la nuit tombe rapide ;

Et, quand la lune au ciel se leva, les deux corps
Surnageaient enlacés et voguaient vers les bords.

Ces forces élémentaires, hostiles à la race humaine, ne séjournent pas seulement sous les eaux ; le naturalisme populaire du moyen âge dont la muse romantique évoque l'esprit, le naturalisme du moyen âge en peuple la création. Comme l'Océan et les fleuves, la terre et l'air ont une vie occulte, et malheur à qui refuse d'y croire ! Une belle jeune fille, courtisée de tous, s'amuse à bafouer ses amoureux : « Plutôt que de me marier, dit-elle un soir, j'aimerais mieux me faire la fiancée du vent. » Or, pendant la nuit, le vent survient et l'emporte ; et, neuf mois après, la commère met au monde le bandit Jung Volker. Autre part, c'est la fille du meunier, Greth aux maléfices, que l'Esprit du vent ensorcelle. — Un matin, le fils du roi entre au moulin, et, la trouvant seule, va l'embrasser, lorsque soudain la chevelure de la belle se met à tournoyer, à bruire, à gronder, que c'est une tempête dans la maison, tandis qu'au dehors pas un rameau ne bouge. « Ah ! s'écrie le don Juan épouvanté, tu es la fiancée du vent ; c'est toi qui, l'autre nuit, as enlevé le drapeau de mon palais. » A ces mots, un coup de vent brise la fenêtre et les emporte tous les deux par delà les mers, sur un pic désolé où la sorcière étouffe son amant d'une étreinte. Dirai-je encore l'histoire fantastique de ce petit homme à bonnet-rouge qu'on voit apparaître à la lucarne d'une certaine maison de la ville chaque fois qu'un incendie doit éclater dans la contrée? Dès la veille, il va et vient, monte et descend, se remue et s'agite comme sous une fiévreuse influence ; puis, à la première alarme, on le voit sortir de sa retraite sur un maigre bidet dont les naseaux ont l'air de flairer la flamme, et jusqu'à ce qu'un nouveau désastre menace d'éclater, cavalier et monture ne reparaissent plus.—Mais, dira-t-on, ce sont là des contes de nourrice que nous débite votre auteur. Peut-être ; seulement ne médisons pas trop de ces enfantillages de la pensée, ils ont bien aussi leurs charmes et leur intérêt. C'est à tort d'ailleurs que nous comptons l'enfance et la jeunesse au nombre de ces choses qui passent sans retour. On citerait au besoin tel moment de l'existence le plus sérieusement occupée, où ces aimables fantaisies du berceau reparaissent, en secret évoquées, et, pour peu qu'une forme élégante et littéraire ravive alors ces réminiscences d'un autre temps, on goûte sans trop rougir l'enfantillage, et le poëte est bienvenu. En ce sens, a-t-on jamais rien pensé de plus vrai que ce vers tant connu :

> Si Peau d'âne m'était conté, etc. !

Il s'en faut cependant que cette muse naïve ignore les purs secrets de l'art, les idéales combinaisons de la forme classique ; je noterais, à ce propos, plus d'une élégie touchée de main de maître, et qui tiendrait fort dignement sa place dans le recueil du mieux goûté de nos intimes, la *Visite au Val d'Urach*, par exemple, morceau tout empreint d'une exquise et touchante mélancolie. — Le poëte, évoquant son passé, retourne aux lieux où s'écoulèrent ses premières années. Impossible de rendre avec plus de bonheur que ne l'a fait M. Édouard Moerike en cette aimable pièce, l'émotion d'une pareille scène :

« Vallon chéri, je crois rêver en m'égarant ainsi sous ton épaisseur ; aucun prodige dans ce que voient mes yeux, et pourtant il me semble que le sol frémit, que l'air et la feuillée gazouillent ; cent miroirs verdoyants me renvoient mon passé, qui me trouble en me souriant ; la vérité me devient une poésie, et ma propre image un fantôme étrange à la fois et doux. »

S'adressant alors à ces torrents que le soleil inonde de ses feux, à ces bois profonds, dont les chaudes bouffées lui arrivent chargées de vapeurs balsamiques : « Me reconnaissez-vous, s'écrie-t-il, moi qui si longtemps ai vécu parmi vous?

« Ici, chaque tige m'enlace en d'ineffables méditations; pas un caillou, pas un brin d'herbe si petit, que mon regard ne s'y attache avec langueur. Brins d'herbe et cailloux me parlent de choses oubliées à demi; la joie et la peine se disputent mon âme; je voudrais pleurer, et la larme s'arrête, tandis qu'en ma fiévreuse angoisse j'ai hâte de pénétrer plus avant. »

A quelques pas de là, notre poëte rencontre les sources de la vallée. Aussitôt, comme vous pensez, le motif favori lui revient, et nous le voyons interroger de nouveau cet Esprit de la nature dont il semble pressentir la vie élémentaire sous la transparence des eaux.

« Montrez-moi, s'écrie-t-il, ô sources! montrez-moi vos cellules tapissées de mousse, montrez-moi, au plus secret du bois, les matrices profondes où s'élaborent vos ondes impétueuses avant de s'épancher en cascades sur les rochers et la vallée. »

Je regrette de ne pouvoir donner aucune idée du grand air que respirent ces stances, du vigoureux métal dont se composent ces octaves. Ici, on peut le dire, le poëte est digne de son interlocuteur, et certes il faut que l'Esprit de la nature ait fait vœu d'un mutisme impitoyable pour ne pas répondre à qui l'interroge sur ce mode antique et solennel. Que de grâce encore et de tendre émotion dans ce tableau des amitiés dont ce paysage lui rappelle les beaux jours! Il évoque du sein des touffes de feuillage le camarade de son enfance :

« O toi qui jadis fus un autre moi-même, ô viens, cher enfant, viens sans crainte; aujourd'hui encore nous nous ressemblons, et jamais nous n'aurons à nous effrayer l'un de l'autre. »

Mais en vain il étend les bras, en vain il conjure la place, le feuillage reste immobile, et sur le banc accoutumé l'ami d'autrefois ne revient pas s'asseoir :

« Adieu donc, ô vallée! soupire alors le poëte en s'éloignant, le cœur gonflé de larmes; adieu, seuil paisible de mon existence, foyer où je puisais le meilleur de mes forces, nid embaumé des premières sensations, adieu, je pars, et que ton génie m'accompagne! »

Il y a plus : maint fragment de ce trop court volume, surtout dans la dernière partie, témoigne d'un commerce assidu des anciens. Sans parler de diverses traductions de Catule heureusement venues (le choix n'indique-t-il pas ici certaine affinité de complexion?), on noterait çà et là telle pièce où le symbolisme antique se mêle, non sans charme, aux détails un peu réels de nos pratiques modernes : le poëme intitulé *Fêtes d'Automne*, par exemple, dans lequel Dyonisos évoqué se révèle, en vrai dieu légitime qu'il est, à ces bons paysans de la Souabe. Garçons, filles et matrones, sont rassemblés pour les vendanges ; déjà la fête va son train. Mais voyez donc, sous ces bosquets, ce marbre festonné de pampre et de lierre? Quel air rêveur ! Serait-ce là Bacchus? « Viens te mêler à nos groupes joyeux, s'écrient les vendangeurs, viens, ou du moins fais-nous signe de la main que tu nous as compris, et mesure trois pas le long de nos vignes riantes. » Mais le dieu demeure immobile, et chacun croit avoir perdu sa peine, lorsque trois coups de tonnerre ébranlent la vallée.

« Ainsi Zéus lui-même a voulu que son fils nous soit propice, ainsi nulle prière n'est vaine, et l'Olympe exauce encore les vœux des gens. »

A cette manifestation divine succède un silence sacré ; puis le trouble religieux se dissipant, on songe à couronner la fête.

« Entonnez les dernières chansons et descendez par couples jusqu'au fleuve, où vous attend un bateau pavoisé. A la place d'honneur, que le dieu s'installe et nous dirige, et que l'équipage glisse en chuchotant par les frais sentiers que la lune éclaire. »

L'épigramme dans le goût antique, et telle du reste que Goethe l'a restaurée[1], se montre aussi par moment aiguisée tant bien que

---

[1] A propos des épigrammes de Goethe, qu'on me permette d'en extraire une peu connue et qui ne se trouve guère que dans les dernières éditions. Elle est intitulée *Légende*, et caractéristique à l'endroit de certaines antipathies de tempérament sur lesquelles nous avons eu déjà l'occasion de nous expliquer autre part. La voici :

> Un saint reclus en proie à la dévote fièvre,
> Voit dans sa Thébaïde, à sa grande stupeur,
> Accourir un matin un Faune au pied de chèvre,
> Qui l'aborde et lui dit : Priez pour moi, seigneur,
> Priez pour mes cousins, mes amis, et ma race ;
> Faites qu'au paradis chacun de nous ait place,

mal et voulant mordre, mais plus volontiers sentimentale, comme dans ce sixain que le poëte adresse à sa mère :

« Eh quoi ! de tant de poésies, pas une qui te soit destinée, ô ma mère ! Pour te chanter, crois-moi, je suis trop pauvre ou peut-être trop riche, car toi seule, en mon sein, es tout un poëme encore *inchanté*[1], un poëme que nul ne sentirait et que je garde pour me consoler lorsque mon cœur attristé se détourne du monde, et, solitaire, contemple en lui la paix durable de son immortelle partie. »

Une autre fois le poëte, traversant un cimetière de village, s'arrête devant une sépulture délabrée. Que d'abandon et de misère ! C'est à peine si quelques vieillards du pays se souviennent du nom qui fut gravé sur cette dalle, et nul, à coup sûr, n'y soupçonne un sanctuaire. Là repose la mère de Schiller, du prince des lyriques souabes. Le passant attendri cueille sur la place une églantine, et la rose sauvage devient entre ses mains le sujet d'une élégie en douze vers qui serait peut-être la meilleure épitaphe à inscrire sur la pierre de celle qui mit au monde un immortel, si pendant qu'on élève des statues au fils on pouvait s'informer encore de l'endroit où gisent les ossements de la mère.

Nous en avons dit assez sur M. Édouard Moerike pour qu'on ait une idée du caractère de cet aimable esprit. Nous n'osons croire cependant que les amateurs du haut goût en littérature s'accommodent jamais d'un régime si simple, à moins que ce ne soit par contraste à l'ordinaire du jour. On nous a tant saturé le palais de genièvre et d'arack, qu'il pourrait se faire peut-être qu'un peu d'eau pure et naturelle puisée à la source voisine eût son mérite parmi nous. Inutile d'ajouter que dans tout ceci nul sentiment réactionnaire ne nous anime. En feuilletant cette infinité de publications poétiques que le libraire Cotta édite sans relâche, et qui, chose étrange, se vendent toutes plus ou moins,

> Car le zèle divin enflamme notre cœur.—
> L'Anachorète alors en se signant réplique :
> Je doute que là-haut ton cri soit entendu :
> Avec le pied de chèvre, hélas ! comment veux-tu
> Être propre jamais au salut angélique ? —
> — Mais l'hôte des forêts : « Singulière rubrique !
> « Vous voulez vous moquer, saint homme, assurément.
> « Qu'a donc mon pied de chèvre à faire qu'on me damne,
> « Lorsque j'en ai tant vu d'autres qui vaillamment
> « S'acheminaient au ciel avec des têtes d'âne ! »

[1] Ein noch *Ungesungenes Lied* ruhst du mir im Busen.

tant est vivace aujourd'hui encore le goût des vers dans cette Allemagne de madame la comtesse Hahn-Hahn et de M. de Sternberg, il nous a semblé surprendre chez l'auteur de ce mince volume une fraîcheur native, un romantisme doucement élégiaque que nous avons essayé de faire apprécier à nos lecteurs. Ici rien de titanique, de byronien. La douleur humaine, quand elle se rencontre, n'est guère qu'un soupir, qu'une larme assez rapidement séchée. Quant au cri déchirant de la conscience moderne, à ces accents sublimes qui ne résonnent que sur les lyres immortelles, demandez-les aux chantres de *Werther* et de *René*, de *Childe-Harold* et de *Jocelyn*. La muse dont nous parlons garde modestement la plaine et l'ombre, et si l'envie lui prend de parcourir les régions de l'air, ce n'est pas sur les ailes d'un aigle qu'elle voyage, mais sur le nuage d'Arnim et de Brentano, qui l'entraîne à la chasse des Elfes et des Fées. Nous savons très-bien que la Muse peut avoir, de nos jours, à remplir de plus sérieuses missions, et qu'il ne s'agit pas pour elle uniquement désormais de soupirer quelque élégie oiseuse au clair de lune, ou d'insuffler, à l'aide d'une sarbacane, je ne sais quelles vaporeuses silhouettes que le vent emporte. La poésie éclaire de son flambeau les plus secrets recoins de la vie des peuples; la poésie chante l'épopée du cœur, et ne se lasse pas de redire d'âge en âge l'éternelle imprécation de Prométhée humain; la poésie explore toute profondeur, tout abîme, et, comme Jésus-Christ, comme Dante, ne reculera pas devant la descente aux enfers. Bien entendu, cependant que dans ces explorations si solennelles l'esprit d'en haut interviendra. A Jésus-Christ lui-même la légende donne un ange pour guide; Dante, comme on sait, eut Virgile. Or, pour peu qu'on ne soit pas bien sûr d'avoir quelque génie à ses côtés, j'imagine qu'on fera toujours mieux de restreindre sa sphère. En pareil cas, le plus prudent est encore de suivre le sentier de la fantaisie et de s'en aller rêver au bois voisin; là du moins, si l'on s'égare, on a bientôt retrouvé sa voie, et le pire qui puisse arriver, c'est d'avoir perdu quelques heures.

XXVII.

L'ÉCOLE SOUABE ET LES POETES POLITIQUES DES BORDS DU RHIN.

Aujourd'hui, il faut le reconnaître, le vent n'est plus à la Souabe. Les coryphées du moment trouvent en Allemagne cette poésie de Schiller et d'Uhland, de Kerner et de Schwab, étroite et bornée. M. Wienbarg et tout son monde la condamnent, et c'est à qui la renversa d'un ton de persiflage on ne peut plus charmant au culte des scarabées, des fleurettes et des infiniment petits, dont les cerveaux cyclopéens de la pléiade nouvelle lui laissent dédaigneusement le partage microscopique. Or, cette réaction contre un genre qui depuis cinquante ans a valu à l'Allemagne ses plus sentimentales élégies, ses poèmes les plus frais et les plus agréables, vous étonnerez-vous en apprenant qu'elle émane de Goethe[1]? Le chantre merveilleux de tant de lieds et de ballades qui ne respirent que printemps et chevalerie attaquer les Souabes! Goethe se déclarer contre Uhland, contre Schwab, contre toute cette phalange enthousiaste des poëtes de Stuttgard et de Tubinge qui l'adorait à l'égal d'un demi-dieu, ô l'ingratitude! Mais Goethe avait de ces retours d'humeur, propres du reste aux natures sceptiques. Le vieux Merlin savait conserver son sang-froid, plus que son sang-froid, son ironie, au milieu des mouvements exaltés où les tours de son génie prestigieux entraînaient la peuplade littéraire. L'assentiment des gens, loin de le désarmer, aiguisait sa verve satirique, et toute l'admiration de Hégel et des siens n'a jamais fait qu'il se soit gêné le moins du monde sur leur compte. Voici ce qu'il écrivait à la date du 4 octobre 1821. Ajoutons que ces lignes bien amères ne devaient point empêcher ces honnêtes Souabes de s'écrier, en le pleurant quelques mois plus tard, que l'auguste vieillard de

---

[1] Je me reprends : de Goethe et des événements de 1830, de la révolution de Juillet, de la chute de la Pologne, de la philosophie de Hégel et de nos doctrines socialistes envahissantes. Goethe s'était contenté de jeter le mot de la réaction, les divers éléments dont nous parlons firent l'ère nouvelle. Aux tendances politiques de la jeune Allemagne il fallait une école de lyriques révolutionnaires, M. Herwegh, M. Hoffmann (de Fallersleben), M. Dingelstedt lui aussi par aventure. Ère de bruyantes expériences et de tentatives de tout genre. Que n'a-t-on pas essayé, de la chanson jusqu'au roman, du roman au drame, des facétieuses boutades de l'auteur d'*Atta Troll* aux machines scéniques de MM. Gutzkow, Mundt et Wienbarg?

quatre-vingt-trois ans était mort trop tôt pour la littérature. « J'ai reçu ces jours derniers les poésies de Gustave Pfizer, et j'ai parcouru çà et là le volume à moitié coupé. Ce poëte me paraît posséder un talent réel, et en même temps être un bon homme (*und auch ein guter Mensch zu Seyn*). Néanmoins cette lecture n'a produit sur moi qu'un assez pauvre effet, et je me suis hâté de rejeter le volume, car, par ces temps d'invasion du choléra, il faut se tenir sévèrement en garde contre toute IN-FLUENCE DÉPRESSIVE. L'opuscule est dédié à Uhland, et j'avoue que de la région où celui-ci plane, rien de tonique, de fécond, de capable en un mot de subjuguer la destinée, ne me semble devoir sortir. Je ne dirai point de mal de cette production, mais aussi n'y retournerai-je pas. C'est merveille comme tous ces petits messieurs ont su se faire une guenille poético-morale et religieuse dont ils s'enveloppent du reste fort artistement, quittes, si le coude perce un peu, à vous donner la chose pour une intention poétique. Je vous adresserai l'opuscule en question dans mon premier envoi (la lettre est écrite à Zelter), ne serait-ce que pour le savoir hors de chez moi. » La boutade, on le voit, ne ménage personne, et j'en veux d'autant plus à Goethe de se l'être permise, que sa parole, ayant force d'oracle, devait nécessairement réagir sur les critiques du jour. De là, sans aucun doute, la tardive adoption de leur part d'une muse que la voix populaire dut leur imposer pour qu'ils daignassent y prendre garde. D'ailleurs tout ce que Goethe écrit à ce sujet est-il donc bien juste? et sans parler de tant de rapsodies que le vieux de Weimar fait mine de prendre au sérieux[1], lorsqu'il traite à la légère les meilleurs d'entre ses rivaux lyriques, l'auteur de *Mignon* et du *Comte prisonnier* condamnant chez Uhland, comme frappé d'impuissance et de pauvreté, un genre sur lequel sa propre imagination s'est exercée avec tant de succès, Goethe ne risque-t-il pas de s'atteindre lui-même?

Ce qu'Uhland a fait pour le lied et la ballade ne peut se contester; personne en Allemagne, et je n'excepte pas Goethe, n'a su donner à l'idée ce cercle exact et net qui l'incorpore en un moment précis. Tout poëme, avec Uhland, se compose de deux parties bien distinctes: l'une visible, faite et même parfaite;

---

[1] Feuilleter à cette intention certaines parties des œuvres posthumes. (*Die Nachgelassene.*)

l'autre encore dans le vague, écho, si l'on veut, de la première, mais écho si puissant qu'il force le lecteur à créer un second poëme comme complément indispensable de la chose première. Je dirai plus : souvent c'est en dehors de la forme elle-même que le véritable poëme existe. A certains moments, vous vous surprenez le volume à moitié clos entre vos mains et le nez en l'air,

> Comme un poëte cherchant son vers à la pipée.

Vous croyez vous complaire en une simple jouissance littéraire, et vous êtes vous-même en travail de composition. C'est, à mon sens, le suprême du genre, l'inspiration moins la rime, la rose sans l'épine. A défaut des autres mérites, les Souabes possèderaient encore celui-là qui leur appartient en propre, et que Goethe, tant s'en faut, ne dédaignait pas. Eux seuls, en effet, ont le secret de cette rêverie contenue dans un mot, comme une essence volatile au creux d'un diamant. Chez les nouveaux, l'essence manque, et, je le crois bien, le diamant aussi : beaucoup de bruit pour d'assez médiocres tentatives. Plus de sentimentalité, de monotone rêverie; en revanche, force lieux communs politiques, force déclamations, dont la lyre s'empare apparemment parce que la prose n'en veut plus. On reproche à la poésie souabe son abeille; mais cette abeille ne lui venait-elle pas de Milet en droite ligne ?

Ces promenades au soleil couchant, ces douces histoires naïvement contées, tant de frais et suaves trésors de poésie intime, ont bien aussi leur mérite, quoi qu'on dise. Où est Prométhée? s'écrie-t-on. A tout prendre, Goethe pouvait le demander; mais vous tous, virtuoses d'hier, qu'une rime de circonstance met en renom, girouettes qu'un souffle aventureux fait passer alternativement du soleil à l'ombre et de l'ombre au soleil, est-ce de bonne foi que vous le dites? Ainsi que vous, nous aimons les œuvres titaniques ; ainsi que vous, nous préférons Homère à Théocrite, *la Divine Comédie* aux sonnets de Pétrarque, le *Faust* de Goethe aux *lieds* d'Uhland et de Kerner ; il s'en faut cependant que le culte du sublime nous empêche d'admirer les beautés d'un ordre plus modeste, et nous ne sommes pas de ceux qui s'imaginent servir la Muse en insultant les Grâces. D'ailleurs la grande question, c'est de réussir dans la sphère où l'on s'exerce, de porter à la perfection le point dont on s'occupe ; à ce compte, on nous l'accordera, les Souabes sont sans reproche. En direz-vous autant de leurs adversaires, gens ambitieux peut-être, féconds en tentatives grandioses, mais auxquels, il faut bien l'avouer, un avortement coûte peu ? J'estime infiniment le palmier sublime et le lotus mystique, divins emblèmes de la spéculation transcendante en poésie; cependant, mieux qu'un palmier tortueux et mal venu, mieux qu'un lotus épanouissant sa coupe symbolique au sein d'une eau trouble et marécageuse, j'aime le simple liseron et la clochette bleue secouant son odeur matinale ; et quand les harpes n'ont point en elles de voix profondes et d'indicibles harmonies, ce n'est point la peine de les suspendre aux saules du rivage.

Les poëtes libéraux de la jeune Allemagne nourrissent contre les Souabes un grief qu'ils ne se lassent point d'articuler, et que nous n'oserions passer sous silence. A les entendre, l'école souabe serait une pépinière d'aristocrates, d'esprits bornés, uniquement préoccupés d'évocations féodales, pour le moins intempestives. Voyez un peu cependant la contradiction : on reproche aux Souabes leurs goûts puérils, leurs insipides prédilections : on leur crie : — Vous êtes des enfants qui ne savez que guetter une mouche et faire la chasse aux scarabées, — et puis en même temps on les accuse d'aristocratie. Encore s'ils célébraient les royautés du désert comme M. Freiligrath, s'ils en voulaient aux lions, aux panthères ; mais non : les malheureux ! un simple scarabée qui bourdonne autour d'une aubépine en fleur va les émouvoir toute une journée, et si, plus tard, le ver luisant s'allume aux clartés des étoiles, ils n'en demanderont pas davantage pour rimer jusqu'au lendemain. Eux des aristocrates ! Y pensez-vous ? Et que devient alors le fameux sonnet de M. Herwegh ? « Lorsqu'un lion pose devant vos yeux, il ne s'agit pas de venir nous chanter l'insecte qu'il peut avoir sur lui. » Reste à savoir ce qu'on entend par ce lion apocalyptique. Si votre lion n'est qu'une espèce de mannequin gonflé de vide ou de misérables lieux communs à l'usage de certains mécontents toujours en humeur de soulever les passions populaires contre le régime existant, oh ! alors, mieux vaut cent fois l'insecte, fût-il la puce de la chanson de Goethe. Si, au contraire, c'est de l'homme que vous voulez parler ; si votre poésie politique est celle qui célèbre les actions et les destinées des peuples, celle avec qui l'idée, déjà devenue fait, ne demande au penseur, en quelque sorte, qu'une consécration suprême, à la bonne heure, et nous conviendrons aisément avec vous qu'il n'en existe pas de plus grande. A ce compte, Homère et Shakspere sont des poëtes politiques; et quant aux Souabes, on se trompe fort si l'on imagine abolir avec des épigrammes aiguisées par l'envie les droits imprescriptibles que ces nobles gardiens de la tradition épique en Allemagne se sont acquis à la reconnaissance de la Muse.

Ce reproche d'aristocratie, si on veut bien le discuter sérieusement, ne saurait atteindre tout au plus que les romances et les œuvres du genre épique; car nous ne pensons guère qu'on puisse l'adresser aux poésies lyriques, à ces pièces d'une inspiration si douce, et dont le sentiment de la nature anime et féconde la lettre. On a dit qu'Uhland, Kerner, Schwab, Anastasius Grün, Pfizer, Julius Mosen, Moerike, Lenau, tous les Souabes enfin, maîtres ou simples coryphées, n'en veulent qu'aux supériorités sociales; à moins d'avoir au front la tiare d'empereur d'Allemagne, à moins d'appartenir à la race de Hohenstaufen ou de Habsbourg, nul n'a droit à la consécration posthume de leurs chants. Voyez-les revenir sans cesse à leur thème favori, au motif de prédilection; c'est la *Cavalcade de l'empereur Rodolphe au Tombeau* (de Kerner), *l'Empereur Maximilien* (d'Anastasius Grün), *le Comte Eberard, la Traversée du roi Charles* (d'Uhland); toujours la chevalerie et le moyen âge. A ce propos, nous demanderons si l'épopée a jamais fait autre chose que choisir ses héros parmi les races conquérantes et souveraines. La poésie, accoutumée à ne voir partout que symbole, conclura volontiers, et cela jusqu'à la fin des siècles, de la grandeur et de la dignité extérieure à la grandeur et à la dignité morale, des priviléges de naissance, de fortune et de rang, aux attributs de l'âme et de l'esprit. Si la conclusion semble choquante et inadmissible aux poëtes démocrates de la jeune Allemagne, ce n'est point aux Souabes qu'ils doivent s'en prendre, mais au vieil Homère lui-même, à Eschyle, à Sophocle, à tous ces immortels génies de la Grèce républicaine, lesquels n'ont su donner à leurs poëmes, comme à leurs tragédies, que des princes et des rois pour héros; ou plutôt, les vrais, les seuls coupables en cette affaire, sont les chroniqueurs et les historiens. Uhland, Kerner, Grün, Schwab, Rückert et les autres, transcrivant dans la langue des muses la tradition qu'ils recevaient, ont accompli noblement, et selon toutes les conditions du pays, leur tâche de poëte. En Écosse, où la tradition, perpétuée au sein même du peuple, rase la terre de plus près, les choses se fussent autrement passées, sans aucun doute ; mais nous sommes en Allemagne, au cœur même de l'Allemagne impériale, en Souabe et sur cette terre des Barberousse, le fantôme qu'on évoque a vingt coudées. Le seul génie épique dont la France littéraire contemporaine ait à se glorifier, Victor Hugo, remuant dans *Notre-Dame de Paris* les traditions du passé pour leur donner la vie poétique, a fait, à l'égard de notre histoire (mais d'une main plus hardie et plus puissante, car il est seul et les autres sont vingt), la même opération que les Souabes. En Allemagne, Victor Hugo eût été Souabe ; ses lettres écrites du Rhin et *les Burgraves* indiquent assez la tendance, car le chantre des *Orientales* et des *Feuilles d'Automne*, il est bon qu'on le sache, a le malheur de déplaire fort à la jeune phalange, qui ne se gêne pas non plus pour médire de Lamartine. Cette levée de boucliers contre les poëtes de la nature, *Naturdichter*, comme on les appelle de l'autre côté du Rhin, qu'a-t-elle produit jusqu'ici ? Beaucoup de bruit sans doute, beaucoup d'invectives rimées et de pamphlets poétiques, que leurs auteurs, chose étrange ! ne parviennent à rassembler en volumes qu'en y adjoignant en manière d'appendices toute sorte de bouquets printaniers et de ballades du bon vieux temps, dont on emprunte le sentiment et le style à ceux-là mêmes qu'on prétend livrer à la risée du monde. Voyez la *Profession de Foi* de M. Freiligrath. Le volume n'est certes pas bien gros, et cependant, sur dix pièces, à peine en compterez-vous trois qui répondent au titre ; le reste se contente d'aller puiser à la source commune. Quelle gloire cependant pour ces nobles Souabes, de pouvoir dire à leurs adversaires : « Vos petits livres, si minces qu'ils soient, n'existent qu'à la condition de nous emprunter le souffle ! Sans la défroque dont il s'enveloppe, et qui sort de notre propre garde-robe, votre voltairianisme ne saurait comment se produire, et si de ce volume, que vous menez en guerre contre nous à si grand bruit, vous ôtez les sylphes, les étoiles, les fleurs et les gnomes, vous n'aurez plus aux doigts qu'un peu de venin où les journalistes de Paris ne daigneraient même pas tremper leur plume. » Mais je m'arrête, car les Souabes n'ont pas ce ton d'amertume et d'aigreur, qui conviendrait plutôt à leurs adversaires. Les polémiques ardentes les trouvent résignés et cléments ; parfois un peu de découragement s'en mêle, comme on dit qu'il est arrivé pour Uhland. Le plus souvent on n'y

prend pas garde ; on continue à vivre pour la méditation, p
la paix domestique, pour la solitude et pour Dieu, venant
aide aux pauvres, aux souffrants, comme ce bon Kerner, la p
vidence de toute la vallée d'Heilbronn, et rimant, sur le soir
retour, quelque frais motif, quelque modeste idylle ressenti
dont le volume exquis va s'augmenter à sa vingtième édition.

FIN DE L'ESSAI SUR LA POÉSIE LYRIQUE.

ÉCRIVAINS ET POETES

DE L'ALLEMAGNE.

§ II.

Jean-Paul Richter. — Herder. — Wieland. — Immermann. — Michel Beer. — Grabbe. — Raupach. — Julius Mosen. — Frédéric Halm. — Tieck. — Clément de Brentano. — Bettina d'Arnim. — Caroline de Günderode. — Arnim. — Goethe et madame la comtesse Auguste Stolberg.

ÉCRIVAINS ET POETES

DE L'ALLEMAGNE.

JEAN-PAUL.

Sa vie littéraire. — Ses œuvres.

La biographie de Jean-Paul n'offre guère qu'une suite non interrompue d'idylles ; c'est un état de calme dont nul orage ne saurait troubler la sérénité monotone, une pastorale sur laquelle toute influence de temps et de lieu perd ses droits, et qui semble avoir pour but de s'élever contre cette maxime de Goethe, qui prétendait « qu'il ne nous resterait plus rien, si nous nous défaisions une bonne fois de tout ce que nous tenons des hommes et des circonstances. » Ne perdons pas de vue le centre bien étroit où il était né. L'absence de toute éducation régulière, l'isolement de cette vie champêtre, ne pouvaient que livrer son enfance à toute sorte de rêveries mêlées de terreurs bizarres et de superstitions, qu'il couvait avec amour déjà, lorsqu'à douze ans on le fit entrer au collége de Schwarzenbach. Là, ses progrès furent rapides ; nous le voyons passer du latin au grec, du grec à l'hébreu, se farcir la mémoire de mots choisis et de citations, et donner dès cet âge dans le travers si familier aux gens d'université, travers qui, du reste, chez lui ne devait que croître et se développer avec le temps. L'imagination, comme on pense, ne perdit rien à cette vie nouvelle ; aux heures de récréation, les rêveries continuaient d'aller leur train, et plus d'une fois on laissa là son thème hébreu ou grec pour attraper au vol la fine mouche de la fantaisie. Il lut des romans, apprit la musique, et se livra sur le clavier à l'improvisation, qu'il appelait *une dé-*

livrance de soi-même (Selbstfreylassung). Remarquons, en passant, la répugnance qu'il témoigna dès cette époque pour les véritables études classiques, qui, de leur côté, se vengèrent bien de ses dédains.

En 1779 il se trouvait à Leipzig, lorsque la nouvelle de la mort de son père vint l'y surprendre. Toute ressource allait lui manquer ; il s'agissait d'embrasser une profession au plus vite mais laquelle ? Il hésita un moment, et vit la misère qui lui tendait une plume ; il la prit. L'épreuve fut longue et cruelle, mais son courage ne fléchit pas. Jean-Paul avait alors dix-h[uit] ans environ, et les trésors intérieurs de sa jeunesse lui fournirent, ainsi qu'il devait l'écrire plus tard, de quoi tenir tête aux accablantes réalités du dehors. Le croirait-on ? cette jeunesse en butte à tous les déboires, à toutes les humiliantes nécessités de la vie littéraire, passa plus tard à ses yeux pour le plus heureux temps qu'il eût vécu. C'est là un thème auquel il revient sans cesse, un motif qu'il reprend et varie avec une complaisance toute naïve. Quoi de plus enchanteur que cette vi[e] intérieure dont l'explosion splendide étouffait les rumeurs d'ici bas ! quels temps que ceux où le sourire d'une fillette, la rencontre d'une fleur dans l'herbe, un peu de musique ou de clair de lune, l'enivraient d'extase et le rendaient plus heureux que des millions désormais ne pourraient le faire ! Ce souvenir de jeunesse se mêle à toutes les peines de son âge mûr, comme pour en adoucir l'amertume et les amener à se résoudre en une sereine mélancolie. « Qu'il m'arrive souvent, s'écrie-t-il, de rechercher avec une douloureuse avidité ces jours comiques à la fois et sacrés où j'étais plus sot et plus heureux, plus fou et plus honnête, où je n'avais point encore été chassé du paradis de la jeunesse ! » Et le vrai signe constatant à ses yeux le caractère du poëte, c'était « de rester éternellement jeune, et d'être tout le long du jour et de la vie ce que les autres hommes ne sont tous qu'un moment, à savoir, amoureux ou ivre. » Sous ce point de vue, les romans de Jean-Paul peuvent compter pour autant de réminiscences de l'histoire de sa jeunesse. Partout cet état d'une âme incessamment tournée vers les rêves d'un âge d'or vous frappe dans ses écrits ; et si de la question littéraire vous passez à la morale, vous retrouvez cette innocence candide, cette pureté des premiers ans qui devait si vivement impressionner les rigides matrones du cercle de Weimar, quelque peu effarou-

hées de la licence où menaçait d'incliner la poésie allemande
endant la période illustre. On compta un moment sur lui pour
endre à la Muse son autorité morale, fort compromise par les
rivautés du maître Wolfgang et les incroyables tentatives du
isciple Lenz. Compter sur lui en pareille occasion, c'était ne
pas le connaître. Il n'y avait et ne pouvait y avoir rien à attendre
pour l'action de cette existence vouée aux rêves d'un éternel
rintemps, et qui plus tard, après des déceptions sans nombre,
t sentant bien, quant au fond, la vanité des théories anciennes,
'en persista pas moins de parti pris dans cet enthousiasme bé-
évole et candide d'une âme adolescente à qui le monde ne s'est
pas ouvert encore. On n'ignore pas quels désenchantements at-
ndent sur le seuil de la vie les âmes honnêtes et crédules, dupes
sublimes des plus sincères illusions, diamants bruts que le fil de
l'acier va polir s'ils résistent. Eh bien! c'est là surtout que Jean-
Paul excelle; jamais il ne rencontre mieux que lorsqu'il s'agit
pour lui de peindre ce brusque choc de l'idéal contre la réalité,
ce mélange de ridicule et de sentimental que la situation porte
avec elle, témoin les *Années d'école buissonnière* (*Flegeejahre*),
une de ses plus charmantes productions, la seule classique peut-
être, en cela, que la diffusion, ce défaut habituel du maître, ne
s'y laisse presque pas surprendre. Quel dommage que les extrêmes l'aient si fort tenté dans la suite, et qu'il se soit tenu si
peu à ce milieu parfait une fois trouvé entre l'exagération d'une
indifférence humoristique et la sensiblerie! Et ces extrêmes dont
nous parlions, n'est-ce pas aussi le propre de la jeunesse d'y
donner à plein collier? n'est-ce pas elle qui, rebutée au contact
du réel, se jettera soudain dans la misanthropie et le scepticisme,
affectant aux yeux du monde je ne sais quelle fausse énergie de
convention, quitte à se vouer huit jours plus tard au culte oisif
et solitaire d'un idéal à jamais refoulé dans les profondeurs de
l'être? Je viens de nommer les extrêmes où Richter se complaît.
Tandis qu'il tourne avec mépris le dos à la société, tandis qu'il
enveloppe en un égal sarcasme l'homme et le monde, vous le
voyez se recoquiller en lui-même, s'enfermer dans tout ce que
la vie a d'étroit, de borné, de mesquin, et finir par retrouver là,
au sein d'une médiocrité paisible et cachée, dans le commerce
des espérances d'une autre vie, le bonheur perdu pour lui au
dehors. Étudiez Jean-Paul sous ce point de vue, et vous aurez
le secret de son scepticisme à la fois élégiaque et satirique, de

ces échappées lumineuses perçant tout à coup le réalisme le plus bourgeois.

Du reste, le scepticisme était assez dans les idées du temps, qui prêchaient, comme on sait, la tolérance d'opinions, la liberté d'esprit, et favorisaient outre mesure toute levée de boucliers contre les systèmes et les formules du passé. Jean-Paul usa largement du privilége. On le destinait à la théologie; il y échappa sous prétexte qu'il se sentait quelque peu hétérodoxe, et les lignes suivantes, écrites par lui à son précepteur Vogel, prouvent du moins que dès l'âge de dix-huit ans la recherche de certaines vérités ne lui coûtait plus rien : « Envoyez-moi donc les *Fragments* de Lessing ; j'espère ne point encourir vos disgrâces continuant à vous demander ce livre, que vous persistez à me refuser par des motifs dont je ne mets pas en doute la sincérité. Toutefois, je me pose ce dilemme irrésistible, à mon avis, dans tous les temps : ou ce livre contient des vérités, ou il contient des erreurs. Dans le premier cas, rien ne doit m'empêcher de le lire; dans le second, il ne saurait me convaincre qu'à la condition de produire des arguments vraiment forts, et, je vous le demande, qu'est-ce que je risque alors de remplacer une vérité qui ne s'appuie à mes yeux sur aucune base solide, qui n'existe chez moi qu'à l'état de préjugé, de la remplacer, dis-je, par une erreur qui me paraît plus vraisemblable et plus claire? » Il lut beaucoup Lessing et de bonne heure, et ses premiers aphorismes, en reproduisant presque trait pour trait le ton et les manières de l'auteur de *Nathan*, témoignent de ce commerce de prédilection. Il s'enthousiasmait pour ces lectures dont il sortait ivre de joie et le cœur plein de tendresse pour l'humanité, ce qui ne l'empêchait pas, un moment après, de maugréer contre le monde, qu'il appelait, en dépit des belles illusions de l'heure précédente, une folle et ridicule mascarade. « Vous voulez savoir le plan de ma vie? J'abandonne au hasard le soin de l'ébaucher. Mes vues ont jusqu'ici rencontré peu de sympathies, et je vogue sur l'océan de la destinée sans gouvernail, bien que non pas sans voiles. J'ai rompu tout à fait avec la théologie ; je ne professe pas une science, mais toutes en tant qu'elles m'attirent ou se rapportent à mon métier d'homme de lettres. La philosophie elle-même m'est devenue indifférente depuis que je doute de tout. Mais je me sens le cœur si plein! si plein! que je me tais. Dans mes prochaines lettres, je vous parlerai de la nature de mon scepticisme et du dégoût que m'inspire cette folle mascarade et arlequinade qu'on appelle la vie. » Hâtons-nous de le dire, ces velléités d'humeur noire lui venaient surtout de deux amis morts depuis à la fleur de l'âge, et dont une hypocondrie sans remède irritait sourdement le scepticisme acariâtre. L'un d'eux, Jean-Bernard Hermann, rongé de misère et d'ennui, ne sortant de lui-même que pour darder son venin au dehors, unissait au cynisme d'un Diogène de tabagie les capricieuses fantaisies d'humeur d'une jeune fille. Jean-Paul écrivait de lui qu'il était comme l'alouette, qui chante dans le bleu du ciel et bâtit en même temps son nid dans les immondices. Du reste, il eut un moment l'intention d'en faire le héros d'un roman et de peindre dans ses faiblesses et sa grandeur cette existence dévastée par le besoin et l'excès de l'étude; il voulut aussi, après sa mort, donner une édition de ses œuvres (Hermann avait publié nombre d'écrits scientifiques, entre autres un morceau particulièrement remarqué à Berlin et intitulé, je crois, *de la Pluralité des Éléments*); mais l'entreprise en resta là, ni plus ni moins que tant d'autres de ses propres œuvres qui devaient rester inachevées. Le second des deux amis, mais celui-ci d'une hypocondrie plus douce, bien que d'une indifférence religieuse non moins profonde, était Laurent de Œrthel, fils aîné d'un commerçant enrichi qui habitait une terre noble dans le voisinage du collége de Hof. Laurent occupait dans la propriété de son père un délicieux pavillon construit exprès pour lui et donnant sur la Saale, bordée à cette époque d'un rideau de saules verts et de peupliers. C'était là, dans cette jolie chambre d'où la vue s'étendait sur les jardins et les prairies des environs; c'était là qu'on se réunissait le soir pour lire les romans nouveaux, là qu'on se passionnait au clair de lune pour Werther ou Siegwart. Douces larmes que d'autres bien amères devaient remplacer avant peu, douleurs factices qui préludaient aux vraies douleurs! Bientôt le noble jeune homme sur qui reposaient tant d'espérances s'inclina tristement, épuisé, lui aussi, par l'étude. A peine de retour de l'université, un mal sans espoir l'entreprit, et Jean-Paul vit s'en aller jour par jour, heure par heure, cette jeunesse délicate qui s'attachait à lui comme le lierre au chêne, et dont il finit par recueillir le dernier soupir dans cette même chambre où tous les deux ils avaient tant pleuré sur de romanesques infortunes.

Le souvenir de Laurent de Œrthel se trouve évoqué avec une grâce pleine de mélancolie dans l'avant-propos de la seconde édition des *Procès groënlendais* [1]. « Moi et Adam Œrthel de Hof, écrit Jean-Paul, nous étions à cette époque deux amis de collége, d'université et de jeunesse, *Gymnasium, — Universitaets, — und Jugendfreunde,* et tout cela nous le sommes encore après bien des années, je l'espère du moins, quoique l'un de nous soit mort déjà depuis longtemps. Le riche et maladif jeune homme consumait alors ses soirées, encombrées de travaux académiques, à copier pour l'impression les manuscrits de son robuste mais pauvre ami; car celui-ci, en dépit de la main la plus nette, désespérait, en vrai littérateur novice, de pouvoir jamais écrire assez lisiblement pour le prote. Aujourd'hui, quand j'y pense, je comprends à peine comment je consentis à un si long sacrifice de sa part. — Mais c'était alors le temps de la première amitié, temps où l'on reçoit tout sans compter, parce qu'on se sent prêt à tout donner de même. Temps heureux! non, vous n'avez pas fui pour jamais dans l'éternité, votre élément divin; il nous reste de vous encore à tous de belles heures, et moi je veux les employer, ces heures, à aimer l'ami qui me viendra plus tard comme s'il était pour moi un ami de jeunesse, et à me souvenir de ce noble Œrthel qui m'a quitté si tôt. »

Ce fut vers cette époque, et sous l'influence de ces dispositions sentimentales, qu'il entreprit ses *Exercices en matière de pensée* (*Uebungen im Denken*), titre bizarre d'un plus bizarre ouvrage, et dont il publia les deux premières livraisons à Hof, en novembre et décembre 1780, et la troisième à Leipzig, en 1781. « Ces essais, dit-il dans un avis placé en tête, sont tout simplement composés pour moi. Je ne les ai point faits dans le but d'apprendre aux gens quoi que ce soit de neuf, mais seulement afin de m'exercer et de me mettre à même d'y arriver quelque jour. On trouvera que je me contredis et déclare faux mainte fois ce que j'avais d'abord donné pour vrai; mais que voulez-vous? on est homme, et par conséquent point toujours le même. » Jamais parole ne fut plus vraie; la contradiction avec lui-même, avec le monde, avec tout ce qui, de près ou de loin, le touche, voilà le fond du caractère de Jean-Paul. Sous ce rapport, il est

---

[1] Berlin, 1821.

homme et jeune homme jusqu'à la fin. Je ne conseille pas aux biographes qui veulent des héros d'une seule pièce de s'adresser jamais à celui-ci. Qu'en feraient-ils, bon Dieu? Les conditions de l'art classique (et l'égalité d'humeur dans un sentiment donné en est une) n'ont rien à voir dans cette nature, qui ne procède guère que par boutades et soubresauts, qui passe du gai sourire à la mélancolie la plus sombre, de la misanthropie à l'attendrissement, tout cela de la meilleure foi du monde, sans se douter qu'un sentiment parfaitement contraire à celui qui l'absorbe va s'emparer d'elle une heure après. Vous verrez ses yeux fondre en larmes au souvenir de l'excellent camarade qu'il a perdu; mais aussi que de sanglots non moins sincères lui coûteront les aventures de cette pauvre miss Harlowe! Humoriste dans la force du terme, sa misanthropie et son scepticisme n'ont jamais qu'une durée transitoire; l'état normal, chez lui, c'est la sérénité; le fond de son âme est d'azur comme le firmament. Çà et là quelques nuages viennent bien l'obscurcir, mais le grain passe et l'arc-en-ciel se lève, un arc-en-ciel vu à travers les larmes, et voilà pourquoi le monde, qu'il appelait tantôt une pitoyable mascarade, lui apparaît maintenant sous les riantes couleurs d'une vallée de joie et de bénédictions. On raconte qu'à la suite d'une assez longue entrevue avec l'auteur de *Werther* et de *Faust,* l'empereur Napoléon se leva brusquement, et, lui frappant sur l'épaule, s'écria : « Monsieur de Goethe, vous êtes un homme; vous! » Peut-être aurait-il dit à Jean-Paul : « Vous êtes un enfant. » Et cette fois encore son coup d'œil si juste ne l'eût pas trompé.

Cette sérénité d'esprit que nous venons de lui reconnaître l'aidera à traverser les plus pénibles circonstances d'une vie bien cruellement éprouvée. L'affreuse misère où la mort de son père l'a laissé s'accroîtra de jour en jour, il verra un de ses frères se noyer pour ne plus être à charge à sa pauvre mère, l'autre tomber dans le vice et l'ignominie; il verra la mort éclaircir le cercle étroit de ses amis, et ses plus belles espérances d'écrivain s'en aller en fumée. N'importe, il prend une trop vive part à l'existence humaine et chérit trop ses belles illusions pour ne point tenir bon au milieu des calamités qui l'assiègent. Comment ne point secouer ce scepticisme de tête, quand on a tant de foi dans ses propres sensations? comment lui, si indulgent pour les petitesses du monde, consentirait-il longtemps à se donner des airs d'esprit fort? « Plus d'un pense avoir fait preuve de dévotion lorsqu'il a bien déclamé contre ce monde qu'il est convenu d'appeler une vallée de misères. Quant à moi, j'avise qu'il serait mieux de dire vallée de délices. Dieu, à ce qu'il me semble, doit être plus porté à se montrer content de celui qui trouve tout pour le mieux dans ce monde, que de celui à qui rien ne sourit. Au milieu de tant de délices dont regorge le monde, n'est-il point d'une noire ingratitude de l'appeler un séjour de peine et de misère? »

Jean-Paul avait dix-huit ans lorsqu'il vint à Leipzig pour y mener la vie d'université; bientôt cependant les faibles ressources dont il disposait lui manquèrent par la mort de son père. Dès lors plus de loisirs pour les rêveries, plus de belles promenades au clair de lune, plus d'entretiens philosophiques mêlés de libations nocturnes dans la taverne des *Trois Roses*. A la médiocrité de l'existence succédait tout à coup un dénûment profond, et le rêveur fantasque, ainsi surpris à l'improviste, avisa d'abord aux moyens de porter secours à sa vieille mère. « Savez-vous, écrivait-il à cette époque (septembre 1781), au recteur Werner de Schwarzenbach; savez-vous quelle pensée m'occupe et me pousse au travail? Ma mère. Je lui dois d'adoucir la seconde moitié d'une vie si cruellement éprouvée, et de la consoler autant qu'il est en moi de la perte que nous venons de faire, comme aussi je dois à mes frères de contribuer à leur bonheur. N'étaient ces considérations, mes études auraient, je vous le jure, une tout autre direction; je ne travaillerais alors qu'à ce qui me plaît, qu'aux choses pour lesquelles je me sentirais de véritables forces, et jamais je ne consentirais à prendre un emploi. » J'ignore de quel emploi il veut parler; ce qu'il y a de certain, c'est qu'il se mit à l'œuvre sans relâche, et, laissant là désormais toute étude non suivie d'un résultat immédiat, ne chercha plus dans ses lectures que les matériaux d'un ouvrage à produire. C'est ainsi qu'il dévora le livre de Hippel sur le mariage, il emprunta à Liscov son ironie acerbe, son trait satirique à Swift; il lut (je cite ici ses propres expressions) Voltaire pour l'esprit, Rousseau pour l'éloquence, Toussaint pour la finesse des aperçus, Helvétius pour la *magnificence* du style, etc. Je laisse à penser quel singulier enfantement dut résulter de ces lectures entreprises en dehors de toute considération générale, et seulement dans un but de compilation. Ce fut dans cet habit d'arlequin que le premier livre de Jean-Paul se produisit aux yeux du monde. Les *Procès groënlendais* sont tout simplement une collection d'articles satiriques sur la vie littéraire en Allemagne. Jean-Paul avait écrit à dix-huit ans un éloge de la folie, d'après Érasme, qui se trouve remanié dans ce livre, auquel on peut, il me semble, faire le reproche que son auteur adresse à si bon droit à la satire allemande du XVIIe siècle, lorsqu'il s'écrie que la satire allemande se met en chasse, moins pour forcer les loups et les bêtes fauves que pour s'amuser à forcer le menu gibier, tels que lièvres, cœurs de lièvres et autres pauvres diables. C'est là, à mon sens, le blâme le plus sérieux que puisse encourir Jean-Paul de la part de la critique; il lui arrive en effet trop souvent d'oublier le fond pour le détail, de négliger le point de vue général pour la première question incidente qui s'offre à lui, et qu'il va traiter avec complaisance, au risque de se perdre dans l'infini de je ne sais quel monde microscopique, et cela non-seulement dans ses *Procès groënlendais*, œuvre conseillée à l'inexpérience par la nécessité, *juvenilia juveniles*, comme il l'appelait lui-même en jouant sur les mots, selon son habitude, mais encore dans *les Papiers du Diable*, qui virent le jour six ans après (1789), et généralement dans la plupart des digressions entremêlées à ses romans. Comment l'exemple de Rabener ne l'instruisait-il pas, de ce Rabener dont il disait avec tant d'esprit qu'il passa sa vie à faire des auto-da-fé à propos de misères?

Dans la préface publiée en tête de la seconde édition des *Procès groënlandais* (Berlin 1821), Jean-Paul raconte d'une manière touchante les circonstances qui accompagnèrent la naissance de son premier livre. « Sur ces entrefaites, dit-il, vint l'hiver avec sa misère et la mienne. Le pauvre petit livre dut quitter sa ville natale et partir seul pour Berlin, où le vieux libraire Frédéric Voss l'attendait. Pendant ce temps, son père eut à supporter plus d'une de ces petites contrariétés qu'on appelle vulgairement dans la vie poêle sans feu et ventre vide. Enfin le petit voyageur revint un jour frapper à ma froide chambre, rapportant que le digne libraire, l'éditeur et l'ami de Lessing et de Hippel, prenait ma modeste couvée sous sa protection, et se proposait de ne rien négliger pour qu'à la première foire de Leipzig mes petits drôles fussent mêlés et confondus parmi les autres bandes de savants et d'enfants perdus. En général, les critiques, de leur côté, ne se montrèrent pas trop impitoyables. Un seul, c'était à Leipzig, je m'en souviens encore, voyant la pauvre couvée passer sous l'arbre où il se tenait perché en sentinelle littéraire, lui décocha, comme font les singes, toute sorte de ses méchants projectiles. »

Aux ennuis de toute espèce qui fondirent sur lui à cette époque, il faut ajouter les désagréments que lui attira sa manière de se vêtir. Si, comme on l'a dit, la pensée de l'homme réagit sur son corps, un esprit aussi original que le sien ne pouvait manquer de donner à son enveloppe matérielle quelque chose de sa physionomie excentrique. Il rompit net avec la mode, porta ses cheveux ras dans un temps où la queue était en honneur, et, sous prétexte de respirer avec plus de liberté, alla sans cravate et la chemise au vent; si bien qu'un voisin devant la fenêtre duquel il passait et repassait dans ses promenades du soir, ennuyé de ce manége et prétendant jouir seul du jardin, imagina de se plaindre au nom de la morale publique, et le fit déloger incontinent. On trouve, dans sa correspondance, des pages entières consacrées à défendre sa mise. A Leipzig, on s'était ému; à Hof, ce fut bien autre chose. De retour dans sa ville natale, un ébahissement unanime l'accueillit, et cela non-seulement chez ces honnêtes bourgeois scrupuleux observateurs des mœurs antiques, mais au sein même de sa famille. Une lettre qu'il écrit à Œrthel, pour le prier de lui envoyer un livre, se termine ainsi : « Pardonne-moi ce style misérable, mais que veux-tu? je t'écris au milieu de gens en train de s'extasier sur mes cheveux. » Le lendemain, il adresse au même un apologue sur cette espèce de révolution causée dans le pays par son costume. « Il y avait une fois un fou qui habitait une ville uniquement peuplée de fous. D'ordinaire, quelques exceptions se rencontrent, mais ici on n'en comptait aucune. Les honorables de l'endroit portaient sur leur bonnet une certaine quantité de grelots sur lesquels on voyait gravé un bel âne. Pendant longtemps, notre fou dut s'en tenir à porter à sa cape de simples jetons sans figures; enfin, un peu d'argent qu'il eut lui donna le moyen de se procurer à ton tour des grelots sur lesquels il fit graver un bel âne d'après nature. Quels yeux vont ouvrir ces gens lorsqu'ils m'apercevront! se dit-il en mettant son bonnet devant la glace. Il courut la ville tout le jour, visita ses amis, visita même quelques-uns de ses ennemis, mais personne ne prit garde à lui. L'imbécile, qui oublia que les fous ne tiennent jamais compte d'une folie lorsque cette folie est la leur! Pour qu'une extravagance soit admirée, il la faut neuve; il la faut originale pour qu'on la blâme. Notre fou s'en alla visiter une autre ville. Dans celle-ci, la mode avait adopté l'image d'un mulet. Or, la cité en question était située non loin du pays d'Utopie, où se trouve une ville qui préfère à son tour le cheval à l'âne. La vanité de notre fou portant son âne pour la première fois peut à peine donner une idée de la vanité triomphante qui gonfla toute sa personne, lorsqu'il lui advint de dépouiller ce même âne pour mettre un mulet à sa place. Un superbe animal! s'écria-t-il; c'est dommage qu'il ne se propage point comme la mode qui l'ennoblit. Le compère allait recommencer à porter haut la tête; par bonheur, un petit incident l'empêcha d'être désenchanté de nouveau. Sa mère lui écrivit : Viens pour les fêtes, et surtout veille à tes habits neufs et ne manque pas de nous rapporter ton bel âne. Lui répondit : J'arrive; mais au lieu d'âne je rapporte un mulet, qui me sied infiniment mieux. Il revint donc avec un mulet dans sa ville natale. Du plus loin qu'il l'aperçut, le surintendant s'écria : Notre jeune homme prétend donc insulter les gens d'Église, qu'il dédaigne les ânes? Le ciel éclaire son esprit! — C'est un oison, dirent les femmes, il n'a point d'âne. — Qui n'a point d'âne est un âne, poursuivirent les bourgeois en chœur. Mais regardez-le donc. Dieu me pardonne! il porte un mulet! Mulet lui-même. — L'orgueil de notre fou s'accrut encore du blâme, et il se sentit si fier d'une folie que les fous critiquaient, qu'il écrivit toute l'histoire à son camarade Œrthel. » Vainement ses amis intervinrent, Jean-Paul n'en démordit pas. Au lieu de se laisser convaincre par leurs arguments épistolaires, il les réfuta l'un après l'autre avec le sérieux et la patience d'un rhéteur byzantin, invoquant des raisons de fortune et de santé en faveur de ses goûts excentriques. Cette manie de porter les cheveux courts lui épargnait son temps et son argent, et le débarrassait de l'insupportable tyrannie du coiffeur. Quant à la cravate, il en faisait le procès en deux mots. Quoi de plus dangereux en effet que cette habitude de se serrer les veines du cou (il était de nature apoplectique), et comment tolérer de gaieté de cœur une si effroyable gêne? Et lorsque par hasard quelque sage du bon vieux temps, l'excellent Vogel par exemple, lui disait en souriant qu'il fallait autant que possible faire comme tout le monde, et que la vraie philosophie n'était point de prétendre que les autres se réglassent sur nous, mais bien au contraire de nous conformer, nous, à la règle commune, il se fâchait tout rouge, et commençait à déclamer contre les proverbes, « qui, poursuivait-il, ne prouvent rien, ou plutôt prouvent trop, car si je ne résiste au torrent, le torrent finira par emporter ce qu'il peut y avoir de bon en moi. Le royaume du vice est tout aussi grand, tout aussi vaste que celui de la mode, et si je dois hurler avec les loups, pourquoi ne déroberais-je point avec eux ? Quant à moi, je tiens cette coutume de consulter dans nos moindres actions le jugement d'autrui pour la ruine de tout repos, de toute sagesse, de toute vertu. » Bizarre discussion, où de part et d'autre, comme on pense, les sophismes ne manquent pas, où les noms de Diogène et de Rousseau devaient jouer leur rôle, et qui ressemble assez, comme toutes les discussions de ce genre, à une partie d'échecs, avec cette différence, que les idées, ici, remplacent les pions dans la manœuvre.

Quand on pense à la situation de fortune où se trouvait Jean-Paul à cette époque, on ne peut s'empêcher d'admirer le ton d'enjouement qui éclate dans toute cette correspondance pleine de folles boutades et de traits mordants. Il fallait certes que cette verve humoristique dont abondent tous ses écrits fût bien profondément enracinée au cœur de son être pour ne point se démentir en d'aussi difficiles circonstances : en effet, de tous côtés la misère le pressait, cette affreuse misère de l'homme de lettres à qui l'éditeur manque, ce dénûment sans espérance contre lequel le travail lui-même ne peut rien; car si le tisserand à son métier, si le forgeron à son enclume, assurent par leur sueur de la journée le pain du soir à leur famille, le malheureux ouvrier qui n'a d'autre intrument que son cerveau, d'autre moyen d'existence que sa pensée, se débat dans le vide, seul avec ses rêves qu'il agite et traduit, dans sa veille inféconde, en hiéroglyphes incompris dont nul ne veut, que nul ne paie. Jean-Paul en était là. Son premier livre avait échoué devant le public, partant point d'éditeur pour le second. Chaque jour cependant sa pénurie augmentait; ses lettres contiennent à ce sujet les plus tristes révélations : « Je dois 24 thalers à ma table d'hôte, 10 thalers à l'homme qui me loge, etc., etc.; mais à tout prendre, ce n'est point encore là ce qui m'inquiète, car je puis les faire attendre jusqu'à la Saint-Michel, époque à laquelle je ne puis manquer d'être en mesure de payer. » Illusion de poëte qui rêve un éditeur et procède déjà comme s'il le tenait. Quel auteur ne s'obstine à prendre pour de l'argent comptant le manuscrit qu'il garde en portefeuille? Comment la Saint-Michel se passerait-elle sans lui fournir un éditeur? Infailliblement à cette époque il paiera ses créanciers du produit de son livre. Aussi n'a-t-il point à se tourmenter de ses dettes; ce qui l'inquiète, ce sont les menus frais de la vie usuelle, ces dépenses inévitables que chaque jour, chaque instant amène, réalités suprêmes, désastreuses, où vient se briser la baguette de la Fantaisie, impuissante à mettre un écu sonnant dans la poche du pauvre diable à qui elle fait voir des mines d'or en perspective; ce qui l'inquiète, c'est la blanchisseuse qu'il faut payer chaque semaine, c'est la laitière qui ne veut plus continuer à lui fournir son déjeuner, c'est le tailleur qui refuse de rajuster son vieil habit noir à crédit. Quel secours implorer dans une telle extrémité? à qui s'adresser? A sa mère? Hélas! la pauvre femme! elle-même aurait eu besoin qu'on vînt à son aide. Outre Jean-Paul, qui puisait dans sa bourse autant qu'il le pouvait, la digne femme avait encore d'autres enfants qu'elle assistait de ses faibles moyens: Adam, d'abord barbier à Schwarzenbach, puis soldat, et qui finit par mal tourner; et Henri, malheureux jeune homme qui se noya pour ne plus être à charge à sa mère. On le voit, de cruelles épreuves attendaient l'écrivain à l'entrée de la vie.

Sur ces entrefaites, Jean-Paul était revenu à Leipzig, inébranlable dans ses projets, résolu à dompter la fortune à force de persévérance et d'entêtement. Comme on le suppose, la Saint-Michel n'amena point de libraire. Vainement les auteurs en renom intercédèrent pour lui, vainement il offrit son ouvrage de porte en porte; nul n'osait se décider à faire cause commune avec un écrivain original sans doute, mais dont l'originalité tardait bien à réussir, et *les Papiers du Diable*, composés à cette époque, ne furent publiés que sept ans après. Le vieux Vogel ne s'était pas trompé en lui écrivant, sur le simple examen du manuscrit des secondes satires: « Votre livre ne sera lu que des fins connaisseurs, et comme il n'a point trait au reste du monde, le reste du monde s'en abstiendra. Il y a là trop de sublimités et de casse-têtes, du moins pour le commun des martyrs. On se défie en général de ces plaisirs qu'on achète au prix de tant d'efforts, de ces merveilles qu'on n'aperçoit qu'à l'aide d'une lunette d'approche ; et les gens préfèrent de beaucoup la monnaie courante et sonnante d'un héritage que le simple cours des choses amène, à l'or qu'il faut extraire des profondeurs de la terre, si précieux d'ailleurs que soit cet or. » A quoi Jean-Paul répondait en abondant dans le sens des critiques : « Vous avez pleinement raison, je suis las moi-même de cet esprit forcé, de cette expression obscure, de ces *débauches intellectuelles*; mais comment faire pour résister au mauvais goût, lorsqu'on n'a point sous la main un ami qui vous éclaire et vous ramène à l'ordre ? et si par bonheur on l'avait, l'écouterait-on ? D'ordinaire on ne s'en remet guère qu'à sa propre expérience. Hélas ! l'expérience est une bonne école ! quel dommage qu'il en coûte si cher d'y aller ! » Les illusions littéraires des premiers jours s'évanouissaient à chaque heure. Jean-Paul ne perdit pas courage. La *Gazette de Berlin*, sans témoigner un bien vif enthousiasme pour la première partie des *Procès groënlandais*, avait néanmoins soutenu le livre. Mais que pouvait une voix perdue dans le nombre, une marque isolée de sympathie au milieu de ce concert de bravos et de sifflets ? La prophétie de Vogel s'était réalisée. L'ouvrage n'eut pas même un succès de scandale, et de la disgrâce du public tomba dans celle du libraire, qui, trouvant l'article d'un médiocre débit, déclina prudemment toute nouvelle proposition de l'auteur. C'était à en briser sa plume de désespoir et de honte ! Jean-Paul avait trop de confiance en ses forces, trop de sérénité dans l'esprit et dans l'âme, pour se laisser abattre. Rebuté par l'un, il se tourna vers l'autre, et ainsi de suite jusqu'à ce qu'il eût fait le tour de tous les libraires de Leipzig. « J'attends un mot de vous, écrit-il à l'un d'eux, qui me rende mes espérances, car, je vous l'avouerai, jusqu'ici la fortune ne m'a point gâté, et je ne suis encore que le jouet de la contradiction qui existe entre ma vocation et ma destinée. J'abandonne entièrement à votre goût, à votre impartialité, le soin de fixer les conditions de mon travail. » Le plus souvent ces lettres demeuraient sans réponse ; alors il s'adressait aux amis des libraires et les suppliait d'intervenir en sa faveur. Triste et douloureuse correspondance où se trahit à chaque ligne la misère de l'un et la sotte vanité des autres, qu'on prendrait volontiers pour des Excellences à leur façon d'éconduire ce génie, qu'à son avénement du lendemain ils salueront plus bas que terre.

En même temps qu'il épuisait toute démarche auprès des libraires de Leipzig, il écrivait à Berlin, à Goettingen, et sa correspondance étrangère ne réussissait pas mieux que l'autre. Décidément, la fortune lui en voulait; une succession si opiniâtre de désappointements et de contrariétés aurait pu ébranler son courage, et dans ces tristes circonstances il chercha si son fonds littéraire ne lui fournirait point quelque préservatif moral contre les mauvaises dispositions d'esprit. Ce topique fut un petit livre de piété (*Andachtsbuch*) qu'il rédigea avec le soin le plus minutieux, espèce de bréviaire à son usage particulier, et dont il suffit de nommer divers chapitres intitulés *Douleur, Vertu, Rêves de Gloire, Colère*, pour qu'on en devine à l'instant la destination philosophique. On y voit le pauvre écrivain, ballotté entre ses inquiétudes et ses espérances, user presque de supercherie envers lui-même pour relever ses forces abattues, et, à défaut de consolations bien efficaces, se proposer des sentences de résignation du genre de celles-ci, par exemple : « Figure-toi toujours un état pire que celui où tu es. — Au lieu d'accuser la destinée, ne t'en prends qu'à toi seul des douleurs qui t'arrivent. — L'affliction ne sert de rien, elle est au contraire le vrai mal. — Ne dis jamais : Plût à Dieu que ce fussent d'autres souffrances que celles que j'endure, je les supporterais mieux !... » Mais, hélas ! que peut un aphorisme contre l'affreuse réalité de la misère ? La situation n'était plus tenable. Après tant de beaux rêves déçus, il fallait se résigner à retourner l'oreille basse au point d'où l'on était parti. Déjà il avait sondé sa mère à ce sujet. « En supposant que je vous revienne un de ces jours, où m'établirai-je sous le toit que vous habitez maintenant ? » La maison qu'elle possédait à Hof était vendue. « Écrivez-moi si vous pouvez me donner un coin où je me glisse en arrivant. »

La grande affaire était de quitter Leipzig, car ses ennemis avaient l'œil sur lui, et d'ailleurs l'étrangeté de son costume le désignait d'une manière infaillible à la surveillance des gens intéressés. N'importe, l'époque du déménagement est fixée. La nuit venue, son ami Œrthel l'attendait avec son bagage (fardeau bien mince, on l'imagine), sur la grand'route où la diligence devait le prendre. Il ne s'agissait plus que de sortir des murs, et notre imperturbable humoriste invente à cette fin un expédient digne de Mascarille. De la dernière pièce de monnaie qui lui reste il achète une queue, la fourre sous son chapeau, et trompe ainsi la vigilance de ses argus. Comment reconnaître Jean-Paul l'excentrique sous un déguisement qui le fait ressembler à tout le monde? Du reste, le trait, bien qu'original, n'était pas nouveau. On se souvient de l'histoire du baron de Münchhausen se tirant lui-même par la queue d'un bourbier où il s'est laissé choir.

De retour à Hof, Jean-Paul reprit sa correspondance longtemps interrompue avec le pasteur Vogel, qui habitait Rehau, à deux lieues de là. Le bonhomme, quelque peu voltairien, s'arrangea à merveille du tour d'esprit hétérodoxe de notre aventureux humoriste, et des relations de plus en plus intimes s'établirent entre eux, relations qui valurent au jeune écrivain l'avantage de ne point manquer de livres dans son exil. La situation n'offrait certes rien de bien brillant encore, mais du moins pouvait-on la prendre en patience et s'y résigner, sans avoir la perspective de mourir de faim au premier jour. De bonnes âmes veillaient de près sur l'indigente famille, à laquelle parvenaient çà et là de petits secours discrètement ménagés. Outre le digne pasteur Vogel, je citerai dans le nombre ce Christian Otto, connu depuis sous le pseudonyme de Georgius dans les lettres allemandes, et qui, dans ces pénibles circonstances, donna toujours à la mère de Jean-Paul les plus nobles marques d'intérêt; car c'était encore la pauvre vieille mère qui pourvoyait, à force de travail et de courage, aux nécessités de la communauté. Son rouet et son économie suffisaient à tout; aussi fallait-il s'épargner la dépense. Le cabinet d'étude de Jean-Paul servait en même temps de pièce commune; c'était là qu'il vivait avec trois de ses frères et sa mère, et tandis que celle-ci nettoyait ou balayait, faisait la cuisine ou la lessive, passant des soins du ménage au travail du rouet et de la quenouille, Jean-Paul, assis dans un coin devant une table de bois chargée de manuscrits et de livres de toute espèce, extrayait, annotait, compilait, plongé jusqu'au cou dans son œuvre, dont les occupations domestiques paraissaient le distraire aussi peu que le battement d'ailes des pigeons familiers qui roucoulaient autour de lui.

Vers le commencement de 1787, le père de Œrthel invita

Jean-Paul à venir à sa terre de Tœpen pour y surveiller l'éducation de son second fils. Bien que dès cette époque il respirât déjà plus librement, il s'en fallait que notre poëte se vît au bout de ses tribulations : d'abord, le vieux conseiller, homme de mœurs brutales et grossières, au lieu d'avoir égard à tout ce que la position du jeune écrivain commandait de ménagements et de délicatesses, le traitait comme un de ses gens, et, dans sa suffisance de marchand enrichi, ne lui épargnait au besoin ni la réprimande ni les blessantes rebuffades ; d'autre part, le petit écolier ne profitait en aucune manière des leçons qu'on lui donnait, et semblait prendre à tâche de déjouer toutes les espérances de son maître. Sans la présence du frère aîné, Jean-Paul eût déserté le poste ; le bonheur voulut qu'il trouvât, pour lui alléger cette nouvelle épreuve, l'amitié de ce noble Laurent, du camarade si dévoué de Leipzig, et les bons soins de sa mère, qui ne manquait jamais, au bout du mois, d'augmenter en cachette de quelques thalers les appointements du modeste précepteur. En outre, le domaine de Tœpen avait l'incontestable avantage d'être situé aux environs de Hof, à deux pas de Rehau, et si les livres n'abondaient guère au château du riche conseiller, du moins était-il très-facile de s'en procurer à l'aide de petits pèlerinages entrepris le dimanche à la bibliothèque de l'excellent Vogel. Nous avons parlé plus haut de la tolérance du digne vieillard. Le ministre chargé du soin de diriger la conscience des habitants de Tœpen était loin de professer de pareils sentiments : sous prétexte de défendre les saintes Écritures, dont il ne voyait que la lettre, impuissant d'ailleurs à comprendre la portée du paradoxe de Jean-Paul, cet homme l'attaqua de front par un libelle, le poursuivit publiquement dans sa chaire, et n'eut pas honte de le dénoncer à la famille de Œrthel comme athée et capable de pervertir le jeune élève qu'on lui confiait. A cette indigne manifestation, Jean-Paul riposta dédaigneusement, froidement. Nous citerons quelques mots de sa réponse, qui pourrait bien se trouver aujourd'hui de circonstance.

« Si j'ai tant tardé jusqu'ici à vous écrire, c'est que franchement j'avais mieux à faire que de m'occuper de vos injures ; cependant je dois à l'honneur de monsieur le conseiller de repousser des calomnies qui doivent nécessairement l'atteindre à son tour : car si je suis un apôtre d'athéisme et de suicide, qu'est-il donc, le père qui n'hésite point à donner un tel apôtre pour précepteur à son enfant? Mais non, vous feriez mieux de me dire, vous, ce qu'est un ministre de Dieu qui intente sans preuves une aussi mortelle accusation contre un homme chrétien comme lui, et qui ne l'a jamais offensé? Peut-être mettrez-vous cette prédication indigne, également blessante pour la morale religieuse, pour les convenances humaines et pour la raison; peut-être, dis-je, la mettrez-vous sur le compte de la chaleur qu'il faisait ce jour-là (la lettre de Jean-Paul est datée du 3 septembre). Mais il s'agit ici moins de votre tête que de votre cœur, dont la démence me semble pire. Quand avez-vous reçu ma profession de foi, que vous prétendez si bien me connaître, et jouer à mon égard dans ce village le rôle de grand inquisiteur? Pour moi, je vous l'avouerai franchement, si j'étais ministre de la religion, au lieu d'imiter ces braves pasteurs qui passent leur vie à prêcher la morale, comme si pour mériter le ciel il suffisait d'être vertueux, je les accuserais tout simplement d'hérésie; je convertirais cette sainte place en un champ libre où je déverserais impunément mon venin et ma haine sur toute chose; j'y soutiendrais que l'erreur gagne à vieillir comme le vin; je dirais que je suis le seul sage et que les autres sont des fous; que les livres nouveaux sont malsains comme le pain nouveau, et j'étendrais si bien mon bras, qu'il finirait par se trouver aussi long que le bras temporel. J'ai dû prendre ces précautions pour qu'à l'avenir vous ne m'accusiez plus d'athéisme. Souffrez maintenant que j'aille droit mon chemin, cherchant la vérité que j'aime et que je défends, parce que c'est mon devoir de l'aimer et de la défendre. Laissez-moi croire aussi que nous n'avons dans ce bas monde à nous proposer que l'imitation de Dieu et du Christ, la connaissance parfaite de ces deux natures étant réservée à l'autre, au monde à venir, et qu'un homme qui aime mieux prouver la divinité du Christ que suivre ses préceptes évangéliques ressemble à un paysan qui passerait sa journée à chercher si son maître est de bonne et légitime noblesse, au lieu de le servir fidèlement et de l'aimer. Croyez enfin que c'est votre entêtement seul que je hais et non vous, non votre état, de tous les états le plus vénérable et celui dont on abuse le plus. »

Enfin, après tant de longues et infructueuses démarches, Jean-Paul venait de découvrir un éditeur pour ses satires. Il ne s'agissait plus que de s'entendre sur le titre, celui que l'auteur proposait ne convenant point au libraire [1] : « Ne vous fâchez pas, lui écrivait ce dernier, si je vous avoue ici que je me suis imposé la loi de ne jamais imprimer un livre dont le titre ne me semble pas devoir du premier coup entraîner le public. Après tout, si je publie un ouvrage, c'est pour le vendre; et, sans perdre le temps en recherches inutiles, je crois qu'avec quelques petits changements, notre livre pourrait très-bien s'appeler *Choix des papiers de sir Lucifer.* » Jean-Paul n'était point en position de repousser les exigences du libraire; il se contenta donc d'une légère variante dans le titre indiqué, et l'ouvrage fut mis sous l'invocation du diable. Toutefois le patronage infernal, dont le crédit n'a jamais fait défaut aux auteurs qui l'ont invoqué, ne réussit point de prime abord à produire l'ouvrage à la lumière. Il fallait que la fortune du malheureux écrivain fût bien rebelle et bien désespérée pour oser défier ainsi le diable lui-même, cet infaillible fabricateur de succès. De jour en jour, la publication était différée; enfin du 8 août on renvoya les choses au 15 mai de l'année suivante. « Pauvre livre, s'écriait Jean-Paul en s'attendrissant sur la destinée de cet enfant de son génie, quand sortiras-tu des sept tours où tu gémis en captivité? quand verras-tu le monde, le beau Leipzig et sa *rue des Libraires?* Hélas! pauvre escargot, tu languis désormais dans la coquille du pupitre en attendant que le printemps te ranime! Et dire, livre infortuné, que moi je ne puis rien, et que l'éditeur, qui peut tout, ne veut rien faire! » Il était écrit que Jean-Paul viderait à cette occasion la coupe du désenchantement littéraire. Quand l'ouvrage parut, l'éditeur, qui ne se gênait guère pour traiter l'auteur en écrivain sans conséquence, l'oublia complétement dans la distribution des premiers exemplaires. Jean-Paul aimait passionnément à se voir imprimé, et cette naïveté, assez commune aux gens qui débutent dans les lettres, se perpétua chez lui jusqu'à la fin, avec tant d'autres sensations juvéniles dont cette âme essentiellement candide n'abdiqua jamais le partage. On comprend d'après cela quelle ardeur Jean-Paul dut mettre à relever l'oubli de l'arrogant libraire; un zèle de néophyte ne l'égare point cependant,

---

[1] Jean-Paul voulait intituler son livre : *Œuvres posthumes philosophiques et cosmopolites de Faustin.*

et c'est du ton le plus modeste qu'il revendique ses droits. « Je suis certes fort heureux que mon livre soit enfin sorti de l'œuf; mais le diable et moi le serions bien davantage, si vous consentiez à nous en envoyer quelques exemplaires; nous avons à nous deux tant d'amis à qui nous voudrions l'offrir! » L'infortuné ne savait pas ce qu'il demandait; l'ouvrage arriva à la fin, mais criblé de fautes, rempli de contre-sens et de phrases tronquées. C'était bien la peine d'avoir attendu si longtemps, d'avoir tant supporté de déboires et d'humiliations, pour qu'au jour de la publication tous les ennuis, toutes les tortures préliminaires fussent encore dépassés par la honte de voir son style si misérablement défiguré!

A ces tribulations littéraires vinrent se joindre des épreuves bien autrement douloureuses : d'abord Laurent de Œrthel qui mourut, puis Hermann, les deux amis d'université, les deux figures mélancoliques et souffrantes entre lesquelles avait marché jusque-là sa jeunesse couronnée d'épines. « Quand mon frère périt [1], écrivait-il à cette époque, il me sembla que jamais pareil jour ne se lèverait pour déchirer encore mon cœur, et pourtant ce jour est venu. »

A la mort de Œrthel, les liens les plus chers qui retenaient Jean-Paul à Tœpen se trouvèrent naturellement rompus; il quitta donc cette résidence et revint à Hof. Du reste, ses idées s'étaient singulièrement modifiées; l'adversité, les soucis, quelques années, avaient ramené à des mœurs plus faciles, à des goûts plus modérés, l'esprit jadis insociable et vagabond. Aussi l'étonnement fut-il grand lorsqu'on le vit inaugurer une ère nouvelle par la réforme complète du costume excentrique qu'il avait adopté. C'en était fait, l'étudiant débraillé de Leipzig sacrifiait aux convenances de l'époque son célèbre costume à la Hamlet. Jean-Paul reprenant la queue! grave et mémorable événement qu'il a soin d'annoncer à ses amis par circulaire. « Je me suis décidé à faire peau neuve, écrit-il à Vogel, et à relier définitivement en un volume à la française mon corps autrefois broché. Me voici donc le cilice au col et les cheveux dûment noués et tordus dans une espèce de *suffixum*, ou, si vous l'aimez mieux,

---

[1] Son frère Henri, celui dont nous avons parlé plus haut, douce et noble nature, qui, voyant sa mère se débattre sous le faix du travail et de la misère, chercha la mort dans les flots, pour soulager au moins d'autant celle qu'il sentait ne pouvoir efficacement secourir.

d'*accentus acutus* vulgairement appelé queue. En somme, je n'ai qu'à me louer de m'être enfin rendu à vos conseils, si maladroitement repoussés par moi dans le temps ; car depuis que j'ai dépouillé le vieil homme et traduit mon corps de l'anglais en allemand de ce pays, je sens que je vais et viens avec plus d'aisance et de liberté. » Ainsi on se laissait tout doucement aller à la pente commune, on abandonnait le paradoxe pour les idées bourgeoises ; on reprenait la queue. C'est un peu l'histoire de chacun. Qui n'a senti de ces velléités de lutte, de ces tendances provocatrices qui, sous quelques manifestations puériles qu'elles se trahissent, n'en existent pas moins au fond du cœur dans cette effervescence des premiers jours ? A la longue cependant, on s'aperçoit qu'on est tout seul de son parti ; peu à peu l'irrésolution s'en mêle, on se demande qui a raison, et dans le doute on fait comme Jean-Paul, on se range, on reprend la queue.

De là aux idées de mariage il semble qu'il n'y avait qu'un pas. Toutefois, du côté du cœur, Jean-Paul conservait toutes ses illusions, toutes ses vaporeuses rêveries. Un trouble secret, une incessante aspiration vers un idéal pressenti le possède et l'agite. S'il se promène au clair de lune, s'il voit au déclin d'un beau jour d'été le soleil se coucher dans sa gloire, à l'effusion de son enthousiasme un sentiment de regret succède presque aussitôt. Il cherche autour de lui une âme sœur de la sienne pour se répandre en cantiques d'amour au spectacle de ces magnificences de la nature. On comprend à quel point, en de pareilles heures, devait déborder du sein de Jean-Paul cette passion vague de l'infini, cette extase sans nom dans notre langue, et sur laquelle il faut pourtant bien revenir, lorsqu'il s'agit d'un Allemand de la famille du chantre d'*Hesperus*. Qu'est-ce en effet que la *Sehnsucht* ? Comment la définir ? Imaginez la soif ardente, l'incurable langueur d'une âme que rien n'apaise et qui se dit : Cette voix éolienne dont je fus ravie venait du ciel, ces voluptés que je rêve ne sont pas de ce monde, ce cœur qui seul me peut comprendre bat dans une autre sphère ; et cependant, trésors insaisissables, ma vie se consume à les poursuivre, et mes efforts n'ont point de trêve ! Telle est la *Sehnsucht*. Ce sentiment faisait désormais à Jean-Paul un besoin de la société des femmes, des jeunes filles surtout, dont le naïf commerce convenait si bien à sa nature ingénue et discrète. Il s'était composé dans son entourage une petite académie à laquelle il prenait plaisir de communiquer ses inspirations. Ce fut pour cet auditoire d'élite qu'il écrivit la plupart de ses fantaisies détachées. Il les leur lisait le soir, ou les leur envoyait par lettres. Une de ces lettres donnera quelque idée du ton affectueux, presque paternel, de cette correspondance, où les caprices de l'imagination se mêlaient aux plus douces paroles du cœur. « Pour deux ou trois minutes dont on se souvient, on oublie des journées, des semaines entières. Et plût à Dieu, encore, qu'il nous restât de chaque jour ces trois minutes mémorables! la vie alors et la jouissance de la vie auraient un sens. Mais, hélas! le monde est ainsi fait, que c'est à peine si nos heures valent la peine, je ne dis pas qu'on se les rappelle, mais tout simplement qu'on les *vive*. Et voilà pourquoi j'imaginai hier le rêve suivant, qui n'a d'autre mérite que de prolonger en moi l'écho si doux de l'une de ces heures.—Avant que le Créateur eût revêtu d'un corps, pour l'envoyer sur terre, l'âme de notre jeune amie, les deux Génies qui s'attachent invisibles à tous nos pas s'avancèrent devant lui. Le Génie du mal, à la lèvre blême et contractée, à l'œil implacable, aux mains avides, s'élança sur la chère âme nue encore, et dit : « Je veux la perdre. » A ces mots, l'âme innocente tressaillit devant lui, devant son Créateur, devant son bon Génie. Cependant l'Esprit du mal poursuivit en grimaçant vis-à-vis d'un miroir : « C'est ainsi que je prétends la perdre, par ces minauderies qu'elle dédaignera jusqu'à ce qu'elle s'y laisse prendre et les imite. J'étalerai sous ses yeux des diamants, des fleurs et des tissus, toutes les pompes de la mode, et je l'enjôlerai en lui donnant de quoi se procurer tant de merveilles. Si ma voix, qui parle en elle, n'est point écoutée, j'emprunterai la voix des jeunes gens pour la flatter, la tromper, la séduire; j'éveillerai son amour sans le lui rendre, et s'il lui arrive de faire le bien, ce ne sera point pour le bien lui-même, mais parce qu'elle croira plaire davantage par là. » — Mais le bon Génie baisa l'âme frémissante, et, s'agenouillant devant le Créateur : « Couronne, dit-il, et pare d'un beau corps la belle âme, et cette enveloppe ne se détachera d'elle qu'immaculée. Donne-lui de beaux yeux, dont jamais le mensonge n'altérera l'azur céleste; mets un cœur sensible dans sa poitrine, un cœur qui ne doit s'arrêter qu'après avoir battu pour la nature et la vertu. Je te le rapporterai de la terre épanoui comme une fleur qui brise enfin son enveloppe, car je veux me mêler aux rayons de la lune, aux enchantements des nuits de mai, pour évoquer dans son sein des soupirs d'une douce langueur. Ma voix, en l'appelant, aura de musicales inflexions, et je causerai du haut de ton ciel avec elle. J'emprunterai l'accent de sa mère ou d'une amie, afin de l'attacher à moi. Souvent je veux, dans l'ombre et la solitude, voltiger autour d'elle, et, par une larme dont son œil s'embellisse, lui révéler le secret de ma présence et de mon amour, et je la conduirai de la sorte à travers la chaude journée de la vie jusque dans la vieillesse, jusqu'à cette heure où son doux éclat doit pâlir devant l'éternité, comme fait la lune à l'aurore. » — Le bon Génie triompha, et tous deux descendirent sur la terre, haïs de l'esprit du mal qui les accompagna [1]. — O toi pour qui j'ai écrit ces lignes, pense à moi, et si ma voix éloignée sur la terre, ou pour jamais éteinte par-dessous, n'atteint plus jusqu'à toi, que ces pages te la rappellent. » — Je l'ai dit, d'aimables causeries littéraires entremêlées de lectures confidentielles faisaient le charme de cette réunion toute choisie, où l'intimité la plus honnête, la plus tendre, régnait entre le professeur et les élèves. Au sortir de si sensibles épreuves, l'âme du poëte se rassérénait dans cette atmosphère virginale, et cet esprit d'ordinaire si ombrageux, si indépendant,

---

[1] Cette fantaisie nous rappelle un fragment du même genre, mais plus touchant peut-être ; nous voulons parler de quelques lignes écrites à la mémoire d'une de ces gracieuses princesses d'Allemagne qui l'admirent plus tard dans l'intimité de leur petit Ferrare, et dont un agréable travail sur la duchesse Dorothée de Courlande, publié dernièrement, raconte, avec une parfaite intelligence du sujet, les hospitalières façons. « Avant qu'elle vînt au monde, écrit Richter de l'aimable muse, son Génie aborda le Destin et lui dit : J'ai toute sorte de couronnes pour cette enfant, couronne de beauté, myrte du mariage, couronne de roi, couronne de laurier et de chêne, symbole de l'amour de la patrie allemande, et couronne d'épines. — Donne-lui toutes tes couronnes, répondit le Destin. Cependant il en est encore une devant laquelle s'effacent les autres.

« Et lorsque la couronne funéraire ceignit cette tête auguste, le Génie revint, et comme ses larmes parlaient seules :

« — Regarde, s'écria tout à coup une voix ; et le Dieu des chrétiens apparut. »

Il y a là, qui le nierait! la percée de lumière dans l'infini, cette note de la rêverie que nous avons eu déjà l'occasion de surprendre dans plus d'un *lied* d'Uhland et de Kerner. On remarquera aussi le vague des personnages : le Génie, le Destin ; à quelle religion appartient cela? Au déisme de Rousseau sans nul doute, à ce culte romantique de la sentimentalité humaine, qui préfère volontiers au rite consacré l'union libre à la face du ciel, avec une urne pour autel ; *cette urne dédiée par un cœur aimant au cœur aimant qu'il adora.*

aimait à se mettre au niveau de ces imaginations de jeunes filles, dont il éclairait les curiosités instinctives aux lueurs d'une philosophie douce et modérée; car on ne s'en tenait pas aux simples questions poétiques, et de temps à autre les points les plus délicats étaient touchés. Ainsi, un jour, une des jolies disciples demande au maître de lui exposer, dans une lettre, ses idées sur l'immortalité de l'âme. « L'immortalité de l'âme, s'écrie alors Jean-Paul; mais il y aurait là de quoi écrire des volumes, et vous parlez d'une lettre; mais c'est là un sujet qui sillonne la création entière, qui serpente à travers les mondes et les siècles, dont le nom seul rouvre à l'instant dans la tombe tous les yeux que la mort a fermés. L'immortalité de l'âme! mais il serait plus aisé d'en parler tout un jour que d'en parler une heure! » Néanmoins Jean-Paul se met en devoir de répondre; peu de temps après, il adresse à sa blonde métaphysicienne une dissertation en règle sur la durée de l'âme et sa conscience après la mort : programme éblouissant où je trouve en germe les idées principales qui fleuriront avec magnificence dans la *Vallée de Campan*. Il va sans dire que la teinte poétique domine, et qu'en cette philosophie de sentiment la démonstration n'affecte pas un tour bien rigoureux; cependant, à n'envisager que le but qu'on se propose, en tant que prélude à de grands travaux qui plus tard atteindront leur harmonie, c'est parfait. Vous diriez un papillon émissaire lâché dans l'azur attiédi d'une de ces belles journées par lesquelles s'annonce le printemps. Je ne résiste pas au plaisir d'extraire une pensée de ce discours, qu'il faudrait pouvoir donner dans son ensemble. « Ce n'est qu'à la condition d'avoir les yeux tournés vers une autre vie, reprend Jean-Paul en terminant, que celle-ci nous deviendra supportable ou heureuse; de même que l'arc-en-ciel, en s'arrondissant au-dessus de nos têtes, embellit encore pour nous le spectacle de la terre en fleur, ainsi ce que nous cherchons dans l'autre vie prête du charme à tout ce que celle-ci renferme. »

A mesure qu'on s'oublie à contempler le docte groupe, on voit s'en détacher trois aimables figures : Hélène, Rénée, Caroline. Je cite leurs noms de jeunes filles, les seuls qui se rencontrent dans la correspondance de Jean-Paul. Quant aux autres, ils importent peu, et ce qui m'intéresserait bien davantage serait de savoir au juste ce qui se passa dans son cœur, et jusqu'à quel point ces familiarités intellectuelles avec de si gracieuses créatures réagirent sur ses sensations. Les aima-t-il toutes trois? Sans doute, mais de quel amour? Là est le secret, et si je m'en fie à ses tablettes, je m'aperçois que lui-même ne savait trop que penser là-dessus, lorsqu'il se posait, pour éclaircir son trouble, des questions du genre de celle-ci : « Jusqu'où doit aller l'amitié à l'égard du sexe féminin, et quelle est la différence qui existe entre elle et l'amour? » La demande avait de quoi embarrasser un ingénu de vingt-quatre ans qui agitait des mondes dans ses rêves, mais n'en baissait pas moins les yeux devant une femme. Aussi n'y répondit-il point, que nous sachions. Après tout, la grande affaire pour lui, c'était d'aimer, de se laisser vivre; qu'avait-il besoin de connaître la ligne de démarcation, d'éclairer à la lanterne sourde de l'analyse ces confuses tendresses d'une conscience encore novice? Tels grands secrets qui se dérobent à nos investigations les plus assidues vont s'échapper spontanément de nous-mêmes à l'instant où nous y songeons le moins, et peut-être eût-il suffi à Jean-Paul de relire les lettres qu'il écrivait à Caroline pour y saisir cette nuance qui décide. Évidemment ses préférences eussent incliné vers celle-ci. Il la voyait plus belle qu'elle n'était à travers ce prisme de transfiguration, qui, à défaut d'autre attribut, suffirait pour caractériser l'amour. Illusions charmantes qui ne devaient pas se prolonger! Au printemps, on se dispersa, et de tous ces beaux rêves de jeunesse il ne resta que d'agréables souvenirs, que Jean-Paul enferma soigneusement et pour la vie dans le coin le plus secret de cette mémoire du cœur dont il avait reçu le don.

Je ne sais, mais il semble qu'avant de s'éloigner, ces jolies fées des premières amours conjurèrent un peu la mauvaise fortune qui s'acharnait à poursuivre Jean-Paul. En effet, on dirait qu'à dater de cette période, un rayon plus doux visite la cellule du pauvre écrivain. Mécontent de ses premiers essais dans la satire, travaillé du besoin d'établir sa réputation littéraire sur des bases moins problématiques, il entreprit d'écrire un ouvrage de plus longue haleine. C'était alors en Allemagne comme aujourd'hui en France, le roman réussissait fort. Jean-Paul déserta donc l'école de Rabener pour se ranger sous la bannière de Klinger et de Hippel, les lauréats du jour. Sans doute qu'un certain esprit de calcul dut entrer dans sa détermination. En choisissant un genre en faveur chez le plus grand nombre, il assurait du moins un éditeur à son ouvrage. Et franchement, après de si douloureuses perplexités auxquelles nous l'avons vu en butte, pouvons-nous lui en vouloir de la spéculation? Dans tous les cas, ses prévisions se réalisèrent. Le manuscrit de *la Loge invisible* terminé, Jean-Paul l'adressa, sans autre recommandation qu'une épître de sa main, à un libraire de Berlin, lequel, chose incroyable, éprouva à la lecture de ces pages une émotion si vive et si profonde, qu'il se prit à l'instant du plus sympathique enthousiasme pour leur auteur inconnu. « Laissez-moi vous dire tout ce que j'ai dans l'âme, écrit-il à Jean-Paul, en lui accusant réception de *la Loge invisible,* dont il compte bien ne pas se dessaisir ; laissez-moi vous exprimer à quel point votre œuvre m'a ravi ; et j'ignore encore qui vous êtes, où vous vivez, ce que vous faites? De grâce, un mot de vous. » Jean-Paul, qui n'avait signé son manuscrit que de simples initiales, se déclare alors ouvertement, et d'un ton de bonhomie qui trahit une émotion que de moins naïfs chercheraient à déguiser : « Cher ami, répond-il, combien je suis heureux de votre excellent suffrage, et surtout de cette affinité qu'il me semble découvrir entre nos âmes! Pour comprendre toute ma joie, il vous faudrait connaître le sol béotien où la destinée m'a planté, connaître le froid glacial que les gens qui m'entourent affectent envers tout ce qui peut élever l'être humain au-dessus de l'état bourgeois, car ici le cœur n'est rien qu'un muscle plus ou moins volumineux ; et de quelques amis capables de ressentir autre chose que des impressions physiques, il ne me reste, hélas! que les tombeaux. Vous me demandez ce que je suis. Hélas! rien, ou plutôt un faiseur de riens. Jusqu'à ce jour, mes occupations se résument en ceci : j'ai travaillé pour le diable et beaucoup lu dans la solitude. Quant à ce qui regarde les besoins de la vie, je ne saurais pas que je suis pauvre, si je n'avais une vieille mère qui devrait, elle, ne point le savoir. » Le jour où parut *la Loge invisible* fut pour Jean-Paul une véritable fête. Il comptait alors vingt-six ans, et le premier exemplaire qu'il eut de son livre lui arriva le matin même de l'anniversaire de sa naissance. On juge si l'honnête Jean-Paul négligea de célébrer la double circonstance. Voici de quel trait cette date mémorable est consignée dans son journal : 5 mars 1793 : « Le génie éternel m'ouvrit à Hof un ciel d'azur. — Mon livre était là, ma joie fut presque de l'extase ; je passai deux bienheureuses journées tout entières occupées à la lecture de mon œuvre. » Ceci me rappelle un raffinement du même goût que pratiquait naguère encore en Allemagne un des plus furieux enthousiastes de l'auteur d'*Hesperus* et de *Titan*. Le brave homme dont je parle, quelque peu maniaque comme on verra, avait coutume de se désigner à lui-même dans le cours de l'année une soirée qu'il consacrait d'avance *in petto* au culte exclusif de sa divinité. Ce soir-là, il rentrait de bonne heure, s'enfermait avec soin dans sa chambre, allumait huit bougies, et les pieds sur les chenets, sa pipe bien bourrée, il se mettait à déguster à loisir, en gourmet, la prose poétique de *Siebenkaes* ou de *Quintus Fixlein*, s'interrompant çà et là pour méditer sur sa lecture et se verser un large verre de punch aux oranges. La séance littéraire se prolongeait ainsi jusque vers minuit, heure à laquelle le volume tombait des mains du dilettante, qui d'ordinaire essuyait une larme avant de s'endormir dans les fantastiques illusions de cette double ivresse. — Notre homme appelait cela célébrer la fête de Jean-Paul.

La Loge invisible est moins un livre qu'un fragment; les deux derniers volumes n'ont jamais paru. « En dépit de mes vues et de mes promesses, dit Jean-Paul dans une préface générale publiée, vers 1825, en tête de ses œuvres complètes, *la Loge invisible* demeure une ruine née. Il y a trente ans, j'eusse terminé l'ouvrage avec toute l'ardeur que j'avais mise à l'entreprendre; mais la vieillesse ne bâtit pas; tout ce qu'elle peut faire, c'est de rapiécer les ébauches des premiers jours. En supposant que chez elle la force créatrice fût restée la même, elle n'a plus de goût pour les combinaisons, pour les sentiments d'autrefois qui ne lui paraissent pas dignes qu'on les reprenne. Si on s'enquiert de la raison pour laquelle cette œuvre n'a point été terminée, tant mieux! J'aimerais moins qu'on me demandât pourquoi elle a été commencée. Mais quelle vie ici-bas ne voyons-nous pas s'interrompre? Prenons donc notre mal en patience, et songeons, en regrettant de ne pas savoir ce qu'il advient des secondes amours de Kunz et du désespoir d'Élise[1]; songeons que cette vie n'offre partout que des énigmes, énigmes dont la tombe a le secret, et que l'histoire entière de l'humanité n'est elle-même qu'un grand roman qui ne se complète jamais. »

[1] Personnages du roman.

Du reste, il ne faut pas s'exagérer le mal ; d'abord le mérite de l'œuvre fragmentaire telle que nous la possédons ne me semble pas de nature à justifier d'inépuisables regrets ; ensuite, avec vagabonde poétique de Jean-Paul, un volume de plus ou de moins importe assez peu, et c'est là, à mon sens, la plus vi[ve] critique qu'on puisse faire à ce genre où l'action principale compte pour rien, et qui ne vit que de digressions et d'épisodes. Évidemment l'inexpérience du jeune homme se trahit à chaque pas. L'imitation aussi s'en mêle : il va des contes de revenants de Klinger aux fadeurs sentimentales de Hippel, et, brochant sur le tout, ses chaleureuses sympathies pour Rousseau se font jour dans certaines pages éloquentes sur l'éducation, dont une femme d'esprit nous disait un jour à Weimar : C'est de l'*Emile* lu au clair-de lune. Quant à la donnée du livre, elle repose tout entière sur le contraste de l'idée avec la vie réelle, motif de prédilection que Jean-Paul excelle à traiter, et qu'une analyse clairvoyante retrouvera toujours au cœur de ses romans. Le héros est un de ces sublimes fous que l'idéal tourmente, une de ces âmes maladives que le vol de la fantaisie emporte sans cesse au delà de nos sphères. Avec un pareil caractère, comment s'attendre à ce que l'action marche droit et ne s'égare point en toute sorte de réflexions, de songes, d'aphorismes, d'épanchements lyriques et de satires ?

Peut-être convient-il ici de caractériser une bonne fois le roman de Jean-Paul. Remarquez que nous disons le roman, et non point *la Loge invisible*, *Hesperus*, *Siebenkaes* ou *Titan*, car parmi toutes les œuvres de Richter, on n'en citerait point une où il se résume tout entier. A la manière de la plupart des humoristes, il s'abandonne trop volontiers aux émotions qui le sollicitent, pour qu'à tout instant quelque digression inadmissible ne vienne pas déranger l'économie de sa composition. Vous le voyez commencer un livre, un chapitre, un paragraphe, avec la ferme volonté d'aller droit son chemin ; puis, au premier sentier, l'humeur le gagne : adieu les caractères, le bon sens, la logique; les idées s'engendrent d'elles-mêmes, se croisent et s'entortillent en toute sorte de combinaisons bizarres, mais prodigieuses, et que lui seul sait trouver. De là un imprévu dont rien n'approche, un choc étrange, monstrueux, fantastique, où le mot devient une idée qui miroite et s'épanouit en une gerbe lumineuse d'où mille autres étincelles jaillissent, où le son jeté au hasard groupe

ur de lui d'autres sons, et forme une sorte de musique acci-
elle, une sorte de fugue dans le contre-point général, quelque
, en un mot, dont on n'a d'exemple dans aucune langue,
s aucun art, dans aucun style. Qu'on juge d'après cela si
-Paul est un de ces hommes qu'un simple spécimen fait
aître. Inégal, capricieux, fantasque, extravagant comme
e l'est pas, chez lui les qualités et les défauts se mêlent en
tissu inextricable, et sa main sème les diamants, un peu
me le Créateur sème les rosées, sans s'inquiéter si le sol qui
reçoit est de fange ou de fleurs. Aussi, lorsqu'il me dit que
an est son chef-d'œuvre, je n'en crois rien. Richter n'a point
de chef-d'œuvre, mais une œuvre unique, une œuvre bi-
re, singulière, immense, où tout se tient, le faux et le vrai,
sublime et le grotesque; où l'épopée coudoie le conte bleu;
les rayons les plus purs, les plus doux d'une philosophie éthé-
, plongent sans s'y confondre, comme il arrive dans ces inté-
urs de Rembrandt, à travers la nuit et les ténèbres; quelque
ose enfin de confus et d'impénétrable comme le chaos, mais
aussi vaste et d'aussi fécond; et c'est cette œuvre qu'il s'agit
remuer de fond en comble, ce chaos qu'il faut débrouiller,
l'on veut connaître enfin le véritable Jean-Paul; c'est là qu'il
ut aller surprendre le colosse.

En général, chez lui, le vague des idées vous irrite encore
moins que la fantaisie du discours; et quelque familier que l'on
uisse être avec ces nébuleuses imaginations de la métaphysique
t de la poésie du Nord, quelque bonne volonté qu'on ait d'ail-
eurs, on se déconcerte en présence de ce style sinueux à dessein,
e cet imprévu sans cesse renaissant dans la formule et dans le
ot, de ces phrases serpentines qui décrivent des courbes à
erte de vue, et vont se repliant sur elles-mêmes, sans aboutir
amais, car la fantaisie est leur but. Quant à la grammaire, il
'en saurait jamais être question; non que Richter ignore la
syntaxe, mais ne faut-il pas que son humeur ait le dessus? Le
voilà donc trafiquant avec une libéralité fastueuse des paren-
thèses, des phrases incidentes, inventant les néologismes par
milliers, soufflant sur la poussière des archaïsmes et les remet-
tant à la lumière; enjoué, satirique, rêveur, sentencieux jusqu'au pédantisme; disposant, accouplant, emboîtant les idées et
les mots dans les combinaisons les plus charmantes, dans les plus
adultères agglomérations. Il y a, dans je ne sais quel roman, une

académie fantastique dont les membres sont jour et nuit occ
à piler dans un mortier des substantifs et des adverbes.
Paul rappelle en tout point ces pharmaciens littéraires; il
bore ses parties du discours comme ferait ses drogues un
miste; il les combine, les manipule, les traite par les sembl
et les contraires; et des éléments les plus simples ainsi p
à l'alambic de son esprit, il finit par extraire presque touj
des sels nouveaux qui vous ravivent. Que dire ensuite de
éternelles métaphores, de ces allusions sans cesse renaissan
de ces interjections prodigieuses, de ces calembours, de ces
rons, de ces veines épigrammatiques qui jaillissent tout à
du discours? Que dire de cette école buissonnière à travers
ronces et les fleurs du style et de la poésie, à travers les é
raudes et les cailloux, les ténèbres et le soleil? C'est un imb
glio dont rien n'approche; de toutes parts obscurité, dissonance
confusion worse confounded; Shakspere a trouvé le mot.

Qu'on ne pense point que là s'arrête cet esprit original, tou
jours en travail de minutieuses recherches. Si le style
l'homme, comme l'a dit Buffon, à plus forte raison le style est
l'œuvre; et de même que la netteté de la conception entr
toute clarté dans l'exposition, de même d'une phraséologie ma-
niérée, sinueuse, inextricable en ses mille tours, on n'ira point
conclure à l'unité du sujet, à la lucidité générale du plan. Il
s'ensuit donc que cette variété singulière, ce luxe de formules
inusitées, cette superfétation parasite qui nous inquiète chez
Richter dans l'économie de sa pensée, se rencontreront naturellement dans toutes les grandes combinaisons de son œuvre. Il
y a dans la manière dont tout cela s'arrange et s'organise quelque
chose qui vous rappelle ces chinoiseries merveilleuses, ces petits
chefs-d'œuvre de patience et de curiosité, où d'innombrables
boules s'enchevêtrent dans l'ivoire. Impossible chez lui de trouver un morceau, fiction romanesque ou traité de morale, qui
ne s'enveloppe dans toute espèce de langes fantastiques, dans
quelque narration extravagante, au moyen de laquelle il se rattache à l'auteur; car il faut toujours que Jean-Paul intervienne
et joue son personnage dans la pièce. C'est alors qu'il vous
expose du plus grand sang-froid une géographie imaginaire
dont il ne perd jamais l'occasion de faire étalage. Écoutez-le,
il vous parlera fort sérieusement de Flachsenfingen, Haarhaar,
Scheerau, respectables cités dont il connaît la statistique, les

urs, la politique, la littérature, et dûment pourvues d'une
ection irréprochable d'altesses sérénissimes, de conseillers
ques, de chambellans, qui s'entretiennent avec lui des af-
es de l'État dans le plus aristocratique dialecte, et l'encou-
ent le plus souvent à continuer ses travaux. Pas une histoire
i ne procède par digressions, pas un chapitre qui ne traîne
ec lui des chiffons volumineux. Au moment où l'intrigue com-
nce, où l'intérêt semble enfin vouloir poindre, arrive, on ne
t d'où, une intercalation luxuriante, un *extra-blatt*, avec ses
intes satiriques, ses allusions, ses moralités, une divagation
r des sujets que nulle intelligence ne peut prévoir ; et le lec-
ur, abasourdi, s'épuise en conjectures, se fend la tête pour
mprendre le mot de cette énigme inextricable ; ou bien, las de
nt de tribulations, fatigué de voir qu'on le bafoue, ferme le
vre et n'y revient jamais.

Tout ceci est exact, et cependant comment oser nier que des
ayons de la vérité la plus pure éclairent ce chaos, que des pi-
iers de lumière éblouissante s'y dressent ? Et d'ailleurs, est-ce
ien un chaos, ou les yeux plutôt ne nous manquent-ils pas ?
ommes-nous sûrs d'avoir dans le regard une assez vive, une
ssez profonde clairvoyance, pour que pas un détail, pas une
ntention ne nous échappe, et que les phénomènes les plus dignes d'intérêt ne serpentent point par myriades dans cette prétendue obscurité ? Tout se passe-t-il donc au grand soleil dans
la nature ? En dehors de cette création visible et sonore qui s'a-
gite bruyamment sous le ciel, n'en est-il point une autre, mystérieuse, imperceptible, qui ne livre qu'à l'œil de la science,
qu'aux plus minutieuses investigations du microscope, le secret
de sa vie incessante et multiple ?

Dans *Hesperus*, écrit deux ans plus tard que *la Loge invisible*, en 1794, le même ordre d'idées se reproduit. Évidemment,
les ingrédients qui eussent au besoin servi à compléter le premier roman, resté inachevé, ont dû passer dans le second. La
Muse est avant tout ménagère, et, pour chanter comme la cigale,
elle n'en veille pas moins avec la sollicitude parcimonieuse de
la fourmi sur le menu grain des idées. C'est dire qu'on retrouve
ici tout l'appareil romanesque, toutes les invraisemblances de
la Loge invisible, et que les âmes visionnaires, les esprits éthérés
que l'ennui de cette vie écrase, jouent un grand rôle dans la comédie. Déjà *la Loge invisible* contenait plus d'un passage ayant

trait à ces natures supérieures qui, à défaut d'autres mé
apportent sur la terre un sentiment d'ironique mépris pour
ce qui s'y fait, une aspiration inénarrable vers la mort et l
rizon infini qui s'ouvre devant elle. Emmanuel, dans *Hespe*
est le représentant de cette classe. Il n'y a que les mysti
d'Alexandrie, que cette extravagante légion des Jamblique,
Plotin et des Porphyre, qui puisse donner une idée de ce bra
au corps macéré, de ce pythagoricien qu'une plaisanterie a
et que Shakspere rend triste jusqu'à la mort, de cet être
réalité ni pesanteur, qui torture sa chair pour alléger son
prit, avivant par le jeûne et l'abstinence les hallucinations
son cerveau. A l'exemple des esprits inquiets que je viens
nommer, Dieu et l'immortalité de l'âme incessamment l'oc
pent, et l'on ne saurait dire à quelle myriade d'aphorismes
grenus donnent lieu dans sa philosophie ces deux vérités ray
nantes, cariatides inébranlables de l'ordre universel. Je pre
au hasard dans le nombre : « Il n'est donné à l'homme ici-
observe quelque part cet incroyable personnage, que deux mi
nutes et demie : une minute pour sourire, une autre p
soupirer, une demie pour aimer; car au milieu de cette troisiè
minute il meurt. » Peut-être ne saurait-on mieux apprécier
semblables folies qu'en leur appliquant les propres paroles
Jean-Paul : « Ce sont là des choses qu'on écrit lorsqu'on a trop
complaisamment savouré l'acide du citron, la fleur de thé, la
canne à sucre et l'arack. » Jean-Paul distingue plusieurs espèces
d'hommes : l'homme-dieu, l'homme-bête, l'homme-plante; et
c'est dans la première de ces trois catégories qu'il range son insensé Emmanuel. Ici, naturellement, la question sociale se présente. Qu'on se rassure, je ne la discuterai pas. Aussi bien se-
rions-nous fort embarrassé d'émettre un jugement; car d'un
côté nous avouons qu'il y a un abus étrange à vouloir présenter
comme l'idéal de la race humaine des individus dont on peut
dire en somme que la maison des fous les réclame, des êtres
qui, sans utilité pour leurs semblables, n'en mordent pas moins,
en parasites, aux plus beaux fruits de la vie, quitte à les rejeter
ensuite avec dédain ; de l'autre, pourquoi ne confesserions-nous
pas notre faible pour cette famille errante des Werther et des
René, famille humaine aussi, et qui eut pour vocation la souffrance?

Au sortir de cet idéalisme effréné de *la Loge invisible* et *esperus*, de cette poésie transcendantale toujours dans les [nua]ges, on a peine à s'accoutumer au réalisme si borné de *Quintus Fixlein* et de *Siebenkaes*. Évidemment, dans la pen[sée] de l'auteur, les deux romans dont je parle sont destinés à [fair]e la contre-partie de sa première manière, qu'il retrouvera [plu]s tard dans le *Titan* et *dans la Vallée de Campan*. Au pre[mi]er abord, on se demande quelles relations peuvent exister [ent]re la métaphysique de tout à l'heure et le style bourgeois [de à]-présent, entre ce rêveur en démence qui se perdait dans [l'in]fini et ce pauvre avocat de province qui se perd à son tour [dan]s les minutieuses occupations de la vie de ménage. Et ce[pen]dant, pour peu qu'on y prenne garde, on trouve le fil con[du]cteur au moyen duquel s'opère cet embranchement de deux [gen]res également familiers à Jean-Paul; je veux parler du ca[ra]ctère de Victor dans *Hesperus*, de ce singulier personnage à [la] fois poëte et philosophe, courtisan et enthousiaste, « qui pos[sè]de trois âmes de fou, une âme humoristique, une âme sen[si]ble, une âme philosophique, » et qui, au fond, n'est autre que [J]ean-Paul lui-même, avec sa verve humoristique et sa senti[m]entalité.

Quintus Fixlein et le recueil de fantaisies imprimé sous le [t]itre original de *Fleurs, Épines et Fruits*, ouvrages spéciale[m]ent réservés, comme nous le disons, à l'étude de la vie do[m]estique, à l'analyse des misères du coin du feu, commencent [d]ans le roman de Jean-Paul une série nouvelle, la série vraiment humoristique. En persévérant dans son premier système, l'auteur de *la Loge invisible* et d'*Hesperus*, avec une verve bien autrement poétique et généreuse, une imagination déjà tempérée d'un grain de réalisme, n'en eût pas moins risqué de passer pour continuer la manière de Klinger, et, je n'hésite pas à le déclarer, le vrai Jean-Paul, celui que l'Allemagne appelle à bon droit l'inimitable, n'existe qu'à la condition d'avoir créé ce genre, où tout lui appartient en propre, l'idée et la forme, le détail et l'ensemble. Dans la préface de *Quintus Fixlein*, Jean-Paul touche lui-même à ce point de contraste qui distingue ce livre des précédents. « Je n'ai jamais pu découvrir, dit-il, que trois sentiers à suivre pour arriver à une existence plus heureuse : le premier perce dans la hauteur et vous mène tellement au-dessus des orages de la vie, que le monde extérieur, avec ses sauts de loup, ses infirmeries et ses paratonnerres, finit par prendre sous vos pieds les misérables dimensions d'un jardinet d'enfant ; le second mène en bas, dans le jardinet question, ou, pour mieux dire, dans l'ornière, d'où, s'il arrive par hasard de mettre le nez hors de votre nid d'alouet vous n'apercevez plus ni infirmeries, ni paratonnerres, ni sa de loup, mais seulement des moissons dont chaque épi semble désormais un arbre ; le troisième enfin, qui me pa à la fois le plus difficile et le plus sage, est celui qui va de l' à l'autre de ces deux sentiers. » Que pensera-t-on mainte de ces extrèmes, de cette incroyable doctrine d'un homme aime mieux nager dans le vide ou ramper dans le sillon que marcher tout bonnement sur la terre en prenant les infirme et les sauts de loup pour ce qu'ils sont, en contemplant les m tagnes et la vallée, la nature et la vie humaine, de leur po de vue régulier, et non plus de ce regard d'en haut qui ra tisse, on de ce regard d'en bas qui grossit? Là cependant Jean-Paul tout entier. Suivez la première de ces trois voies vous aboutirez à l'Emmanuel d'*Hesperus*, au Spencer de *Titan*, à ces créations qu'à défaut d'un terme plus propre à rendre m pensée j'appellerai transcendantales ; prenez la troisième, el vous mène droit à Siebenkaes, à Lenette, à Wuz, à Fixlein, à tout ce petit monde qui se débat sous le microscope de l'huma riste. On ne manquera pas d'observer qu'en ceci le point in termédiaire se trouve bien légèrement méconnu, car, après tout, entre cet individu flottant dans les nuages et cet individu tapi dans son ornière, entre cet aigle et ce ciron, il y a l'homme, l'homme sérieux, moral, sain de corps et d'esprit. Mais son geons que nous sommes en Allemagne et non dans la France du XVIIe siècle, et qu'il s'agit ici de Jean-Paul Richter et non de Molière.

De même que certains éléments ont passé de *la Loge invisible* dans *Hesperus*, de même la fraîche et mélancolique idylle de *Maria Wuz* renferme en abrégé le roman de *Quintus Fixlein*, étude biographique consacrée à l'analyse de la modeste et béate félicité d'un brave pasteur qui exerce aussi dans sa campagne les fonctions de maître d'école. Nulle part pourtant Jean-Paul n'a mieux réussi que dans *Siebenkaes* à rendre ces misères et ces joies d'une existence médiocre. Comme peinture de certaines douleurs inqualifiables qu'une âme poétique mise en contact avec les réalités suffocantes d'une vie étroite et besogneuse peut seule ressentir, *Siebenkaes, l'Avocat des pauvres*, est un chef-d'œuvre. D'une touche si délicate et si fine, d'un coloris si vrai, d'un art si merveilleux de faire intervenir l'idéal au sein de l'intérieur le plus bourgeois, il n'y a d'exemple que dans les tableaux de Mieris et de Gérard Dow. Je cherche en vain parmi nos productions contemporaines un équivalent à cette littérature. Peut-être M. de Balzac, dans quelques passages de *la Recherche de l'absolu* ou d'*Eugénie Grandet*, en donnerait-il une idée lointaine; mais non : M. de Balzac, humoriste par l'esprit seulement, plus cousin de Rabelais que de Cervantes, n'a rien de la sensibilité chaleureuse, de l'onction sympathique du sublime rêveur allemand. D'ailleurs, chez M. de Balzac, l'étude de la vie réelle recherche trop assidûment certains détails dont le goût n'est point sans reproche et qu'il faudrait omettre. On y respire çà et là cette odeur nauséabonde de la pension bourgeoise décrite avec tant de complaisance dans *le Père Goriot*. Jean-Paul, au contraire, si bas qu'il descende, épure toujours à je ne sais quels filtres poétiques les réalités incompatibles avec les convenances d'une œuvre littéraire. De là, sans doute, le reproche qu'on lui fait de subtiliser, de quintessencier; mais l'auteur d'*Hesperus* et de *Siebenkaes* est avant tout poëte. Son analyse lui vient de la Muse, un peu hermine, comme on sait, et qui, lorsqu'il s'agirait de se crotter, préfère s'en tenir à la devise bretonne : Plutôt mourir.

L'intérieur de Siebenkaes, sa misère, les tribulations à la fois si tristes et si bouffonnes de sa vie d'homme de lettres, sont autant de tableaux d'une vérité frappante, et que le rédacteur besogneux des *Papiers du Diable* se trouvait, hélas! mieux que personne en état de peindre d'après nature. L'ouvrage fit sensation en Allemagne. On a toujours aimé, de l'autre côté du Rhin, cette poésie de coin du feu, cette idylle bourgeoise qui prend pour théâtre, non plus les campagnes fortunées de l'Eurotas, mais une étroite chambre bien nue et bien obscure où s'escrime au milieu d'un tas de bouquins et de paperasses un pauvre diable d'auteur inconnu qui dépose la plume pour souffler dans ses doigts. Et puis cette fois les personnages du roman étaient connus de tous, le tableau de genre avait l'intérêt d'un portrait de famille. Comment s'y tromper, en effet? comment ne pas retrouver Jean-Paul dans Siebenkaes, l'excentrique et insouciant libelliste des *Procès groënlandais* dans ce bonhomme toujours en humeur de productions fantasques, toujours dans les étoiles, lorsque les soins de la vie réclameraient sa présence sur la terre? Et cette Lenette prosaïque, cette femme d'ordre, de bon sens, qui ne comprend rien aux choses de l'imagination, dont les naïvetés irritent l'esprit supérieur de son époux, mais qui en revanche tient le ménage et souffre sans se plaindre, n'est-elle pas, sauf quelques modifications dans l'âge et la physionomie, faite à la ressemblance de la digne mère que nous avons vue poser à son rouet dans la maison de Hof? On connaît cette Pauline de la préface de *Quintus Fixlein* [1], cette douce et pudique jeune fille que le poëte rencontre la veille de son mariage avec un ancien militaire, et dont la destinée lui inspire au soleil couchant de si mélancoliques réflexions. Telle est Lenette, telles sont presque toutes les héroïnes de Jean-Paul, natures souffrantes et résignées, chastes âmes vouées au sacrifice, à l'obscurité, à l'immolation de toutes les joies, de toutes les espérances, de tous les rêves de la vie, et sur lesquelles le philosophe laisse tomber un regard de douloureuse sympathie.

Cependant il ne faudrait pas s'y méprendre, il y a dans ces pages, qui respirent tant de mansuétude évangélique, plus d'une atteinte portée au mariage, et tel chapitre de *Quintus Fixlein* ou de *Siebenkaes* me semble, avec sa placidité si bénigne, un plaidoyer non moins dangereux que les provocations byroniennes dont nous avons vu le règne un moment; car, avant tout, Jean-Paul est humoriste : dès qu'une douleur le frappe dans l'humanité, il s'attendrit sur elle, et vous donne ensuite son émotion telle quelle, avec franchise, loyauté, et sans trop songer à ce qu'une analyse scrupuleuse y pourra trouver de plus ou moins hétérodoxe. C'est en ce sens qu'on reproche à ses personnages de manquer de logique dans leurs actes, à ses héros de dégénérer trop souvent en caricatures, reproche qui, du reste, s'amoindrit singulièrement lorsqu'on envisage les conditions du genre exceptionnel où s'exerçait le génie de Richter. En effet, chez l'humoriste, le côté subjectif, le moi, joue un trop grand rôle pour qu'il puisse exister à ses yeux des êtres parfaits; il étudie en lui-même l'homme avec ses qualités et ses défauts, ses bizarres contrastes de ridicule et de grandeur. La vie et le sang des personnages qu'il met en relief ne sont autres

---

[1] Voir le morceau intitulé *de Wonsiedel à Bayreuth* (Revue des Deux Mondes, 1er septembre 1842.)

que la vie et le sang de son propre cœur; ses créations et son âme ont même fond; il se contente de donner ce qu'il a en lui, rien de plus, rien de moins : une tendresse infinie pour l'être, quel qu'il soit, une bienveillance intime, universelle, une miséricorde sans bornes. A tout prendre, l'humour est de la sensibilité, une sensibilité que le sourire accompagne, quelque chose de vague et d'indéfini, de bâtard si l'on veut, la plaisanterie mélancolique, la gaieté qui pleure. La faculté mère chez Jean-Paul, la faculté génératrice d'où dérivent tous les autres attributs, c'est l'humour. Richter est humoriste du plus profond de son âme; il sent, imagine, et procède comme un humoriste. Vous le voyez passer en un moment, presque sans transition, de la gaieté la plus vive à la mélancolie, à la tristesse; faire d'un seul trait, à l'exemple de Rubens, d'une physionomie épanouie et riante une physionomie rêveuse ou chagrine, et cela, pour une idée qui lui traverse l'âme, pour un nuage dont le ciel se voile; puis, un instant après, l'idée s'évanouit, le nuage se dissipe, et notre poëte redevient gai, s'ouvre de plus belle au printemps, à la vie, au ciel bleu, et reprend sa chanson comme l'oiseau des bois. Richter est fantasque, je l'avoue; mais il y a tant de naïveté dans ses boutades, tant de franchise et de bonhomie dans ses divagations, dans ses lubies, qu'on les lui pardonne volontiers, et qu'on finit toujours par l'aimer. Et comment ne pas l'aimer, ce noble cœur qui se passionne incessamment pour le bon, l'honnête et le juste? L'humour, faculté tout individuelle, résulte de divers éléments qui doivent se combiner à juste dose. Isolément, la verve satirique, pas plus que la sensibilité, ne constitue l'humour. L'une, mordante, sèche, acérée, aboutit à la raillerie, au trait, à l'esprit; l'autre, si quelque sel n'en relève le goût, dégénère bientôt en sentimentalité. Ici vous avez Voltaire, là Kotzebue; ailleurs sont Rabelais, La Fontaine, Cervantes, Sterne, Jean-Paul. Il me semble qu'on pourrait définir l'humour « le romantisme dans la plaisanterie, dans le comique. » Après cela, il ne faudrait pas non plus l'envisager sous un point de vue de mansuétude universelle. Richter n'exclut pas Swift. D'ailleurs, il ne s'agit ici ni d'une vertu théologale ni d'une fade bergerie à la manière de Gessner. L'humour a ses vivacités malignes, ses quintes bilieuses, ses redoublements, ses colères; seulement, avec elle nulle personnalité n'est à craindre. Que lui importe l'individu?

c'est à l'entité qu'elle s'attaque pour la battre en ruine par le contraste de l'idée. Il n'y a point devant elle des fous, une folie déterminée; il y a la folie, il y a le monde. Vous ne la verrez pas se grimer, à l'exemple d'un comédien, pour reproduire tel ou tel ridicule. Si elle abaisse la grandeur, ce n'est point, comme la parodie, pour la mettre au niveau de la petitesse; si elle élève la petitesse, ce n'est point, comme l'ironie, pour lui opposer la grandeur; mais tout simplement parce que devant l'infini toute chose est égale, ou plutôt rien ne compte. Qu'on s'étonne ensuite si les humoristes portent sur leur physionomie une empreinte si grave, et nous viennent en tel nombre d'un pays mélancolique.

En 1796, Jean-Paul se trouvait à la tête d'un bagage littéraire assez considérable, et, de plus, commençait à voir clair dans le chaos de son intelligence. Après avoir passé les neuf années qui suivirent la publication de son premier ouvrage à travailler, ainsi qu'il le dit lui-même, dans la boutique à vinaigre de la satire, la biographie aigre-douce de Wuz lui servant de transition à *la Loge invisible,* il s'était conquis un genre où ses trésors de mélancolie et de tendresse, toutes ces émotions, toutes ces larmes ineffables du printemps de la vie qu'il avait fallu jusque-là refouler dans le fond de son cœur, pouvaient enfin se donner libre cours. La destinée, jusque-là si rigoureuse, en se détendant un peu, lui permettait de se livrer désormais exclusivement et de toute l'ardeur de sa jeunesse aux pratiques de la vie littéraire. Jean-Paul usa du droit pour reprendre son indépendance. « Je n'élèverai plus d'autres enfants que les miens, écrit-il à M. de Spangenberg, qui lui propose de se charger de l'éducation des enfants du comte de Reuss-Ébersdorf, bien décidé que je suis à vivre et à mourir selon la vocation que la destinée m'a faite, et dans la médiocrité de la fortune. En me chargeant des attrayantes fonctions que vous m'offrez, il me faudrait absolument négliger ou mes élèves ou les muses. Or, ni les uns ni les autres n'admettent de partage, et je sens que j'ai tant à écrire, qu'en supposant que je ne me lève ou plutôt que je ne tombe de ma table de travail qu'à l'âge de quatre-vingts ans, je trouverai encore prématuré le *veniam exeundi* du cabinet d'étude de la vie que la mort me donnera. » Ces paroles en disent assez sur les instincts personnels du poëte. Jean-Paul est homme de lettres dans toute la force du terme;

il en a les goûts casaniers, l'humeur ombrageuse, tout, jusqu'aux petitesses ; il aime à s'enfouir seul dans sa taupinière de vieux livres pour y fureter en érudit. On a remarqué en Allemagne que là était son originalité ; à notre sens, ce mot-là ne convient pas, c'est sa monomanie qu'il fallait dire ; cette incroyable passion le prend dès le berceau, l'homme de lettres commence chez lui avec l'écolier. Il vous racontera quelque part qu'il se mit presque en même temps à former des lettres et à écrire des livres. Plus tard, l'étude de l'hébreu lui fournit l'occasion de rassembler autant d'alphabets, de grammaires et de commentaires qu'il peut s'en procurer ; à seize et dix-sept ans, il rédige déjà des traités sur l'exercice de la pensée, toutes sortes de morceaux où se révèle un esprit prématurément enclin à la réflexion, à l'analyse, à l'examen ; il tient de ses propres travaux un journal rempli d'aphorismes philosophiques, il compose un livre de piété dûment pourvu de considérations théologiques et morales. Singulier début pour un poëte ! Il commence par les scolies ; plus tard, vers trente ans, la veine du lyrisme s'ouvrira ; n'est-ce pas le monde renversé ? Non content d'avoir ses pensées, il saisit au vol celles des autres. Pendant qu'il lit, sa plume trotte. Avant que d'entrer à l'université, il disposait déjà de douze volumes in-quarto de notes et d'extraits, et cette rage de corriger et de produire, à mesure qu'il avance dans la vie, ne fait que croître et embellir. Ne rien perdre, pas une minute de temps, pas un brin d'idée, pas une miette d'expérience, tel était son système de polygraphie ; ne l'empruntait-il pas à Lavater ? Au moment de sortir, il notait soigneusement sur ses tablettes ce qu'il dirait dans ses visites, et rédigeait à son usage une anthologie de jolies choses, de bons mots un peu cousins sans doute de ces impromptu à tête reposée dont parle Molière. Au retour, il transcrivait ce qui l'avait frappé dans les conversations auxquelles il venait de prendre part, et, si c'était la nuit, ne se couchait qu'après avoir rentré son grain. Il fut un heureux temps où Jean-Paul possédait vingt volumes in-quarto de *simples ironies,* autant et plus de satires, et tous ces trésors de sublime compilation étaient rangés, distribués, classés avec l'incomparable exactitude et la ponctualité universitaire d'un cuistre étiquetant, pour les concours de Sorbonne, ses matières à discours latins. Singulière contradiction ! cet homme, qu'un démon intérieur agite, pousse jusqu'à l'excès le pédantisme ridicule d'un petit professeur de sixième; ce génie indépendant, dont le style n'admet pas de règle, s'impose dans son travail les procédés les plus étroits et les plus mesquins. Lire, causer, ne compte pour rien avec lui; il faut qu'il écrive, qu'il rédige, qu'il rédige toujours, jusqu'à la mort, et si quelque chose m'étonne, c'est qu'il ait pu s'arrêter là. Comment, en effet, cette passion de l'écritoire n'a-t-elle pas ranimé ses ossements dans le cercueil? Comment, à l'exemple de ce saint Bonaventure de la légende, n'est-il pas revenu du tombeau pour compléter sa *Selena* restée inachevée? Tout au rebours de Goethe, qui ne se mettait à écrire qu'au dernier moment et à contrecœur, Jean-Paul n'a de vives jouissances qu'à la condition de tenir une plume entre ses doigts, et plus l'enfantement lui coûte de peine et de douleur, plus il en chérit après le résultat mignon, plus il le couve et le caresse, et prend plaisir à le montrer aux gens. Écrire, telle est à ses yeux la loi divine et humaine; il ne reconnaît qu'une manière de perdre son temps: ne pas écrire. Les œuvres imprimées seules comptent, le reste n'est rien, et chaque volume qui vient augmenter le poids de son bagage littéraire semble l'*alléger d'autant pour l'éternité*. Cette espèce de récréation qu'on se donne si volontiers après l'étude ne le séduit pas le moins du monde. Au contraire, s'il faut absolument qu'il se repose, le remords le gagne, il se reproche de gaspiller les minutes. Aussi quelles ne deviennent pas ses perplexités au printemps, lorsque cette nature qu'il aime avec enthousiasme l'appelle au dehors avec ses mille voix de sirène! Le ciel est bleu, l'oiseau chante, il faut qu'il sorte; du moins il emportera ses tablettes, et si d'aventure quelque essaim d'idées volantes se met à l'assaillir au coin d'un bois, le voilà tout ébouriffé qui crayonne et s'escrime, maugréant contre l'exiguïté du papier, car rien ne le chagrine en ses paroxysmes furieux comme d'avoir à s'arrêter pour tourner la page. Il me semble voir d'ici l'étonnement de cet excellent Merkel, honnête critique de la vieille roche, assistant, à Weimar, aux excentricités de notre humoriste. Merkel et Jean-Paul allaient ensemble de Weimar à Gotha. « Pendant la route, dit Merkel, Jean-Paul, au lieu de se tenir en place dans la voiture, ne faisait que descendre et remonter. La curiosité me prit alors de savoir ce qu'il avait, et je le vis par la portière courir sur le chemin en crayonnant d'un air effaré. Lorsqu'il reprit sa place à mon ôté, je lui demandai ce qu'il venait d'écrire, et lui, me prenant, s'informa s'il avait bien entendu un point de notre récédente conversation ; sur ma réponse, il tira de nouveau on carnet et rectifia. — Quelques jours après, je lui rendis isite ; je le trouvai, un catéchisme à la main, assis devant son ureau, dont les différents tiroirs étaient remplis de petits morceaux de papier couverts de matières et d'extraits. Il me dit u'il avait pour habitude de lire tout ce qui lui tombait sous la ain, et qu'il ne lui était jamais arrivé de rencontrer livre si échant dont il n'eût tiré profit d'une manière ou de l'autre [1]. » 't qu'on s'étonne après cela qu'il sacrifie toute chose à cette mpérieuse manie d'écrire, au point d'en oublier le boire et le manger ; sans égard pour sa santé, pour ses convenances personnelles, il s'était fait un régime de vie entièrement subordonné aux exigences de sa profession. Comme goût, il n'aimait rien tant que l'eau ; mais dès qu'il s'agissait d'écrire, c'était différent : il buvait alors du vin de Roussillon, et à plein verre, pour dégager, disait-il, l'esprit de la matière. A ce compte, l'existence de son Maria Wuz devait être pour Jean-Paul l'idéal du bonheur ici-bas. Quel heureux mortel, en effet, aux yeux d'un si imperturbable sténographe, que ce bonhomme de maître d'école qui passe sa vie à rédiger des volumes sur les mille et un titres dont il lit la nomenclature dans le catalogue de la librairie ! Mais en vérité on se demande si la plaisanterie est permise en face d'une monomanie aussi déclarée, d'une originalité qui porte avec elle tous les symptômes de la maladie, tous les caractères de je ne sais quelle hystérie chez l'homme. « S'il m'arrive par hasard, écrit Jean-Paul, de vouloir donner à mon esprit ou à mon corps un repos de trois jours, je sens dès le second une indomptable ardeur d'incubation qui me ramène irrésistiblement à mon nid rempli d'œufs ou de craie ; et le pauvre diable de Paul en sera logé là jusqu'à ce que la fièvre dévorante qui consume son sein agité se calme à la fraîcheur de la terre du tombeau. »

J'ai parlé du voyage à Weimar. Lorsqu'en 1796 Jean-Paul vint visiter l'Athènes germanique, l'attitude des héros du temps commença par le déconcerter. Il s'attendait à autre chose, à quelque vaporeuse et fantastique apparition évoquée de leurs

---

[1] *Skizzen aus meinem Erinnerungsbuche*, von G. Merkel.

œuvres ; car, soit dit en passant, notre enthousiaste ne laissait pas que d'être un peu badaud dans ses relations avec les autres hommes, et lui-même appartenait singulièrement à cette classe de gens naïfs et simples dont nous lisons dans ses écrits qu'ils ne sauraient se représenter un poëte autrement que sous une forme éthérée, et n'imaginent pas que le favori de la Muse puisse dévorer une tranche de jambon et vider bravement son verre. Ses relations avec la plupart des grands écrivains de la pléiade weimarienne l'attristèrent. Ne trouvant rien chez eux de cette fougue juvénile, de cette ardeur immodérée qui devait, à son point de vue, nécessairement caractériser le sens poétique, il regretta son idéal déçu. Goethe surtout se chargea du désenchantement. « Il n'admire plus rien au monde, sa parole est de glace, même pour les étrangers, qui ne l'abordent que très-difficilement; il a quelque chose d'impassible et de superbement cérémonieux. L'amour des œuvres d'art est désormais le seul qui fasse battre les nerfs de son cœur ; c'est pourquoi j'avais envie de prier la personne qui me conduisait de me plonger au préalable dans quelque source minérale, afin que je pusse m'y pétrifier et paraître ensuite à ses yeux sous l'aspect incomparablement plus avantageux d'une statue. » Laissons Jean-Paul continuer et parfaire la silhouette. « D'après ce qu'on m'avait dit, j'allai chez lui sans enthousiasme et mû seulement par la curiosité. Sa maison me frappa ; elle est la seule à Weimar construite dans le goût italien. Figurez-vous dès le vestibule un panthéon rempli de tableaux et de statues ; le frisson de l'angoisse vous y suffoque. Le dieu parut, froid, monosyllabique, sans accent. — Sa physionomie a de la puissance et de l'animation, son œil est un éclair. Après quelques moments d'entretien, il consentit à nous lire un fragment magnifique d'un poëme inédit. Quand je dis qu'il le lut, je me trompe, il le déclama, le joua. Je n'ai jamais rien vu de pareil ; vous eussiez cru entendre le roulement du tonnerre entremêlé de ce chuchotement de la pluie dans les arbres, et, pendant ce temps, on sentait la flamme jaillir à travers la couche de glace dont son cœur s'enveloppe. » Schiller n'eut pas meilleure chance auprès de lui. Jean-Paul le trouva rocailleux, anguleux, doué de facultés actives, pénétrantes, mais sans amour. Du reste, il ne faudrait point croire que l'auteur d'*Hesperus* eût en ceci le monopole des étonnements ; d'un côté comme de l'autre on ouvrait de grands yeux, et l'impression reçue valait bien, pour l'originalité, celle qu'on pouvait causer. « J'ai vu Jean-Paul, écrivait d'Iéna Schiller à Goethe, et je l'ai trouvé iroquois comme un homme qui tomberait de la lune ; bon diable au fond et le plus excellent cœur du monde, mais porté sur toute chose à ne rien voir par l'organe dont chacun se sert pour voir [1]. »

On conçoit qu'avec son naturel bizarre, Jean-Paul se préoccupât en somme beaucoup moins de l'effet qu'il produisait sur les gens que de l'effet produit par les gens sur lui-même, surtout lorsque ces gens s'appelaient Goethe ou Schiller, Herder ou Wieland. Si ces manières excentriques, cet air iroquois, ostrogoth si l'on veut, provenaient, chez Jean-Paul, d'un irrésistible besoin de sympathie, d'enthousiasme, d'une veine généreuse qui ne demandait qu'à se répandre, d'une sensibilité dont, tout en admirant la bonne intention, on ne saurait cependant se dissimuler par moment la candeur un peu ingénue, j'allais dire la niaiserie ; le voyage à Weimar, en portant atteinte à mainte illusion née de cette sensibilité même, en effaçant de plus d'un front canonisé d'avance le nimbe lumineux, l'auréole mystique de rigueur, devait nécessairement le laisser, pour quelques jours au moins, triste, mécontent, découragé. « Nous avons beau faire les esprits forts et ne pas vouloir nous l'avouer : chez les hommes qui nous apparaissent dans les régions célestes de la poésie, comme chez la femme que nous aimons, comme chez notre ami, nous cherchons des être parfaits, accomplis. Nous cherchons partout le dieu chez l'homme, parce que tout amour est infini et partant a besoin d'un dieu. A Weimar, c'est l'illusion qui m'a manqué. Il ne faut pas longtemps pour savoir par cœur l'humanité intellectuelle (je ne parle point ici de l'humanité morale), et j'avoue qu'on peut continuer à aimer les cœurs tout en détestant les cerveaux. En vérité, si l'on était éternel, il y aurait dans cette reproduction inexorable des mêmes inconvénients de quoi vous faire mourir dix-huit cents fois. » Et dans une autre lettre : « Je ne veux plus désormais m'incliner devant aucun grand homme ; à l'avenir, je garderai mes hommages pour le plus vertueux [2]. » Ces déceptions,

---

[1] *Briefwechsel zwischen Schiller und Goethe in den Jahren*, 1794-1807. — Stuttgart, 1825, Th. II, S. 73.

[2] Pour si naïf et si crédule qu'on se le représente, le bonhomme, en amitié, ne se souciait pas d'être pris pour dupe. Du premier coup, il devina les

de jour en jour plus fréquentes, le remplissaient d'amertume ; il touchait du doigt le pied d'argile ; alors un bouleversement confus s'opérait dans son esprit, il pensait aux joies si pures de la famille, à ses beaux rêves de quinze ans sous le toit paternel, et peu à peu, par une transition doucement mélancolique, les idées du passé le conduisant aux idées d'avenir, de ménage, il établissait complaisamment son bonheur domestique sur les ruines de ses illusions. « Ah ! de quel paradis je portais les germes dans mon âme ! et dire que les oiseaux de proie ne m'ont rien laissé ! Encore si j'avais une femme ! je m'entends, une jeune et honnête femme, bien féminine surtout et point *géniale*, je consentirais de grand cœur à ne demander que peu de chose à la fortune, moins au monde ; mais en revanche j'exigerais davantage de la vie, que mes rêves poétiques percent à jour de plus en plus. Je le répète, point de femme de génie, point de brouillon, mais un cœur ingénu, paisible, qui me rende mon enfance, les premiers jours passés auprès de mes parents, tout enfin ce que les souvenirs de l'âme font revivre éternellement à mes yeux ! »

Cette compagne, évidemment faite à l'image de la douce Lenette, un ange de résignation et de passivité, Jean-Paul crut un moment l'avoir trouvée dans une gracieuse personne dont il s'éprit avec passion. L'héroïne de ce nouveau roman s'appelait encore Caroline, — il y a des noms auxquels on est voué, — et se trouvait, en dépit des répugnances de notre philosophe, être juste une muse. Qu'on parle ensuite de la logique du cœur humain ! Toutefois la tache monstrueuse, la tache d'encre disparaissait dans l'enchantement du sourire. Si l'aimable pédante use son temps à feuilleter de lourds volumes, c'est tout simplement qu'elle veut s'instruire, et ne ressemble point aux jeunes

---

aspérités, les angles, comme il dit lui-même, et sa sensibilité expansive dut s'en tenir à rechercher de préférence les phares moins glorieux peut-être, mais à coup sûr moins hérissés de brisants et d'écueils. De là ses relations d'intimité avec Herder, avec Wieland, Herder surtout, grand esprit, mais entaché de puritanisme bourgeois, rétréci sur plus d'un point par des nécessités de profession, et dès lors peu porté à vouloir jouer à l'idole, — cèdre poussé dans une chaire de ministre protestant. — Pour Goethe, notre humoriste le jugeait sans appel. « Goethe ressemble à Dieu, qui, selon Pope, voit du même œil choir un monde et un passereau, ce qui lui est d'autant plus facile (à Goethe), qu'il n'a créé ni l'un ni l'autre. Mais, en revanche, il se complaît à ne voir dans son apathie pour les peines d'autrui qu'une sorte de détachement de ses propres peines. »

filles ordinaires qui ne cherchent dans la lecture qu'une sorte de manne sentimentale. Avec combien de joie il vous raconte qu'elle s'occupe aussi de botanique et de poésie, qu'elle passe de l'étude de l'histoire au classement de son herbier! « Jamais chez aucune femme, s'écrie-t-il dans un moment d'enthousiasme, je n'ai rencontré cette moralité austère, profonde, essentiellement religieuse, qui se montre dans tous les points, perce dans les moindres bourgeons. Je sens que mon union avec elle va me purifier jusqu'au fond de l'être. » Après l'énumération des qualités morales vient le tableau des qualités physiques, le portrait, qui, tout flatté qu'on le soupçonne, excuse à la rigueur cette conversion un peu bien brusque du philosophe au culte de la femme *géniale*. Elle a le teint blanc et rose, les yeux noirs, *un front à la fois poétique et féminin,* et ainsi du reste, avec cette concession finale dont s'arrange assez volontiers la modestie des amoureux, à savoir, qu'à défaut de beauté, le piquant y est, le *certo estro,* comme disent les Italiens.

Cependant la philosophie a ses retours. Peu de temps après, la liaison se rompit, et Jean-Paul, abjurant la tolérance d'occasion, n'en revint qu'avec plus de fougue à son vieux thème, pauvre papillon qui s'est brûlé le bout de l'aile à l'éclair d'une bougie de bal, et qui jure bien qu'on ne l'y reprendra plus. « Cette rupture, que des incompatibilités morales rendaient impérieuse, ne m'empêcha point de regarder le mariage comme la seule arche du salut. En dehors d'une union légitime, notre imagination ne fait que nous entraîner en toute sorte de liaisons qui finissent toujours par briser un des deux cœurs qui sont en cause, quelquefois par les briser tous les deux. Mon cœur veut la paix domestique dont on jouissait chez mes parents, cette paix que le mariage seul peut donner. Je ne demande pas une héroïne, n'étant rien moins qu'un héros; ce qu'il me faut, c'est une jeune fille aimante, affectionnée, car désormais j'estime à leur juste valeur ces *chardons flamboyants* qu'on appelle femmes de génie. » Hâtons-nous de dire que cet espoir, si souvent déçu, d'un établissement selon ses goûts, se réalisa pour Jean-Paul peu de temps après, grâce à une bonne et honnête jeune fille élevée dans les mœurs sédentaires de la bourgeoisie de Berlin, autour de la table de chêne où l'on causait le soir en écoutant quelque lecture de Rousseau. Caroline Mayer plut à Jean-Paul. « Elle a, disait-il, tous les avantages des autres Carolines, moins leurs défauts. » Un front de madone, des yeux pleins de douceur, une indicible expression de tendresse et de dévouement, telles sont les séductions que son amant lui prête, séductions d'épouse et de mère, on le voit. J'oubliais une fraîcheur épanouie, cette fleur de santé qui convient à la ménagère allemande, à cette héroïque femme qui veille à tous les soins de la maison, et serre, comme dit Schiller, dans le coffre odorant le linge qu'elle-même a filé. A dater de là, on prévoit tout: Jean-Paul, marié, s'installera dans quelque paisible résidence; peu à peu, cependant, la famille augmentera, et les marmots alternant avec les livres, on vivra de la sorte jusqu'à la fin, modeste, charitable, le cœur et l'esprit occupés dans cet heureux sans-souci de Bayreuth, dont une pension du roi fera les frais; tardif, mais bien délicieux canonicat de l'homme de lettres, qui mettra notre philosophe à même de ne plus *réduire son corps en cendres par la nécessité de fondre chaque jour son esprit en argent.*

Pour en revenir au voyage de Richter à Weimar, le désenchantement des premiers jours eut ses compensations à la longue. De ce qu'un rayon manquait par-ci par-là au nimbe glorieux dont on avait poétiquement coiffé les têtes dominantes, la société n'en devait pas périr. *Dura lex, sed lex.* Jean-Paul fut bien contraint d'en prendre son parti. Insensiblement les femmes intervinrent. On sait ce qu'étaient les femmes de cette cour d'Anne-Amélie. Le bourru fantasque s'humanisa, l'apôtre de vertu se laissa tout doucement réconcilier avec la supériorité intellectuelle par l'entremise de ces aimables philosophes si habiles à donner le tour sentimental à l'argument le plus ardu, et qui n'ont en somme qu'un système : leur cœur. En écoutant les femmes, il comprit mieux les hommes; il laissa aux sympathies effarouchées d'abord par l'épouvantail d'excentricité, le temps de se grouper autour de lui ; aux amitiés, le temps de se former. L'affection qui s'établit à cette époque entre Herder et Jean-Paul, après avoir tenu dans l'existence des deux grands écrivains une si noble, une si large place, devait, même après la mort, revivre dans leurs œuvres. La vivacité de Jean-Paul, son humeur, sa jeunesse d'esprit et de cœur, enchantaient Herder, qui le préconisait partout. Presque chaque soir, les deux amis soupaient ensemble, après quoi on allait se promener vers Ettersberg. On causait, on philosophait tout à son aise; et, la petite pointe de vin vieux aidant, on ne se ménageait pas ses vérités. « Si j'étais dans une île déserte, disait Herder à Jean-Paul, et que je n'eusse entre les mains d'autres livres que les vôtres, j'en voudrais faire des œuvres deux fois belles, d'abord en retranchant mainte boutade irréfléchie, puis en travaillant à mettre d'accord les passages qui se contredisent. » Ce qui n'empêchait pas l'auteur des *Idées* de s'écrier avec enthousiasme, lorsqu'il s'agissait de s'expliquer sur le compte du chantre d'*Hesperus* : « Le ciel m'a donné dans Richter un trésor que je n'eusse jamais ni mérité ni seulement rêvé! Chaque fois que je le retrouve, il me semble que je vois s'ouvrir devant moi la cassette des rois mages, mais plus riche encore, plus remplie de merveilles éblouissantes. Oui, les mages sont en lui, et l'étoile incessamment chemine au-dessus de sa tête. » Le bon Wieland eut aussi du goût pour Jean-Paul, mais un goût moins passionné, moins transcendantal, le goût qui convenait à l'organisation normale et symétrique du poëte d'*Agathon*. Ici, du reste, les originaux sont à deux de jeu, et la première entrevue eût fourni à Molière une scène de comédie. Écoutons les *à parte* de nos personnages. « J'ai vu Wieland dimanche dernier à Osmanstadt (c'est Jean-Paul qui parle); figurez-vous un vieillard élancé, encore vert, une espèce de Nestor à la tête enturbannée d'écharpes rouges, au ton modérateur, parlant beaucoup de lui, mais sans orgueil, et quelque peu épicurien ; en somme, excellent père de famille, mais tellement ahuri par les muses, que sa femme a pu lui cacher pendant dix jours la perte d'un enfant. » Maintenant au tour de Wieland. « Ce diable d'homme (c'est de Richter qu'il parle) ressemble en tout point à ses écrits ; on se sent affecté en sa présence des mouvements les plus contraires, et rien n'est plus difficile que de l'entretenir. Il est trop LUI ; n'importe, je le déclare un intéressant original. » Imagine-t-on, après cela, nos deux antipodes du monde intellectuel se rencontrant sur un point de controverse littéraire, discutant chacun selon ses vues l'antiquité, par exemple, les Grecs? Naturellement, la comédie continue; seulement, cette fois la scène est écrite, il suffit de traduire.

JEAN-PAUL.

Je tiens les Grecs pour ce qu'ils sont : des esprits essentiellement bornés. Avec les idées puériles qu'ils avaient des dieux, quelle opinion élevée et sérieuse pouvaient-ils se former de l'humanité?

WIELAND.

Vous les tenez pour ce qu'ils sont, à merveille; mais que sont-ils, sinon une apparition unique sur la terre, sinon le type le plus pur, le plus complet de l'humanité dans sa jeunesse, dans sa fleur, tellement qu'on dirait que tous les dons célestes qui furent jamais départis à l'homme, pour s'élever à ce degré de civilisation, de perfectionnement, tous ces dons étaient descendus sur eux, sur les Grecs, pour vivre et s'épanouir en eux, avec eux! Où voyons-nous l'idée de jeunesse dans l'humanité se reproduire sous une forme plus sereine, plus aimable, plus pure, plus splendide? N'est-ce point cette idée que glorifie l'éternelle jeunesse du divin Phébus?

JEAN-PAUL.

Mais cet heureux temps de jeunesse est passé, et nous sommes devenus des hommes. Les Titans chrétiens ont escaladé l'Olympe et précipité les dieux dans le Tartare. Au-dessus de nos têtes, l'infini de Dieu s'est étendu; sous nos pieds, les abîmes de l'humanité se sont ouverts. Croyez-vous qu'à de pareilles idées la forme étriquée de vos Grecs et leur manie de jouer au beau puissent convenir?

WIELAND, seul dans son cabinet, feuilletant Homère.

Jean-Paul traite les Grecs d'enfants! Je commençais à perdre patience! Allons! pourquoi lui en voudrais-je? n'a-t-il point le droit d'être ce qu'il est, et ces absences de goût que je regrette, ces lacunes dont parfois j'enrage, ne sont-elles pas plus que comblées chez lui par d'éminentes qualités d'un autre genre? Prétendre inoculer le sentiment de l'antique à un génie de cette trempe, mais ce serait vouloir débarbouiller un nègre! Jean-Paul a, pour être ce qu'il est, une excuse divine qu'il tient de la nature.

Wieland ne se trompait pas; autant eût valu débarbouiller un nègre. Sur une individualité à ce point confuse et miroitante, la beauté classique perdait tous ses droits; et si l'on a pu dire que Goethe, avec sa passion de la règle, son culte souverain pour toute chose précise et déterminée, importait dans le monde littéraire les conditions de l'art plastique, Jean-Paul, insoucieux des phénomènes extérieurs, écoutant les yeux fermés gronder les mondes qui tourbillonnaient en lui, faisait dériver la poésie vers la musique[1]. Or, la musique, c'est le romantisme,

---

[1] « Ce que je ne fais que voir m'affecte peu, s'agirait-il d'un mort; mais si la forme passe des yeux dans l'imagination, elle tient aussitôt la clef de mon

la négation par excellence de tout sentiment plastique. J'insiste sur ce point, qui, selon moi, contient tout le secret de l'éloignement de Jean-Paul pour l'antiquité. Et s'il vous prend fantaisie d'analyser certaines sensations qu'il vous donne, vous y trouverez par moment je ne sais quoi de musical. Ne sont-ce point des mélodies que ces visions de l'éternité? Schubert chanterait-il autrement les lamentations du Christ sur les ruines de l'univers; et dans un style moins prophétique, ces mille rêves au clair de lune, ces divagations éloquentes où la vie des anges et des fleurs est devinée? Envoyez maintenant cet homme en Italie, et dites si le rayon splendide dont Goethe s'est enivré ne l'offusquera point? Entre la beauté classique et cette âme inquiète et rêveuse, préoccupée au fond de toutes les angoisses, de toutes les terreurs des temps nouveaux, aucun hymen n'était possible. S'il fallait à l'inspiration sensuelle de l'auteur d'*Iphigénie* de belles formes bien palpables, la chair dans le marbre, et par occasion aussi le marbre dans la chair, le romantisme épuré de Jean-Paul s'exaltait de moins : un chant d'oiseau, un parfum surpris dans l'air le mettaient en humeur poétique, surtout si ce doux chant, si ce parfum, venaient à s'exhaler au sein de ces nuits embaumées où s'allumait le feu d'artifice de sa fantaisie.

Nous touchons à la dernière période de l'activité littéraire de Jean-Paul, période de récapitulation plutôt que de transformation, et qui, sans apporter à la masse aucun élément bien nouveau, n'en devait pas moins produire *Titan* et les *Années d'école buissonnière* (*Flegeljahre*), œuvres fondamentales où se résume d'une manière définitive la double tendance que nous avons remarquée dans *Hesperus* et *Quintus Fixlein*. Il va sans dire que *Titan* représentera ici le côté transcendantal, sublime, *dynamique*, du génie de Richter, tandis que les *Années d'école buissonnière* nous donneront une trentième édition, mais singulièrement revue et parfaite, de ces études atomistiques de la vie réelle. Les *Palingénésies*, publiées en 1799, n'offrent qu'une

---

cœur, et mon émotion devient extrême. » C'est ainsi qu'il traversait des villes sans rien voir, et n'avait de goût que pour les paysages. Il percevait par le son beaucoup plus que par la vue; s'il lui arrivait de boire un peu trop, il ne voyait plus, il entendait double, et la grande affaire était alors de débrouiller cette hallucination intérieure. De là ces soirées qu'il passait à improviser au piano. Se figure-t-on autrement l'inspiration de Beethoven!

répétition des premières satires, et l'ouvrage imprimé vers la même époque sous le titre d'*Événements prochains* (*Bevorstehender Lebenslauf*) n'est autre qu'un pendant à la *Biographie conjecturale*, dont il se borne à varier l'idylle.

De 1797 à 1802 parut *Titan*. Pour peu qu'on pénètre au cœur de cette composition éminente, on sera tenté de soupçonner avec nous que Jean-Paul a voulu porter par là une sorte de défi à *Wilhelm Meister*. En effet, quelles que soient les divergences qui vous frappent d'ailleurs, on ne peut s'empêcher de reconnaître une certaine préoccupation du roman de Goethe dans cette œuvre grandiose maintenue au niveau de l'épopée. Le héros du livre, Albano, comte de Césara, est encore une de ces natures en proie à l'idéal, un de ces esprits de flamme qui mesurent à des compas de géant toute chose en ce monde, et qu'une volonté sans frein, une prodigalité de ces trésors de la tête et du cœur, dont ils furent comblés, entraînent de faute en faute vers l'abîme. On a reproché à Jean-Paul de prendre trop ouvertement la cause de ces erreurs et de ces faiblesses; mais, en bonne conscience, pouvait-il faire autrement, lui si amoureux de toute force neuve, lui dont la mélancolie rétrospective évoquait le printemps d'autrefois à travers les brumes de l'âge? Du reste, le thème ici prêtait à l'enthousiasme de l'écrivain, au lyrisme du poëte. Quoi de plus saint en effet, de plus pur, que ce rayon de céleste lumière qui perce le chaos d'une âme adolescente, et que nous appelons le premier amour, la première amitié, le premier élan vers la vérité? Il faut voir avec quelle irrésistible puissance d'émotion, avec quelle magnificence d'images tout cela est décrit dans ces pages brûlantes où le sentiment de la nature emprunte les plus riches nuances au prisme enchanté de l'idéal. — Cependant plus d'une épreuve attend notre héros. Le besoin extravagant d'aimer, cette rage d'épancher sur tout ce qu'il rencontre les laves sympathiques d'un cœur qui déborde, ne tardent pas à tourner contre son bonheur. Il met sa foi dans un indigne ami; la jeune fille qu'il adore meurt, ombre charmante à peine entrevue au clair de lune. Alors une vie nouvelle s'offre à lui : l'action. Échappé à cette nébuleuse atmosphère du rêve, il se dispose à prendre part à la guerre de l'indépendance allemande : effort sublime que déjoue la titanide Linda, dont il s'affole, pour voir, comme dans ses amours avec Liane, ses espérances les plus belles presque réduites à néant. On le voit, la conclusion rappelle *Wilhelm Meister*. Enfin, après tant de rêves et de combats, Albano hérite de la souveraineté paternelle, et se résigne à descendre des hauteurs de la voie lactée dans « la sphère intermédiaire du gouvernement, » ce qui, soit dit en passant, nous paraît un assez bizarre moyen de consolation à donner à tant d'autres malheureux, qui, sans être nés princes, peuvent appartenir, eux aussi, à la race des Titans. Parmi les personnages du roman, celui de Roquairol, l'ami corrompu d'Albano, vous frappe dès l'abord comme une des plus vigoureuses études qu'on ait faites du génie humain dans la dépravation et le désordre. Il y a là une véritable création, un type cousin de Lovelace, et que nous voudrions produire ici, ne fût-ce que pour montrer ce que peut l'expression saine et contenue d'un grand esprit qui consent à se modérer. Dans la pensée du poëte, ce Roquairol, incarnation de l'orgueil plutôt que du vice, en lutte ouverte avec la société, dont le train bourgeois et misérable soulève de pitié ce génie superbe; Roquairol représente l'enfant du siècle, la victime de certaines idées de rébellion et de scepticisme que plus d'un Prométhée d'aujourd'hui s'imagine encore avoir inventées, tandis qu'à l'époque où *Werther* parut, elles n'étaient déjà plus nouvelles : ce qui ferait soupçonner que l'enfant du siècle est né avant le siècle.

Gâté de bonne heure par des abus de toute espèce, rassasié de voluptés et de science, d'une imagination extravagante en ses désirs, la vie, dès vingt ans, n'offre plus à Roquairol que dégoût, ironie et contradiction. Il a anticipé sur toutes les vérités, sur tous les sentiments; toutes les conditions du cœur humain, il les a parcourues, et la poésie lui donnant un avant-goût céleste, toute réalité l'offusque dans la vie. Une passion malheureuse survient, il n'aime pas et croit aimer. Enthousiaste et libertin à la fois, il va de l'éther à la fange, et finit par se plonger à fond dans le bourbier pour s'interdire d'avance tout retour honorable : chute douloureuse, d'autant plus regrettable qu'il y avait là les instincts du génie, le courage de l'homme d'action. Maintenant, empêchez que tant d'élans sublimes ne dégénèrent; groupez, ordonnez ces tendances, et vous aurez Shakspere ou Bonaparte, ce que Jean-Paul exprime ainsi dans son langage pittoresque : « Ce qui manquait pour que la moralité la plus pure, la plus vive, résonnât en lui, ce n'était point la touche, mais la clef de l'accordeur qui fait aller ensemble toutes les voix. » Et Roquairol en personne ne s'écrie-t-il point quelque part : « Vos hommes de génie, poëtes tragiques et romanciers, occupés incessamment à singer Dieu et l'humanité, sont-ils donc autres que moi? » Oui, certes, car ceux-là ont laissé des œuvres, car l'étincelle dont ils furent doués, au lieu d'incendier toute chose autour d'eux, a rayonné selon les lois éternelles de l'honnête et du beau, tandis que vous, malheureux Titan, vous n'avez escaladé le ciel que pour retomber de plus haut dans l'abîme, et servir d'exemple des aberrations où doit infailliblement se perdre l'âme qui ne reconnaît d'autre inspiration, d'autre guide que la poésie [1].

Titan fut le suprême effort du lyrisme de Richter, et se dresse dans son œuvre comme une sorte de mont Hécla. Il avait mis là, c'est lui-même qui parle, tous ses *Niagaras,* toutes ses *trombes,* tous ses *nuages gonflés de tropes.* La machine épique achevée, il sentit comme une délivrance et revint discrètement à son idylle d'autrefois, à ses moutons de Panurge. Goethe, on le sait, affectait le plus profond éloignement pour ceux de ses ouvrages qui se trouvaient appartenir à une période accomplie de sa carrière intellectuelle. Jean-Paul, sans porter aussi loin l'abnéga-

[1] Il y a quelques années, une tentative fut faite dans le but d'initier le public français au style du *Titan*. L'entreprise n'eut qu'un médiocre succès. Horace l'a dit, les livres ont leur destinée ; il s'agit pour eux d'arriver à temps, d'arriver surtout lorsque la voie est préparée, et de ne pas tomber des nues comme un aérolithe. Sur ce point, il nous semble que la traduction des deux premiers volumes de *Titan* n'était pas tout à fait exempte de reproches. M. Chasles, qui, du reste, avait plus que personne qualité pour un pareil travail, se méprit, selon nous, sur les conditions de la tâche qu'il avait acceptée. Il traita le chef-d'œuvre de Jean-Paul un peu comme il aurait fait d'un roman de Walter Scott, et, se contentant de le traduire avec esprit, le jeta, sans autre forme de procès, dans le torrent de la publicité. Or, c'était se tromper de courant. S'il y a une voie en France pour conduire Jean-Paul à cette haute estime qui ne peut lui manquer tôt ou tard, à coup sûr ce n'était point le cabinet de lecture. Avec des hommes tels que l'auteur d'*Hesperus* et de *Titan*, il faut surtout ne pas compter sur le chapitre de l'exégèse. De pareils travaux réussissent en France, on l'a prouvé, mais à condition qu'on les entoure de respect et d'amour, qu'on en fasse l'objet d'un culte presque superstitieux. A tout prendre, je préfère encore pour Jean-Paul le système adopté assez ordinairement par madame de Staël, qui consiste à extraire d'une œuvre çà et là quelque noble morceau qu'on dispose et qu'on éclaire soigneusement, de façon à le dépayser le moins possible ; mais je voudrais ce système plus large, plus harmonieux, plus nourri de méthode et de critique, s'étudiant davantage à donner le contour. Une espèce d'anthologie habilement dirigée dans tous les sens serait encore ce qu'il y aurait de mieux.

tion de la paternité littéraire (il en avait la bosse et très-marquée), Jean-Paul abandonna les hauteurs de l'empyrée pour des régions plus modestes, et descendit de la montagne dans la plaine, dans cette plaine où vivotaient déjà Quintus Fixlein, Maria Wuz et Siebenkaes, et dont, à dater de cette époque, il augmenta de plus d'un bon original la population excentrique. Nous ne nous arrêterons pas sur *Katzenberger, la Comète, Fibel,* qui, sous le rapport de l'invention, ne contiennent à coup sûr rien de bien neuf, mais se recommandent encore par cet imprévu du détail, par ces mille trouvailles de l'esprit et du style, dont le secret, il faut l'avouer, est à notre humoriste une sorte d'inaliénable apanage. On nous permettra cependant de détacher du groupe les *Années d'école buissonnière,* publiées immédiatement après *Titan,* en 1804, production écrite avec toute la verve de la jeunesse, mais d'un style moins obscur, moins touffu, dégagé autant qu'il se peut de tout ce fatras d'incidents parasites, de superfétations, que lui-même appelle plaisamment *queues de comète.* On trouvera sans doute dans cet aimable livre plus d'une réminiscence de *la Loge invisible* et des autres ouvrages du poëte, réminiscences de sentiment surtout, car, pour la forme, je le répète, elle a des variétés surprenantes : ainsi de ces deux frères Walt et Wult, en qui se personnifie pour la vingtième fois peut-être la double face du génie de Richter ; celui-là avec ses rêves ingénus, ses illusions de jeunesse, ses naïfs enthousiasmes ; celui-ci un peu vagabond, un peu bohème, au reste fin connaisseur du monde, qu'il juge en humoriste, personnage à figurer dans un roman picaresque. On n'imagine pas de plus frais, de plus charmant tableau de cette heureuse vie de troubadour qu'on mène à vingt ans, de ces mille adorables folies qui vous traversent la tête en ces beaux jours d'ivresse et de soleil ! Avec quelle vérité, quel charme indéfinissable, sont décrites ces premières joies de la maison paternelle, cette virginité, cette sainteté de l'enfance et de tout ce qui s'y rattache ! Il ne se contente pas de peindre ; à ces émotions nécessairement relatives, à ces infiniment petits du monde psychologique, il rend leur importance absolue, leur mirage des jours passés ; on sent que cette vie bienheureuse se réveille en lui en ce moment, qu'il l'étudie, qu'il l'analyse au microscope de son cœur. Et comme il se sert à ravir de ce contraste qui lui a réussi tant de fois ! comme il oppose habilement l'idéal au réel, le fier en-

27

thousiasme de l'un des frères au scepticisme de l'autre, le bon visionnaire au raisonneur *moisi!* Tout cela est excellent, écrit de main de maître, et s'il fallait opter entre *Titan* et les *Années d'école buissonnière*, deux chefs-d'œuvre chacun sur la limite extrême, peut-être inclinerait-on encore à préférer le coup d'œil si complet, si net, si poétiquement vrai, jeté dans la nature humaine, aux divagations par delà les nuages et les étoiles.

A cet ordre d'idées transcendantales, de divagations éthérées, appartient naturellement la philosophie de Jean-Paul, philosophie religieuse par essence, résultant moins de la méditation que de ce regard prophétique du visionnaire, et dont l'expression morale doit, à mon sens, se résumer ainsi : vivre pour l'immortalité, pour la divinité! Nous avons vu, au commencement de ce travail, combien Richter sentit à fond l'inestimable prix de la jeunesse, dans quel lustre éclatant, radieux, lui apparut cette divine aurore de la vie ; attristé du cours irréparable de cet âge d'or, il imagina de le faire revivre en d'autres zones, et, liant sa propre jeunesse à la jeunesse universelle, à l'idée d'immortalité, de transporter dans le domaine de l'espérance un bien qui, en dehors de cette illusion glorieuse, était échu sans retour au passé. On n'a point oublié quelle impression solennelle produisit sur lui l'idée de la mort ; il avait dix-huit ans lorsque cette idée se présenta subitement à lui, un jour, comme il se promenait en pleine campagne. Ce fut là un véritable coup de foudre, d'autant plus terrible que, ne s'élevant point à l'abstraction de Herder ou de Goethe, il se laissa désormais envahir par ces mille épouvantes superstitieuses auxquelles succombe si facilement la faiblesse humaine. De là tant de fantômes dont son imagination semble par moments harcelée, de là ces dithyrambes apocalyptiques, véritables rêves d'un cerveau malade, cette vision de l'éternité traduite par madame de Staël, et dans laquelle le Christ, au milieu du désespoir et des blasphèmes d'un monde qui se tord dans les convulsions de l'agonie, proclame le néant de la divinité. Prouver l'immortalité de l'âme, et cela par des arguments simples, plutôt humains que philosophiques, et tels que chacun croit en posséder une somme pareille dans son propre cœur, tel est le but que Richter se propose dans *la Vallée de Campan*, aussi bien que dans ses autres œuvres de la même catégorie. On a prétendu ne voir dans Jean-Paul qu'un interprète plus ou moins bien inspiré de cette philosophie critique qui fit tant de bruit en Allemagne vers la fin du siècle dernier. Sans nier tout à fait cette action du moment à laquelle peu de penseurs échappèrent du reste, nous dirons que Richter la subit à sa manière, en poëte, en homme pour lequel la spéculation philosophique devient une pure affaire de sentiment. Avec lui, c'est toujours le sentiment qui parle, et vous le verrez appliquer au vague de nos espérances ce besoin de démonstration qu'il professe dans l'interprétation d'un rêve, d'un morceau de musique, d'un paysage vu au soleil couchant, toutes choses auxquelles il faut absolument qu'il attribue une portée mystique, ou, si vous l'aimez mieux, un texte surnaturel dont lui seul s'imagine avoir la clef.

Ainsi son argument pour l'immortalité de l'âme se fondera sur ce que l'âme humaine ayant en elle la notion du beau, de l'honnête et du vrai, le royaume du beau, de l'honnête et du vrai, n'étant pas de ce monde, devait nécessairement exister ailleurs. Il se demande quel sens pourraient avoir, dans le cas contraire, ces aspirations ineffables qui résident en nous, ces religieux élancements de la pensée, à l'étroit sur la terre, vers le domaine de l'infini ; et, supposant qu'on lui réponde en donnant pour raison d'être à ces forces spirituelles l'entretien, l'embellissement de la vie présente, il se précipite au-devant de l'objection, et s'écrie avec un enthousiasme hyperbolique : « Ainsi, un ange du ciel se verrait emprisonné dans notre corps pour y remplir, à l'égard de l'estomac, des fonctions d'esclave muet, de concierge ou de frère queux ! Mais, puisqu'il ne s'agissait que de conduire le corps humain au pâturage, les instincts animaux suffisaient. Est-ce une flamme éthérée, une flamme divine qui chauffera l'appareil de la circulation dans ce corps qu'elle va calciner et dissoudre ? car, on le sait, l'arbre de la science est pour le corps humain le véritable mancenilier. » Richter, dans sa métaphysique, en use un peu à la manière de notre ami le docteur Faust ; il se dit bravement : Tout ou rien ; les moyens termes lui répugnent. De même qu'en ses œuvres littéraires les extrêmes seuls l'attirent, de même en philosophie il n'admettra point de compromis entre l'ange et la bête, et nous l'entendrons s'écrier, avec son enthousiasme hyperbolique, avec cette fièvre de Titan dont l'inquiétude lui semble une preuve irréfragable de nos destinées ultérieures :

« Non, Dieu n'a point pu nous créer uniquement pour la souffrance; non, il ne l'a point dû! L'incompatibilité qui existe entre nos espérances et notre cercle de relations, entre notre cœur et le monde terrestre, demeure une énigme, si nous devons revivre, mais serait un blasphème dans le cas où nous péririons. Hélas! comment l'âme serait-elle heureuse? L'habitant des montagnes ressent à séjourner dans les bas lieux d'incurables atteintes; nous aussi, nous appartenons à la hauteur; nous aussi les montagnes nous réclament, et c'est pourquoi une éternelle langueur nous ronge, et toute musique produit sur nous l'effet de cette cornemuse du paysan suisse expatrié. Au matin de la vie, ces joies divines qui doivent apaiser la soif ardente de notre sein, nous les voyons briller dans les nuages de l'avenir; et cet avenir, dès que nous y touchons, convaincus d'avoir été ses dupes, nous lui tournons le dos, les yeux fixés vers ce beau jardin de la jeunesse où s'épanouit le bonheur, et nous cherchons derrière nous, à défaut de l'espérance, du moins le souvenir de l'espérance. Ainsi nos joies ressemblent à l'arc-en-ciel, qui à l'aurore nous apparaît au couchant, et vers le soir se montre à l'orient. Notre œil plonge bien aussi loin que la lumière, mais notre bras est court et n'atteint que les fruits du sol.

« Et de tout cela il faut conclure :

« Non point que nous sommes malheureux, mais que nous sommes immortels, et que cet autre monde qui habite en nous annonce en dehors de nous un autre monde qu'il infirme. Ah! que ne pourrait-on pas dire de cette vie, dont le début se manifeste si clairement dès celle-ci, et qui double si glorieusement notre être? Pourquoi la vertu est-elle une chose trop élevée, trop sublime pour nous rendre parfaitement heureux? Pourquoi notre impuissance à conquérir les biens de la terre s'accroît-elle en mesure d'une certaine pureté de caractère? D'où nous vient cette fièvre lente qui consume notre poitrine, amour infini d'un objet infini, passion dévorante qui n'a d'espoir que dans la mort?

« Oui, quand tous les bois de cette terre seraient de myrtes et de roses, quand toutes les vallées seraient des vallées de Campan, toutes les îles des Iles Fortunées, tous les jardins des Élysées, et quand la joie sereine y brillerait dans tous les yeux, oui, même alors la pureté de cette extase témoignerait à notre esprit de sa durée. Mais, hélas! lorsque tant de maisons sont des maisons de deuil, tant de champs des champs de bataille, lorsque la pâleur couvre tant de visages, et que nous passons chaque jour devant tant de pauvres yeux flétris, rouges, déchirés, éteints, oh! mon Dieu! se pourrait-il que la tombe, ce port de salut, fût le gouffre où tout doit s'abîmer! Et lorsque après des milliers et des milliers d'années notre terre aurait péri par le voisinage incendiaire du so-

’l, lorsque tout bruit vivant se serait enseveli dans ses entrailles, yez-vous l’Esprit immortel, abaissant ses regards sur ce globe uet, se dire, en contemplant ce grand char mortuaire : « Voilà le netière de la pauvre humanité qui plonge dans le cratère du so- 'l! Sur cette sphère en cendres, d’innombrables ombres ont gémi, t pleuré ; maintenant tout s’est évanoui pour jamais. Plonge nc, désert muet, désert stérile, plonge donc dans l’abîme qui t’engloutir à ton tour, avec les larmes et le sang dont tu fus bibé !

« Non ! Le ver torturé se redresse et dit au Créateur : Tu n’as s pu me créer pour souffrir, tu ne le devais pas !

« Et qui donne au ver de terre le droit de parler ainsi?

« Le Tout-Puissant lui-même, qui met en nous la miséricorde, esprit de toute bonté, dont la voix parle en notre âme et l’apaise, qui seul éveille dans nos cœurs ces aspirations, ces élans d’es- ance vers lui. »

La philosophie de Richter part des profondeurs de l’âme hu- aine et donne pour produit un noble système de moralité, et r instants la plus ferme, la plus sincère conviction religieuse ; ien entendu qu’il s’agit ici de religion philosophique, car, au int de vue du dogme, son procès serait vite fait, et je doute e la liberté grande avec laquelle il manipule parfois les objets plus sacrés du culte trouvât grâce devant une assemblée do èles. Néanmoins, je le répète, en dehors de certains passages, ui du reste appartiennent en propre à l’humoriste, les ten- nces de Richter sont religieuses, pieuses même, dans le plus ut sens du mot. Un principe de miséricorde et d’humilité ndu jusqu’à la bienfaisance, une foi continue, immuable en mortalité de l’être, en sa grandeur native, tempèrent de leur utaire influence les éléments ardents de sa nature. Du milieu abîmes de la vie, il contemple au ciel une étoile aimantée i l’attire ; cherchant dans l’éternel et l’invisible la solution visible et du temporel, il a douté, il a nié, et pourtant il oit. « A votre dernière heure, dit-il quelque part dans *Levana*, and toute faculté s’éteindra dans votre âme brisée, que de tant magination, de pensées, d’efforts, de jouissances, il ne vous tera plus rien, alors, à la fin, la fleur nocturne de la croyance panouira seule, et rafraîchira de ses rayons l’obscurité su- 'me. » Quant aux contradictions manifestes qui éclatent à que instant dans ce système de foi humaine et religieuse, il sans dire que nous n’essaierons point de les expliquer ; il

nous suffira d'en reconnaître au moins la franchise et la rond
loyale. A la métaphysique de Richter, métaphysique toute d'
magination et de sentiment, on serait mal venu de vouloir
mander des conditions d'unité ; autant vaudrait appliquer à
utopies politiques les conclusions d'un homme d'État, juger
point de vue de l'histoire ses hypothèses sociales, ses théor'
de paradis terrestre, ou mettre la physiologie en demeure d'
terpréter sa science du rêve. Et cependant physiologie, ju'
prudence, politique, morale, théologie, météorologie même,
y a de tout cela dans ses écrits, mais à doses mêlées, en biza
amalgames, subordonnés la plupart du temps aux seuls capri
de l'imagination. Poëte, Jean-Paul philosophait enpoëte, et que
il vous a donné sa conviction du moment, quand il vous l'a d
née ouvertement, courageusement, telle que sa conscience
lui dicte, ne lui en demandez pas davantage, car ces petits éc
du philosophe ont peut-être coûté cher à l'homme, et méril
par là votre indulgence.

Certes, avec les dons extraordinaires qu'on ne saurait sans'
justice lui contester, il est plus difficile de dire comment Je
Paul aurait dû former son esprit que de dire qu'il l'a mal fo
Affectation de mauvais goût, s'écriera-t-on, fureur de voul
produire de l'effet à tout prix ! Le reproche, à coup sûr, a
du vrai, et nous ne tenterons point d'en absoudre Richter, bi
que dans le fond il ne nous paraisse point si coupable q
plaira probablement de le supposer à ces honnêtes coryphées
la tradition grecque et latine, lesquels ont pour habitude de
point s'enquérir des gloires étrangères, bonnes tout au plus
leur fournir ici et là de ces noms qu'on lance étourdiment d
le cliquetis d'une de ces conversations de littérature compa'
assez à la mode aujourd'hui. Que la manière de l'auteur d'
perus et de *la Vallée de Campan* soit étrange, singulière,
son style tienne de l'arabesque et de la mosaïque, nul ne
le nier ; mais jusqu'à quel point cette manière d'écrire re
sente-t-elle la véritable façon de penser de l'écrivain, sa
d'être ? Là, il nous semble, est toute la question. La grande
faire est d'atteindre autant que possible à l'entier dévelop
ment de son intelligence, à la plénitude de sa constitution, de
montrer dans sa propre taille et dans sa propre forme, que ce
taille et cette forme soient d'ailleurs ce qu'elles voudront.
style n'est préférable à tel autre qu'en tant qu'il se prête dar

tage à l'expression des sentiments de l'écrivain qui l'emploie : d'où il suit que le style par excellence n'existe pas. Il s'agit, avant tout, d'être vrai, d'être soi, et dans l'ordre intellectuel comme dans la nature physique, les rayonnements du beau ne se peuvent calculer. « Tout homme, disait Lessing, a son propre style, comme il a son propre nez. » On reconnaît là le mot de Buffon, mais plus énergique, plus significatif dans sa crudité pittoresque. Sans doute, tous les nez ne ressemblent pas à celui de l'Apollon antique : nous conviendrons même volontiers qu'il y en a dans le nombre de dimension extraordinaire ; mais faut-il pour cela qu'on les ampute? Non certes, à moins qu'ils ne soient de carton. Pour parler un langage sérieux, Lessing veut dire qu'on doit juger du style extérieur par les qualités intérieures, *subjectives*, de l'esprit qu'il sert à représenter; que, sans préjudice aux droits de la critique, le style extérieur peut varier en autant de formes qu'il plaît à la pensée d'en revêtir, et qu'en somme un écrivain, n'ayant point d'autre tâche que de se révéler au monde dans toute la puissance de son être agissant et pensant, dans toute l'originalité de sa physionomie psychologique, toute forme qui l'aidera le mieux à atteindre ce but sera nécessairement la meilleure. A ces conditions, la manière excentrique de Richter semblera peut-être plus admissible, plus *humaine*, surtout si l'on prend la peine de réfléchir que, le génie de l'homme étant donné, le style convenait, je dirai plus, devenait le seul convenable.

Avec des tendances aussi diverses, avec d'aussi incroyables préoccupations que celles dont nous l'avons vu tiraillé, on avouera que le but définitif n'était point facile à atteindre, et, dans une nature où il y avait tant à développer, quelques imperfections peuvent se pardonner. Sans aucun doute, les sentiers fréquentés de la littérature mènent plus sûrement à ce but dont nous parlons, et les sympathies du grand nombre seront toujours acquises de préférence à qui se contentera d'innover dans les formes consacrées. Les lettres françaises sont là pour témoigner que les plus grands esprits ont pu, sans manquer à leur tâche, accepter des lois prescrites et s'y soumettre ; et pour prendre un exemple en Allemagne, au pays de l'auteur de *Titan*, dira-t-on que Schiller et Goethe lui-même, créateurs par la pensée, inventeurs dans toute la force du terme, aient beaucoup innové du côté de la forme? A ce compte, il semblera que Richter de-

vrait déchoir dans notre estime, et cependant nous n'osons le
juger sévèrement, tant ses défauts tiennent de près à ses qualités les plus brillantes. Ici encore, ce qu'il y a de mieux, c'est
la tolérance, et le mal chez Richter n'étant d'ordinaire que l'exagération du bien, c'est-à-dire une exubérance d'idées, une singulière prodigalité de richesses, on peut lui pardonner d'autant
plus facilement ses défauts, qu'il y a moins de chances qu'on les
imite. En somme, le génie a ses priviléges, et quand il se choisit
une orbite, au lieu de crier à l'excentricité, au lieu d'aboyer
après lui comme ces dogues lunatiques, travaillons à l'observer,
à calculer ses lois. « En voici un qui vient avec une aile de
Shakspere, » disait le bon Wieland en parlant de Jean-Paul.
D'autres l'ont comparé à un météore, à une comète qui, malgré
ses aberrations infinies et bien qu'elle se dérobe souvent dans
un voile nébuleux, n'en a pas moins sa place dans l'empyrée.
Pour nous, sans continuer la métaphore astronomique, nous dirons qu'il y a chez Richter une pensée morale et doucement
philosophique, un esprit d'humanité, d'amour, de placide sagesse, qui, joints à d'incontestables magnificences poétiques,
doivent assurer dans l'avenir la durée de son œuvre, et que
dans ce désert de la littérature industrielle, parmi ces landes
sablonneuses remplies d'arbustes desséchés, amers, trop souvent
empoisonnés, longtemps encore les écrits de cet homme s'élève-
ront dans leur luxe irrégulier, comme une touffe de dattiers,
avec leur gazon frais et leur source d'eau vive et salutaire.

IMMERMANN.

entative de régénération de la scène allemande par le romantisme. — Le mythe du saint Gral. — Le poëme de Merlin. — Les Épigones. — Immermann et Michel Beer. — Leurs correspondances. — Quel effet la révolution de Juillet produisit sur Immermann. — Son absolutisme en politique opposé à ses idées libérales en littérature. — École dramatique de Düsseldorf. — Immermann à Weimar. — Ghismonda. — La scène allemande depuis Goethe et Schiller. — MM. Raupach, Julius Mosen, Frédéric Halm, Kühne, Laube, Wienbarg, Gutzkow, Charles Beck, Uechtritz. — Le roman de Münchhausen. — Le Journal de voyage (Reisejournal). — Conclusion.

Cette fois, c'est d'un Michel-Ange littéraire qu'il s'agit, d'un de ces esprits audacieux, puissants, infatigables, que nulle conception gigantesque n'épouvante, que l'infini tente comme l'abîme, et qui, s'attaquant corps à corps aux plus rudes travaux, fouillant le marbre et le granit, entassant bloc sur bloc, s'imagineraient avoir perdu leur journée s'ils n'avaient fait œuvre de cyclope. — Les efforts prométhéens ne sont plus guère de notre temps. Il ne suffit pas d'avoir du talent, du génie même ; il faut encore que ces facultés productives entrent en rapport avec les sentiments et les besoins de l'époque où vous vivez, sinon votre œuvre, quelle qu'en soit du reste l'imposante et colossale architecture, s'élèvera dans son isolement, incomprise du plus grand nombre, et sera pour les générations contemporaines ce que sont, après vingt et trente siècles, ces monolythes du désert arafés d'hiéroglyphes bizarres, ces mythes énormes de granit ose qu'on admire en passant, mais d'un regard oiseux, sans en chercher l'énigme, sans même s'informer si les rares savants qui la poursuivent l'ont jamais sérieusement trouvée.

Tel est l'effet que produisent sur moi, dans leur ensemble, les créations du poëte que j'aborde aujourd'hui. Cependant la muse d'Immermann porte en elle une sérénité majestueuse, je ne sais quelle fière désinvolture de matrone lacédémonienne qui vous mpose alors même qu'elle vous laisse froid. Jamais l'*incessu patuit dea* du grand lyrique de Mantoue ne rencontra plus juste application. Entre le romantisme un peu suranné du bon Tieck, et les importations étrangères de M. de Sternberg e madame la comtesse Hahn-hahn, celui-ci, imprégné du et des fadeurs d'une certaine littérature dite de *high-life*, c à rêvant tout haut la femme humanitaire et les nauséabo rocamboles du roman socialiste contemporain, Immerman dresse comme une rapide et mémorable réminiscence du rieux passé, dont il perpétue, en les modifiant, bien des id bien des tendances. Ainsi, nous eûmes en France ce qu'on pelle encore aujourd'hui la queue de l'Empire; mais qu'o prenne garde! l'expression, cette fois, n'a rien de blessant, contraire; car l'empire en Allemagne, c'est Goethe et Schill et non Ducis et M: de Jouy.

Dans l'espace d'une carrière littéraire assez bornée, — il ét né en 1796 [1], et mourut en 1842,—Immermann trouva néanmo le temps de porter son activité sur les divers points de l'art; a théâtre surtout ses tentatives vraiment grandes eussent méri un meilleur succès. De concert avec Grabbe, il fonda à Dü dorf cette école shaksperienne qui devait substituer son réper toire aux mélodrames historiques de Raupach, comme aussi a platitudes romanesques et sentimentales de M. Grillparzer, alors, et, je le crains bien, aujourd'hui encore, en dépit de tant de gé néreuses entreprises, les seuls maîtres applaudis de la scène all mande. On a prétendu que les doctrines nouvelles de M. Wien barg avaient puissamment réagi sur l'esprit d'Immermann, guidé l'auteur d'*Andreas Hofer* et de *Ghismonda* vers la voi évère et profonde où ses pas devaient s'engager si avant; sa vouloir porter le moins du monde atteinte à l'influence du cri- tique de Hambourg sur la jeune école dramatique, je serais plu- tôt tenté de croire que ce furent les idées d'Immermann qui réagirent sur M. Wienbarg et lui inspirèrent ses doctrines nou- velles. Nous n'avons jamais cru beaucoup à ces initiatives si puissantes de la critique sur le génie. Et pour du génie, Carl Immermann en avait, témoin le poëme de *Merlin*, conception gigantesque qui fait songer au *Faust* de Goethe, comme cette adorable miniature de *Tulifantchen*, que M. Heine appelait si ingénieusement l'épopée Colibri, nous remet en mémoire les plus étincelants caprices du fantastique Hoffmann. Et cependant,

---

[1] A Magdebourg.

ù vient qu'à cette organisation mâle et fière, si profondé-
nt douée, l'adhésion publique, le succès, manqua presque
jours? D'où vient qu'après tant d'efforts incalculables, cet
rit robuste, et vaillant entre tous, dut abandonner sa noble
he et laisser la scène allemande, qu'il voulait ranimer de son
ffle, la laisser, dis-je, aussi languissante, aussi tiraillée qu'il
vait prise? Avouons-le, Immermann fut l'homme d'une école,
point l'homme de son siècle : il vit la scène allemande tombée
x mains d'exploitateurs impuissants, la littérature allemande
traînée vers des courants funestes qu'elle n'a que trop suivis,
algré les courtes digues qu'il tenta de leur opposer, et, pour aller
plus pressé, se mit à demander à Shakspere des ressources
uvelles qu'il aurait dû posséder en lui. Immermann périt en
lemagne justement par où nous avons vu périr en France, au
éâtre du moins, M. Victor Hugo et ses fidèles romantiques.
outes ces évocations faites au passé, si ingénieuses, si fécondes
'elles soient, toutes ces restaurations, fort louables du reste,
e sauraient servir qu'à déblayer la place, qu'à rendre impos-
les, d'une part, Müllner et Grillpazer; de l'autre, certains
uréats d'ancien régime qu'il devient inutile de désigner ; mais
e fois le terrain dûment nettoyé, il s'agit d'y jeter le grain
ouveau; et tel a cru ensemencer le sol, qui n'a fait que le la-
ourer. Dans les œuvres dramatiques d'Immermann comme
ans celles de Victor Hugo, le siècle n'a vu que les produits sté-
'les d'une école, et tout en se les laissant imposer, il n'éprouvait
our eux aucune sympathie. Gigantesques travaux dont rien ne
récise la date, fragments cyclopéens d'un édifice inachevé, et
ont le sens reste inintelligible pour la génération qui l'a vu
aître.

Pour commencer par le poëme de *Merlin*, il serait difficile d'en
onner en peu de mots une analyse quelconque ; et cependant
mment s'attarder à travers ces énormes dédales ; comment vou-
oir se perdre de gaieté de cœur au milieu de ces vastes abîmes
emés de constructions anté-diluviennes, où, malgré tant de phares
llumés de loin en loin, encore ne peut-on soutenir tout à fait que
a lumière soit? Hâtons-nous de le dire, l'épopée mystique d'Im-
ermann n'a jamais été fort goûtée au delà du Rhin. A cet enfant
âté de la muse du poëte, les Allemands ont reproché, le croira-
-on, d'être obscur! Tout n'est donc pas intelligible pour des
llemands; et ce peuple, qui se vante de comprendre la philo-

sophie hégélienne et les symphonies de Spohr, reconnaît de qu'il y a des limites au sublime. Quoi qu'il en soit, Immerma n'eut garde d'appeler du jugement de ses contemporains à celi de la postérité; bien plus, il raconte dans les *Épigones*, imp més quelques années plus tard, qu'il avait écrit *Merlin*, tr convaincu au fond de l'âme que personne au monde n'y fera attention (*dass Niemand Seines achten werde*). Il se tromp pourtant: ces œuvres excentriques, si impopulaires qu'elles soient, ou plutôt par cela même qu'elles répugnent à la majorité du p blic, finissent toujours par grouper autour d'elles une petite égli de zélés et fervents disciples qui s'escriment à les préconiser, quitte à les comprendre un jour. Le mythe, en général, n'est pa du goût de tout le monde; mais ceux au tempérament desquel il convient l'aiment à la rage, et c'est à cet enthousiasme vigou- reux, à cet acharnement de dix ou douze prosélytes animés à la lutte par l'esprit de contradiction, que le poëme d'Immerma doit encore le peu de bruit qu'il a fait.

Le mythe de Merlin se rattache à la légende du saint Gral, à cette ineffable et poétique émanation d'un vague besoin de pratiques mystérieuses qui tourmentait la société chrétienne au premier âge de la foi naissante. Ces consciences, où déjà le Verbe voyageur dardait ses feux divins, ces âmes qu'une vi nouvelle inondait, craignant de voir se répandre au dehors les trésors de vérité qu'elles tenaient en elles, se mirent à cher- cher dans le vaste royaume du maître un lieu d'asile et de re- traite, dans l'Église commune dont les abords et l'enceinte s'é largissaient de jour en jour, un sanctuaire isolé, muet, acces- sible aux seuls initiés; de là l'origine de la légende du temple mystique de Monsalvat, de ce monastère en Terre-Sainte (*Salta Terra*) dont la plupart des fidèles cherchent les avenues, mais où l'on ne pénètre qu'à la condition d'avoir été appelé par l'esprit de Dieu. — Sous la coupole profonde du temple se reproduisent journellement les divins mystères de l'histoire du Sauveur des hommes; et cette existence glorieuse, refoulée bien loin pour le vulgaire parmi les ombres d'un passé douteux, cette existence est là sans cesse manifeste et présente. Les miracles s'y renou- vellent comme au temps de la Samaritaine au puits, de Lazare au sépulcre, et des noces de Cana; et, dans l'atmosphère épu- rée de la tour, plane lumineux le calice sacré rempli du sang du Fils de l'homme, vin précieux dont le flot écumant laisse échaper des paroles prophétiques. C'est le même calice où Joseph 'Arimathie reçut le rayon empourpré qui jaillit de la blessure uverte aux flancs du crucifié divin. A cette heure solennelle n éclair radieux enveloppa les bords du vase, un souffle éblouisnt monta de sa profondeur; et quiconque a senti les influences e cette flamme auguste a pu désormais se passer de toute nouriture corporelle, car il possédait en lui l'étincelle de vie. Armé u céleste trésor, Joseph s'enfuit dans une caverne éloignée, au ein de laquelle il passa quarante années à se repaître de la amme éthérée; ainsi les hommes perdirent sa trace, et peu peu son souvenir s'effaça de leur mémoire.

Maintenant, et comme suite de l'histoire de Joseph d'Arimathie, ient la légende de Titurell, autre élément, si l'on veut, autre ythe, dont Immermann va s'emparer dans son poëme, lequel 'est en somme qu'une libre et hardie manipulation des divers écits du légendaire. Avec Joseph d'Arimathie le saint Gral avait disparu de la surface du monde, lorsqu'un jour, un homme d'Occident, un vieillard nommé Perillus, croit entendre dans l'air des bruits étranges, inouïs, un battement d'ailes, qu'un tintement sonore accompagne. Il semble au vieillard que les cloches l'apellent; cependant il renonce à les suivre, et sa vie se termine en de graves et silencieuses perplexités. La tradition, loin de s'éteindre, passe du père au fils, et de la sorte arrive jusqu'au petit-neveu, Titurell. Un irrésistible désir de retrouver les voix perdues s'empare de l'enfant; il va de pays en pays, consumant en de vaines recherches sa jeunesse et sa maturité. Bientôt la main de l'âge s'appesantit sur lui; son corps épuisé se voûte, ses jambes chancellent, et l'infortuné ne découvre rien, pas un son qui le puisse mettre sur la trace des mystiques accents évanouis. Enfin, il est au moment de désespérer, lorsque soudain l'espace retentit d'une musique surnaturelle, et quatre beaux séraphins descendent, soutenant de leurs mains angéliques le calice où le sang miraculeux rayonne. D'après l'indication des célestes messagers, Titurell choisit cette place pour y bâtir un temple en l'honneur du sacré mystère, et il se trouve ainsi fonder le Mont-Salvat. Parcival, qui depuis marqua par son dévouement au culte du saint Gral, figure avec Titurell dans l'épopée d'Immermann. Lui aussi, cette fièvre insurmontable de toute nature poétique, la soif de l'inconnu, le possède et le ronge; lui aussi il émigre et poursuit à travers les tempêtes de l'Océan, à travers les sables arides du désert, cette éternelle aspiration du cœur humain vers le p[r]'cipe et l'aliment de vie.

Ne trouvez-vous point à ces différents mythes une saveur[in]finie, et qu'il en sort, au moindre toucher, comme une émana[tion] délicieuse? Aussi je crains fort que la muse d'Immermann, d'[or]dinaire si éprise du grandiose, du colossal, affectant trop s[ou]vent pour le laid et le grotesque certain goût systématique [de] l'illustre écrivain de *Notre-Dame de Paris* ; je crains, dis[-je] que la muse d'Immermann n'ait la voix bien grosse pour n[ous] rendre les délicates impressions, le sens intime de cette myt[ho]logie religieuse, et la main un peu rude et calleuse pour recu[eil]lir les divines rosées qui perlent au bord de la coupe. A [ces] extatiques traditions on rêverait le doux saint Jean pour in[ter]prète. Certes une incontestable élévation, un souffle épique[, un] chaleureux, distinguent la majorité des œuvres d'Immerm[ann]. Presque toujours aussi le mouvement est vrai ou tend à l'êt[re] et nous n'aurions qu'à louer, si cet amour du naturel ne dé[gé]nérait, par intervalles, en je ne sais quel réalisme brutal d[e] certaines ébauches de notre théâtre moderne, au besoin, don[ne]raient une idée. En général, chez Immermann l'effort tum[ul]tueux perce trop ; le génie, en sa plénitude, procède avec m[oins] de déchirement ; et quand on sent qu'on porte un monde, on [ne] va pas ainsi se démener pour conquérir au dehors de soi [des] points d'originalité. Chez Goethe, cet admirable sentiment [de] la forme pure, de l'élégance antique, ionienne, n'est pas [tant] le résultat de conquêtes laborieuses que la découverte paisible [et] sereine d'un degré de parenté divine, d'une sorte de vertu sanguine qu'il fait valoir avec orgueil. Immermann, au contr[aire] laisse voir à chaque instant sa préoccupation fiévreuse du m[o]dèle qui le tente, et dont il se borne, la plupart du temps, à sai[sir] un côté, complétant l'œuvre, ensuite, avec son propre fon[d]. Ainsi, dans ses premiers drames, Shakspere vous appar[aît] mais seulement en ce qu'il a de gigantesque et de colossal, [le] Shakspere de *Macbeth* et du *Roi Lear*, moins la sensibili[té] moins les nuances, moins cet art merveilleux d'animer u[ne] action et de grouper ses personnages ; vous avez les blocs de gr[a]nit, parfois l'architecture, mais une architecture inanimée, [où] les pulsations de la vie d'un peuple ne sauraient battre ; u[ne] Memphis croulante, avec ses sphynx dépareillés, ses portiqu[es] déserts et ses nécropoles en ruine, sur les murs desquelles l'

u passant égaré distingue à peine le reptile vivant de l'hiéro-
yphe mort.

Tel Immermann s'était d'abord montré dans ses emprunts à
hakspere, tel il dut être dans sa façon d'envisager le mythe de
erlin ; de tant d'éléments variés qu'offraient les diverses lé-
endes, il ne veut que le grandiose ; tout ce qui ne porte point en
oi un caractère gigantesque, il le répudie, ou, quand par hasard
l'emploie, c'est d'une façon si épisodique, qu'il a besoin, pour l'in-
lligence générale du poème, de recourir à chaque instant aux
ources primitives de la tradition.

La première scène du prologue nous montre Satan et Lucifer
iscourant ensemble touchant la naissance du Christ. L'Esprit
u mal s'emporte et verse des larmes de désespoir sur l'empire
u monde, que la venue du nouveau Messie paraît devoir lui
rracher. « Celui qui trône là-haut n'avait point le bras assez
ong pour atteindre jusqu'au monde ; mais voici maintenant que
a ruse infinie s'incarne ; l'homme mène l'homme à la lutte, et
dieu désormais tient le diable. » Satan cherche par quel moyen
l pourra déjouer les célestes projets ; mais c'est la destinée éter-
elle du maudit de retomber toujours dans l'imitation servile, de
opier, de singer l'œuvre du maître, et Satan se résout à créer
n fils, enfant, lui aussi, d'une vierge, et dont il fera l'antagoniste
u Sauveur. — A cette introduction, qui rappelle bien un peu,
uant au mouvement général, le prologue de *Faust*, succède
ne scène pleine de fraîcheur, où le poëte nous montre, dans son
nnocence première et sa grâce immaculées, la jeune fille pro-
ise aux brutales amours de l'enfer. La chaste Candida est venue,
ar un beau jour de fête, visiter en sa grotte du désert le bon
rmite Placidus. Après mainte prière fervente et mainte causerie au bord de la source vive du jardinet, l'anachorète congédie
a douce enfant, et s'efforce de la renvoyer à la ville ; mais
andida résiste, et ne peut se résoudre, même pour rentrer au
oit paternel, à quitter la religieuse thébaïde.

PLACIDUS.

Il se fait tard, le soleil rougit à l'horizon ; depuis longtemps les
uffes du tamarin projettent leurs ombres sur le sable. Déjà l'an-
ilope effrayée fuit au mugissement lointain du lion dans son antre.
e chacal hante ces collines. Déjà, comme une prière nocturne, le
aume exhale son haleine, déjà s'embrasent les vitraux de la cha-
elle... comment feras-tu pour trouver ton chemin dans l'obscurité ?

CANDIDA.

Je voudrais demeurer ici.

PLACIDUS.

Ici, dans ma solitude, enfant, auprès de moi?

CANDIDA.

Près de ta grotte j'en vois une autre tapissée de feuillage au creux du rocher; là le passant s'abrite, là ton enfant trouverait aujourd'hui une retraite hospitalière.

PLACIDUS.

Folle petite, quelle idée est la tienne? Va reposer sur ton lit de duvet.

CANDIDA.

Oh! j'ai toujours tant aspiré après la quiétude! ma chambrette est étroite et renfermée, la lueur des étoiles n'y pénètre pas. Ici tout est vaste, tout est grand, l'immensité s'ouvre à mes yeux. A la maison chacun prétend parler; le désert, au moins, sait vous écouter en silence.

PLACIDUS.

Mais ton père, enfant, que dira-t-il?

CANDIDA.

Oh! mon père n'y doit point voir de mal, pour cette fois du moins; j'ai son congé, c'est fête aujourd'hui : il célèbre un joyeux banquet avec ses amis; il sait bien que ces plaisirs-là je ne puis les souffrir. Comme au sein de la plaine sablonneuse, ce frais et vert jardin sourit! Là des fleurs, des eaux vives, et tout autour le sable ardent qui vole.

PLACIDUS.

Il fut un temps, à ce qu'on raconte, où ce désert que tu vois était l'Océan même; à cette époque les oasis étaient la terre ferme. La vaste mer depuis s'est éloignée, et les petites oasis sont restées. Ce qui est grand subit des transformations éternelles, tandis que les choses minimes ne changent pas; c'est la raison sans doute pourquoi les hommes n'ont point cessé d'être les mêmes. On navigue toujours par ces contrées; seulement, désormais l'esprit infatigable de l'homme se sert d'autres moyens. A travers les brûlantes étapes du désert infini, chemine, pour le commerce et pour la ruse, ses cargaisons de marchandises sur le dos, la caravane efflanquée des dromadaires. Aux approches de l'ermitage les animaux hennissent, on fait halte ici, on s'abreuve, puis ensuite on reprend sa route.

CANDIDA.

Ton jardinet étincelle de lys : as-tu donc tant d'amour pour ces fleurs?.

PLACIDUS.

J'ai pour les lys un penchant véritable; la douce fleur se berce sur sa tige avec une si noble grâce, tant de mystère et de silence respirent en elle! elle ne saurait, comme la rose, se tresser en couronne, elle meurt aussitôt; mais la nuit, autour de son calice, voltigent de phosphorescentes lueurs. — La nuit tombe, déjà la rosée commence à mouiller; puisque tu le veux, ô Candida! je vais au creux de cette grotte préparer pour toi un lit d'herbe et de mousse. (*Exit.*)

CANDIDA.
Que ne suis-je ce lys du jardin de l'Ermite,
Plus pur que l'encensoir dans la main du lévite,
    Et qu'enivre l'éther des cieux !
Quel chérubin, du bout de son aile de flamme,
En se jouant viendra changer ainsi mon âme
    En un calice glorieux ?

Quand cesseront enfin les cailloux de la terre
    De déchirer mes pieds ensanglantés ?
Quand cesseront mes yeux de voir tant de misère,
    De souffrance et d'impiétés !

(Paraît SATAN.)

J'ai cité la scène entière, pour le coup de théâtre qui la termine. Préparée par ce paisible dialogue, aux derniers feux du ciel couchant, entre le vieil anachorète et l'extatique jeune fille, l'entrée de Satan impressionne. Pareil contraste est d'un poëte; j'aurais voulu cependant moins de crudité dans le développement de la situation, moins de brutalité dans la manière dont le maudit aborde la pudique vierge qu'il destine à concevoir le messie de l'enfer; non que je nourrisse une bien vive sympathie pour ces beaux ténébreux au front rêveur, aux cheveux noirs bouclés sous un cercle d'or, et qui vont traînant de nuage en nuage leur mélancolique oisiveté; mais, si contraire à l'esprit des Écritures que puisse être une aussi coquette interprétation, il me semble que j'aimerais mieux voir encore à Satan son dandysme d'opéra et sa houlette à faveurs roses que le hideux cynisme que lui prête Immermann. Ici point de séduction ni d'artifice, mais la force, mais le viol, mais une situation révoltante qui vous donne à penser jusqu'où peut mener certains esprits systématiques cette étrange fureur de vouloir toujours être vrai. La réalité de la mise en scène vient nécessairement éclairer ici de lueurs malséantes le clair-obscur de la légende. Il y avait déjà une faute à choisir un pareil sujet pour une action théâtrale; car si le mythe aime à s'envelopper, c'est le propre de la forme dramatique de déchirer tous les voiles.

Cependant Merlin vient au monde, et le drame proprement dit s'ouvre par cette inscription mystérieuse : LE GRAL.

MERLIN.

Apprends le mystère du Gral.

PLACIDUS.

Qu'est-ce que le Gral?

MERLIN.

Le sang du fils de l'homme, *Sanguis réalis*, ainsi corrompu, selon l'habitude ordinaire au langage du peuple. Longtemps la tradition resta perdue, et je viens, moi, la remettre en vigueur.

Merlin a reçu en partage le don des miracles et l'omniscience, il connaît tous les secrets du ciel et de l'enfer, toutes les ressources de la ruse, et son éducation se fait même plus vite que Satan ne le souhaitait. Devenu homme, il plonge un regard scrutateur au fond des choses ; et ce coup d'œil, qui devait le soumettre à jamais à l'Esprit des ténèbres, lui révèle au contraire l'immensité de Dieu, et que le diable en somme n'est qu'une créature volontaire du maître universel : « Il l'a placé en toi comme un grain de haine pour tempérer l'attraction trop vive de l'amour. » — Merlin renie son père, et, brisant à jamais tout lien avec l'enfer, entreprend la recherche du temple de Monsalvat et de son trésor mystérieux, le calice de vie, *le saint Gral*.

Dans le cours de ses voyages, notre pèlerin arrive au château de Klingsor, puis à la cour du roi Arthur. Ce Klingsor est ici l'incarnation de l'égoïsme. Retranché à la cime d'un roc inaccessible, maître de toutes les forces occultes de la nature, possédant toutes les sorcelleries, le géant trône au château Merveil. Figure sombre et colossale, capable d'absorber en soi le monde entier, et qui des grandeurs et des joies de la terre se fait un éternel festin. Merlin aborde Klingsor et l'écrase. Le plus haut terme de la gloire, la suprême félicité, résident dans l'abnégation ; les efforts humains ne doivent tendre qu'à poursuivre les divins mystères de la religion : tel est le sens de cette rencontre solennelle des deux rivaux, de ce duel épique entre la matière et l'esprit, où David tue encore une fois Goliath. Par la chute de Klingsor, l'impuissance de Satan se constate de plus belle aux yeux de son fils. — Les différentes scènes où Merlin et le magicien du château Merveil sont aux prises respirent une véritable élévation, et je ne dirai pas d'elles ce qui malheureusement s'applique à bien des parties du remarquable ouvrage d'Immermann, à savoir, que ce grandiose si ardemment recherché se trouve moins souvent dans le caractère et le style que dans tels effets de mise en scène indiqués par l'auteur à certains moments de l'action ; non que je prétende condamner absolument l'intervention du machiniste chez le poëte. Il y a de l'un et de l'autre dans Shakspere ; mais avec Immermann, le machiniste usurpe trop souvent la première place. De ce qu'en tête d'une scène vous allez indiquer d'un trait de plume un site gigantesque, une combinaison de héros fabuleux, il ne s'ensuit pas que nous vous tenions quitte. *Rochers et solitude, clair de lune, champ de bataille de Roncevaux ; — blocs de granit, le tombeau de la Mère, Satan, Merlin ;* Immermann abuse des effets de ce genre, dans ses drames d'imitation shaksperienne surtout. Notre esprit, excité par ces évocations romanesques, forme aussitôt les plus exigeantes, les plus ambitieuses conjectures ; chacun de nous s'attend à du sublime, et si vous n'êtes que grand, nous vous reprocherons d'avoir menti à votre affiche.

Le roi Arthur et la Table ronde devaient figurer ici en tant qu'ils se rattachaient à la légende du Gral. Merlin, l'enfant d'une vierge si impatiemment attendu, arrive à la cour du roi paladin, et bientôt s'éprend d'une immense passion pour la belle Niniana. A ce feu nouveau son humanité se révèle.

« Tu aimes, ineffable parole embaumée du souffle du printemps ! mot divin dont la magie va jusqu'en leur sépulture faire tressaillir les ossements de ma mère, qui se soulève dans son linceul et me dit : te voilà désormais fils de la terre ! — Je le suis, et toutes ses douleurs m'appartiennent, du tendre soupir de la mélancolie, aux rugissements du désespoir, rien ne me fut, rien ne m'est étranger. Vous toutes qui avez vécu, qui vivrez, générations présentes et futures, je sens en moi vos plaintes, vos transports, vos doutes. »

C'est dans le camp d'Arthur que Merlin vient d'entrevoir Niniana. A son approche la sirène s'est enfuie, laissant rouler de ses cheveux un rubis flamboyant. « Étoile du matin tombée du ciel sur la terre en un jour de vertige, ta nouvelle patrie de toi n'était point digne, et tu choisis, pour y reposer, la poitrine de Merlin. » Cependant un silence profond règne au camp de la Table ronde, et sous la tente de l'Agamemnon romantique tout dort,

..... Et l'armée, et les vents et Neptune.

Le roi Arthur, la reine Ginévra, Lancelot, Gawein, Éreck, tous reposent étendus çà et là ; mais au sein du sommeil un même

rêve les visite, une même idée les possède : le Gral, le Gral m[...]
tique et son calice ailé de feu, dont leur sens intérieur pours[...]
l'insaisissable trace.

ARTHUR (*en songe*).

Je m'avance en tremblant sous tes voûtes éternelles; sur [...]
dalles, ô Monsalvat! j'incline ma tête voilée; fais que ma pri[...]
s'exauce, reçois-nous, ô Gral! si longtemps invoqué, reçois-n[...]
moi et tous les miens; sur les degrés de ton sanctuaire la Ta[...]
ronde s'agenouille.

Et chaque dormeur extatique de réciter en songe un verset [...]
ce genre, jusqu'à ce que Merlin s'approche d'eux et les éve[...]
« O mes frères, mes nobles frères, éveillez-vous dans la cl[...]
de l'accomplissement, le songe est vérité ; il n'y a point d'[...]
reurs, point d'illusions. Ce qui existe au fond de l'âme existe [...]
moins au dehors. »

Merlin entreprend de guider le roi Arthur et ses légions à [...]
recherche du Monsalvat. L'expédition se met en route, et v[...]
le nouveau Jason conduisant les autres Argonautes à la c[...]
quête de la mystique toison d'or. Car (remarquons-le en [...]
sant mais sans irrévérence) c'est merveille comme toutes [...]
saintes fables ressemblent aux profanes. Niniana remplace [...]
Médée. C'est elle dont les enfantines séductions feront éch[...]
l'entreprise. Fasciné par les enchantements de la sirène, Me[...]
se sépare bientôt de ses compagnons et laisse errer à l'aven[...]
les paladins à travers les sables du désert. Tout cet épisode [...]
traité de main de maître. De ces solitudes torrides, où la ca[...]
vane égarée marque ses étapes par des cadavres, l'auteur [...]
conduit dans la fraîche Tempé, où Merlin, ivre d'amour [...]
d'oubli, s'endort aux bras de l'espiègle fatale qui l'ensorc[...]
Nous venons d'assister à l'une de ces affreuses scènes de dé[...]
poir comme l'histoire de tout naufrage illustre en présente, [...]
le naufrage ait eu lieu en plein Océan ou dans les sables du [...]
sert ; nous venons de voir le roi Arthur recueillant le dern[...]
soupir des plus loyaux, des plus dévoués de ses hommes [...]
guerre, et disputant aux vautours le corps de son fidèle Ére[...]
lorsque soudain un coup de sifflet du machiniste nous transpo[...]
en un séjour de délices et nous montre les deux amants enla[...]
sous un dôme de fleurs. D'un côté les angoisses de la mo[...]
d'une mort sans gloire et précédée par cette conviction, p[...]

amère peut-être que toutes les angoisses de la faim et de la soif, à savoir, qu'on a manqué son but sur la terre ; de l'autre, des voluptés sans fin, de romantiques amours au sein d'une nature enchantée. Il y avait là de quoi, certes, inspirer un grand peintre ; Immermann a-t-il réussi ? j'hésite à le dire, on m'accuserait encore de surfaire mes Allemands ; j'aime mieux que le lecteur prononce, et j'extrais au hasard, en commençant par la tragédie ; l'idylle viendra tout à l'heure.

Solitude.

ARTHUR, GINÉVRA, LA TABLE RONDE.

GINÉVRA.

Les corbeaux s'éloignent.

ARTHUR.

Fussent-ils encore là !

GINÉVRA.

Tiens, regarde à l'horizon, au loin.

ARTHUR.

Que vois-tu ?

GINÉVRA.

Les reflets du soleil couchant sur le pinacle des temples.

ARTHUR.

Dis plutôt de longues chaînes de rochers, où le soleil se mire dans l'eau des pluies.

GINÉVRA.

Non, j'entends la musique des psaumes.

ARTHUR.

C'est le vent qui murmure dans les arbres. Pourquoi vouloir s'abuser de la sorte ? à quoi sert désormais l'illusion ? Nous sommes au désert ; aucune trace, aucun signe d'habitation humaine.

GINÉVRA.

Arthur, comment avons-nous fait pour nous égarer de la sorte ?

ARTHUR.

Chère, la démence est une puissante compagne. (*Il pose sa couronne sur une pierre.*) Qui veut de ma couronne ? je la mets à bon marché : ma couronne appartient à qui va nous conduire au Kardweil. Je sens que ma tête se perd. Oh ! les voix prophétiques de mon âme ! contes que tout cela, fantômes, et mes pressentiments ne m'avaient point trompé.

GINÉVRA.

Aide-moi à descendre de ma haquenée, Lancelot.

LANCELOT.

Pourvoyeurs, échansons, du pain, du vin, en reste-t-il encore?

L'ÉCHANSON.

Tout le pain est consommé, et je vous ai versé la dernière goutte de vin.

GINÉVRA.

J'ai faim, Lancelot, j'ai soif; n'entends-tu pas?

UN CHEVALIER.

Des dés, et qu'on égorge celui d'entre nous que le sort désignera.

ARTHUR.

Avant que nos lèvres se dessèchent, avant que le vertige fasse de nous sa misérable proie, avant que le son étouffé se colle au parchemin de nos gosiers, appelons sans relâche, ô mes amis! appelons notre guide. O toi, le lion des lions, toi qui nous apparus la face rayonnante des célestes clartés! Merlin, tes fidèles périssent au sein d'une angoisse infinie; sauve-nous, Merlin, sauve-nous!

Cependant au fond des bois de Briogne, sur le seuil d'une grotte embaumée, le fils de Satan soupire aux pieds de Niniana. De plus en plus épris, ses désirs s'irritent aux agaçantes provocations de cette enfant lascive, couleuvre insaisissable qui fascine et se dérobe, et bientôt l'enchanteur, se réveillant en lui, vient en aide à l'amant passionné.

« Dis un mot, et du sein des profondeurs j'évoque à tes yeux les rois des mines; dis un mot, et les eaux de ce lac vont se retirer de leur lit, et sur ton front, ô la reine des Grâces! va s'incliner un arc d'argent, tout incrusté de coquillages et de pierreries; dis un mot, et soudain des fruits de cristal et d'or vont pendre à ces rameaux, et l'air va s'emplir de musiques, et l'herbe étincelante s'étoiler comme le firmament.

NINIANA.

Es-tu donc si puissant? alors, réponds : que peux-tu désirer?

Insensiblement l'enthousiasme de Merlin communique à ce cœur de glace un peu de sa chaleur, et la folâtre, à son tour, devient pensive, mais sans vouloir se l'avouer d'abord.

NINIANA.

Ne va point croire, au moins, que tu me plais.

MERLIN.

Douce traîtresse en ta propre cause.

NINIANA.

Qui moi, j'irais follement m'éprendre d'un homme? moi, le plus libre oiseau de la libre forêt, j'obéirais comme un chien à la voix, soucieuse pour un nuage de ton front, ivre de joie pour un de tes sourires? Vraiment je ne croirai à semblable miracle que lorsqu'il fera nuit en plein midi.

MERLIN.

Que diras-tu alors s'il en arrive ainsi? (*A un signe de sa main, le soleil s'éclipse.*)

NINIANA.

Oh! l'enjôleur, qui me prend au mot.

MERLIN.

Tant d'étourderie paralyse ma force! — Je suspends le cours des astres, et la folle n'y voit qu'un jeu. Cette indifférence éternelle, toujours prête à éclater dans un sourire vain et moqueur, serait-ce donc là la vie?

NINIANA.

Fou, la lampe du ciel s'est éteinte, rallume-la. (*A un signe de Merlin, la clarté reparaît.*) Et si tu es celui que ma tante annonçait, dis-moi ce qu'est l'amour.

MERLIN.

Un muet, un pauvre muet qui s'exprime par signes. (*Il l'embrasse.*) Et maintenant, adieu, mon rêve de bonheur!

NINIANA.

Me quitter!

MERLIN.

Il le faut.

NINIANA.

Il le faut? toi!

CRI DE LA TABLE RONDE (*dans l'éloignement*).

Merlin!

MERLIN.

Ils m'appellent.

NINIANA.

Qui donc t'appelle, perfide, trompeur? Tu n'entends que le cri nocturne de la biche attardée.

MERLIN.

Ce sont eux, je te dis, les chevaliers, le roi, ta sœur?

NINIANA.

Je n'ai point de sœur; ma sœur, c'est toi, toi mon père et mon frère.

MERLIN.

Chère bien-aimée!

NINIANA.

Mais, non, tu cherchais un prétexte; pourquoi m'abandonner ainsi? reste auprès de moi, reste encore cinq minutes.

MERLIN.

Pitié! pitié!

NINIANA.

En vain je voudrais être son esclave et m'en aller puiser de l'eau pour lui à la source voisine, il n'en a pas besoin ; en vain je voudrais m'échapper dans le bois dès l'aurore pour lui cueillir les fraises odorantes, il n'en a pas besoin. Je lui aurais fait, de mes mains, une si molle couche de feuillée, si volontiers j'aurais pris sa tête adorée dans mon sein et me serais tenue éveillée la nuit pour qu'il reposât mieux ! hélas! de tout cela il n'en a que faire ; des fruits et du vin il en a tant qu'il veut ; cependant, pensais-je, peut-être sera-t-il heureux si la fille qu'il aime s'abandonne à lui.

MERLIN.

Adorable enfant!

NINIANA.

O Merlin! apprends-moi comment t'oublier ? le peux-tu seulement, et n'est-ce point un miracle au-dessus de tes forces divines? Merlin, alors prends pitié de ta pauvre esclave et l'anéantis. Non, tu ne sauras jamais ce que je souffre; plus rien là-haut pour moi, plus rien ici-bas! mon ciel et ma terre sont en toi, dans un seul regard de tes yeux.

Un mot pourtant, il est un mot fatal, sacramentel, qui, s'il le prononçait, enchaînerait pour jamais l'amant de Niniana aux pieds de sa maîtresse. Mais dans ce mot terrible reste renfermé le secret de la nature de Merlin ; qu'il le prononce, et c'en est fait de sa puissance cabalistique, et le demi-dieu, le demi-ange, devient homme. Niniana redouble de caresses et de séductions; une lutte suprême s'engage, au bout de laquelle le mot mystique est révélé. Les ciseaux de Dalila ne produisent point des effets plus rapides. Samson, je veux dire Merlin, déshérité de ses priviléges merveilleux, se retrouve humble et chétif et la risée des forts. La confusion s'empare de ses sens, il devient fou ! Par là, Satan a pensé ressaisir l'âme qui lui échappe ; il propose donc à son fils de l'élever encore une fois au-dessus des misères de ce monde et de lui rendre son immortalité; mais le héros refuse: homme il est, homme il restera, et nous le voyons au dénoûment de cette scène, qui, soit dit en passant, rappelle un peu *Robert le Diable*, et semble l'idée mise en poésie que M. Meyerbeer a mise en musique; nous le voyons mourir en proclamant le nom de Dieu. Comme Faust, Merlin a sauvé son âme, mais son œuvre terrestre avorte, les chevaliers de la Table ronde se sont égarés et perdus, et son entreprise héroïque de guider l'esprit du Nord vers l'Orient et d'instituer Arthur roi et gardien du Gral, son entreprise demeure finalement inachevée.

Merlin fut écrit vers 1830. Immermann raconte que dix ans plus tard, ayant eu occasion de parcourir son poëme, il *ressentit une douleur profonde* à s'en avouer les notables défauts. Lui-même reconnaît comme une des causes principales du peu de succès le médiocre intérêt que pouvait offrir un sujet emprunté à de gothiques légendes, et la complète impopularité des personnages. A Dieu ne plaise que sur ce point l'idée nous vienne de le contredire! Qui se soucie en effet aujourd'hui du roi Arthur et de l'enchanteur Merlin, de la reine Ginévra et de son écuyer Lancelot? Quel intérêt peuvent nous inspirer ces figures colossales de Satan et de Merlin se mouvant en dehors de l'histoire et du temps, ces pâles allégories, ces abstractions vivantes qui traversent la scène sous le nom de Placidus et de Candida, de Klingsor et de Niniana, puis disparaissent, sans même avoir marqué leur passage par quelques-uns de ces nobles vers ayant trait au mouvement de la vie humaine, par quelques-unes de ces allusions sublimes dont fourmille cette autre épopée de Goethe? Plus un sujet est, de sa nature, obscur et métaphysique, plus il convient que les caractères se rattachent à nous par leurs passions et leurs sentiments. Là, j'imagine, vous trouveriez le secret de l'immense popularité du *Faust*. Cette clarté dont je parle, cette lucidité d'élocution, Immermann ne laissa point de l'acquérir dans la suite, mais trop tard; Goethe, au contraire, comme on sait, en vieillissant l'avait perdue.

Rien n'est curieux comme de lire dans le journal de trois ou quatre des amis intimes d'Immermann, qui furent à même de l'observer à cette époque, le récit de l'espèce d'état prophétique et somnambulique où le plongea l'élucubration de ce poëme de *Merlin*. Il pensait en effet mettre là son individualité tout entière, ses idées sur Dieu et la création, sur la religion et la philosophie, sur Goethe et sur Hégel. En quelque lieu qu'il vous abordât, il vous entretenait du plan de sa composition, et si le sens vous échappait de quelque allégorie bien enveloppée, il était homme à vous tenir des heures aux froides brises d'une nuit de mars, pour vous expliquer l'inexplicable, finissant toujours, en ces entreprises désespérées, par appeler à son aide le vent, la lune et les étoiles, en manière de truchements d'une pensée qui le dévorait et qu'il ne pouvait rendre. On eût dit, raconte l'un de ces confidents du poëte, qu'un esprit surnaturel habitait et travaillait en lui, un démon auquel il servait simplement d'organe et dont il transmettait les oracles sans pouvoir les interpréter. La double nature de Merlin, de ce fils de Satan et de la vierge chrétienne, donnerait seule peut-être une idée du déchirement de la conscience du poëte à cette époque. Les idées chrétiennes qu'il avait d'enfance, et qui, par le fait de son tempérament exalté, revêtaient je ne sais quel puritanisme ascétique toujours prêt à ne voir en Dieu qu'un ennemi déclaré des pompes de la terre; ses idées chrétiennes en fermentation cherchaient à rejeter définitivement certain levain de paganisme venu de Goethe. D'apaisement, il n'y avait guère à en attendre du côté de la philosophie : sa nature de poëte, ardente, impressionnable, et d'ailleurs tout d'une pièce, répugnait à ces termes moyens. Le christianisme triompha. De là ces vifs sarcasmes contre la philosophie du jour, ces allusions acerbes qu'on rencontre à chaque page du poëme. Immermann sort de la lutte comme son héros, en proclamant la communion indestructible de l'être avec Dieu. Poésie est délivrance, a dit Goethe; je ne sais si cette parole qu'il prononçait au sujet de *Werther*, et dans un sens tout humain, tout profane, pourrait être citée à propos de ces incertitudes religieuses qui assiégent l'âme à diverses périodes de la vie; quoi qu'il en soit, la gestation d'une œuvre grave et réfléchie est encore, en pareil cas, la meilleure méthode, sinon d'arriver à la notion parfaite de la vérité, du moins de sonder sa propre conscience et de couper court à ses déviations. A ce compte, une œuvre sérieusement entreprise, sérieusement menée à fin, ne saurait demeurer complétement stérile. Si le poëte a manqué son but vis-à-vis du public, du moins sort-il de son travail plus calme et plus fixé. Il n'appartient qu'à bien peu de chefs-d'œuvre d'agir à travers les siècles et l'espace. Contentons-nous d'ambitions plus modestes ; et ce poëme, dût-il ne servir qu'à nous éclairer, qu'à nous fixer nous-mêmes, croyons bien que nous ne perdons point notre temps à l'écrire.

Dirons-nous maintenant ce qui manque à cette œuvre de *Merlin* pour qu'on puisse y voir une épopée? La nature d'Immermann, nature ardente et fière, mais peu encline à la rêverie, à la sensibilité, répugnait à certaines conditions essentielles en dehors desquelles il n'y a désormais point de mythe possible. L'idéal, le prophétique de la spéculation moderne lui échappe : de ce désir infini, de ces tristesses haletantes, de ces douleurs sans nom qu'on respire à chaque page de *Manfred* et de *René*, vous chercheriez en vain l'écho dans ce poëme, qui se trouve réduit par là aux simples proportions d'une de ces évocations fantasmagoriques du moyen âge dont s'est inspiré chez nous *l'Ahasvérus* de M. Quinet. Je l'ai dit, le poëme de *Merlin* n'eut aucun succès ; Immermann, susceptible comme un poëte, ressentit profondément l'indifférence de son siècle, d'autant plus que ce n'était point la première fois que le siècle la lui marquait. Au théâtre, déjà ses importations shaksperiennes n'avaient que très-médiocrement réussi. Un nouvel échec dans l'épopée devenait significatif ; il lui fallait donc, sous peine de mourir dans une impopularité finale, s'affirmer aux yeux des gens par quelque œuvre capable de faire du bruit, et jeter une sorte de pont de communication entre lui et ce public qui semblait prendre à tâche de le fuir. Les *Épigones* furent ce pont. Poursuivre le secret de la vie contemporaine à travers ses énigmes les moins pénétrables, voilà son but ; lui-même le confesse [1]. Rien de plus honnête et de plus méritoire qu'un pareil programme ; on regrette seulement qu'Immermann n'ait point su inventer pour son sujet une forme nouvelle et s'en soit tenu au type de *Wilhelm Meister*. Il y a une chose fâcheuse avec le poëte qui nous occupe ; chacun de ses livres en rappelle un autre, et son originalité ne se manifeste en quelque sorte que sous les auspices du prochain. Nous songions à *Faust* en parcourant *Merlin*, voilà maintenant les *Épigones* qui nous reportent à *Wilhelm Meister*, et tout à l'heure *Münchhausen*, le meilleur, sans contredit, de ses romans satiriques, va nous remettre *Don Quichotte* en mémoire. Cependant ce malencontreux qui presque toujours se rencontre sur le chemin du devancier, il s'en faut que ce soit un poëte ordinaire. Immermann est un maître (l'Allemagne le reconnaît pour tel, et Dieu nous garde de vouloir lui contester ce titre), mais un maître qui a commencé par aller à l'école. Shakspere et Goethe l'ont instruit au début ; le malheur veut qu'en avançant en âge il se soit trop volontiers souvenu de ses classiques : de là ces imitations qu'il sème de perspectives originales, ces calques qu'il anime d'un feu créateur ; génie manqué, dira-t-on ; oui, peut-être ; toujours faut-il convenir que c'est plus que du talent ; il y a là l'étincelle électrique, le jet momentané, l'éclair.

---

[1] Voir ses lettres à Wolff, *Briefe an Wolff*, p. 85.

Évidemment on reconnaît dans les *Épigones* l'influence de *Wilhelm Meister*; c'est le même plan, la même façon de grouper les personnages, pour ne point parler de certaines habitudes contemplatives familières à Goethe, comme on sait, et qu'on retrouve ici à tout propos. J'appellerais volontiers les *Épigones* un Wilhelm Meister de la société contemporaine. Hermann, le héros du livre, se montre à nous dans la plupart des situations où nous nous souvenons d'avoir vu Wilhelm. L'entourage reste à peu de chose près le même, et si vous appelez Mignon, Fiammetta répond aussitôt; cette Fiammetta est une espèce d'apparition fantastique sans laquelle le héros du roman ne saurait faire un pas, une sorte de lutin femelle, de feu follet mystérieux, qu'il s'attache à l'aide d'un pouvoir magique. Ce qu'Immermann entend représenter par cette figure romanesque, on ne le saisit guère au premier abord. Peut-être faut-il voir en elle quelque réminiscence capricieuse du monde d'Hoffmann, peut-être aussi qu'il y a là quelque symbole, quelque mythe, le contraste de la poésie et de la vie réelle; en tout cas, Mignon et sa douleur immense convenaient mieux pour un fond de tableau qu'un être purement fantastique qui ne se rattache à rien d'humain et n'a de parenté qu'avec les Esprits élémentaires du *Pot d'or*. L'aventure d'Hermann avec la duchesse, laquelle aventure ne laisse pas de rappeler une scène exactement pareille dans *Wilhelm Meister*, donne lieu à d'excellentes vues de la part de l'auteur sur l'aristocratie du temps. Les années d'expérience vont leur train, et notre héros poursuit son odyssée, à travers quel élément, on le devine : c'est la religion, la politique, l'industrie. La religion tourne au piétisme, la politique à la démagogie; et quant à l'industrie, notre épigone, un peu poëte et patricien de sa nature, n'a pas grand' peine à s'en dégoûter, malgré le fanatisme d'un vieil oncle à lui, fort adonné à l'agiot, et qui, sur le chapitre des actions de chemins de fer, n'entend pas raillerie. On trouve en maint endroit des boutades d'un comique parfait; je citerai dans la première partie la Famille des Philologues, très-spirituelle scène à la Nodier, où les vives saillies ayant trait à l'éducation ne manquent pas; le vieux sens classique et le sens populaire sont aux prises, l'assaut va même devenir menaçant, lorsque paraît sur le seuil de la porte M. Guillaume de Schlégel, en brahme indou fort engoué de sa science, et roulant à grand bruit le couvercle d'une énorme tabatière à glaces. L'entrée de l'illustre professeur dans le synode turbulent produit un effet original ; ajoutons que le portrait est touché de main de maître. Quant aux conclusions du roman, on n'en saurait imaginer de plus bourgeoises : le héros se marie et se retire sur ses terres. « Enfin, s'écrie Hermann, après tant de chocs, d'aventures et de contradictions, pourvu que nous ayons su nous garder pour nous-mêmes, il nous est donc donné de vivre heureux par les biens les plus simples; et cette fièvre de l'histoire du monde, il dépend donc de deux beaux yeux fidèles de l'apaiser, du moins dans le sein d'un de nous. » Hermann hérite aussi des biens de son oncle l'industriel, et ces biens, qui naguère appartenaient à la famille ducale, passent dans ses mains, vicissitude assez fréquente, où cependant le poëte veut voir un symbole. « L'esprit des temps anciens et l'esprit des temps nouveaux, écrit-il à la fin du dernier chapitre, se livrent encore à notre époque un combat dont nous souffrons tous. L'aristocratie s'était sentie ébranlée sur ses fondements, et ses vices n'en remplissaient pas moins de désastres irréparables les maisons des bourgeois. Qu'arrive-t-il ? Le tiers état s'empare de son arme, l'argent, et se venge par une guerre d'extermination qu'il mène de sang-froid; mais lui aussi manque son but, et de cette lutte terrible, de ces trésors poussés les uns contre les autres par le besoin de jouir des uns et la rapacité des autres, de ce conflit du connu et de l'inconnu, de cette confusion de la loi et du droit, il résulte une combinaison nouvelle à laquelle personne encore n'avait songé, et l'héritage de la féodalité et de l'industrie échoit finalement à un état qui n'est ni l'un ni l'autre et pourtant tient des deux. » Hermann, ennemi déclaré des tendances industrielles du siècle, à peine entré en possession des biens, se met à les transformer, et nous le voyons donner un gage éclatant à ses opinions aristocratiques en rasant les fabriques et les factoreries dont son vieil oncle avait encombré le noble sol. — Dernièrement, dans une lettre écrite à Bettina, et reproduite par la *Gazette de Leipzig*, madame Sand prétendait nous révéler dans *Wilhelm Meister* une sorte d'évangile du communisme entrevu à vol d'oiseau; à ce compte, il ne tiendrait qu'à nous de voir dans les *Épigones* un manuel de l'absolutisme; mais nous n'avons nul goût pour ces façons de convertir en catéchisme une œuvre littéraire; et d'ailleurs, comme il n'est pas de livre où l'on ne voie au microscope quelque utopie en germe, cela mène trop loin.

Immermann entreprit les *Epigones* immédiatement après sa trilogie russe d'*Alexis,* laquelle vint sitôt après *Merlin.* De cette époque (1827-1830), la plus occupée et la plus féconde de sa vie littéraire, datent nombre d'ouvrages remarquables, entre autres son *Andreas Hofer* et son *Frédéric II*, plusieurs comédies agréables, quelques travaux de critique et de polémique, et le délicieux poëme de *Tulifantchen.* Il vivait alors à Düsseldorf entouré d'amis et de disciples, les mêmes qui devaient apporter un concours si intéressant à sa tentative de restauration dramatique. Au premier rang je nommerai M. Wilhelm de Normann, poëte distingué, et M. Frédéric d'Uechtritz, qui depuis a compté maints succès au théâtre, esprit supérieur du reste, et dont chacun aimait à reconnaître l'autorité. M. Heine, lui aussi, fit partie du groupe à cette époque, et se lia d'amitié avec Immermann, au point qu'il en résulta peu après une correspondance qui sans doute sera publiée quelque jour. Immermann goûtait infiniment ces relations, et sa nature irritable et nerveuse à l'excès trouvait en elles un baume salutaire contre les malignes piqûres de la critique. A diverses reprises il lui arrive de rappeler dans ses écrits cette active période de Düsseldorf, et vous sentez que l'enthousiasme lui vient au cœur rien que d'y penser. « Quel empressement on mettait à se faire des confidences! quelle curiosité à les recevoir ! Les poëtes ne se lassent pas de chanter le printemps et l'amour; mais ne sont-elles point l'amour et le printemps de l'âge mûr, ces heures où deux graves esprits échangent leurs idées ? » Tout commerce de l'intelligence le charmait, et c'était une vive joie pour lui, au sortir de quelque chaleureuse causerie avec les amis présents, d'en informer aussitôt les absents, son cher Michel Beer, par exemple.

J'ai nommé là le plus intime de ses correspondants, et j'ajouterai de ses amis, bien qu'ils ne se soient jamais beaucoup vus; car Michel Beer, comme son frère Meyerbeer, voyageait presque toujours. Ame chaleureuse, esprit agréable et cultivé, on le rencontrait à Paris vers cette époque, au Théâtre-Français, où s'agitait, brûlante alors et sitôt refroidie, hélas! la question romantique; aux Italiens, où grandissait déjà par le *Crociato,* cet aîné, gloire de la famille, devant lequel il s'effaçait si volontiers. Michel Beer mourut en 1834, d'une fièvre nerveuse. Outre d'intéressantes correspondances (celle avec Immermann est du nombre) et diverses compositions littéraires justement appréciées, l'Allemagne lui doit deux bonnes tragédies, l'une en cinq actes, *Struensée*, l'autre en un acte, *le Paria*, et qui, avec la nouveauté du cadre, empruntait aussi au *Vingt-quatre février* de Werner le secret d'un immense succès. Je ne pense pas qu'il puisse être question ici de prédestination : Michel Beer aimait les lettres, la poésie, il en avait le dilettantisme. Loisirs studieux, passe-temps choisis et délicats au sein de la fortune, tout porte à croire que Meyerbeer en abordant la musique n'entrevoyait pas autre chose ; mais ici l'artiste préexistait, le génie couvait sous la mine ; une étincelle, et l'explosion eut lieu. Michel n'avait rien de ce feu qui dévore, de cette vocation qui vous empêche de sortir une heure de vous-même pour aller respirer chez le voisin ; poëte ingénieux, charmant causeur, un peu sceptique, passionné comme vous et moi dans l'occasion, il était fait pour aimer les lettres et pour en discourir.

Cette correspondance d'Immermann et de Michel Beer, qui dura près de cinq années (de 1827 à 1831), n'est point sans quelque analogie avec la célèbre correspondance de Goethe et de Schiller. On en conçoit d'avance les textes favoris : beaucoup de confidences littéraires, des questions et des réponses à propos d'une théorie dramatique ; des plans et des projets ; l'avénement au théâtre d'une pièce longuement élaborée, et l'histoire de ses vicissitudes. A tout moment, les grands noms de l'auteur d'*Egmont* et du chantre de *Don Carlos* leur reviennent à la plume. On dirait deux fervents disciples écrivant chacun sous l'invocation d'un apôtre ; l'apôtre d'Immermann est Goethe, tandis que sur le pupitre de Michel Beer il me semble voir plutôt s'incliner, comme un autre saint Jean, la mélancolique figure de Schiller. On trouverait à extraire çà et là d'excellents morceaux de critique, des passages remplis d'aperçus ingénieux et féconds. Je citerai, au nombre des meilleurs, la lettre XIVe, dans laquelle Immermann s'attache à démontrer la nécessité, pour le poëte dramatique, de s'appuyer sur le sol de l'histoire, et de mettre à profit désormais toutes les conquêtes de la science nouvelle, sans abdiquer néanmoins sa liberté d'imagination ; car, ajoute-t-il, une histoire dramatisée ne saurait constituer une tragédie, Shakspere eût-il lui-même dialogué la chronique. Mais j'insisterai particulièrement sur la lettre XXXIe, où l'écrivain, après avoir exposé diverses considérations sur les pratiques du théâtre, arrivant au cœur de son sujet, finit par attribuer le peu de goût des Allemands pour le drame historique à leur manque de nationalité. « Quel intérêt ces illustres débats, à propos d'une couronne, iront-ils provoquer chez des gens qui ne se donnent même pas la peine de s'informer du nom du souverain, et qui, s'ils mangent tout leur soûl et procréent de beaux enfants, n'en demandent pas davantage? Aussi les plus beaux motifs tragiques nous échappent. Le sentimental, le bourgeois, voilà notre élément, et la tragédie de famille (*Die familien Tragœdie*) est la seule qui soit de nature à être véritablement comprise parmi nous. Que l'idéal ait à souffrir d'un pareil état de choses, assurément on ne peut le nier. A qui la faute, cependant? aux auteurs? aux poëtes? au public? Sans doute, les uns et les autres, en particulier, ont bien quelques petits reproches à se faire ; mais, quand ils se réuniraient tous ensemble, dépendrait-il jamais d'eux d'élever un théâtre où le sol manque pour les fondations? Nos plus grands esprits eux-mêmes, pour ne pas se morfondre à la porte, ont dû frapper au cœur de nos braves compatriotes. Vous et moi, et peut-être une centaine encore en Allemagne, nous admirons Wallenstein, et cette vie puissante qui s'émeut autour de lui; mais la multitude ne voit et ne comprend que Max et Thécla. Dites-moi, s'il vous plaît, ce que serait Egmont sans Claire? et ce qu'il adviendrait de *Marie Stuart*, si l'héroïne de la tragédie de Schiller n'était pas cette intéressante majesté, cette galante et tout aimable pécheresse que nous aimons? En faut-il davantage pour justifier, pour excuser, du moins, ces digressions sentimentales que Goethe et Schiller se permettent dans le cours d'une action pathétique? Sans l'épisode, combien de gens eussent compris l'œuvre? et les critiques qu'on leur adresse à ce sujet ne servent qu'à témoigner d'une autre gracieuse qualité de notre public allemand, laquelle consiste à prétendre exiger l'impossible des poëtes, et cela en ne leur apportant ni aide, ni point d'appui. » On aura jugé par là du ton général de ces correspondances; toutefois, il est une chose qui ne peut ressortir que d'une lecture plus complète; nous voulons parler de l'activité d'Immermann, de son audace à franchir les obstacles qui lui barraient la voie. Il avait la passion du travail innée, et se jetait à corps perdu à travers les entreprises les plus difficiles; poëmes, drames, comédies, romans et tragédies, tout lui était bon, pourvu qu'il en vînt à satisfaire ce besoin inquiet de produire, que j'appellerais volontiers une loi de son organisation.

Avec une pareille méthode les échecs durent se présenter souvent, si souvent qu'il ne les comptait pas, et jamais il n'y eut à conclure de l'œuvre de la veille à l'œuvre du lendemain. Bien que ses dernières productions passent à bon droit pour les moins incomplètes, la tendance progressive n'existait en lui qu'à un degré fort peu marqué. Il allait par monts et par vaux, tantôt vainqueur, tantôt battu; et sa carrière poétique, envisagée de la sorte, ressemblerait assez à une campagne militaire. Peu de batailles sérieuses; çà et là une position qu'on abandonne pour la regagner plus tard; une retraite habile qu'on fait sans perdre des yeux le but; puis un beau jour on rassemble ses forces, on livre bataille, et... victoire! Tel était Immermann, tel il se sentait lui-même, lorsqu'au sortir d'un long travail il écrivait à Beer : « Eh! maintenant ne croyez pas qu'il s'agira de repos, au « moins; non certes, à l'œuvre, et en avant! En poésie, comme à « la guerre, il ne faut pas tenir compte des échecs; on bat, on est « battu, et, de défaite en avantage, quand le fond est bon, on « finit toujours par arriver. » Non qu'il ne s'avouât les difficultés de l'époque, tournant de plus en plus à la politique, aux affaires. « De vrai poëte, dans la force du terme, ce temps-ci n'en saurait produire. Comment oser nier ce qui est? en pareil cas, chacun s'arrange comme il peut, et, tout en subissant les circonstances, fournit sa route de son mieux. »

Cependant la révolution de Juillet éclata, et Immermann en ressentit un contre-coup profond, à ce point, qu'il resta plusieurs semaines sans travailler. Ce spectacle d'une révolution surgissant, après quarante ans de troubles et d'orages, plus imposante que jamais, lui paraissait un fait inouï dans l'histoire; il y voyait surtout l'irrécusable témoignage de la grandeur du siècle et de la nation française. « Catastrophe glorieuse, s'écrie-t-il, et qu'on peut appeler unique, car, loin de sortir d'un malaise physique, elle a pour mobile un besoin de l'esprit, le besoin de se maintenir dans son droit. » Cet enthousiasme en faveur d'une cause immatérielle l'entraîne malgré lui, et sa spéculation, toujours un peu mystique, cherche des analogies avec les mouvements religieux du moyen âge. « Peut-être, ajoute-t-il, qu'après tout, la politique est, pour l'époque où nous vivons, cet agent moteur que la croyance était alors. » Toutefois ces chaleureuses sympathies ne devaient point survivre à l'exaltation du moment. Au fond il ne nous aimait pas, il s'était bravement battu contre nous dans la guerre de l'indépendance, et ne dépouilla jamais le vieil homme, le volontaire prussien de 1811, ennemi né des idées constitutionnelles. Quand il vit bientôt nos principes révolutionnaires s'étendre sur les bords du Rhin, l'absolutiste en lui réveilla plus fougueux, plus irritable que jamais. Il avait trop sens et de clairvoyance pour se dissimuler la situation critique de la Prusse vis-à-vis du mouvement constitutionnel des provinces du Sud ; et, tout en affectant de n'y reconnaître qu'une misérable parodie du libéralisme français, il n'en travailla pas moins à combattre en absolutiste acharné. Singulière contradiction d'une cette nature honnête et passionnée! S'agissait-il d'intérêts purement intellectuels et de choses littéraires, vous étiez certain de le voir s'inscrire en tête des plus décidés novateurs ; tandis que sur le terrain de la politique, il se montrait intraitable ; et vous n'aviez alors devant vous que le fonctionnaire prussien, l'ancien volontaire arborant à son chapeau la cocarde noire et blanche. Sans aller si loin, ne trouverons-nous pas le même exemple d'inconséquence chez un autre noble et ardent esprit que nous avons tous pu connaître? et l'absolutiste rétrograde vivant chez Immermann en bonne intelligence avec le poëte révolutionnaire at-il donc tant de quoi nous étonner, nous qui avons vu, en sens inverse, l'homme des idées avancées en politique prendre parti en 1830, et au nom du passé, contre toute la génération littéraire issue du mouvement romantique?

J'ai parlé de la fondation du théâtre de Düsseldorf ; le dévouement qu'Immermann déploya en cette circonstance a laissé des souvenirs enregistrés dans toutes les annales de la scène allemande. A force de persévérance, de zèle et d'industrie, il parvint à créer dans une petite ville de province, avec des ressources fort limitées, une institution dramatique excellente, et qui, même, pendant quelques moments, brilla d'un lustre peut-être sans égal. Dès son arrivée à Düsseldorf, Immermann avait pu reconnaître le terrain, et bientôt ses rapports quotidiens avec l'élite des jeunes gens de l'Académie de peinture le mirent à même d'organiser un théâtre d'amateurs. On joua le *Camp de Wallenstein*. Ces représentations, bien qu'au dire d'Immermann elles fussent loin d'être irréprochables, commencèrent par répandre le goût littéraire en dehors du cercle exclusif des artistes, et par ramener aux saines notions du vrai et du beau tout un public qui ne demandait pas mieux que de se convertir, fatigué qu'il était du artiste ordinaire auquel l'avaient réduit les entrepreneurs du spectacle de la ville. Ce que voyant, Immermann encouragea l'émulation naissante par des lectures du genre de celles que Tieck, dans son temps, pratiquait à Dresde; comparant ces lectures à l'exécution au piano d'une musique d'opéra. Les peintres de Düsseldorf, jaloux de se maintenir au niveau du poëte, s'étaient mis en frais de leur côté, et bientôt l'on vit les murailles grises du sanctuaire littéraire se couvrir de toute sorte de fresques et d'illustrations représentant les scènes principales d'*Iphigénie* et de *Barbe Bleue*, de *Wallenstein*, du *Roi Léar*, de *Roméo*, et du *Petit Poucet*, d'*Hamlet* et du *Chat Botté*. N'admirez-vous pas ce besoin de prosélytisme, cette prédication s'emparant à la fois des oreilles et des yeux ? Évidemment, un public initié de la sorte des jouissances vraiment esthétiques ; un public devenu capable de concentrer, des heures entières, son attention sur la simple lecture d'un chef-d'œuvre dramatique, devait en être amené à ce point, de vouloir compléter ses études, et voir vivre enfin de la vie apparente et plastique de la scène toutes ces belles passions dont il recevait journellement la confidence. Lui surtout, Immermann, un désir immodéré le possédait de fonder un spectacle littéraire, et de faire là ce que Goethe fit jadis à Weimar. Le théâtre de Düsseldorf, abandonné de la bonne compagnie, allait être réduit à fermer ses portes ; Immermann entre en arrangement avec l'administration, et se compose à l'improviste une troupe provisoire, qu'il met, peu de temps après, en état de représenter, tant bien que mal, son *Andreas Hofer*, et le *Clavijo* de Goethe, augmenté d'un épilogue de circonstance (il s'agissait de célébrer l'anniversaire de la mort du vieux maître). Sur ces entrefaites, on bâtit une nouvelle salle. En la voyant si élégante et proprette, Immermann fut pris d'une sensation que tout poëte comprendra ; comme on dit, l'eau lui vint à la bouche. « Je l'aurai, murmura-t-il à part lui, et, coûte que coûte, j'entends que les hôtes qui l'habiteront soient de meilleure souche intellectuelle que ceux de l'ancienne salle. » Et, en effet, Immermann eut son théâtre, qu'il garda pendant les hivers de 1832 et 1833. On trouvera les détails administratifs de cette entreprise, toute libérale et nullement industrielle, dans un excellent opuscule de Grabbe, intitulé *Das Theater im Düsseldorf*, curieux travail rempli de considérations substantielles touchant l'art dramatique, et dont je regrette de ne pouvoir donner quelques extraits.

Je viens de nommer ici l'homme qui, avec Immermann, prit la part la plus active au mouvement dramatique de cette époque. Par malheur, de tant de nobles tentatives, d'efforts généreux, peu de chose devait survivre à l'enthousiasme du moment; et la régénération fut loin de se produire telle qu'on se le promettait. Ce répertoire des deux poëtes, dont on pouvait certes goûter l'esprit littéraire et la tendance romantique, se trouvait néanmoins trop ouvertement conçu en dehors des lois ordinaires du théâtre, pour se maintenir autre part que devant un public d'artistes et de jeunes gens exaltés tel que l'était alors le public de Düsseldorf. Il s'agissait bien, en vérité, de leur venir parler d'entrées et de sorties, de vraisemblances et de péripéties, à ces têtes adolescentes, éprises de fantaisie et de couleur, comme nous l'étions tous aux environs de 1830, et qui, au lendemain d'une représentation de l'*OEdipe* de Sophocle, se faisaient jouer la *Barbe Bleue* et le *Chat Botté* de M. Tieck! Restait à savoir si les hommes du réel, cette fraction considérable du public qui veut du positif jusque dans ses émotions de théâtre, ratifieraient dans la suite ces triomphes décernés par une jeunesse tumultueuse, avide de merveilleux, chez laquelle une curiosité sans bornes, haletante, remplaçait du moins la croyance. Le contraire arriva, et ces productions, réduites à leur légitime valeur, passèrent pour ce qu'elles sont en fin de compte, à savoir, d'incorrectes et puissantes ébauches, où transpire par moment le souffle du génie, mais dont la représentation est et demeure impossible en des conditions simples. Le sens théâtral, je ne parle point ici du sens dramatique, mais d'un certain instinct qui vous révèle à l'instant les rapports qui existent entre l'idée poétique et sa mise à la scène, le sens théâtral, Immermann ne l'avait que très-peu. Quant à Grabbe, esprit désordonné, incapable de supporter un frein, il ne s'en doutait même pas. Grabbe avait de naissance, et comme un don du ciel, quelque chose de l'inspiration shakspérienne, de cet esprit qu'Immermann passa sa vie à s'inoculer; mais Grabbe, l'emporté, le furieux, le cynique, ne comprit jamais rien aux divins mystères de l'art, à cette harmonie calme, à cette auguste sérénité, point culminant de toute création. Ses premières pièces surtout portent des marques de cette agitation inextinguible, de cet état convulsionnaire dans lequel la force finit, en quelque sorte, par ne plus vous sembler elle-même qu'un effort désespéré vers la force. En tête de ses erreurs dramatiques, erreurs grandioses, colossales, et telles que le génie seul peut en commettre de pareilles, je citerai son *Duc de Gothland*, et le monologue du héros après le meurtre de son frère. La littérature du désespoir, de Rousseau à Byron, du chantre de *Manfred* à Lélia, n'a rien produit de plus puissant ; c'est échevelé, c'est révoltant, mais c'est beau, presque sublime. Et son Annibal, quelle profonde et poétique étude de l'antiquité ! Ici, du moins, Grabbe s'efforce de mettre un frein à son imagination extravagante ; son style s'éclaircit et se resserre jusqu'à la concision classique ; non que les lois du théâtre soient mieux observées (*Annibal* n'est guère plus une tragédie selon la scène que le *Duc de Gotland*, *Don Juan* et *Faust*, ou les *Cent Jours*) ; mais, comme développement dramatique d'un grand caractère, comme intelligence d'une époque, l'œuvre dont je parle ne le céderait peut-être qu'au *Jules César* de Shakspere. Il y a là évidemment plus d'une vue élevée digne d'intéresser l'historien, plus d'une note à extraire, et je recommande le chef-d'œuvre de Grabbe à M. Michelet, si toutefois déjà il ne le connaît point.

Revenons aux rapports des deux poëtes. Lorsque Grabbe arriva à Düsseldorf, les souffrances physiques et morales avaient dès longtemps aigri son humeur, et son caractère, naturellement peu sociable, inclinait à la misanthropie. Errant, misérable, en proie à toutes les horreurs d'une vie abandonnée à la débauche, et que l'abus des liqueurs fortes devait consumer avant l'âge de trente-cinq ans, l'infortuné poëte venait chercher à Düsseldorf des moyens d'existence qui, soyons juste, là comme ailleurs ne lui manquèrent que parce qu'il était dans sa destinée de ne pouvoir se fixer nulle part. « On prétend que je suis un génie, disait-il à ses heures de désespoir ; en effet, le génie et moi nous avons une chose qui nous est commune : la faim. » A qui s'en prendre, cependant, de tant de misère et de calamité ? Lui-même n'avait-il pas découragé, par son ingratitude et ses visées fantasques, la bonne volonté des gens disposés à le servir ? En 1824, le prince régnant de Dolmedt, son pays natal, lui donne un emploi d'auditeur, emploi dont le seul but est de subvenir aux premières nécessités de son existence, et de le laisser vaquer, le cœur léger, à ses conceptions littéraires. Que fait Grabbe ? il quitte presque aussitôt le service et veut être comédien. Rentré dans les fonctions publiques vers 1830, l'état militaire le tente, et voilà qu'un beau matin, après avoir rimé un plan de bataille pour un de ses drames, la fantaisie lui prend de se faire général d'armée; sur quoi, notre homme écrit au prince qu'il veut s'engager comme capitaine. A cette extravagante épître le prince ne répond que par un rappel à l'ordre ; le poëte s'emporte, envoie son poste d'auditeur à tous les diables, et, laissant là sa malheureuse femme, se sauve à Francfort, où son temps va se partager entre la solitude et l'orgie.

De Francfort, Grabbe se rendit à Düsseldorf sur l'invitation d'Immermann, qui l'y reçut à bras ouverts, et lui procura, tant du côté du théâtre que du côté des éditeurs, tous les moyens de se créer, par son travail, une situation indépendante. Immermann alla même jusqu'à s'occuper de la santé du pauvre malade, s'efforçant de relever, au moral comme au physique, cette existence si cruellement dévastée. Un moment on put croire aux heureux résultats de ces généreuses intentions ; un moment Grabbe sembla renaître à la vie, au travail. Encouragé par les représentations de ses anciennes pièces, il se remit à l'œuvre, écrivit différents articles de critique dramatique, et commença sa *Bataille d'Hermann*. Ce fut l'éclair d'une lampe qui s'éteint, bientôt ses forces le trahirent ; sa nature épuisée était à bout. Son humeur hypocondriaque le reprit; il s'exila, loin de toute compagnie, dans une chambre isolée, ne voulant voir personne, et demandant au vin cet oubli des tortures physiques, cette consolation suprême au sein des angoisses que la mort tardait à lui donner. Un seul individu garda jusqu'à la fin le privilége d'être admis dans son intimité : le musicien Norbert Burgmüller, qui, par un de ces effroyables caprices du destin, bien qu'à la fleur de l'âge et de santé robuste, devait néanmoins le précéder dans la tombe. Spectacle singulier, fantastique ! deux jeunes hommes marqués au front par le doigt de la mort, attablés ensemble autour d'une bouteille, pendant que le lugubre cavalier attend à la porte de l'hôtellerie pour les emporter en croupe l'un après l'autre, sitôt qu'ils auront bu le coup de l'étrier ! Que de traits sanglants, de pointes sarcastiques, durent se décocher en ces douloureuses rencontres, le diable le sait. La haine de Grabbe ne respectait rien, mais c'était sur les heureux du monde que sa bile aimait à se répandre. Le culte de Goethe touchait alors à son apogée, et comme cet humoriste athénien que lassait la gloire d'Aristide, « Faust! toujours Faust! quand cessera-t-on de me corner ce nom aux oreilles? » grommelait notre misanthrope dans une de ces amères boutades où perçait l'irritation du grand poëte méconnu ; « donnez-moi trois mille thalers par an, et que la peste me crève si d'ici à trois ans je ne vous en fais un qui ne l'écrase ! » Chose pénible à dire, les rancunes de Grabbe n'épargnèrent personne, pas même son bienfaiteur, pas même l'homme généreux qui l'avait si fraternellement accueilli à sa venue à Düsseldorf. Immermann supporta sans aigreur ces colères désordonnées d'un esprit malade, et dans les perfides publications dont on l'assaillit, ne voulut jamais voir que de simples inconséquences, excusées de reste, tant par le caractère passionné du personnage, que par les tortures qu'il subissait. Je trouve ces lignes remarquables à la fin d'une notice qu'Immermann consacre au souvenir de son infortuné confrère [1] : « Pour amis, dans la pure acception du terme, nous ne l'avons jamais été : nos deux natures différaient sur trop de points ; mais au-dessus de l'abîme qui nous séparait, s'étendait en moi ce sentiment qui nous pénètre au spectacle d'une nature énergique, puissante, aux prises avec la douleur humaine, et qui lutte en Laocoon. Oui, l'élément trivial devait finir par déborder chez Grabbe ; mais au cœur même de son être si cruellement enlacé, une place restait qui, jusqu'au dernier moment, fut maintenue inviolable. »

Le théâtre de Düsseldorf eut le sort de toutes les fondations exclusivement littéraires, c'est-à-dire qu'au bout de deux saisons assez brillantes, il dut fermer ses portes. L'attention du public, un moment éveillée par l'enthousiasme contagieux des jeunes gens de l'académie de peinture, se tenait désormais pour satisfaite ; un besoin de distractions faciles, terre à terre, succédait au dilettantisme : on avait soif de vaudevilles et d'opéras-comiques, on revenait à ses moutons. En vain Immermann se voua corps et âme à son entreprise, en vain il invoqua pour elle le patronage du roi de Prusse : la voix du poëte ne fut pas même entendue à Berlin. « Sans vouloir donner à notre répertoire un caractère de pédantisme ou d'érudition, j'essayais, autant que possible, d'en écarter les éphémères du jour ; la caisse en souffrit, les actionnaires amoncelèrent les difficultés autour de moi. Je m'y attendais ; mais ce qui me découragea plus que toute chose, ce fut l'indifférence des hommes de Berlin. Et cependant que demandais-je ? le titre de théâtre royal pour mon entre-

---

[1] Memorabilien. Th. II, s. 5, 180.

prise. Il semble que les provinces du Rhin méritaient au moins cette faveur de la part de la métropole. Düsseldorf convenait sur tous les points à une entreprise de ce genre, qui n'eût pas manqué d'être imitée bientôt dans la plupart des villes du Rhin ; mais le roi ne crut pas devoir condescendre à cette demande. » Pour se consoler de sa mésaventure, Immermann voyagea ; en 1837 il vint à Weimar. M. le chancelier de Müller a consigné en excellents termes les particularités du séjour d'Immermann dans la cité de Goethe. Ce qui l'y préoccupa, on le devine. Lui ! toujours lui ! a dit M. Victor Hugo dans les *Orientales*; il est impossible à Weimar de retenir cette exclamation, il y a là une ombre qui domine le pays ; comme ce Vésuve régnant sur la campagne de Naples, vous l'apercevez de partout à l'horizon, que vous alliez d'Ettersburg à Ilmenau, de Belvedère à Tiefurth ; de partout, fussiez-vous au palais du grand-duc et dans le cercle intime de ce jeune prince, petit-fils de Charles-Auguste, et dont les salons de Paris ont pu apprécier dernièrement l'élégance française et l'esprit cultivé. Immermann ressentit à sa manière l'influence de l'omniprésence du dieu. « C'est ici, écrit-il dans son journal de Weimar, qu'il faut conduire les jeunes gens pour leur donner l'impression d'une existence sérieuse et bien remplie ; c'est ici qu'il faut leur faire faire trois vœux : celui d'application, de vertu, de conséquence. »

A Weimar, il écrivit encore sa *Ghismonda*, poëme dramatique d'abord, puis tragédie, par l'effet d'une rime rebelle. Voici l'anecdote. Il s'occupait de mettre en vers les célèbres amours de Tancrède et Ghismonda, lorsqu'une nuit d'inspiration laborieuse, irrité de ne point trouver de rime à Ghismonda, il changea son plan de fond en comble, et décida que l'épopée serait une tragédie, ce qui eut lieu dans moins de trois semaines. Toutefois, on se demande ce qu'il prétendait gagner par ce changement ; passe encore s'il eût écrit sa tragédie en prose ; mais la tragédie est en vers, et la terrible rime dut nécessairement se représenter à lui. N'importe, il avait brisé le premier moule, il punissait l'ingrate forme en l'abandonnant ; en faut-il davantage à la vengeance d'un poëte ? Mais passons au sujet de la tragédie.—Le duc Manfred recherche la main de Ghismonda, fille du prince Tancrède de Salerne. Obsédée par les démarches du jeune gentilhomme, son cousin, Ghismonda finit par céder, et, lassitude ou badinage, répond Oui. A peine le mot fatal s'est échappé, qu'un vieux chevalier, le sire Dagobert, présente son fils Guiscardo à la cour. Guiscardo et Ghismonda doivent s'aimer : à la première rencontre leurs cœurs s'enflamment; — souvenez-vous de Roméo et Juliette au bal des Capulets, souvenez-vous des sépultures de Vérone. Après avoir échangé de mutuels aveux pendant une fête de nuit donnée dans les jardins du château ducal, nos deux jeunes amants jurent de ne jamais se laisser arracher leur secret, même quand la mort devrait être le prix du silence. Cependant Manfred et le prince de Salerne sont instruits. Le prince fait venir Guiscardo et l'interroge, mais sans que le jeune homme consente à répondre; en vain Tancrède le presse de questions, en vain il lui promet sa clémence s'il parle : Guiscardo se rappelle son serment et se tait, insensible aux prières comme aux menaces du prince, qui, furieux, se jette sur le poignard que Guiscardo porte à sa ceinture, et l'en frappe au cœur. A la nouvelle de la mort de son amant, Ghismonda, loin d'éclater en sanglots, rentre en elle-même; désormais sa résolution est prise : elle suivra Guiscardo dans la tombe, mais non sans avoir parlé, non sans avoir élevé la voix pour se proclamer aux yeux de tous sa fiancée; ce qu'elle fait en présence de la cour assemblée, et sur le cercueil du cher mort, où sa passion, si longtemps contenue, s'épanche en un monologue pathétique et beau, mais interminable, et qui rappelle un peu trop peut-être la scène de folie d'Elvire ou de Lucia, au dénoûment d'un opéra italien.

A vrai dire, ce n'est point là une action dramatique capable d'intéresser un public qui demande aux jeux de la scène autre chose que des observations psychologiques. Les incidents manquent de nouveauté, les combinaisons d'imprévu ; et ce silence, que Guiscardo paye de sa vie, est tellement naturel dans les conditions où il se trouve, qu'étant gentilhomme il n'avait nullement besoin, pour s'y soumettre, du serment terrible sur lequel roule tout l'intérêt de la pièce. D'ailleurs, que Guiscardo parle ou ne parle pas, peu importe, du moment que Tancrède sait à n'en point douter qu'il est l'amant de sa fille; et je n'imagine guère que le prince de Salerne ait fort à cœur d'être édifié sur les menus détails de la séduction. Cependant le caractère de Ghismonda, tel qu'Immermann l'a tracé, rachète bien des défauts; et si du canevas vulgaire nous passons à l'idée poétique qui s'en dégage, nous verrons qu'il y a du sang shaksperien dans les veines de cette jeune fille froide et superbe, cachant un cœur de Juliette sous les dehors d'une lady Macbeth, et que c'est une scène à mettre au nombre des plus belles inspirations de la tragédie moderne, celle où Ghismonda, épouvantée du sacrifice que son amant vient de lui faire, et secouant désormais toute contrainte, épanche, avant de mourir elle-même, l'immensité de sa douleur.

Cet accord de la poésie et du théâtre, que cherchaient Immermann et Grabbe, est encore aujourd'hui ce qui préoccupe la génération nouvelle dans les efforts obstinés qu'elle tente pour relever la scène de Schiller et de Goethe. Cependant, si éminentes que soient les compositions auxquelles Immermann et Grabbe, l'auteur de *Ghismonda*, *de Hofer*, de *Charlemagne à Roncevaux*, et l'auteur d'*Annibal*, ont donné le jour, je doute qu'on puisse leur attribuer la gloire d'avoir créé un théâtre. Dans ces compilations volumineuses, je vois les matériaux de l'œuvre dramatique, plutôt que l'œuvre elle-même, le bloc de marbre dégrossi, plutôt que la statue ; à coup sûr, une main vigoureuse, une main puissante a passé par là ; mais j'attends l'artiste. Toutes ces nobles tentatives devaient réussir vers 1830, devant la jeunesse de Düsseldorf, jeunesse ardente et sympathique aux novateurs, un peu cousine, je suppose, de notre génération romantique aux beaux jours d'*Hernani*; mais la première flamme évaporée, force fut bien à ces épopées dramatiques de rentrer dans le domaine de la lecture, le seul qui leur convienne, et sur lequel on puisse les apprécier dignement. On reprochait jadis au bon vieux Tieck d'être un dramaturge de cour ; je reprocherais volontiers dans le même sens, à Immermann, à Grabbe, et à tous les écrivains d'aujourd'hui, qui pour la plupart s'inspirent de leur tradition, d'être des dramaturges de coterie. De part et d'autre, on ne réussit qu'à la condition de s'être entouré d'un monde exclusif; public de cour pour celui-ci, public d'ateliers et d'écoles pour celui-là ; et quant au public de fond, au vrai public de tous les pays et de tous les jours, au public de Corneille et de Goethe, de Racine et de Schiller, c'est à peine si l'on y songe. Et lui, pendant ce temps, savez-vous ce qu'il fait ? il prend son mal en patience, et continue, en attendant mieux, à se divertir aux mélodrames historiques de M. Raupach et aux vaudevilles de M. de Holtei, absolument comme nous procédons ici vis-à-vis du répertoire de M. Scribe. M. Raupach représente le genre industriel dans la littérature dramatique de son pays. Depuis Kotzebue, l'Allemagne n'avait point eu d'exemple d'une fécondité pareille. Avec lui, les tragédies, les drames, les comédies, les opéras, coulent comme de source. Et pour peu que vous ayez dans votre magasin, ou dans votre garde-robe de directeur de spectacle, un décor d'occasion, un costume acheté la veille à la friperie, et que vous vouliez utiliser, il est homme à vous écrire sur-le-champ une trilogie historique pour ce décor et ce costume. Car M. Raupach sait mieux que personne découper l'histoire en trilogies : hier c'étaient les Hohenstaufen, aujourd'hui c'est Cromwell ; et, singulier effet d'une organisation instinctivement douée qui résiste à toutes ces débauches, il semble par instants au spectateur qu'il vient de saisir le secret de la vie humaine dans cette mascarade ambulante, et que cette œuvre de machiniste, qu'il se reprocherait de prendre au sérieux, ouvre à son regard, de temps à autre, des perspectives vraiment poétiques. Cette physionomie de Raupach, incomplète, et cependant marquée encore d'un certain caractère de grandeur, m'en rappelle une autre de connaissance, et je retiens au bout de ma plume le nom d'un écrivain français contemporain, également doué du sens dramatique, également aimé du succès, et qui, lui aussi, pourra bien un jour se reprocher d'avoir tout sacrifié au besoin d'une popularité lucrative, et gaspillé en menue monnaie l'or sacré d'une vocation réelle.

Contre un pareil état de choses, contre une exploitation pareille de la scène des grands maîtres, la réaction devait éclater. Elle eut ses jours, grâce à l'école littéraire et politique, dont l'activité, quelque peu insurrectionnelle, saisit avec transport cette occasion de se montrer. Cependant, avant de se mettre à l'œuvre, on voulut s'entendre sur la nouvelle doctrine ; c'était au fait le moment ou jamais d'en avoir une, on sentait le besoin d'une poétique révolutionnaire à l'usage des nécessités du moment, et M. Wienbarg, en sa qualité de révélateur suprême, se chargea de rendre l'oracle. « Alliance du sentiment poétique avec le sentiment de nationalité, hyménée mystique du patriotisme et de l'art. » Telles furent, si j'ai bonne mémoire, les paroles qui émanèrent du trépied. On voit, du reste, d'où s'inspirait l'oracle, et qu'avant de ceindre le laurier prophétique, M. Wienbarg avait prudemment visité le tombeau de Schiller. N'en déplaise à l'ombre auguste du chantre de *Wallenstein*, nous n'aurons jamais grande foi, pour notre compte, dans cet axiome mi-parti politique et sentimental, qu'on nous donne comme devant servir de base à la régénération de la scène allemande, et qui lui vaut, en attendant, des chefs-d'œuvre du genre du *Maurice de Saxe*, de M. Prutz. Le public du théâtre (par ce mot j'entends les esprits cultivés aussi bien que la masse), le public du théâtre veut, avant tout, avoir affaire à des passions; et peu lui importe en somme que ces passions ressortent d'un fonds historique ou simplement anecdotique. C'est une anecdote que *Roméo et Juliette*; *Hamlet* et *le Maure de Venise* sont des anecdotes. Et ce *Wallenstein* lui-même, dont vous parlez avec tant d'emphase, essayez d'en ôter l'élément anecdotique, d'en ôter l'astrologie, la sentimentalité et l'appareil militaire, et vous verrez, M. Wienbarg, ce qu'il vous restera de votre tragédie nationale.

Revenons au mouvement dramatique de ces dernières années. Certes plus d'un noble essai fut tenté, plus d'un triomphe obtenu. Julius Mosen, Frédéric Halm, Kühne, Laube, Gutzkow, sont ici des noms qui se recommandent à bien des titres aux sympathies des esprits lettrés, et je comparerais volontiers leurs efforts, non sans gloire, bien qu'on n'aille jamais au delà de certains résultats partiels, à cette campagne que poursuit chez nous mainte individualité militante qui s'en va pour un jour ou deux passer de la poésie et du roman à la scène. Je dis un jour ou deux, car, d'ordinaire, ces tentatives, même brillantes, ne durent guère davantage : on les encourage, on les applaudit, mais nul de nous n'a la puissance de les maintenir. Au délai fixé, l'œuvre littéraire disparaît, et les maîtres accoutumés, M. Scribe ou M. Raupach, rentrent dans tous leurs priviléges. Étrange chose, qu'on ne puisse concilier plus souvent le sens théâtral et le sens littéraire, ce grand art de combiner une action puissante, et cet art non moins grand de l'écrire ! D'un côté vous avez les dramaturges, de l'autre les lyriques ; mais partout manque le poëte dramatique, le Schiller. Et, qu'on y prenne garde, le lyrisme dont nous parlons sera la véritable plaie de la scène allemande, telle que l'école littéraire s'efforce de la constituer. Ouvrez au hasard le théâtre de M. Julius Mosen, ou de M. Frédéric Halm, vous n'y trouverez qu'odes et ballades; le style dramatique de M. Hugo lui-même vous semblera d'une concision digne de Tacite, pour peu que vous le compariez à ce dialogue transcendant, où se lèvent à chaque pas des digressions métaphysiques qui montent comme des fusées et vont éclater dans les étoiles. Et remarquez que je parle ici des esprits les plus acclimatés, de l'auteur de *Griseldis* et de l'auteur de *Rienzi*, dont la physionomie, du reste, répond assez, au théâtre du moins, à l'idée qu'on se ferait d'un Casimir Delavigne allemand. Que serait-ce si des tragédies de MM. Mosen et Halm, et des drames de MM. Gutzkow, Kühne et Laube, nous passions au *Saül* de M. Charles Beck, aux *Martyrs* de M. Wiese, aux *Babyloniens* de M. d'Uechtritz, et à toutes ces tragédies qui sont des opéras, des oratorios et des symphonies, avec cette seule différence, que le poëte se charge ici lui-même d'écrire la musique?

Plus je considère ces efforts, plus j'y vois le parti pris, plus j'y reconnais pour unique mobile la colère du lettré qu'un saint transport enflamme. Réagir par la poésie et l'art contre la barbarie envahissante, tel est, en somme, le seul cri de guerre qui conserve le privilége de rallier entre elles ces mille tendances opposées, le seul principe au nom duquel on obtienne çà et là quelques-uns de ces résultats partiels que nous indiquions tout à l'heure. Quant à former un théâtre national, je ne vois guère que M. Prutz qui puisse continuer à dorloter une pareille utopie. Avant de transporter l'idée de nationalité sur la scène, il faudra qu'on la mette dans le pays, et qu'à Munich, par exemple, un drame ne soit pas accueilli avec froideur sous le simple prétexte qu'il est plus allemand que bavarois, comme on dit qu'il advint pour le *Louis de Bavière* d'Uhland[1]. Campagne de lettrés! pur dilettantisme! on compile, on arrange, on exhume, on retourne au vieux Will, à travers Immermann et Grabbe; bref, on fait œuvre de critique en s'imaginant faire œuvre de poëte. Vous avez beau dire, les lettres allemandes ont eu leur XVIIe siècle avec Goethe et Schiller; l'avenir qui s'ouvre devant vous peut appartenir à l'esprit de libre discussion, à la philosophie; mais, au théâtre comme ailleurs, l'ère poétique est close, et pour longtemps, croyez-le bien.

L'année même où parut *Ghismonda*, Immermann publia son *Münchhausen, histoire en arabesques*, ainsi qu'il l'appelle, œuvre de satire âcre et mordante plutôt que d'humour, et dans

---

[1] Regrettable accident qui suffit pour arrêter dans son essor dramatique l'inspiration d'Uhland, un peu ombrageuse, comme on sait; d'où on pourrait observer que chez Uhland il y a deux poëtes, l'un lyrique et complet, l'autre dramatique et resté à l'état fragmentaire.

laquelle notre poëte s'amuse à cœur joie de toutes les folies humaines. — Il y a des noms auxquels s'attache, bon gré mal gré, une célébrité singulière, et l'on remarquera que ce sont presque toujours des noms recommandables, illustres, que l'instinct populaire, instinct narquois s'il en fut, choisit pour les affubler d'un ridicule traditionnel ; voyez, par exemple, M. de la Palisse et le baron de *Münchhausen*. En France, pas une niaise repartie, pas une platitude qu'on n'attribue au premier de ces deux héros ; et quant au second, pas une forfanterie, pas une invention burlesque, pas une hâblerie, dont l'Allemagne ne le gratifie aussitôt. Plus longtemps que *la Jeune Captive* d'André Chénier, plus longtemps que les *Préludes* de Lamartine, vivra chez nous la complainte funèbre de M. de la Palisse ; et de l'autre côté du Rhin, chaque année voit grossir le volume consacré à recueillir les faits et gestes du fantasque baron. Soyez des maréchaux de France ou de Hanôvre, triomphez sur vingt champs de bataille, pour qu'un jour vos petits-neveux ne puissent prononcer votre nom sans rire, et qu'il ne se débite pas une sottise dans le cours des siècles, sans qu'aussitôt votre iliade s'en augmente ! Quoi qu'il en soit, le *Münchhausen* d'Immermann, prince de la fantasmagorie, marquis du pays des songes, roi de tous les étudiants vagabonds et autres zingari, grand de Bohême, etc., descend en droite ligne de l'illustre souche. Notre don Quichotte habite un vieux castel, un burg, en compagnie du baron de Schnuck-Puckelin, bonhomme maniaque de féodalité, de mademoiselle Emérentia, noble jeune fille, entichée de pruderie et de sentimentalisme, et du maître d'école Agésel, qui s'occupe de réformer la langue, à cause de certaines lettres qu'il ne peut prononcer. A ce trio de fous, Immermann oppose le valet de Münchhausen, maître Karl Buttervogel, espèce de Sancho Pança, pour le bon sens et l'humeur joyeuse, portrait touché d'ailleurs d'une main sûre, et dans lequel je reconnais cet instinct prosaïque, cette pesanteur de bœuf qui, non moins que les inspirations transcendentales, caractérise à sa manière la nationalité allemande. A tout ce qui se dépense là d'esprit, de satires, de mensonges, d'inventions romanesques, le château de Münchhausen sert de théâtre ; on jase, on raisonne, on dogmatise, on va et vient, et de tant d'éléments (y compris l'action proprement dite), de tant de fils liés et déliés avec adresse, avec gaieté, ressort l'une des plus amusantes caricatures qui se puissent voir. Il s'en faut cependant que le roman s'en tienne uniquement à l'allusion, à la satire. Au milieu de toutes ces critiques de l'époque et des contemporains, vous trouverez plus d'une aimable idylle, plus d'un frais paysage : celui de la Westphalie, par exemple, au second livre du premier volume; et les amours d'Oswald et de Lisbeth, quelle simple et naïve histoire! Sans le vouloir, on se rappelle Walter Scott. C'est qu'en effet, le poëte de Magdebourg se sent, pour la première fois de sa vie, le pied vraiment sur son terrain; c'est que cette campagne de Westphalie et ceux qui l'habitent, il les connaît, comme l'auteur de *Rob Roy* connaît l'Écosse. Qui sait, là, peut-être, Immermann venait de découvrir son point d'originalité, là, peut-être, cette muse errante, après avoir voyagé d'Arioste à Shakspere, de Tieck à Goethe, allait enfin prendre terre sur le sol natal, et trouver ses *highlands* en Westphalie; mais la mort en décida autrement, et l'arrêta dès ses premiers pas dans le chemin de la renommée et du succès. Celui de Münchhausen fut immense, et vint à propos pour fermer plus d'une blessure au cœur du poëte. De ce jour seulement, le public de l'Allemagne prononça le nom d'Immermann, car des efforts antérieurs, des nobles tentatives du poëte de *Merlin* et de *Hofer,* il va sans dire que le public, qui dispense le succès et les couronnes, ne devait en tenir aucun compte. Ce qui lui manquait pour devenir un romancier populaire, Immermann l'eût acquis facilement, non toutefois sans abandonner plus d'un point de son individualité, sans amoindrir sa propre force aux yeux de la saine critique. Il s'agissait de viser moins haut, de retenir son envergure; l'aigle, vaincu aux régions du tonnerre, n'avait qu'à se laisser apprivoiser. Sur ces entrefaites, Immermann mourut. Il y a des êtres qui ne peuvent rien changer à leur nature, sans qu'à l'instant même tout ne s'écroule.

Bien que nous n'ayons touché qu'aux principales d'entre les œuvres d'Immermann, nous pensons en avoir dit assez pour qu'on se fasse une idée juste du caractère de son talent, ainsi que du cercle étendu où sa muse s'exerce. Poëte lyrique de médiocre portée, il a mis au monde un théâtre dont on peut discuter le mérite au point de vue de la représentation et de l'effet dramatique, mais auquel nul ne saurait contester des qualités littéraires d'un ordre supérieur. Quant au génie épique, comment ne pas le lui accorder, ne fût-ce que pour l'en blâmer dans sa façon impropre de l'appliquer à la scène? Poëmes satiriques, fantaisies à la manière de Tieck et d'Arnim, correspondances, romans, travaux de critique et d'autobiographie, que n'a-t-il pas essayé? et si à tant de productions plus ou moins heureuses, nous ajoutons maintes agréables comédies, peut-être trouvera-t-on que pour un homme qui menait de front les fonctions judiciaires et la littérature, c'est là une existence poétique suffisamment remplie. Nous l'avons vu déjà, les premières tragédies d'Immermann, *Edwin* et *la Vallée de Ronceveaux*, échouèrent. A ces audacieuses tentatives d'une muse nouvelle on reprocha leur inexpérience du théâtre, leur romantisme outré, et, bien fâcheux défaut dont leur auteur se corrigea trop tard, la rudesse du style. Immermann en conçut de l'ombrage; dédaignant les moyens ordinaires de réussir (nul moins que lui ne fut jamais homme de coterie), il s'isola, et plutôt que d'entrer dans une voie de réforme que sa hauteur de Spartiate lui représentait comme une voie de concession, il aima mieux couper court à ses explorations dans le domaine tragique. Pour ne pas faire autrement, le poëte irrité fit autre chose, quitte à reprendre ensuite l'ordre de ses travaux, et à utiliser alors, s'il y avait lieu, les conseils de cette même critique à laquelle il lui importait, avant toute chose, de ne point céder sur le moment. Rebuté par Melpomène, notre poëte se tourna vers Thalie, et de cette boutade d'amoureux, trois ou quatre de ses plus charmantes comédies résultèrent; *le Prince de Syracuse*, *l'OEil de l'Amour*, *les Caprices de la Comtesse*, *les Travestissements*, n'eurent point une autre origine. Cependant peu après, sa rancune ayant cessé, il devait revenir de plus belle à sa vraie passion, à la muse tragique; et celle-ci, il faut le croire, n'eut que tendresse et pardon pour son infidèle de la veille, car les deux compositions d'Immermann qui prirent le jour en cette circonstance, furent les deux chefs-d'œuvre de son répertoire : *l'Empereur Frédéric* d'abord, puis *Andreas Hofer*, cette tragédie dans le Tyrol, où passe je ne sais quel souffle des glaciers, quel souffle poétique et vivant qu'on respire dans le *Guillaume Tell* de Schiller, comme dans celui de Rossini, et dont ailleurs je ne retrouve pas vestige. Cette fois encore, le mérite de l'œuvre d'Immermann devait en dépasser le succès.

Heureux, Immermann ne le fut jamais : presque toujours, à ses efforts les sympathies manquèrent; il est vrai qu'il avait trouvé le secret de déplaire à tous les partis littéraires, à toutes les classes. En même temps que sa froideur hautaine, sa réserve et l'impopularité de sa parole, faisaient dire qu'il imitait Goethe jusque dans sa manière d'être, les partisans absolus du poëte de Weimar l'accusaient de ne rien comprendre à l'art plastique, à la beauté calme ; ceux de Schiller, au contraire, l'accusaient de n'avoir ni élan, ni enthousiasme ; les modernes lui reprochaient son clair-obscur romantique ; les romantiques le trouvaient trop favorable aux idées modernes. Quant aux coryphées des nouvelles doctrines, ils l'attaquaient fort sur son indifférence en matière de politique, jusqu'au moment où parut, en 1833, son *Journal de voyage* (**Reisejournal**). De ce moment-là, par exemple, on ne parla plus d'indifférence, et si l'irritation resta la même, du moins le prétexte changea ; c'est qu'on avait affaire à rude partie, à l'un de ces polémistes de vieille roche qui ne se laissent guère déconcerter. Ce *Journal de Voyage* me fait l'effet d'une promenade à travers champs et montagnes ; je me figure un poëte courant les Alpes par une belle matinée, avec un homme de sens pratique (il y avait de l'un et de l'autre chez Immermann) ; on chemine, on cause, on herborise, et, sans qu'on sache trop comment, au bord de la source où l'on s'arrête pour écouter l'oiseau chanter, les questions du jour vous reprennent. C'est merveille comme ici le romantisme se mêle à la discussion politique, comme le poëte change de thèmes et se passe de transitions ; il va de Goethe et de Tieck à la révolution de juillet, à l'ébranlement que les provinces du Rhin en ont ressenti, et vous le voyez, alors, flotter entre le passé de l'Allemagne et son avenir, entre ce passé en politique non moins qu'en littérature, l'objet de ses prédilections les plus chères, et un avenir qui déjà commence à bruire à ses oreilles. Cette irrésolution, ce combat, cette lutte acharnée du fonctionnaire absolutiste et du poëte révolutionnaire, du soldat prussien de 1813 et de l'écrivain de 1830, ce déchirement qui fait le fond du livre, fait aussi le fond du caractère d'Immermann. Tandis que les idées royalistes et les tendances libérales se disputent l'homme, les muses de Shakspere, de Goethe et d'Arnim se disputent le poëte ; les muses, je devrais dire les parques, car ce fut l'une d'elles, sans doute, qui, lorsqu'il voulut l'abandonner, trancha si cruellement le fil de ses jours. Et s'il faut absolument qu'une individualité littéraire représente le temps où elle a vécu, peut-être devra-ton voir dans Immermann une expression assez marquée de cette période de transition qui relie en Allemagne l'esprit des guerres de l'indépendance à l'esprit des temps nouveaux.

LOUIS TIECK.

Lorsque je visitai Dresde en 1840, la résidence des rois de Saxe était déjà veuve de son poëte lauréat. On n'y montrait plus Tieck, le vieux lion littéraire s'étant incorporé dans la splendide ménagerie que le roi de Prusse rassemble à Berlin. Je regrettai de ne pas rencontrer Tieck, ne fût-ce que pour m'assurer si l'individu répondait à l'idée que je m'en étais faite d'après ses œuvres. Tieck m'est toujours apparu comme une sorte d'Apollon un peu caduc, trônant la viole au poing et la perruque en tête, sur un Parnasse dépeuplé. Apollon, Hippocrène, Parnasse! ces nobles mots ont bien perdu de leur magie, en Allemagne surtout, et je crains qu'il ne soit le dernier à les invoquer au sérieux. Déjà à Dresde quelque chose lui manquait : la fleur bleue du romantisme peut-être, tombée, elle aussi, dans le torrent. L'aura-t-il retrouvée à Berlin? j'en doute; la Bettina elle-même n'y songe plus, tout occupée qu'elle est de socialisme et de questions humanitaires. Pour la compagne d'Achim Arnim, en qui avait passé je ne sais quoi du souffle romantique du grand poëte, il semble cependant que c'eût été une gloire charmante de cultiver discrètement l'héritage transmis; mais on n'échappe guère à sa destinée, et *l'enfant* devait plus que personne donner dans les travers du siècle. Ce n'est pas que le romantisme des premiers jours ait tout à fait péri chez Bettina; de temps en temps, il relève la tête comme pour refleurir. On en surprenait agréablement la trace désaccoutumée dans son roman de *la Günderode*, et vous le retrouvez encore dans ce sentiment de pieux enthousiasme qui lui faisait naguère colliger les correspondances de son frère Clément Brentano; mais, patience, voici venir les gros livres; celui-ci *appartient au roi*[1], celui-là au peuple[2], et c'est ainsi qu'on tue à plaisir les plus aimables dons de l'intelligence et du cœur. C'est donc une bien admirable chose que ce galimatias philosophique et humanitaire, qu'il en-

---

[1] *Dieses Buch gehoert dem Koenig*
[2] *Das Portfolio der Armen.*

lève à la poésie tant de ses charmants disciples! Ici, en France, l'alerte n'est pas moins chaude. Une femme, désormais, ne saurait prendre la plume si ce n'est pour commenter Origène ou formuler un contrat social, et la rage de l'imitation s'en mêlant, on en vient à prétendre interpréter Hegel, uniquement parce que madame la duchesse a traduit Aristote ou saint Basile. Heureusement, l'intelligence compte chez nous, parmi les femmes, de plus sérieux représentants; on pourrait citer telle individualité qui, sans rien abdiquer des droits d'un esprit mâle et supérieur, a toujours évité de pareils écarts, et sachant, par l'exemple d'autrui, quel sentier mène au gouffre où l'on se noie, continue à glaner d'une main sûre aux champs de la poésie et de la musique. Je reviens à Tieck.

Pour créateur, il ne l'a jamais été. On dirait qu'il ne voit le monde que par sa propre personne, laquelle il ne se lasse pas de reproduire à tout propos. Ses grands poëmes dialogués, d'une versification des moins scrupuleuses sur la rime, ne compteront jamais qu'à titre d'opulentes ébauches où l'élément lyrique se trouve juste assez développé pour qu'on s'aperçoive de ce qu'il faudrait ajouter afin que la poésie eût son compte. Quant à ses nouvelles, la plupart du temps elles ne sont que la mise en scène de ses théories, ses personnages ne parlent et n'agissent qu'en vue de ses critiques, et l'intérêt qui en résulte ne saurait être qu'un intérêt de pur dilettantisme. Après cela, comment contester à Tieck la verve comique, l'esprit, cette pointe humoristique appelée *witz*, et dont on s'imagine si bénévolement en France que M. Heine a le monopole? Impossible de se moquer plus agréablement de l'espèce humaine. Peintre de genre à la manière des Hollandais, son petit monde pose devant vous en casaque de flanelle, en pantoufles, débraillé, goguenard, l'œil encore aviné des fumées de la veille et l'éclat de rire sur les lèvres. Vous connaissez ces tables d'harmonie où tournoie et s'agite toute une aimable compagnie de poupées dont les touches du clavier mettent les ressorts en jeu ; il en est ainsi des personnages de Tieck, et je défie qu'on garde son sérieux en voyant Clément, Hornvilla, Semmelsiege *e tutti quanti*, se trémousser en cadence sur le tambour de basque du poëte. Ce qui, de tout temps, a manqué à Louis Tieck, ç'a été l'intelligence de son époque; enfermé dans le château fort de sa chevalerie, il n'a rien compris aux tendances libérales de l'art moderne. Vivre avec les illustres génies du passé, fréquenter d'habitude Calderon, Shakspere, l'Arioste, est une fort louable occupation; mais il ne faut pas que les morts fassent oublier les vivants, et c'est ce qui est arrivé à l'auteur de *Geneviève* et d'*Octavien*. Il a négligé son époque, et son époque le lui rend. De là sans doute le peu de popularité que sa muse éveillait même aux beaux jours de sa jeunesse, et le discrédit précoce où elle tomba. Combien périront de la sorte pour s'être enfermés dans la tour d'ivoire !

Cependant il est un don par lequel le nom de Tieck se recommandera toujours en Allemagne : nous voulons parler de cet inimitable talent de lecture qu'il exerça d'une si glorieuse façon pour le triomphe des idées romantiques, de cet art singulier d'interpréter les maîtres et d'initier, je ne dirai pas les profanes, mais les esprits les plus littéraires et les plus éclairés, à certains secrets du génie inaperçus jusque-là, filons nouveaux découverts par sa clairvoyance de poëte dans ces mines d'or inépuisables qu'on appelle Euripide, Sophocle, Aristophane et Shakspere. Pendant près de vingt ans, on fit de tous les points de l'Allemagne le pèlerinage de Dresde pour assister à ces curieuses séances auxquelles les notabilités étrangères avaient à cœur d'être admises; et comme en toute chose le succès a son prix, comme en matière d'applaudissements, quelque grandeur et quelque morgue qu'on affecte, on a toujours son grain de virtuose au fond de la conscience, Tieck finit par prendre un tel goût à ces exercices littéraires, qu'ils lui devinrent une nécessité. Nous aussi, en France, nous eûmes notre fièvre de lecture; ce fut vers les dernières années de la restauration, au coup de feu du romantisme. Qui serait venu prédire alors l'état où tomberait un jour la question littéraire eût certes bien risqué d'être pris pour un fou, car, si j'ai bonne mémoire, les choses se passaient royalement, et la Muse occupait partout la place d'honneur. Si M. Émile Deschamps nous donne jamais ses *confidences*, je l'engage vivement à ne pas oublier l'histoire de telle fameuse soirée où l'un des plus illustres personnages de la cour du roi Charles X sollicitait la faveur de l'entendre avec le même empressement qu'on mettrait aujourd'hui au sujet de Moriani ou de Liszt. Ici encore la personnalité gâta tout : aux chefs-d'œuvre des maîtres on substitua ses propres œuvres, aux modèles les imitations; la question littéraire fut abandonnée pour la question d'amour-propre, et le dilettantisme égarant tout le monde, le ridicule ne tarda pas à se mettre de la partie. Si le mouvement conserva jusqu'à la fin, en Allemagne, un tour plus sérieux, c'est peut-être à Tieck qu'on le doit : en appliquant à l'interprétation de Shakspere et des grands maîtres de l'antiquité ces facultés de virtuose qu'il pouvait tout aussi bien (rien ne l'en empêchait) vouer exclusivement aux produits de son imagination, l'auteur de *Sternbald* et de *Phantasus* exerça non-seulement la meilleure influence sur la littérature, mais encore fit preuve d'esprit en un point délicat où bien des hommes de génie en manquent. Il est si difficile au poëte de tenir son personnage à l'écart en de semblables circonstances, et de crier tout beau à cette humeur qui le galope d'occuper les gens de ses rimes! autant vaudrait dire au joueur de ne pas s'émouvoir au cliquetis de l'or sur un tapis vert.

J'avais tant ouï parler des lectures de Tieck, que ma curiosité était vivement excitée à leur sujet. Aussi ne pouvais-je manquer, à mon passage à Dresde, de m'en informer auprès des personnes qui n'avaient cessé de pratiquer le célèbre poëte durant tout le temps de son enseignement dans la capitale des rois de Saxe. On voit dès lors quelle confiance doit s'attacher aux détails que nous donnons ici. Trois choses, pour m'en rapporter au docteur Carus, à la fois médecin, poëte, dessinateur et critique, l'une des plus originales physionomies de l'Allemagne studieuse et lettrée, trois choses distinguaient les lectures de Tieck : premièrement, l'individualité du lecteur, la richesse de ses connaissances, l'atticisme parfait de son goût, son organe profond, sonore, sympathique, et ce don merveilleux d'émouvoir, au moyen duquel il transportait son auditoire au cœur même des idées du poëte ; secondement, une certaine solennité religieuse, qui du commencement à la fin n'admettait pas la moindre interrruption, de sorte que l'œuvre s'offrait à vous nue et complète dans son imposante harmonie ; enfin, la variété du répertoire. On ne s'en tenait pas toujours aux cimes de l'épopée et de la tragédie ; çà et là, on se permettait une excursion vers des beautés plus familières, puis on revenait bien vite à ses hauteurs favorites, car les tendances de l'auditoire étaient pour le sublime. « Dis-moi quel livre tu lis, prétend un vieux proverbe, et je te dirai qui tu es. » Alexandre le Grand lisait chaque jour *l'Odyssée* d'Homère ; Charles-Quint, Thucydide ; Henri IV, Plutarque ; Christine de Suède, Sénèque et Lucain ; Turenne et Charles XII,

Quinte-Curce ; Frédéric II, Xénophon ; Catherine II, Tacite ; Napoléon, Machiavel. Nous ne chercherons point ici quel genre de rapprochement il y aurait à établir entre le tempérament de tant d'illustres personnages et la nature de leur écrivain de prédilection. Toujours est-il que ces écrivains passent assez généralement pour des gens de style et des esprits sérieux, et nous doutons que l'histoire caractérise jamais un de ses héros à venir en disant de lui qu'il se donna chaque jour, tant que dura sa vie, la jouissance raffinée de déguster un chapitre de tel romancier contemporain.

Du gleichst dem Geiste den du begreifst ;

« Tu ressembles à l'esprit que tu comprends, » a dit Goethe en son bon sens sublime. A ce compte, bien des mystères s'expliquent.

Faut-il, après cela, chercher autre part les causes de ces engouements populaires qui décident en quelques jours de la fortune d'un livre et d'un auteur ? Nous ne prétendons faire ici le procès à personne. Que certains ouvrages réussissent et que des écrivains d'un talent supérieur se plaisent à caresser le mauvais goût du public et ses instincts bourgeois, c'est incontestable ; mais qu'y faire, puisque à ce jeu le public et les écrivains trouvent leur compte, celui-là en absorbant chaque matin la somme de littérature qui convient à son organisme vulgaire et routinier, ceux-ci en recueillant, pour des travaux faciles, pour des improvisations rédigées presque sans y penser, plus d'or et de célébrité que n'en rapportèrent, du vivant de leurs auteurs, cent chefs-d'œuvre aujourd'hui classiques ! Cependant les belles-lettres souffrent et périclitent, nous le savons : à qui s'en prendre de tant de décadence et d'avilissement, si ce n'est à la faiblesse de toute une classe d'esprits éclairés, mais timides, qui n'osent répudier tout haut ce qu'au fond de l'âme ils dédaignent et repoussent, et s'en vont, en un jour de sceptique indifférence, passer au camp de l'ennemi, quitte à revenir le lendemain, plus convaincus et plus décidés que jamais, sur le terrain sacré de la tradition héréditaire ? Il y a telles occasions où la haine est inséparable de l'enthousiasme : dans les arts comme dans les lettres, on ne saurait aimer le beau qu'à la condition de haïr et de haïr franchement, sans réserve, le commun, le bourgeois, le mesquin. Il est édifiant, nul ne le conteste, en ce qui touche aux rapports de la vie, de se prémunir de toute animosité à l'égard des personnes ; mais les questions d'art admettent qu'on les traite sur un pied moins évangélique. L'esprit n'est pas le cœur, et lorsqu'il s'agit de productions où le bon sens et la morale sont insultés de parti pris, le style méconnu, ne point s'irriter, ne point les combattre au nom des lettres profanées, de l'intelligence qu'on déshonore, c'est manquer à sa vocation d'homme de goût. Ici toute espèce de tolérance dégénère rapidement en alliance, et je ne donne pas longtemps au cerveau le mieux nourri pour qu'il s'accoutume au triste ordinaire de l'endroit. C'est pourquoi le mieux est de ne point quitter les maîtres, du moins de ne jamais perdre de vue le point de salut, afin d'y revenir aussitôt, pour peu qu'on se soupçonne atteint du mal qui court.

En ce sens, les lectures de Tieck durent exercer la meilleure influence sur le cercle qui l'entourait, et certes il fallait que le monde dont il était l'âme eût des affinités bien déclarées pour tout ce que les lettres antiques et modernes offrent d'auguste et d'élevé, car on y vivait en un continuel commerce avec Shakspere, Sophocle, Euripide, Aristophane. *Antigone* et *Macbeth*, *Œdipe roi* et *Roméo*, *Henri VIII*, *Ion* et *les Nuées*, tous ces chefs-d'œuvre de l'esprit humain défilaient à leur tour, et chacun de leurs immortels auteurs pouvait dire, comme M. de Vigny après la représentation du *More de Venise* : J'ai eu ma soirée. Parmi les contemporains, celui auquel on s'adressait de préférence était Goethe. Pourtant, au dire des personnes chez qui ces souvenirs vivent comme d'hier, nulle part l'originalité de Tieck n'éclatait davantage que dans ses lectures d'Aristophane. Il les faisait rarement chez lui, quelquefois chez le comte de Baudissin, le plus souvent chez le docteur Carus, dont nous parlions tout à l'heure. Là, au milieu d'un petit cercle choisi parmi les intimes, de *la crème*, il donnait à son auteur cette vie étrange qui lui est propre, et soit qu'il lût *les Oiseaux* ou *les Nuées*, *les Chevaliers* ou *les Grenouilles*, il vous introduisait toujours, à force de verve, d'ironie et de trait, au cœur même de cette philosophie impitoyable, de cet esprit railleur, sceptique, athénien, c'est tout dire, qui, en dehors de la raison humaine, n'épargne et ne respecte rien. Un souper, ou plutôt un banquet à la manière antique, réunissait ensuite les amis. Sur quoi roulait alors l'entretien? on l'imagine. Dans ces calmes et sereines dissertations, bien des aperçus de fine critique, bien d'heureuses boutades que la plume eût aimé recueillir, ont dû se perdre, mais non sans laisser au fond de toutes ces intelligences choisies un peu du parfum de cet encens qui s'élevait de la terre vers l'Olympe aux beaux jours de la poésie et des dieux immortels.

Comme toute chose en ce monde, les lectures de Tieck devaient avoir leur réaction, et le temps ne pouvait manquer de venir où l'influence du maître s'étendrait en dehors du cénacle. Peu à peu, le théâtre de son enseignement s'agrandit, les germes déposés en bon lieu commencèrent à se développer, et lorsque le poëte, changeant de résidence, quitta Dresde pour Berlin, ce fut la cour de Prusse qui voulut assister à toute cette grandiose représentation de Sophocle, d'Aristophane, d'Euripide et de Shakspere, qui jusque-là s'était donnée en l'étroite enceinte d'une chambre silencieuse et devant un public composé seulement de quelques fidèles. Nous-mêmes, et sans nous en douter, n'avons-nous pas eu, dans la mise en scène d'*Antigone* à l'Odéon, le contre-coup des lectures de Tieck?

Mais nous voilà parlant de Tieck ni plus ni moins que si nous l'eussions visité dans sa maison de Dresde, plus volontiers sans doute, car, de cette façon, nulle réserve ne nous était imposée, et comme nous avons pu garder toute franchise à l'égard des critiques, on ne sera point tenté de voir dans notre éloge un tribut payé au souvenir d'un accueil bienveillant.

Je ne sais si l'on doit y voir un parti pris, mais il est remarquable que Tieck a toujours marché au rebours des tendances de son époque, avec laquelle il se trouve en constante contradiction. Qu'il s'agisse de Schiller ou de Goethe, son opposition ne se dément pas; vis-à-vis des deux puissants fondateurs de l'ère littéraire moderne, il persiste à vouloir maintenir en honneur le vieil art allemand. La légende dramatique de *Geneviève* parut en 1800, c'est-à-dire un an après *Wallenstein* et l'année même de *Marie Stuart*. Tandis que Schiller, de toute la puissance de son génie militant, cherche à créer une scène allemande, et travaille à mettre en harmonie les rêveries sublimes de son imagination et les conditions du théâtre, tandis que de Weimar émanent chaque jour, grâce à Goethe, les principes de l'ère nouvelle, Tieck semble prendre à tâche de vivre étranger au mouvement qui l'entoure, et son talent se dépense en toute sorte d'ébauches dramatiques, de fantaisies en action, qu'il dédaigne de rendre *possibles* à la représentation. Aussi avec lui regrette-t-on souvent de voir tant de dialectique heureuse et vraiment dramatique demeurer stérile par le seul fait d'une combinaison générale maintenue comme à plaisir en dehors des lois de la tragédie. Au lieu d'un groupe plastique et se mouvant dans sa liberté, vous avez des bas-reliefs à la Dürer, des figures de canonisés avec le chaperon lumineux sur l'oreille. Je comparais tout à l'heure M. Tieck au mythologique Apollon, et quand j'y réfléchis je m'aperçois qu'il y a en effet toute une organisation musicale chez ce poëte exclusivement dominé par sa sensibilité lyrique, préférant l'idée mélodieuse dont on s'enivre au dessin précis, au contour; sorte de symphoniste éternel qui jamais n'aborde l'opéra.

BETTINA D'ARNIM
ET
CLÉMENT BRENTANO[1].

Bettina appartient à cette grande famille idéaliste dont est Novalis. Sœur de Clément Brentano, et femme d'Achim Arnim, toutes ses affinités naturelles aussi bien qu'électives tendaient à l'attirer au sein du romantisme, lors même que son instinct ne l'y eût point entraînée. L'instinct, en effet, voilà tout son génie, le génie d'un enfant. Qu'on s'étonne ensuite que le nom lui soit resté ! Comme toujours, l'usage a eu raison. Dire à Bettina qu'elle est une femme, ni plus ni moins, serait un compliment peu à son gré, j'imagine ; pour être un homme, bien des choses lui manquent. Heureusement que Mignon existe ; Bettina, c'est un composé de Mignon et de Philine ; c'est cette ivresse des sens, ce sybaritisme de l'intelligence qui remplace dans notre siècle l'illuminisme extatique des visionnaires du moyen âge. Ce qu'elle veut ? Eh ! mon Dieu, la plus simple des choses, être heureuse à tout prix, absorber en son être physique et moral tous les éléments, mener sa danse avec tous les Esprits, s'enivrer de toutes les extases. Cet amour effréné de l'existence, ce besoin de vivre et de se sentir vivre, jamais on ne l'exprima peut-être avec tant de chaleur sacrée et d'enthousiasme. Écoutons plutôt la prêtresse nous développer sa religion du bonheur : « Le bonheur ! mais pour le posséder, il te suffit de respirer, il te suffit d'aller en liberté et de voir au-dessus de ta tête l'éther infini dont tu t'abreuves, à ce point que sa vie passe en toi. Que parlez-vous encore de chercher un objet que nous puissions aimer ? Être attiré, nourri, enchanté par cette vie qui tantôt vous berce dans son sein et tantôt sur ses ailes, n'est-ce point là l'amour ? Ta vie tout entière n'est-elle point l'amour ? Et tu cherches quelque chose que tu puisses aimer ! Aime donc la vie, insensé, la vie qui t'attire vers elle avec sa puissance

---

[1] Lettres de jeunesse de Clément à Bettina.

éternelle, la vie dont émane pour toi toute félicité. Et ap'
cela tel ou tel objet t'enchaînerait encore? Oh! non ; car tout
que tu aimes, tu ne saurais le prendre que comme une douce
comme une caresse de la vie dont l'amour t'anime. » La nature
l'esprit, l'âme et le corps, avec elle tout se confond ; et de
éternelles transformations de la matière, l'âme immortelle se d
gage indépendante et libre. Tel est le sens de cette métaphy
sique de la volupté, de cet épicurisme mystique, quintessencié,
qui trop souvent tourne au pathos. « La beauté passe, mais l'esprit de la beauté ne périt pas. L'esprit de la rose survit à son
efflorescence. Dans notre esprit s'épanouissent des milliers de
roses; les sens sont le sol d'où le beau s'élance pour fleurir dans
l'esprit ; les sens portent les roses, mais les roses fleurissent dans
l'esprit; l'esprit est l'éther des sens. D'où vient cette émotion qui
vous saisit en respirant une rose, sinon de la rose elle-même,
qui déjà vous l'a fait éprouver? Cette émotion, déjà vous l'avez
éprouvée ; et il vous suffit de respirer le parfum pour sentir revivre en vous l'esprit de la rose dès longtemps flétrie. » Il s'en
faut cependant que ce sybaritisme intellectuel conserve toujours
ce caractère de mollesse efféminée et de voluptueux abandon.
Mainte fois vous la surprendrez errant la nuit au clair de lune et
se laissant aller à toute sorte d'hallucinations fantastiques, ou
bien encore s'enivrant de paroles en plein soleil, telle qu'un enfant égaré à travers quelque labyrinthe des Tropiques, et qui
tombe en proie au vertige des fleurs. Rappelons-nous à ce propos les digressions dans lesquelles Bettina s'épuise à traduire en
belles phrases dythirambiques une symphonie de Beethoven, par
exemple, et qui ne sont, en fin de compte, qu'un merveilleux
galimatias.

Je l'ai dit, Bettina, c'est l'instinct personnifié du génie, et
cet instinct, qui est son génie à elle, ne l'abandonne presque
jamais. Vous la voyez bondir d'un extrême à l'autre, parcourir avec la rapidité de l'éclair l'échelle des idées, aller du
grenier à la cave, et glisser dans l'abîme pour grimper aussitôt
au faîte et s'en revenir causer avec les étoiles, qu'elle connaît du
reste comme des sœurs, et tutoie ni plus ni moins que M. de
Goethe et tous les personnages qu'elle aborde. Vous connaissez
ces enfants des contes romantiques qui s'échappent de leurs
maisons pour courir après les Nixes et les Elfes; eh bien, la Bettina est de leur espèce. Doit-on s'étonner après cela si le public

la traite en enfant perdu, et partage à son égard les anxiétés ombrageuses des mères de ces petits drôles, lesquelles, toujours au dire des contes de fées, hésitaient à les reconnaître au retour!

Il y a quelque vingt ans, si l'on nous eût demandé comment finirait un jour la jeune pensionnaire qui débutait dans la vie par la correspondance d'*Un Enfant avec Goethe*, la question, avouons-le, nous eût profondément embarrassé. Avec cette cervelle effervescente, ce cœur émancipé dès le premier âge, tout était à prévoir. Aujourd'hui, le phénomène surprendrait moins, nous en avons tant vus depuis. Au XVIe siècle, une femme qui se serait annoncée de la sorte n'eût point manqué de devenir, sur ses vieux jours, nonne ou sorcière. Par malheur, au temps où nous vivons, on ne croit plus aux sorcières, et la vie des cloîtres a perdu bien de sa poésie; en revanche, nous avons la femme libre. En Allemagne, l'emploi ne laissait pas d'offrir sa nouveauté; Bettina le prit, et nous dirons à sa louange qu'elle s'en acquitte à merveille. La voilà bien, en effet, les tempes ceintes des bandelettes consacrées, le front lumineux, l'œil humide, la voilà qui descend le Sinaï, toute palpitante d'enthousiasme, tout animée d'extase; j'aperçois dans ses mains les tablettes de la loi nouvelle; oui, mais je cherche en vain la loi. Vous avez aboli le mensonge, d'accord; mais quelle vérité avez-vous pour mettre à la place? aucune; c'est trop peu, et je ne vois pas ce que je gagne à quitter une illusion pour le néant. Tel est pourtant l'écueil où doivent échouer tant d'imaginations généreuses, tant de hautains esprits dont notre époque abonde, et qu'une malheureuse fièvre de révélation travaille sans relâche. On nie, on ébranle, on détruit; et, dans l'impuissance où l'on est de rien édifier, on aboutit à la négation absolue. Rayer d'un trait de plume le christianisme: chose bien facile en vérité, trop facile! Mais quand vous aurez secoué le joug de l'allégorie, comme vous l'appelez, dit tout haut qu'il n'y a point au miracle d'interprétation possible, attendu que l'eau ne saurait devenir vin, ni le vin se changer en eau; bref, quand vous aurez répudié comme inadmissible toute espèce de compromis entre la raison et le dogme, répondez, que ferez-vous? Nous le disions tout à l'heure, vous en arriverez à la négation absolue, ou bien, pour échapper à cette déplorable conséquence, vous vous jetterez dans je ne sais quel replâtrage des formes grecques, substituant à la tradition évangélique les souvenirs de l'Académie, de l'Olympe, et couvrant ce jeu, sans que personne, pas même vous, s'y laisse prendre, des grands noms de raison humaine et de liberté.

Impossible de mieux se draper en oracle que Bettina, de parler d'un ton plus résolu au roi de Prusse, d'un air plus inspiré à la jeunesse des écoles, de mieux paraphraser en style romantique, en périodes musicales pleines de fantaisie et d'élégance, toutes les théories socialistes, toutes les idées d'avenir en germe au sein de la *jeune Allemagne*, et de faire plus ingénieusement amnistier par le lyrisme de la forme des choses qui, simplement dites, eussent envoyé leur auteur méditer cinq ou six mois en prison. Goethe et Mirabeau, Caroline de Günderode et l'abbé Sieyès, Clément Brentano, Sophie Laroche et Beethoven, les noms ne lui coûtent rien, elle s'en saisit au hasard, comme d'un écheveau qui lui sert à dévider le fil de soie de sa quenouille. On devine quel singulier cliquetis doit résulter d'un pareil assemblage; tout cela est romanesque, bizarre, désordonné; n'importe, au milieu de tant d'extravagances, le trait de génie perce; il y a l'étoile en ce chaos. On a dit du chanteur Garat que c'était là musique même; semblable remarque pourrait se faire au sujet de *l'enfant*; Bettina, c'est la poésie, ni plus ni moins. Prenez son premier livre, cette folle correspondance avec Goethe, le seul, après tout, d'entre ses ouvrages où l'originalité de sa nature ait franchement passé; vit-on jamais fredaine si sublime? Un souffle inspiré court à travers ces pages frémissantes, qu'il anime comme ferait une brise du ciel glissant sous les profondeurs d'un bois sacré. Épanchement d'une âme qui déborde, ces lettres ont en elles je ne sais quoi d'enivrant qui vous monte au cerveau; à la vérité, l'ivresse ne se prolonge pas, chez vous du moins, qui bientôt laissez aller le volume et vous surprenez à sourire. Cependant, la pointe de scepticisme que tout lecteur qui sait son monde se doit à lui-même une fois émoussée, vous y revenez, et, bon gré, mal gré, finissez par suivre jusqu'au bout cet enfant exalté, que son génie entraîne tantôt par la main le long de prés en fleurs, tantôt sur son aile de flamme vers les campagnes du ciel et les royaumes étoilés où Bettina va saisir la musique des sphères, pour vous en rapporter tout à l'heure, en chuchotant, les mystérieux accords, effrayée elle-même des étranges secrets qui lui échappent, et dont elle mesure à peine la profondeur. Du reste, le mysticisme de *l'enfant* n'a rien qui doive trop nous étonner; la sœur de Clément Brentano était à bonne source, et, pour peu qu'on veuille remonter aux écrits de Wackenroeder, à toute cette littérature d'illuminés que suscita le mouvement romantique de Tieck et des Schlegel, et dont se dégage, idéale et pure, la figure platonicienne de Novalis, on verra par quelles influences d'atmosphère Bettina ne pouvait manquer d'être amenée à cet état d'exaltation que respire sa correspondance.

J'ai parlé de Wackenroeder, jeune écrivain de la pléiade berlinoise que la mort prit au lendemain de ses débuts, extatique auteur d'un petit livre intitulé *Épanchements de cœur d'un religieux dilettante* (*Herzenergiessungen eines Kunstlebenden Klosterbruders*). Ce titre indique assez les tendances de l'ouvrage. On n'imagine rien de plus chaleureux, de plus fervent, de plus empreint d'enthousiasme et d'ascétisme; ce sont à tout propos des hymnes adressés à Cimabuë, à Fra Angelo da Fiesole, à Raphaël ; et encore les saints artistes ne figurent-ils là que comme simples échelons d'où s'élance, pour aller se perdre au sein d'abstractions nébuleuses, le délire apocalyptique du jeune néophyte. « En l'absence de belles créatures, je me sers de certains types que j'ai dans l'âme[1], » s'écriait le peintre immortel de la *Madonna di San-Sisto*. Ainsi de Wackenroeder ; en l'absence d'une idée dominante où vînt s'abîmer son mysticisme, il évoquait l'art et ses interprètes. — Maintenant, au lieu du pâle et maladif jeune homme, supposez une nature active, nerveuse, bondissante, une espiègle de bonne humeur comme *l'enfant* devait l'être à seize ans ; au lieu d'une âme languissante qui s'épuise à chercher au dehors un aliment à son exaltation, supposez une âme amoureuse, ardente, affolée de tout et qui déborde, et, les mêmes influences étant données, vous aurez le mysticisme de Bettina, c'est-à-dire le plus singulier, le plus incroyable, le plus baroque qui se puisse rencontrer, un mysticisme sentimental et religieux, littéraire et philosophique, plein de bruits du printemps et de musique de Beethoven, et qui, somme toute, finit par vous aller au cœur et raviver en lui maintes émotions de jeunesse dont nous ne distinguions plus la profondeur, comme si (me passera-t-on ce langage?) dès longtemps l'herbe avait poussé dessus.

Un ingénieux critique, M. Kühne, la plume la plus vigilante et la plus active de la jeune phalange, écrivait naguère très-

---

[1] « Essendo carestia di belle donne io mi servo di certa idea che me viene al' mente. » (Raphaël, *Lettre au comte de Castiglione*.)

spirituellement que Bettina avait passé sa vie à improviser toute sorte de ballets plus fantastiques les uns que les autres. D'abord ce fut Goethe qu'elle mit sur le piédestal du sanctuaire, uniquement pour décrire autour de lui, avec ou sans écharpe, des pas de bayadère ou de bacchante. Puis vint le tour de Caroline de Günderode, la douce fille cloîtrée qu'elle alla chercher jusqu'au fond de sa cellule de nonne pour la travestir en idole. Enfin, dernièrement, dans son livre politique, c'était encore un pas de trois qu'elle exécutait devant les yeux du roi de Prusse, entre M. le bourgmestre et M. le pasteur, une façon de grave menuet sur une de ces ritournelles sérieusement bouffonnes qui eussent édifié nos pères, et que les sceptiques du jour accueillent le sourire aux lèvres. Je ne sais, mais je me trompe, ou ce livre nouveau, cette prétendue correspondance de Clément Brentano, rédigée après coup, n'est qu'une quatrième répétition du manége favori, et le bon Clément m'a bien l'air de venir poser là dans le seul but de fournir à la bayadère allemande l'occasion de révéler au public certains entrechats de fraîche date, et de l'initier à plusieurs ronds de jambe dont Fanny Ellsler elle-même, en dépit des leçons de M. de Gentz, ne s'était jamais doutée.

Mais voyons d'abord ces correspondances telles que Bettina nous les présente, quitte à discuter ensuite la question d'authenticité. « *Couronne printanière de Clément Brentano, tressée à sa mémoire avec ses lettres de jeunesse, et selon ses propres souhaits exprimés par écrit ;* » ce titre, si étrange qu'il puisse paraître, indique assez sous quels auspices l'ouvrage prétend se produire, et d'ailleurs voici qui, à défaut du titre, semblerait devoir lever toute équivoque : « Chère enfant, écrit Clément à Bettina, conserve mes lettres, prends bien garde qu'elles ne s'égarent ; c'est ce que j'ai écrit de plus fervent, de plus rempli d'amour dans ma vie. Je veux un jour les relire et me retirer en elles comme en un paradis. Les tiennes me sont sacrées. » Et plus loin, dans un style non moins enveloppé de mysticisme, et renchérissant encore sur la première recommandation : « Ne perds aucune de mes lettres, garde-les saintement ; je les destine à me rappeler la meilleure partie de moi-même. Lorsque les *spectres* me poursuivront et que je serai mort, *tresse-m'en* une couronne. » Le mot y est. — Je n'ai pas besoin d'insister sur ce qu'il y a de bizarre et de maladif dans ce style. Quiconque sait le moins du monde quel était ce Clément Brentano, s'attend à tout. Nature poétique, du reste, il a écrit nombre de merveilleuses fantaisies dans le goût romantique du moyen âge, et nul mieux que lui n'a su enjoliver d'arabesques variées et de majuscules d'or le burin sec et nu d'une vignette populaire ; mais cette imagination, vers quel abîme de terreurs et de pratiques superstitieuses ne devait-elle pas l'entraîner ? Nouvelliste visionnaire, peintre exalté de je ne sais quel martyrologe fantastique à la manière d'Höllen-Breughel, il lia commerce avec les somnambules et l'entretint. C'était l'humeur la plus extravagante, le véritable frère de Bettina avec plus de portée dans l'esprit, à ses bonnes heures s'entend ; car, dans cette famille des Brentano, les moments lucides se comptent.

Il était d'origine méridionale, et vous eussiez dit qu'une lave lui consumait le sang. Il y avait du moine africain, de l'ascète, chez cet homme toujours en chasse de fantômes, et dont l'intelligence portait un cilice. Comme s'il eût craint que les sujets d'épouvante ne vinssent à lui manquer, on le vit, sur la fin, se faire le confident de la sœur Emmerique, cette augustine du cloître d'Agnetenberg, à Dülmen, à la mémoire de laquelle il écrivit tout un volume. Ce fut le comte Léopold Stolberg qui le mit en rapport avec la sainte cataleptique. Brentano passa des années auprès d'elle, notant chaque vision, saisissant chaque mot au passage. Nous avons vu Kerner renouveler le manége à propos de cette somnambule de Prévorst dont il a recueilli l'histoire, nous allions dire la légende. Histoire ou légende, le volume de Clément Brentano est des plus curieux ; je crois même que M. de Montalembert l'a traduit ; dans tous les cas, je le lui recommande. Sainte Élisabeth de Hongrie n'offre pas à l'inspiration de la muse néo-catholique une somme de miracles plus intéressants, une série de dessins plus propres à recevoir les mignonnes enluminures qu'affectionne tant un certain dilettantisme religieux ayant cours. Sœur Emmerique vivait dans la contemplation mystique de la passion de Notre-Seigneur, si bien qu'elle en était restée marquée des stigmates du crucifiement. Chaque année, aux approches de la sainte semaine, les cinq plaies reparaissaient ; sur ses mains, sur ses pieds, une rougeur surnaturelle indiquait l'empreinte des clous sacrés ; un sillon écarlate figurait sur son cœur le coup de lance, et le vendredi, au moment où le voile du temple se déchire, son front cataleptique, devenu moite aissait perler une rosée de sang. Lorsque Brentano vint à elle sœur Emmerique le connaissait déjà pour l'avoir vu dans ses rêves. La visionnaire s'exprimait le plus souvent en paroles d'une naïveté enfantine. « Un jour, écrit Clément, je venais de glorifier devant elle la piété de quelques protestants, saintes âmes à qui je devais mille bienfaits : Emmerique avait abondé dans mon sens ; tout à coup elle s'endort. A peine ses yeux sont-ils fermés, qu'elle m'attire par le bras : « Sors de cette allée glissante et déserte, murmura-t-elle, où les fleurs tombent incessamment sans rien produire, et dirige-toi vers ce pommier chargé de fruits où des anges sont assis. » Elle tenait les juifs en grande compassion, les regardant tous comme fermés à la grâce ; pour les luthériens, au contraire, elle admettait des exceptions. Lorsque Stolberg mourut, elle vit Luther, non point dans les flammes, mais se démenant et grimaçant comme un possédé. Autour de lui s'agitait une multitude furieuse qui le maudissait et lui montrait les poings. « Je n'ai jamais vu de spectre, disait un jour Clément à Kerner, mais que j'en aie entendu, cela je puis l'affirmer. — Quand la mère d'Emmerique mourut, sa petite sœur, enfant débile et malade, en reçut un contre-coup terrible, et chaque soir, lorsque nous étions retirés tous les trois dans la chambre, une voix semblable à la voix de la défunte s'élevait, appelant la petite et prononçant distinctement le nom de Marie. C'était à faire dresser les cheveux sur la tête. » Puis il ajoutait : « La fin de sœur Emmerique fut pénible ; toutes ces saintes natures ont de la difficulté à mourir. Un instant avant de rendre l'âme, elle s'accusa d'être la plus grande pécheresse, se recommanda à la miséricorde de Jésus, et alors seulement elle put mourir. Elle était si bonne ! son visage parfois rayonnait comme d'une auréole, et je lui dois d'avoir appris que la sainteté seule est belle. » Tout en causant ainsi, les larmes lui venaient aux yeux, et il finissait en s'écriant : « J'ai le désespoir dans le cœur quand je songe combien je suis indigne de parler de choses semblables. »

En racontant les extases de la bonne sœur, nous allions oublier de dire qu'elle avait coutume de rapporter de ses pèlerinages quotidiens aux campagnes du paradis des albums entiers de figures et de paysages, que le Murillo de l'école moderne de Düsseldorf, le mystique Steinle, n'a pas dédaigné de reproduire trait pour trait dans les dessins qui servent d'illustrations à l'histoire de la nonne de Dülmen. L'âme d'Emmerique allait aussi en rêve visiter Marie-Antoinette dans son cachot, mais sans savoir qui elle était. Plus tard seulement, la nonne, apercevant un portrait de la reine, reconnut en lui la pieuse dame avec laquelle elle s'était mise tant de fois en communauté de prière. Par occasion, il prenait fantaisie à la nonne de pousser jusqu'à l'Himalaya ses promenades *somnambulantes,* et de ces pérégrinations, bien qu'elles ne s'effectuassent qu'en songe, elle revenait la plupart du temps avec des ampoules aux pieds; son guide surnaturel planait devant elle, l'encourageant lorsque les forces lui manquaient.

Avant sœur Emmerique, une autre passion de Brentano avait été la Günderode, celle dont la fantasque Bettina devait plus tard si ingénieusement broder l'histoire; Caroline de Günderode, la poétesse Tian, la douce et mélancolique chanoinesse qu'une passion malheureuse conduisit au suicide, sans qu'on ait jamais bien su à quoi s'en tenir sur les circonstances qui amenèrent cette mort volontaire. On se souvient du récit dramatique et plein d'imagination qu'en donne Bettina dans ses lettres à Goethe. Creuzer, le philosophe de la *Symbolique,* s'y trouve désigné comme l'objet innocent de cet amour non partagé. Il n'en est pas moins vrai que le suicide de Tian-Günderode demeure un mystère, même après tous les efforts qu'on s'est donnés pour trouver dans les écrits ou les paroles de cette noble personne les symptômes de sa fin tragique. Bettina est trop passionnée, trop vivement préoccupée d'elle-même, pour voir clair au fond du cœur de ses amis. Les professions de dévouement abondent; son cœur, comme à l'ordinaire, est toujours prêt à éclater. Mais ce qu'elle aime dans cette nature de la Günderode, c'est encore elle-même, c'est encore son propre génie qui lui apparaît sous d'autres traits. De là l'obscurité de la chose. Avec une pareille rédactrice, si habile à embrouiller les événements, comment séparer le fait du mysticisme qui l'enveloppe? — Chose étrange! le poignard qui servit à l'infortunée Caroline pour consommer son suicide, ce fut Brentano qui le lui donna; ce fut lui encore qui la mit en relation avec l'homme auquel il était réservé d'exercer une si fatale influence sur sa destinée. « Sans moi, dit Brentano, elle serait morte protestante; c'était une douce nature, ajoute-t-il, faite pour le recueillement et la prière. »

Il lisait à merveille, d'une voix profonde et sonore. Kerner le comparait à Lenau, le lyrique autrichien, mais pour l'originalité seulement, car chacun avait sa manière qui lui était propre.

Tieck, dont nous parlions tout à l'heure, complétait ce trio; mais, avec Tieck, on sent peut-être un peu le virtuose; chez Lenau, c'est la voix qui vous enchante, une sorte de musique éolienne qui rappelle le son des harpes. Quand Brentano lisait, l'atmosphère devenait aussitôt fantastique. Vous eussiez dit qu'il rêvait. Ces lectures de Clément Brentano ont laissé à Weinsberg, dans la poétique retraite du bon Kerner, de merveilleux souvenirs, qui ne s'effaceront jamais. Une femme d'esprit en a même recueilli, pour les livrer au public, les plus saisissantes impressions. « On aurait souhaité alors d'être tout oreille, écrit madame Emma de Niendorf, dans son agréable petit volume de réminiscences. Votre âme altérée s'abreuvait de cette musique d'idées; on se serait cru dans un de ces bois enchantés où circulent des voix d'une douceur ineffable, mais si tristes, si divinement tristes, qu'on voudrait mourir en les écoutant. Rien de profane; du commencement à la fin, le mystère ne se démentait pas; c'était comme si vous eussiez regardé à travers une fente sombre dans je ne sais quelle mine remplie d'éblouissantes émeraudes, dans je ne sais quel féerique jardin caché au fond des sacrés abîmes de la terre; vous eussiez dit plutôt ces îles de fleurs au sein de la neige immaculée, s'épanouissant, calice contre calice, dans la solitude des glaciers; ces virginales fleurs des Alpes, dont la mélodie, parfum et couleur, n'appartient qu'au ciel, et qui, seulement comprises de lui, s'exhalent, comme dans la solitude d'un cloître, du sein de ces éternelles cathédrales faites de glace et de granit. »

Un soir qu'ils étaient réunis autour de la lampe de famille, la conversation vint à rouler sur la Günderode. Le sujet plaisait au petit cercle, et, de temps en temps, on aimait à le reprendre. Brentano, qui avait rimé ce jour-là, tira de sa poche un court poëme à la mémoire de son amie, une sorte de pièce allégorique dont je regrette de ne pouvoir donner ici que l'esquisse. Je doute d'ailleurs que le texte original en ait jamais été publié. C'est un dialogue romantique entre le pèlerin (Clément) et l'enfant (Caroline de Günderode). — Vous assistez d'abord au paisible développement de l'enfance, à ces charmants ébats du dimanche lorsqu'on vient visiter les grands parents. Quelle joie alors de courir sur les meubles, de chiffonner les rideaux, d'éparpiller dans tous les coins les mille pierres du cabinet de minéralogie! En ces folles équipées auxquelles la petite sœur s'associe, la peur des araignées est à peu près la seule préoccupation qui trouble notre espiègle. Bientôt viennent d'autres jeux. Sous la coupole azurée du ciel d'Orient, l'Alhambra nous révèle ses prodiges. Là, parmi les créneaux dentelés, à travers des forêts de sveltes colonnes de marbre, au bord des bassins de cristal, dont l'oranger et le laurier embaument la transparence, erre la jeune fille. Au fond d'un magique bosquet, non loin du réservoir d'où jaillit le flot sonore et limpide, brille une couronne de fleurs. Là se tient Gatzull, le plus beau des chevaliers maures, gardant les fleurs mystérieuses. Infortuné chevalier, qu'est devenue ta douce bien-aimée? que sont devenus les jours de mai, d'un passé rayonnant? Depuis des siècles, Gatzull attend que sa princesse vienne. O prodige! la voilà qui s'avance vers lui ; c'est elle. Le prince maure tombe aux pieds de la jeune fille. Désormais le charme est rompu. — Ainsi rêvait Caroline par une belle nuit d'été, pendant que la lune argentée montait au ciel d'azur et que le rossignol vocalisait dans la feuillée. — Tout à coup la scène change, et la vision aérienne disparaît. Voici venir par les chemins et trottant sur son âne la divine mère du Seigneur, sainte Marie de Judée. Elle s'approche de la jeune fille, et d'une voix pleine d'amour : « Viens, lui dit-elle, viens avec moi ; saisis le pan de ma robe, comme jadis, enfant, tu t'attachais à la jupe de ta mère ; viens et me suis. » Pour peu qu'on veuille se rappeler les diverses périodes de la romanesque existence à laquelle il est fait allusion, on aura le sens secret de la légende; aussi nous dispenserons-nous de l'expliquer ; nous aimons mieux recommander l'aimable motif à la fantaisie d'un de nos poëtes, de M. Sainte-Beuve, par exemple, si heureux d'ordinaire en ces élaborations ingénieuses, et qui trouverait là peut-être un pendant à certaine page exquise des *Consolations*, imitée de la *Vita Nova*.

On a dit de Brentano qu'il n'avait qu'à ouvrir ses poches pour que des légions d'anges et de gnomes s'en échappassent ; le mot est vrai. En revanche, les pures préoccupations d'artiste n'occupèrent jamais qu'une place bien mince dans son cerveau. Tout entier aux caprices du moment, à ses boutades, il ne se doute point de ces sollicitudes curieuses dont certains lettrés entourent la chère œuvre, de ces soins paternels qu'on apporte si volontiers à la protéger aux débuts. Ce n'est pas lui dont le cœur eût bondi de joie à l'aspect du précieux volume. Au contraire, il avait horreur de se voir imprimé. « C'est pour moi une douleur insupportable, répétait-il souvent ; figurez-vous une jeune fille forcée d'exécuter, pour divertir les gens, une danse qu'elle aurait apprise aux dépens de son innocence et de son repos. J'ai écrit au moins autant de livres que ma sœur, mais je garde sur elle l'avantage de les avoir tous jetés au feu. » Parfois il lui arrivait de s'enfermer chez lui, d'allumer des cierges, et de se mettre ensuite à prier des nuits entières pour ceux qui souffrent. Singulière chose que cette fusion de l'esprit méridional et du génie du Nord, dont cet homme offre le phénomène ! J'ai dit qu'il y avait de l'ascète chez Brentano, du religieux extatique des bords du Nil, du thaumaturge ; il y avait aussi du don Quichotte.

Mais revenons à ces prétendues correspondances de Clément Brentano, à cette *couronne printanière* que la Bettina se pose avec tant de complaisance sur le front, tout en ayant l'air de la tresser à la mémoire de son frère. Puisque madame la baronne d'Arnim était si préoccupée d'élever un monument aux mânes de Clément Brentano, que ne nous donnait-elle une édition revue et définitive des poésies du mystique rêveur ? Là, du moins, le zèle pieux qu'elle aime tant à montrer se fût, il semble, exercé plus utilement. Il fallait choisir soigneusement parmi les meilleures pièces, annoter au besoin, et composer de la sorte un petit volume où les esprits curieux de toute chose en littérature, même d'extravagances, fussent allés chercher le véritable sens de cette imagination bizarre, de cette riche intelligence enfouie sous un fatras cabalistique et démonologique, à travers lequel l'étincelle perce pourtant par intervalles. C'eût été là un méritoire service rendu au souvenir de Clément, un service d'autant plus réel, que ses poésies, je parle des meilleures, de celles qu'une heure sereine et lucide vit éclore, portent en général le cachet de son originalité. En deçà comme au delà des morceaux dont je parle, qu'il s'agisse de causerie intime ou de confidences épistolaires, vous ne trouverez guère que prélude ou bien écho affaibli. La préoccupation unique de madame d'Arnim en cette affaire était de donner un certain montant à quelques divagations échappées à la jeunesse de son frère. De là des remaniements continuels du texte, dont le lecteur ne saurait être dupe, toute sorte d'arrangements, d'impromptus à tête reposée, dont le moindre défaut n'est pas toujours de mettre au bout de la plume de Clément le style individuel, caractéristique de Bettina. Le malheur veut qu'un tel système ait quelque peu vieilli; madame d'Arnim n'en est pas aux débuts avec ces interpolations singulières, et quand on a mis en prose des vers de Goethe pour laisser croire aux gens que la redite, l'*illustration,* était du côté du poëte, tandis qu'elle, l'*enfant,* donnait le motif *génial,* on peut tout se passer en fait de caprices de ce genre. Je le répète, le procédé n'a point changé, c'est toujours le même exercice, la même pirouette; seulement, cette fois, notre zingara décrit ses évolutions autour de l'ombre de son frère trépassé, ce qui donne au ballet une physionomie éminemment fantastique, et vous force à songer au célèbre pas de la nonne au troisième acte de *Robert le Diable.* Un peu de musique de Meyerbeer ici conviendrait à merveille.

Je doute que ces lettres aient jamais été écrites, en tant que correspondance du moins. Qu'elles existassent à l'état de fragments épars, de notes dispersées sur les feuillets d'un livre de jeunesse, remanié après coup, on l'admettrait plutôt. Le fait est que ces lettres sont sans date; pour la plupart, elles ont trait à des événements de la révolution française. Le duc de Choiseul habite à Francfort la même rue que Bettina; tous les après-midi, le noble émigré se rend à la maison Brentano, où le prince d'Aremberg arrive aussi, chargé d'un dossier de lettres de Sieyès, de Mercier, de Pétion, et de tant d'autres, documents « intéressant au plus haut point les destinées du monde. » Tout ce que Bettina entend là « met sa jeune âme en désaccord avec ce que le monde lui présente, et lève à ses yeux le voile de la corruption. » Le soir, lorsque chacun s'est retiré, l'aïeule et l'*enfant* causent ensemble; d'ordinaire, l'entretien roule sur Mirabeau, qu'on appelle une comète enflammant tout à son approche. La vieille pousse même l'admiration pour l'illustre orateur de la Constituante jusqu'à faire des extraits de ses lettres; et, donnant une épingle à Bettina, elle lui enjoint de piquer au hasard le papier. Or, l'épingle fatidique attrape cet aphorisme : que « la puissance de l'habitude est une chaîne que les plus grands génies ont eux-mêmes beaucoup de peine à rompre. » Là-dessus toute sorte d'apostrophes déclamatoires en l'honneur de Mirabeau. « Son esprit, s'écrie l'*enfant* en un mouvement d'exaltation digne d'une prêtresse d'Apollon Pythien, son esprit a passé dans mon sang; je lui devrai de me tenir jusqu'à la fin en garde contre cet esclavage de l'habitude. » Puis, reprenant le dithyrambe : « Ah! Clément! s'écrie-t-elle à son frère, ce Mirabeau, que je voudrais donc être en sa présence! Dès que je pense à lui, je sens mon visage qui brûle. De toute la puissance de mes bras, de mes yeux, de tout ce qui chez moi peut étreindre, je voudrais embrasser ses genoux, les genoux du héros qui porte sur sa lèvre les destinées du peuple, qui anime ce peuple, qui l'embrase au souffle de sa bouche. » C'est textuel. Ne dirait-on pas que le grand homme est là, qu'il se dresse au milieu de l'action, de la lutte, dont ces paroles pleines d'enthousiasme semblent un écho vibrant et rapproché? Patience, nous verrons tout à l'heure. Elle reçoit de son héros une silhouette au crayon; c'était la manie du temps; nous en surprendrons bientôt un nouvel exemple dans le commerce épistolaire de Goethe et de madame la comtesse Auguste Stolberg. Une note de Lavater accompagne le croquis; le mystique cicerone du visage humain ne trouve aucune expression aux traits de Mirabeau. Cette face de l'orateur populaire lui paraît une caricature; il y découvre le symbole du racornissement de l'âme. Le nez de Mirabeau, au dire du grammairien de la physionomie, indique bien mieux un rustre qu'un héros; ses lèvres, tuméfiées et pendantes par les coins, n'annoncent aucun sentiment honnête; son œil brille, mais d'une *sombre arrogance*, et son front porte la marque d'une énergie sans pudeur plutôt que les nobles indices du courage. En un mot, c'est la caricature du génie, une exaltation voisine de la démence. A ce commentaire peu flatté, on l'avouera, du masque de son idole, l'*enfant* devient pourpre de colère et bondit comme un jaguar blessé. « Creusé de petite vérole, dites-vous? eh! que m'importe à moi? c'est dans le creux de son intelligence que je veux m'étendre, c'est là que je veux m'ensevelir! » Ce petit accès de rage, si ridicule qu'il soit, se comprendrait encore comme un résultat des passions du moment; mais, je le demande, que penser d'un pareil fanatisme combiné froidement, après coup, et devenant un effet? Mirabeau mourut au commencement d'avril 1791, et, en admettant que la cervelle volcanique de l'*enfant* ait bouillonné pour les héros de la Constituante et de la Convention, Bettina se trouverait avoir à l'heure qu'il est soixante-dix ans, ni plus ni moins; ce qui, je pense, ne serait nullement le compte de madame d'Arnim. Du poëte ou de la femme, lequel des deux se trompe? Je gage que, s'il fallait opter, la spirituelle baronne s'arrangerait encore pour donner raison au poëte, même au risque de passer pour centenaire. Cent ans, après tout, n'est-ce point l'âge des fées?

Dans les œuvres d'imagination, qui en doute? les dates ont moins d'importance, et, pour quelques anachronismes qui se rencontrent, on serait mal venu de chicaner un auteur; mais des correspondances qu'on publie sous la responsabilité d'un nom littéraire honorablement connu de toute l'Allemagne, peuvent-elles donc prétendre aux libertés que s'adjuge à bon droit un conte fantastique? Derrière cette enfant qui sue sang et eau pour me faire croire à la naïveté de ses expansions romanesques, au sincère élan de ses enthousiasmes, je ne vois qu'une matrone occupée à repasser les souvenirs d'autrefois, à recueillir des lettres de jeunesse qu'elle annote ingénieusement, et dont elle va semant les marges de mille découvertes venues avec l'âge en un cœur resté cependant toujours jeune. M. Kühne, le critique dont nous parlions plus haut, l'a dit excellemment : « Si Bettina eût ressenti tout ce qu'elle prétend avoir ressenti, elle ne s'en serait pas tenue aux paroles, et le monde aurait salué en elle une moderne Jeanne d'Arc. »

Son frère, Clément Brentano, la jugeait bien : « C'est un bouquet dénoué, s'écriait-il souvent; les fleurs y sont, il y en a même de fort rares dans le nombre; mais, pour rassembler tout cela, aucun lien » Folle et bizarre nature, vouée pour la vie à toutes les excentriques puérilités de ces malheureux petits êtres qu'un hasard terrible baptise à leur naissance du nom d'enfant de génie! A neuf ans, elle aspirait à vivre de la vie d'une fleur, et tandis qu'elle se roulait dans l'herbe, au soleil, sa compagne allait remplir un arrosoir à la fontaine pour le lui répandre ensuite sur la tête, ni plus ni moins que s'il se fût agi d'une tulipe ou d'un cactus opuntia, *flore cœruleo odoratissimo*. Cependant aujourd'hui encore, à Berlin, l'enfantillage continue. A la vérité, on a renoncé aux tapis de gazon,—un rhumatisme est si vite pris!—mais il reste, Dieu merci, les tapis d'Orient pour y faire la chatte et la couleuvre, et soupirer d'un accent plein de cajolerie enfantine : « Bettina veut dormir (*die Bettina will schlaffen*). » Cette originalité affichée ainsi à tout propos, ce calcul chez les femmes de l'effet à tout prix, est, à mon sens, le pire fléau qu'ait produit la divulgation de l'esprit littéraire, de l'esprit artiste particulier à notre époque. A défaut des attributs du génie, on s'en est adjugé les travers. Les femmes surtout, plus impressionnables, plus faciles à se payer de vanités, ont donné en plein dans cet amour de l'accessoire. Parmi tant de cervelles creuses, plus d'un grand esprit s'est rencontré sans doute, et nous n'en déplorons que davantage de l'avoir vu se mettre en dehors des convenances. On ne sait point assez combien la façon de vivre, la tenue d'un auteur, influe sur l'autorité de sa parole, et quel lustre un beau livre peut recevoir de la dignité personnelle de celui qui l'écrit. Mais je m'aperçois qu'un pareil raisonnement me conduit tout droit à madame de Sévigné, ce qui nous éloignerait singulièrement de notre sujet. Entre l'esprit le plus charmant, le plus orné, le plus du monde qu'il y ait eu, et Bettina, l'*enfant de la nature*, aucun rapport ne saurait exister. A propos de cette appellation souvent donnée à Bettina, je reviens encore à Brentano.

Clément raffolait de sa sœur ; s'il en parlait, c'était avec complaisance et de façon tout humoristique. A la fois railleur et tendre, d'une verve sarcastique entrecoupée de traits pleins de bonhomie et de sensibilité, il aimait à vous initier aux mille contrastes de cette nature insaisissable, et comme ce peintre qui d'un coup de pinceau fait d'une tête d'enfant qui pleure un frais et gracieux visage souriant d'aise, il vous donnait d'un même crayon l'ange et le lutin. « La vie de Bettina est impardonnable, disait-il, mais non blâmable. » Plusieurs fois il lui prit fantaisie de consulter la visionnaire à l'endroit de sa sœur. « Pour celle-ci je ne puis pas prier, répondit toujours Emmerique ; elle *vit avec la nature.* » D'une dévotion ascétique dans ses pratiques, et dans son extérieur d'une dignité hautaine quelque peu farouche, il avait en lui du prêtre catholique espagnol, de l'inquisiteur. Son visage rappelait celui de Goethe, et lorsqu'il paraissait la tête haute et grisonnante, l'œil en feu, la joue hâlée par le soleil et sillonnée par l'habitude des larmes, vous eussiez dit, en dépit de sa lévite violette à la coupe du jour, d'une peinture italienne du temps des Médicis. Il entrait chez vous comme un spectre, et, pour peu que le vent fût au sombre, prenait place sans articuler un mot ; en revanche, aux temps d'épanchements, sa causerie avait de singuliers éclairs. Les bras accoudés sur la table, la lampe derrière lui, placée de manière à ne point offusquer sa vue, il fallait l'entendre pérorer de la science et de la religion, du ciel et de l'enfer, *de omni re scibili*. « Pauvre homme que je suis, disait-il à Kerner, parce que la poésie m'emportait dans l'air comme un ballon, n'ai-je pas été me croire un intéressant personnage ! En fait de religion, je m'étais égaré complétement. Combien de nuits j'ai passées dans les larmes à prier Dieu de m'enseigner quoi que ce fût où me rattacher ! Je ne sais quel jeu du destin me fit connaître Emmerique.... J'ai le malheur de ne point savoir me borner dans mes affections ; c'est au point que je m'épouvante dès que je sens qu'un individu va m'intéresser. Chacun m'emporte un lambeau de moi-même. Je ne comprends rien à la modération, à la mesure ; je n'ai jamais su verser de l'eau dans un verre sans le faire déborder. » C'était, on le voit, un tempérament fait pour l'illuminisme, « le calice où le vin céleste n'avait qu'à se répandre. » Le premier livre qu'il médita fut un manuscrit du XIVe siècle, « les Lettres d'une recluse à son confesseur. » Brentano avait même extrait du volume plusieurs passages, entre autres celui-ci, tout empreint des grâces mystiques du légendaire, et qu'il se plaisait à citer. — La nonne y raconte que dans une de ses extases elle s'est mariée avec son divin Seigneur, et décrit l'appareil symbolique des vêtements qu'elle portait aux fiançailles : d'abord un voile en triangle (allusion à la Trinité), puis une tunique de pourpre (l'amour), puis une ceinture blanche (la pudeur), de blanches sandales (la pureté), etc., etc. De cet hymen sept enfants sont issus : en premier lieu, l'Obéissance, l'Humilité, l'Abstinence et la Pauvreté ; ces deux derniers toujours à la maison et ne quittant point leur mère d'un instant. Plus tard sont nées la Patience et la Douleur, et enfin la Paix en Dieu, la quiétude. La nonne décrit ensuite la chambrette nuptiale qu'elle habite avec son époux divin, et les doux entretiens qu'elle et lui ont ensemble. — En assistant aux lectures de cet homme, à ses incroyables spéculations, je me demande si c'était bien là un contemporain. Avec son tempérament fanatique, sa nature ardente, fiévreuse, portée à l'hallucination, son esprit dévoré d'un incessant besoin de merveilleux, Brentano aurait dû naître en plein moyen âge. Véritable héros de légende, comme il eût figuré dans une fresque du Campo Santo, le chaperon d'or sur les tempes, la palme ou le glaive à la main, en saint canonisé du martyrologe ! comme il eût poétiquement tenu sa place dans un des cycles supérieurs de la vision dantesque ! De nos jours, l'illuminé Clément n'était, même en Allemagne, qu'un anachronisme.

Il apparaît ainsi de loin en loin de ces âmes dépaysées faites pour vivre étrangères au monde qui les entoure, et se consumer en un long cri d'angoisse et de détresse. Ne dirait-on pas, à les voir, ces pauvres oiseaux attardés appelant sur une grève aride leurs frères des airs, dès longtemps envolés au pays des tropiques? Et cependant, pour ces âmes dépareillées, presque jamais l'appel ne reste sans écho. Les infirmes se cherchent par le monde et se trouvent. Il y a dans certaines souffrances du cœur un magnétisme inexplicable qui, d'un pôle à l'autre, pousserait deux âmes à se rapprocher. Voyez Brentano et sa petite église : Emmerique, Günderode, Bettina; une cataleptique, une nonne humanitaire, un enfant de la nature. Mais c'était la maison des fous, s'écriera-t-on. Qui vous dit que cela aussi ne l'a point fait vivre? Qu'importent le troupeau et le berger, si l'étoile éclaire?

Vis-à-vis d'Arnim, l'époux de Bettina, l'attitude de Clément trahit quelque embarras. Le grand poëte avait trop de scepticisme au fond du cœur, trop de fine raillerie au bout des lèvres, pour plaire longtemps à notre mystique. Brentano commença par l'aimer d'exaltation : dans cette nature réservée et critique, il n'avait vu d'abord que le romantisme, et ce fut par ce point qu'ils se rencontrèrent; mais chez Arnim il y avait plus qu'un romantique, il y avait l'homme de son siècle : aussi, du côté de Brentano, l'enthousiasme ne devait point tarder à se refroidir, et, de désillusion en désillusion, il finit par en venir à regretter la part qu'il avait prise au mariage: « C'est moi, disait-il, qui l'amenai à Bettina, que je livrais par là à la littérature, aux philosophes, à la jeune Allemagne; c'est moi qui suis cause qu'elle n'a plus de religion. Si j'eusse été moins impie à cette époque, j'y aurais regardé à deux fois avant de conduire vers elle un protestant. » La boutade se comprend de reste : on avait entrevu un sectaire, un nouveau frère pour sa thébaïde, et l'on trouvait un esprit fort, une imagination tumultueuse, ardente, folle, si vous voulez, mais au fond point dupe d'elle-même, et qui pouvait impunément, et sans être éblouie le moins du monde, tirer en l'air au clair de lune tous ses merveilleux feux d'artifice; car, s'il y avait du romantique allemand chez Arnim, il y avait aussi du Boccace. Noble et chevaleresque nature! Un Berlinois de ses amis nous racontait dernièrement certaine circonstance originale de la première entrevue avec Bettina, et qui prouverait que, lorsque Brentano les présenta l'un à l'autre, nos deux futurs époux s'étaient une fois du moins déjà rencontrés. Un jour, Arnim se promenait *sous les tilleuls (unter den Linden)*; Bettina vint à passer. Achim d'Arnim était beau comme les anges, il avait la noblesse de l'âme empreinte sur tous les traits du visage, et son large front à la Schiller ne respirait qu'enthousiasme et génie; *l'enfant,* qui ne marchait point les yeux baissés, sentit la tête lui tourner. Tout entière à sa première impression, Bettina s'approche du poëte, et de ce ton résolument mutin qu'elle affecte encore aujourd'hui : « Vous, dit-elle en le dévisageant d'un regard de feu, si vous voulez, je vous épouse. » Arnim sourit, et peu après le mariage se célébra. — Il ne nous appartient point ici de rechercher s'il trouva le bonheur dans cette union fantasque. Les bienséances ont leurs réserves. Contentons-nous de rappeler à ce sujet le mot de Clément; il est significatif : « Arnim, écrit quelque part le frère de Bettina, Arnim vécut tourmenté jusqu'à la fin de l'histoire avec Goethe. » A la bonne heure ! on constate volontiers de pareils instincts chez les gens qu'on aime. Voilà nos scrupules levés sur l'homme; quant au poëte, Achim d'Arnim est un des plus grands que l'Allemagne ait eus. Nous reviendrons à tous les deux.

GOETHE

ET

LA COMTESSE AUGUSTE STOLBERG.

Il existait au xviiie siècle un sentiment que nous ne connaissons plus aujourd'hui : on avait alors avec une femme d'esprit une liaison tout intellectuelle, épistolaire, si je puis m'exprimer ainsi, et cela sans que personne songeât à le trouver mauvais, pas même le mari, qu'on admettait tout le premier dans les secrets de la correspondance. C'était un attachement qu'on ne définit guère, de l'amitié si l'on veut, mais plus tendre et plus chaleureuse, de l'amour qui prétendait n'être que de l'amitié, quelque chose enfin qui rappelait la chevalerie dans le monde de l'intelligence. On tenait journal l'un pour l'autre, on s'écrivait mille bagatelles qui nous font sourire aujourd'hui et qui charmaient. Du reste, tout cela n'empêchait pas d'aimer ailleurs; si la pensée était prise, le cœur ne l'était qu'à demi, et les sens restaient libres; et puis les vicissitudes de la passion formaient comme autant d'épisodes dont le roman s'embellissait. C'est à ce sentiment mixte, qui n'est après tout que le sentiment de Pétrarque pour Laure, dégagé du mysticisme du xve siècle, que nous devons ces lettres de Goethe à la comtesse Auguste Stolberg, avec cette circonstance tout originale, que Goethe et la comtesse Stolberg ne se connaissaient que par intermédiaires, et commencèrent, sans jamais s'être vus, une correspondance des plus intimes.

Goethe amoureux, il lui fallait nécessairement trouver quelque part une âme délicate et sympathique, toujours prête à recevoir les secrets de sa joie et de ses peines, ou plutôt l'aveu de cette alternative incessante où flottaient ses propres sentiments, ballottés entre le doute et la foi en eux-mêmes. Sans un troisième personnage relégué en dehors de l'action, mais donnant son avis un peu à la manière des confidents de théâtre, le roman n'eût pas été complet. Or, l'amour avec Goethe ne pouvait être autre chose qu'un roman, ayant son exposition, son intrigue plus ou moins compliquée, et son dénoûment heureux ou malheureux, mais toujours prévu d'avance. La pauvrette assez faible pour se laisser prendre au piége mourra de douleur comme Frédérique, ou tentera de se consoler ailleurs par le mariage, comme Lili, dont nous allons suivre l'histoire. Quant à lui, vous le verrez sortir de là frais et dispos, rapportant de son aventure un sujet de drame ou de poëme. Goethe, en homme du xviiie siècle, n'a garde de perdre une si belle occasion de s'analyser lui-même; dès le premier moment, il arrange toute chose pour que chez lui les facultés critiques soient tenues en éveil en même temps que les facultés sensitives. Pendant que le cœur agit, l'esprit observe, et l'observation, recueillie avec soin, est transmise ensuite à qui de droit. Voilà qui s'appelle procéder avec méthode et traiter la passion en philosophe. La sœur des deux Stolberg, la jeune comtesse Auguste, convenait à merveille au rôle que Goethe lui destinait dans son roman. Comme il ne s'agissait, après tout, ni de l'aimer ni de se faire aimer d'elle, l'ignorance parfaite dans laquelle ces deux êtres avaient vécu jusque-là l'un vis-à-vis de l'autre ne pouvait devenir un obstacle, et, le cas eût-il existé, l'imprévu, le curieux de l'aventure devait nécessairement tourner à l'avantage de Goethe. Qu'on se figure en effet ces témoignages d'attachement chevaleresque signés d'un nom déjà illustre, ces lettres qu'anime, à défaut de conviction, le souffle du génie (conviction du moment à laquelle on ne résiste pas), tout cela arrivant sous le couvert de deux frères bien-aimés, surprenant une jeune fille au milieu des paisibles et monotones occupations de la vie de province, et qu'on dise s'il n'y a point de quoi éveiller l'imagination qui dort, surtout quand on suppose que la jeune fille a la tête vive et romanesque. Il est tel de ces jeux d'esprit où les plus habiles ont fini par se laisser prendre. On oublie facilement la fiction et le mensonge, on aime à se dire tout bas qu'on a été deviné, et, dans ce crépuscule de l'âme où le faux et le vrai, l'idéal et le positif, l'abstraction et la réalité, se confondent, de nouveaux horizons s'ouvrent, qu'on anime et qu'on peuple à son gré. On n'en conviendra pas, mais l'entreprise de Goethe, écrivant à une jeune femme qu'il n'avait jamais vue et ne connaissait que par ses frères, devait réussir par son audace même et son excentricité. La sympathie une fois admise, restait à savoir comment elle se traduirait. Une femme quelque peu folle et extravagante, une Bettina par exemple, n'eût pas manqué de se passionner à outrance. La comtesse Auguste, en personne bien élevée, en femme du monde sûre d'elle-même, accueillit ce défi du génie avec un sourire amical, et les relations qui s'établirent entre eux, à la faveur de cette correspondance, furent telles, qu'un attachement profond s'ensuivit, attachement qui ne parut s'éteindre, après des années, que pour se réveiller plus vif un jour dans l'âme de la comtesse, sous le souffle de la religion.

Le recueil des lettres du jeune Goethe à la comtesse Auguste s'ouvre par une déclaration *ex abrupto* si chaleureuse, si passionnément désordonnée, qu'elle dépasse le but. Dès les premières lignes, la fantaisie de l'artiste se trahit par l'incontinence: « Chère, mais j'aime mieux ne pas vous donner de nom : que seraient les noms d'amie, de sœur, d'épouse ou de fiancée, que serait même un nom renfermant la substance de tous ces noms, auprès du sentiment immédiat que...? » Ainsi écriraient Werther ou Saint-Preux, évidemment il y a dans un pareil début une préoccupation de l'effet, un mouvement théâtral, qui change du premier coup en un intérêt de roman l'intérêt bien autrement sérieux qu'on se promettait. Dans quel but, d'ailleurs, ces brûlantes protestations? A cette muse inconnue, à cette divinité pour laquelle il ne trouve pas un nom dans le vocabulaire de l'amour, il va écrire, devinez quoi? l'histoire de sa passion avec une belle jeune fille de Francfort. — Il convient, pour l'intelligence du sujet, que nous introduisions maintenant un personnage resté dans l'ombre; nous voulons parler de la véritable héroïne de ces lettres de Goethe à mademoiselle Stolberg, de cette Lili qu'il aima, et dont nous allons essayer de faire connaître le gracieux roman, en nous aidant tantôt de la correspondance en question, tantôt des souvenirs laissés par Goethe lui-même au quarante-troisième volume de ses œuvres complètes.

Pendant l'hiver de 1774, les amis de Goethe, jaloux de présenter à leurs connaissances le jeune homme déjà illustre, se disputaient chacune de ses soirées, et c'était à qui aurait l'honneur de le produire dans le monde, dont la curiosité s'agitait d'autant plus autour de lui, qu'il avait jusque-là vécu fort retiré. Un soir, un de ses amis l'emmena au concert chez un M. Schoenemann, dilettante par excellence, qui se mourait d'envie d'avoir chez lui l'auteur des *Souffrances du jeune Werther*. Comme Goethe entrait, la fille de la maison s'asseyait au piano. C'était Lili. Si elle joua ou si elle chanta pendant les quelques minutes qui suivirent, je doute que Goethe l'ait jamais su; et lorsque Lili, quittant le piano, vint, à travers un nuage de compliments et d'adulations, retrouver sa mère, qui lui présenta M. de Goethe, le jeune vainqueur était amoureux. Lili avait en elle je ne sais quoi de merveilleux et d'enfantin qui la rendait irrésistible; ses mouvements étaient agiles, sa démarche leste; on eût dit une fée mignonne, à voir la grâce qu'elle mettait à ployer son joli cou de cygne, tandis que sa petite main s'étudiait à caresser les touffes vaporeuses de ses cheveux blonds. Fille unique de parents qui l'adoraient, recherchée pour sa fortune et sa beauté par tout ce qu'il y avait d'élégant et de noble à Francfort, elle exerça du premier coup sur Goethe cette influence attractive à laquelle nul n'échappait. J'ajouterai à la liste de ses qualités que ce devait être là une franche coquette, et je n'en veux d'autre preuve que ce ton de pieuse mansuétude et de bénévole conviction avec lequel Goethe s'évertue à la mettre à l'abri de tout soupçon qui pourrait l'atteindre de ce côté. Quoi qu'il en soit, la passion de Goethe fut bientôt partagée. A vingt-cinq ans, avec sa bonne mine et son élégance personnelle, Goethe, tout illustre qu'il fût déjà, pouvait se passer à merveille du secours de son nom pour enlever le cœur d'une jolie fille; d'où cependant on aurait tort de conclure qu'il n'entra point dans les premiers motifs qui décidèrent le penchant de Lili pour le jeune auteur de *Werther*, un de ces petits sentiments de vanité qu'on ne s'avoue pas à soi-même.

Je trouve dans les poésies posthumes cette pièce, inspirée par les premières inquiétudes de la passion naissante.

A BELINDE.

« Pourquoi m'attirer ainsi irrésistiblement au milieu de ce luxe? Honnête jeune homme, n'étais-je donc pas heureux dans ma nuit solitaire? Oublié dans ma chambrette, alors je rêvais au clair de lune les heures dorées d'une félicité sans mélange, déjà mon âme avait connu ton image chérie. Suis-je bien le même homme, moi que tu retiens désormais à la lueur des lustres, vis-à-vis d'une table de jeu, moi qui reste planté là, immobile devant des figures souvent insupportables? Le printemps en fleurs ne m'attire plus désormais dans la plaine; où tu es, ange, est l'amour et la grâce, où tu es, la nature! »

Un besoin mutuel de se voir ne tarda pas à se déclarer. Chaque jour, Goethe venait en visite chez la mère, et, lorsque par hasard on se trouvait seuls, Lili se mettait à lui raconter l'histoire de ses peines et de ses joies d'enfance, et alors, dans ces gentils entretiens, se glissait l'aveu d'une faiblesse; ainsi, par exemple, on convenait d'une certaine force d'attraction dont on se sentait comme naturellement douée, on allait jusqu'à s'avouer coupable d'en avoir usé tout récemment, aveu d'autant plus irrésistible, que l'excuse était toute prête. En effet, cette fois on avait été bien punie en se prenant soi-même au piége. — Le soir, les deux amants se rencontraient au concert, au spectacle, dans les raouts. « Mes rapports avec elle, dit Goethe, étaient ceux d'un jeune homme avec une belle et aimable jeune fille du monde. Seulement, je m'aperçus que je n'avais pas réfléchi aux exigences sociales, à ce va-et-vient continuel auquel on ne peut se soustraire. Un invincible désir nous possédait l'un et l'autre, nous ne pouvions exister sans nous voir; mais, hélas! combien d'heures, combien de jours troublés et perdus par le seul fait des gens qui l'entouraient! »

Lorsque l'hiver eut épuisé ses plaisirs et ses ennuis, la belle saison amena les parties de campagne; le printemps multiplia les entrevues, et, grâce à lui, se renouèrent les liens qui unissaient déjà ces deux cœurs. Une charmante villa que l'oncle de Lili possédait aux portes de Francfort, à Offenbach, était la terre promise où l'on accourait. « Des jardins délicieux, des terrasses donnant sur le Mein, partout de libres échappées laissant voir le plus agréable paysage : il y avait là de quoi tenir dans le ravissement quiconque passait ou séjournait; un amoureux n'eût pas rêvé un autre Éden pour y loger ses sentiments. » L'enchantement d'un pareil site, qu'une divine présence animait, ne pouvait manquer d'attirer Goethe. On le voyait alors passer des semaines entières à Offenbach, où il s'établissait chez un maître Jean-André, fabricant de soie et compositeur d'opéras comiques, industriel par état, artiste par goût, que la passion musicale de Lili rendait indispensable dans la maison de son oncle. Ce Jean-André, excellent homme au fond, et compatissant du meilleur de son âme au langoureux martyre des jeunes gens, leur ménageait pendant ses séances de ravissantes entrevues. Dès qu'il arrivait le soir, on l'installait au piano, et, s'il commençait à jouer sa musique, Goethe et Lili en avaient pour jusqu'à minuit de mystérieuses causeries et d'étreintes furtives! Goethe, en reconnaissance des services que cet excellent homme rendait à ses amours, composa pour lui un poëme d'opéra. C'était à coup sûr le moins qu'il pouvait faire.

« J'arrivais toujours un peu tard dans la soirée, et, s'il y avait du monde là, je n'en observais pas moins l'impression que mon entrée produisait sur elle. Si peu que je restasse, j'avais à cœur de me rendre utile, fût-ce le moins du monde, et je ne la quittais jamais sans qu'elle m'eût chargé de quelque commission. Cette espèce de servage m'a toujours semblé la meilleure fortune qui puisse arriver à un homme en pareille circonstance, et j'admire fort la manière puissante, bien qu'un peu obscure, dont s'expliquent sur ce point les vieux romans de chevalerie. Qu'elle exerçât sur moi une domination irrésistible, je ne cherche pas le moins du monde à le cacher, et certes elle pouvait très-bien se permettre cette vanité-là ; en de telles rencontres, vainqueur et vaincu triomphent à la fois, et c'est le cas de se complaire l'un et l'autre en un égal sentiment d'orgueil. — Cette manière souvent trop rapide dont j'intervenais n'en avait que plus d'action. Je ne manquais jamais de trouver maître André avec une provision de musique toute prête; de mon côté, j'apportais aussi du nouveau, soit de mon propre fonds, soit de celui des autres, et les fleurs poétiques et musicales pleuvaient. Si, pendant le jour, diverses circonstances me retenaient loin d'elle, les belles soirées au grand air multipliaient pour nous les occasions d'être ensemble. Voici entre autres un souvenir que les cœurs amoureux recueilleront avec intérêt : — Un soir, par le plus beau clair de lune, nous nous étions promenés tard dans la campagne, et, après avoir reconduit sa société de porte en porte et fini par prendre congé d'elle, je me sentis si peu envie de dormir, que la fantaisie me vint de commencer une nouvelle promenade. Jaloux de me retrouver seul avec mes pensées et mes espérances, je m'en allai rejoindre la grande route de Francfort et m'assis sur un banc, dans le silence de la nuit la plus pure, sous l'éblouissante coupole du ciel étoilé, afin de n'appartenir qu'à elle et à moi-même. »

A ces moments de rêverie heureuse, pendant lesquels il aime à se dire « Je dors, mais mon cœur veille, » succèdent les réactions fougueuses, les heures d'impatience et de découragement. Alors le souvenir de sa chère Auguste lui revient, de cette âme élevée qu'il s'est choisie pour confidente, et il retourne à ses lettres. Que deviendrait-il, en effet, lui qui n'aime pas souffrir, sans ce vase d'élection toujours disposé à recevoir le trop-plein des sentiments qui l'occupent, et qui résonne avec tant de délicatesse au contre-coup de sa passion? Goethe a dit quelque part qu'il n'avait écrit **Werther** que pour se délivrer d'une fièvre de sentimentalité qui s'était emparée de toute l'Allemagne. Si je ne me trompe, ses lettres à Auguste doivent être prises dans le même sens. Là aussi je vois une délivrance, la délivrance de l'amour qui le tient pour Lili, et dont il cherche à se débarrasser dans ces lettres, comme il se débarrasse dans un drame d'une idée absorbante et despotique. D'ailleurs, pour cette nature si essentiellement *objective*, l'amour pouvait-il être autre chose qu'une idée? En vain il s'exalte jusqu'au délire, en vain son style brusque et saccadé trahit parfois l'émotion et l'inquiétude : sous l'amant éprouvé reparaît toujours le poëte. A l'instant où vous voudriez le plus croire à ces tiraillements du cœur, à ce trouble de la passion, une ligne imprévue, un mot oublié au tournant du feuillet, vous donnent l'éveil en ramenant tout à coup l'ordre dans le désordre. Ainsi vous le voyez s'arrêter au milieu d'une crise, et passer sans transition à un paragraphe du genre de celui-ci, par exemple : « N'oubliez pas de jeter les yeux sur le second volume de *l'Iris*, s'il vous tombe sous la main; vous y trouverez mainte chose de moi. » Ce qui chez Goethe me gâte tout à fait le personnage de roman, c'est la sécurité absolue qu'il m'inspire de lui-même dès l'exposition. Si amoureux, si insensé, si consumé de doutes et de souffrances qu'il vous semble, croyez bien qu'il y aura toujours une crise décisive où, les intérêts de sa position et les intérêts de son cœur se trouvant en présence, la raison, la froide, l'impassible raison, finira par l'emporter.

L'attachement que Goethe et Lili nourrissaient l'un pour l'autre avait atteint son apogée : situation difficile où, comme on sait, les passions ne se maintiennent guère. Une fois qu'on a touché le faîte, il ne reste plus qu'à descendre, et les prosaïques préliminaires du mariage, les considérations et les arrangements de famille, devaient porter le premier coup à ces fraîches amours, jusque-là insouciantes de l'avenir. Lili aimait le monde; partout recherchée pour sa distinction et ses talents, la jolie fille du banquier de Francfort s'était habituée à régner sur un cercle dont elle recevait volontiers les empressements et l'hommage. Les goûts mondains de la jeune personne effrayèrent tout d'abord la famille de Goethe. Le vieux jurisconsulte et sa femme, élevés dans les traditions austères de l'antique patriciat germanique, se demandaient comment ferait cette jeune fille dissipée et frivole pour se conformer aux mœurs simples et régulières de leur maison. La sœur de Goethe surtout, Cornélia Schlosser, s'éleva contre cette union de toute l'influence qu'elle exerçait sur l'esprit de son frère. Du fond d'une petite ville où elle menait avec son mari une assez triste existence, cette femme, d'un naturel peu sympathique, ne cessait de battre en brèche le cœur de Goethe avec cet acharnement qu'apportent les sœurs en pareille occasion.

Sur ces entrefaites (avril 1775), les deux Stolberg arrivèrent à Francfort. Le jeune comte Frédéric Léopold, blessé au cœur par deux beaux yeux qu'il ne pouvait épouser, avait entrepris, en compagnie de son frère Christian et du comte Haugwitz, une de ces mélancoliques pérégrinations sans lesquelles, entre amoureux qui savent vivre, il n'y a pas de rupture complète. Il va sans dire que le jeune comte et ses fidèles acolytes s'en allaient chercher en Suisse le Léthé miraculeux. Le petit groupe n'eut garde de laisser ignorer à Goethe son passage à Francfort. Bien avant cette entrevue, qui devait marquer de part et d'autre, on se convenait déjà, de généreuses sympathies avaient parlé. On s'était rencontré dans l'*Almanach des Muses* de Goettingue, terre commune où se donnait rendez-vous alors toute cette chaleureuse jeunesse qui devait être un jour l'honneur et la gloire des lettres allemandes ; la fraternité poétique existait, sainte et noble fraternité qui, par malheur, ne dure guère, mais que d'illustres exemples consacrent à l'avénement de toutes les périodes littéraires : j'en appelle aux romantiques de 1825, aux enthousiastes virtuoses de la *Muse française*. Goethe reçut les jeunes comtes à bras ouverts (*mit offener Brust*), comme il le dit lui-même. Non content de leur faire du matin au soir les honneurs de Francfort, il les introduisit dans la maison de son père, et là, tous les jours à table, il fallait, bon gré mal gré, que le jurisconsulte austère de la ville libre oubliât les questions de droit et les affaires de conseil pour tenir tête à ces trois folles imaginations, que la philosophie et la poésie enivraient. Un soir, on parlait politique au milieu d'amples libations de vin du Rhin ; à chaque coupe qu'on vidait, la haine des tyrans et de la tyrannie s'échauffait que c'était un plaisir de les voir. M. de Goethe, le père, souriait en hochant la tête, et madame de Goethe, la même qui se vantait d'avoir servi de type à cette héroïque matrone de Goetz de Berlichingen, paraissait s'amuser fort de cette scène, qui commençait à tourner au vrai comique. On était sur le chapitre du roi Cambyse ; Léopold Stolberg venait de raconter comme quoi cet exécrable monstre avait eu l'atroce courage de percer d'une flèche le cœur d'un pauvre enfant sous les yeux mêmes de son père, et cet acte de barbarie excitait toute la chaleureuse indignation du jeune groupe aviné. Tout à coup madame de Goethe, qui s'était levée un moment pour descendre au cellier, rentre, apportant des provisions nouvelles, quelques-uns de ces rares échantillons des meilleures années qu'on réserve avec soin, et, déposant sur la table les flacons dont un vin empourpré colore la transparence : « Le vrai sang des tyrans, dit-elle, le voilà ; abreuvez-vous-en à votre aise, mais, pour Dieu ! ne me rompez pas davantage la cervelle avec vos harangues à la Brutus. — Oui, messieurs, s'écrie le jeune Goethe en levant son verre, ma mère a raison et vous pouvez l'en croire, le plus grand tyran qu'il y ait au monde est celui dont le sang vous est offert ; n'approchons de lui qu'avec prudence, car il a d'irrésistibles séductions, et son esprit vous ensorcelle. Flatteur, insinuant, despote, je défie qu'on me cite un plus redoutable tyran. Les premières gorgées de son sang vous allèchent ; plus on en boit, plus on devient avide ; une goutte suit l'autre inévitablement, et c'est comme un collier de rubis qu'on craindrait de voir s'interrompre. » On devine que, dans l'intimité de pareilles relations, nos jeunes gens ne devaient pas avoir de secret l'un pour l'autre. La jeunesse, la poésie et le vin vieux aidant, la confiance ne pouvait manquer de venir vite, et d'ailleurs, sur quatre, deux étaient amoureux, Léopold et Goethe ; Léopold, inquiet, ardent, exalté, dans cette crise de la passion où l'amour, chassé du cœur, monte au cerveau et de là s'exhale en fumée ; Goethe, moins turbulent, moins fougueux, s'étudiant lui-même dans les autres, et déjà aimant mieux écrire que parler.

Quelques jours avant de reprendre la poste, les Stolberg proposèrent à Goethe de les accompagner. Un pèlerinage romantique à travers les glaciers de la Suisse répondait à merveille aux sentimentales dispositions où l'amoureux poète se trouvait, il et se laissa facilement persuader. « Dans une ville comme

Francfort, écrivait-il lui-même, ces allées et venues continuelles d'étrangers qui se croisent en tout sens et se dirigent sur tous les points du globe, éveillent de bonne heure le goût des voyages. Maintes fois déjà l'idée m'était venue de courir le monde, et je laisse à penser si, dans ce moment où il s'agissait pour moi d'une épreuve sérieuse, d'essayer si je pouvais, à la rigueur, me passer de Lili, où mon état de trouble et d'inquiétude m'interdisait toute œuvre importante, je laisse à penser si, dans un pareil moment de crise, la proposition des Stolberg fut acceptée. » Le père accueillit avec transport ces projets de voyage, qui devaient avoir pour résultat de soustraire Wolfgang aux enchantements de la sirène ; il engagea même son fils à passer en Italie, et surtout à ne pas craindre de prolonger son absence, et Goethe quitta Francfort sans avoir dit adieu à Lili.

Une fois en route, Goethe ne tarda pas à changer d'idée sur le compte de ses compagnons de voyage. Jusqu'à l'arrivée à Darmstadt, les choses se passèrent à merveille ; là seulement d'imperceptibles symptômes d'incompatibilité commencèrent à se faire sentir. Sans être insolents ni dédaigneux le moins du monde, les jeunes comtes Stolberg, appartenant par leur naissance à l'une des plus hautes familles de l'Allemagne du Nord, avaient dans le commerce intime je ne sais quelle liberté de manière quelles intolérances d'opinion, qui devaient, à la longue, blesser un homme accoutumé, comme Goethe, à la politesse bourgeoise, à la méthodique réserve de la bonne ville impériale. Léopold surtout, qui, touchant l'incomparable supériorité de sa maîtresse et la profondeur du désespoir amoureux dont il souffrait, n'admettait pas de discussion, et repoussait avec emphase tout parallèle comme injurieux, Léopold irritait à chaque instant sa fibre sensible. Vainement dans cette chaise qui roulait vers Manheim, Goethe s'efforçait de représenter à l'exalté jeune homme que d'autres pouvaient bien avoir l'expérience de semblables douleurs, Léopold ne voulait rien entendre, et son frère Christian, ainsi que le comte Haugwitz, intervenait alors pour mettre fin à la querelle des deux amoureux. Ce thème, plus ou moins varié, reparaissait sans cesse. A la suite d'un dîner d'auberge où le vin n'avait pas été épargné, Léopold se lève au milieu d'un bachique hurrah, et propose un toast en l'honneur de sa belle maîtresse ; puis quand tous ont bu : — Maintenant, s'écrie-t-il, des verres consacrés de la sorte ne sauraient plus servir ;

et ce serait les profaner que les emplir de nouveau. — A ces mots, il lance son verre par la fenêtre, et tous les autres font comme lui. « Nous obéîmes, ajoute Goethe; mais, dans le moment où mon verre volait en éclats, il me sembla tout à coup sentir Merck me secouer par le collet de mon habit. » Cette espèce d'évocation méphistophélique de Merck en ce banquet est le meilleur indice que toute illusion sur les Stolberg s'évanouit chez Goethe dès ce moment. Au début du voyage, lui et Merck s'étaient rencontrés à Darmstadt, et le malin critique, qui le connaissait bien, le voyant s'embarquer avec ces jeunes fous, avait prédit ce qui arriva.

A Zurich, Goethe se sépara de ses compagnons de voyage pour aller rendre visite à Lavater. Déjà un an auparavant (1774), le philosophe suisse et le jeune chantre de *Werther* s'étaient vus sur les bords du Rhin, mais seulement en passant, et sans qu'il leur fût resté de ces relations toutes superficielles autre chose qu'un vif désir de se revoir. Goethe fait allusion dans une de ses poésies à cette rencontre de table d'hôte, et raconte comme quoi, placé entre Lavater et Basedow, il dévora une poularde, tandis que ses voisins de droite et de gauche se disputaient sur un point de théologie[1]. Quoi qu'il en soit, ses rapports avec Lavater ne datent que de cette visite. « Notre premier, notre unique sujet de conversation, dit Goethe, fut sa *Physionomique.* » A cette époque, Lavater mettait la dernière main à son fameux ouvrage. Voyant venir à lui un grand poëte de si bonne volonté, il s'empressa de l'initier dans tous les mystères de son système, lui livra ses dessins et ses manuscrits, et l'enflamma si bien, que Goethe en contracta pour le reste de ses jours une véritable fièvre de silhouettes, qui finit à la longue par n'être plus qu'intermittente, mais qui ne le quitta jamais complétement.

Cependant une soif d'émotions romantiques, un besoin de s'oublier lui-même, ne tardent pas à l'entraîner dehors. A la place des Stolberg, qu'il a perdus en route, un nouveau compagnon se présente. Celui-ci, jeune homme de vingt ans, Allemand d'origine, vivant en Suisse à la source de cette doctrine réformée dont il doit devenir le ministre, amoureux de la nature et des beaux vers, conviendra mieux aux sentiments qui l'affectent.

[1] Und er behaglich unterdessen
Hatt einen Hahnen angefressen.

Dès lors voilà les deux amis en campagne, les voilà escaladant les neiges éternelles, sillonnant les lacs, visitant les cantons, bienvenus partout, grâce à l'hospitalité que les lettres de Lavater leur ont ménagée. Cela durait ainsi depuis un mois, quand un beau jour, sur le sommet du Saint-Gothard, l'idée vint à Goethe de descendre en Lombardie. Je ne sais si je me trompe, mais il me semble qu'on pourrait citer telle circonstance où l'esprit de l'homme, après avoir pris un parti, se sent plus irrésolu que jamais. En ce moment, la force de décider ce qui va suivre n'est plus en nous, mais dans le passé, dont les impulsions se ravivent et nous forcent à leur obéir. Goethe ici me servira d'exemple. Placé entre l'Italie et l'Allemagne, près de franchir la limite qui sépare le sol poétique du sol natal, il hésite et reste comme suspendu. Ne vous semble-t-il pas voir la lutte de l'esprit et du sentiment, de l'imagination ardente à s'élancer vers l'Éden inconnu, et du cœur qui se sent changer d'élément? Cette fois, au moins, le cœur l'emportera; l'image de Lili, un moment effacée, se réveille tout à coup au milieu de cette âpre nature; il se souvient d'un gage de tendresse donné aux jours heureux [1], et, pour la première fois depuis Francfort, il tire de son sein le talisman adoré, auquel il improvise ces beaux vers :

« Souvenir d'un bonheur évanoui, lacet fragile que je porte encore à mon col, devais-tu donc être entre nous un lien plus durable que celui de nos âmes? Viens-tu prolonger les jours rapides de l'amour?

« J'ai beau te fuir, Lili, à travers les pays étrangers, à travers la forêt lointaine et les vallons, j'emporte après moi ton lien! Oh! si tôt de mon cœur ne devait pas tomber le cœur de Lili!

« Ainsi l'oiseau qui rompt sa chaîne et s'en retourne au bois traîne après lui toujours quelque lambeau de fil, signe honteux de sa captivité : quoi qu'il fasse désormais, il n'est plus l'oiseau du ciel, né libre, il a appartenu à quelqu'un. »

Après une si chaleureuse réaction, Goethe ne pouvait que prendre la poste et retourner en Allemagne.

A son retour à Francfort, les choses n'étaient plus comme il les avait laissées. La famille de Lili, naturellement assez peu portée à cette alliance, avait profité de l'avantage que Goethe lui livrait en quittant si brusquement la place, pour faire en-

---

[1] Un petit cœur en or suspendu à un fil de cheveux.

tendre à la jeune fille qu'elle ne devait pas persister dans un engagement désormais rompu. La pauvre Lili ne voulait rien croire de ce qu'on lui disait et se contentait de pleurer. Loin de s'en fier aux apparences et d'accuser son amant, elle lui pardonnait du fond du cœur et s'efforçait de trouver des motifs légitimes à sa conduite, qu'elle avait fini par attribuer à quelque boutade d'un esprit inquiet, irrité par les mille ennuis qu'on lui suscitait, à quelqu'un de ces accès de folie qu'un grain de génie détermine si facilement dans la cervelle d'un amoureux de vingt ans. « Je l'aime, disait-elle toujours, et, s'il n'a pas cessé de m'aimer, je suis prête à le suivre jusqu'en Amérique. » On rapporta cette parole à Goethe, qui en fut touché, pas assez cependant pour se décider à être heureux une bonne fois. Cette excitation fiévreuse ne lui déplaisait pas trop; il aimait à s'écouter souffrir. Le beau mouvement du Saint-Gothard n'avait pas laissé de traces; ce n'était là qu'un éclair de la montagne, qu'un de ces feux follets que l'éloignement et l'absence ravivent. D'ailleurs, en passant par Heidelberg, il avait vu sa sœur, qui ne lui épargnait pas les remontrances, et, depuis son arrivée, les lettres de cette quinteuse personne, qui semble jouer dans ce petit roman le rôle d'une lady Ashton, ne faisaient que fomenter l'irrésolution dans son esprit. Aussi longtemps qu'avait duré l'absence, il avait cru plutôt à une séparation qu'à une rupture. Sur le lac de Zurich, parmi les neiges du Saint-Gothard, ses souvenirs, ses souhaits, ses espérances, avaient eu leur libre jeu. Au retour, tout changea; et, si c'est le ciel pour deux amants que de se revoir sans contrainte après l'absence, il n'y a pas d'enfer comparable au supplice de deux êtres qui s'aiment, et qui sentent, en se retrouvant, qu'une force inexorable les sépare. En renouant avec Lili, Goethe devait retrouver dans son entourage les mêmes contraintes, plus irritantes désormais, plus insupportables, et dès le premier jour, en la revoyant, il sentit qu'elle était perdue pour lui.

A cette époque s'ouvre vraiment une période de trouble et d'anxiété, une de ces crises de jeunesse qu'on pourrait comparer à l'ébullition du vin qui fermente. Comme le nouveau vin, le sang généreux se dépouille alors des fumées qui l'embarrassent et s'apprête à vieillir ensuite noblement. Cette transition de la jeunesse à la maturité, espèce de fièvre morale à laquelle plus d'un esprit succombe, est ici d'autant plus intéressante à étudier, qu'on sait d'avance qu'elle va se résoudre dans le calme olympien de Weimar. Sans cesse ballotté entre l'idée de cet amour auquel il ne peut se décider de renoncer et le soin de son avenir qu'il tremble d'engager, il va de Lili à *Egmont* : il s'enferme huit jours avec résolution, écrit le premier acte qu'il lit à son père ; puis, n'y tenant plus, il court après un regard ; et si au spectacle, au concert, au bal, ses yeux rencontrent les yeux de Lili, si cette blanche main si bien gantée effleure la sienne, son cœur déborde, et le voilà redevenu fou. Inquiet, tiraillé, malheureux au fond, la seule providence qui le dirige encore au milieu de tant de confusions et de dissonances, c'est la comtesse Stolberg, sa chère Auguste, qu'il aime de tous les amours, comme on aime une femme qu'on n'a jamais vue. Il lui écrit lettres sur lettres ; tantôt passionné comme Werther, tantôt affectueux et tendre comme un frère, tout ce que ce feu qui s'éteint laisse dans son âme de mélancolie, d'humeur, de découragement, se reflète dans ces petits billets tracés à la hâte sur un coin de table, sur ses genoux, comme cela se trouve. Et c'est ce qui fait que cette correspondance, sans grande valeur littéraire par elle-même, prend tout l'intérêt d'un roman, si vous la replacez au milieu des passions dont elle s'est inspirée.

25 juillet 1775.

« Je veux vous écrire, Auguste, chère sœur, bien qu'il me semble que, dans l'état où je suis, même auprès de vous, j'aurais peine à trouver quelque chose à dire. Je commence donc. Qu'il y a loin de moi jusqu'à vous ! Il faut espérer pourtant qu'un jour nous nous verrons.

« Lorsque tout m'accable ainsi, je me tourne vers le nord, où respire ma sœur chérie, là-bas, à deux cents milles de moi. Hier au soir, ange, j'aurais voulu être à vos pieds, serrer vos mains. Je me suis endormi avec cette idée, et ce matin je la retrouve encore à mon réveil. Belle âme pleine de mansuétude, vous qui avez le ciel dans le cœur, je serai encore ballotté cruellement. N'importe, pourvu que je me repose un instant sur votre cœur. C'est là mon rêve, mon seul but au milieu de tant de souffrances. Je me suis si souvent trompé sur les femmes ! — Chère Auguste, que ne puis-je lire un instant dans vos yeux ! — Je m'arrête ; — ne cessez pas de m'aimer. »

À mesure qu'il sent que Lili va lui échapper, il tend à se rapprocher davantage d'Auguste. Il faut à cette agitation fiévreuse un cœur de femme capable, sinon de remplacer complétement la divinité perdue, du moins de servir d'objet à l'évaporation confuse de tant de sentiments exaltés, et qui l'étoufferaient, s'ils n'avaient cours. Comme il sait très-bien qu'il chercherait vainement un pareil cœur dans son entourage, il franchit la distance et s'adresse ailleurs. Du reste, l'éloignement ici, loin de nuire, ajoute un vague qui sied bien et tempère la crudité de certaines boutades un peu vives. Une femme qu'on n'a jamais vue, un être avec lequel des circonstances tout amicales et poétiques nous ont mis en relation, n'est-ce point là un idéal attrayant? et, s'il est vrai de dire que chez un homme supérieur toute image que le souvenir garde s'épure insensiblement et se dégage avec le temps des moindres ombres, dans quel azur sans tache, dans quel éther fluide et transparent ne doit pas régner une apparition ainsi devinée et pressentie!

Offenbach, 9 août.

« Auguste, Auguste, un mot de toi qui me délivre, une étreinte de toi! Que d'angoisses et de confusion! Ici, dans la chambre de la jeune fille qui fait mon malheur sans que ce soit sa faute, de ce cœur d'ange dont je trouble les jours, ici, Auguste, je tiens dans mes mains ta lettre depuis un quart d'heure, et je la lis. — Elle est du 2 juin. Tu m'y demandais de te répondre un mot, un mot du cœur; nous voici au 3 août, et je n'ai pas écrit encore. J'ai écrit, la lettre est sur la table, commencée. O mon cœur! faut-il donc que je l'ouvre pour t'envoyer, Auguste, à toi aussi, la lie amère qu'il contient! Comment te parler de Frédéric, lorsque dans son malheur c'est le mien seul que je déplore? Crois-moi, Auguste, il souffre moins que moi. Vainement j'ai couru trois mois le pays, vainement j'ai aspiré par tous mes sens mille sujets nouveaux; ange, me voici encore à Offenbach aussi simple qu'un enfant, aussi borné qu'un perroquet sur son perchoir; et vous, Auguste, si loin! Que de fois je me suis tourné vers le nord! La nuit, assis sur la terrasse au bord du Mein, je pense à toi. Si loin! si loin! Le vertige finit par me prendre, et je ne trouve pas le temps de t'écrire. — Mais, pour cette fois, je ne cesserai pas, jusqu'à ce qu'on frappe à ma porte, qu'on m'appelle. Et cependant, cher ange, bien souvent, dans les plus vives angoisses de mon cœur, bien souvent je me suis écrié en t'appelant : Consolé! consolé! Patience, et nous y parviendrons, et tu seras heureuse dans tes frères, et nous en nous-mêmes. Cette passion sera pour nous le vent qui souffle l'incendie; elle nous apprendra, dans cette extrémité, à nous tenir sur nos gardes, à être braves, énergiques et bons, et nous serons poussés où le sens qui dort n'atteint pas. — Ne souffre point à cause de nous, supporte-nous. — Donne-nous une larme, une étreinte de main, un regard sur tes genoux; essuie ce front avec ta main chérie. Une parole énergique, et nous nous retrouverons sur nos pieds.

« Je change de dispositions cent fois par jour. Ah! que j'étais bien avec tes frères! Je paraissais calme et je souffrais pour Frédéric, plus à plaindre que moi, quoique mon mal fût plus cruel. Et maintenant, tout seul!

« Je vous avais en eux, chère Auguste, car vous ne faites qu'un en amour et en personne. Auguste était avec nous, et nous avec elle. — Et maintenant, rien que vos lettres. — Vos lettres! elles me brûlent à travers ma poche. — Et cependant, si je les ouvre en un moment favorable, comme à présent, par exemple, elles me calment. Mais, hélas! trop souvent, lorsque mon cœur est sourd et aveugle, ces caractères, tracés par la plus douce amitié, ne sont plus pour moi que lettre morte. Ange, c'est un affreux état, l'insensibilité. Tâtonner dans la nuit, n'est-ce pas le ciel, en comparaison d'être aveugle? — Pardonnez-moi cette confusion et tout le reste. — Je suis si heureux de pouvoir causer ainsi avec vous, si heureux de me dire : Elle va froisser ce papier dans ses mains, elle! ce papier que je touche et noircis d'encre. — Adorable enfant! — Je ne puis pourtant jamais être tout à fait malheureux. Encore deux mots. — Je ne resterai plus ici longtemps maintenant; il faut que je me remette en route et que je m'en aille. — où?

Suivent quatre lignes de points, après quoi il reprend :

« Ce vide signifie que je suis resté absorbé dans mes idées un long quart d'heure pendant lequel mon esprit a fait le tour du monde. Triste destinée qui ne me permet pas un état moyen! Être fixé, cloué sur un point, ou servir de jouet aux quatre vents! — Heureux vous êtes, voyageurs transfigurés qui dans une douce et complète satisfaction secouez chaque soir la poussière de vos pieds, et vous réjouissez comme les dieux dans vos œuvres de la journée!... Ici coule le Mein; juste de l'autre côté s'étend Bergen, sur une colline derrière Kornfeld. Vous avez ouï parler de la journée de Bergen [1]. A ma gauche, le gris, le déplaisant Francfort, vide pour moi désormais; à ma droite, de jolis villages échelonnés sur la hauteur; au bas, le jardin et la terrasse sur le Mein, et sur ma table un mouchoir, un panier, un fichu. Aujourd'hui nous montons à cheval; ici pend une robe, là une montre, puis des boîtes, des cartons à bonnets, à chapeaux. — J'entends sa voix! — Elle veut que j'attende pendant qu'elle s'habille. — Chère Auguste, je vous décris tout ce qui se passe autour de moi, afin d'échapper, s'il est possible, par ce coup d'œil des sens, aux Esprits qui me harcellent. — Lili a été très-étonnée de me trouver là. Elle m'a demandé à qui j'écrivais, je lui ai dit, à vous. Adieu, Auguste; écrivez-moi. Vos frères vous auront envoyé leur silhouette. — Au nom du ciel, ne montrez mes lettres à personne. »

Cette lettre est signée *der Unruhige*, l'inquiet. Ne rions pas trop de la sentimentalité quelque peu naïve; au temps de Jean-Jacques et des *Confessions*, elle eût passé. D'ailleurs, au jeune étudiant qui vient d'écrire *Werther*, cette emphase du cœur ne messied pas; elle est là, si l'on veut, comme un trait caractéristique du moment, comme un point du costume, et je l'aime presque autant que cet œil de poudre sur les cheveux cendrés de miss Harlowe. Non qu'à tout prendre cette inquiétude doive

---

[1] 13 avril 1759, journée mémorable, en effet, dans laquelle le maréchal de Broglie, à la tête des troupes françaises, battit l'armée des alliés que commandait le duc Ferdinand de Brunswick. C'est à cette action d'éclat que madame la princesse Hélène, aujourd'hui duchesse d'Orléans, faisait allusion lorsqu'au moment d'entrer en France elle indiquait avec tant de grâce et d'à-propos à M. le duc de Broglie, qui l'accompagnait, la place où son aïeul le maréchal s'était illustré. Cette journée de Bergen valut à la France une mode célèbre, la coiffure à la Bergen, que les femmes inventèrent en son honneur.

effrayer au milieu de ces dissonances intérieures, à travers cet état de trouble et de confusion : une lucidité trop réelle apparaît pour qu'on puisse sérieusement être alarmé. Le patient lui-même n'ignore pas, et cela dans ses plus vives angoisses, que tôt ou tard il guérira. Ce n'est donc là qu'une crise, mais une crise qui, par l'importance du sujet dont elle a choisi le cœur pour théâtre, mérite qu'on l'observe et qu'on l'étudie. Après avoir tant de fois cherché à trouver Goethe dans Werther, ne sera-t-il pas facile, d'après les lettres qui vont suivre, de reconnaître Werther dans Goethe?

14 septembre.

« Aujourd'hui je suis calme, ce qui n'empêche pas que le serpent ne dorme sous l'herbe. Écoutez-moi, Auguste ; j'ai le pressentiment que vous me sauverez d'une affreuse peine ; nulle autre femme que vous ne le peut. Merci pour la description que vous me faites de ce qui vous entoure. Si j'avais seulement une silhouette de vos traits! Que ne puis-je aller à vous! Dernièrement je faisais le voyage, je parcourais l'Allemagne en triste équipage sans regarder à gauche ni à droite. Je me dirigeais en toute hâte vers Copenhague; j'arrivais, j'entrais dans votre chambre, je me précipitais à vos pieds, et je m'écriais tout en larmes : Auguste, c'est toi! — C'était une heure fortunée, car tout cela se passait, comme je vous le raconte, dans ma tête et dans mon cœur. Ce que vous dites de Lili est très-vrai. Malheureusement, plus je me retire, plus se resserre le lien magique qui m'attache à elle. Je ne puis ni ne veux tout vous dire, ce qui se passe est trop près de moi, je n'ai pas de souvenirs. Ange ! votre lettre retentit toujours dans mes oreilles comme la trompette au cœur du guerrier endormi. Plût à Dieu que vos yeux fussent pour moi le bouclier d'Ubald, et m'éclairassent sur la profondeur de ma misère ! — Mais laissons cela; il n'est donné qu'au regard de feu du moment de sonder le cœur humain. — Je vous quitte pour aller à table.

« *Après dîner.* — Tes bonnes paroles ne me sortaient pas de l'esprit, et quelque chose en moi me disait : N'est-ce point un excès d'orgueil de prétendre que cette jeune fille te connaisse et qu'elle t'aime? toi-même la connais-tu donc bien? et si elle est autre que toi, ne vaut-elle pas mieux? — Auguste, laisse mon silence te dire ce que nulle parole ne saurait exprimer.

« Bonne nuit, Auguste! Aujourd'hui, l'après-midi a été bonne, chose rare! d'autant plus rare, que j'avais à tenir compagnie à deux princesses. — Bonne nuit! — Je veux t'envoyer ainsi mon journal, c'est ce qu'il y a de mieux. — Fais de même pour moi; je hais les lettres, les explications et les discussions. Bonne nuit! C'est pour la troisième fois que je te quitte et reviens sur mes pas; je fais comme les amoureux qui prennent leur chapeau pour se rasseoir. Ah! si tu pouvais huit jours seulement sentir mon cœur sur ton cœur, mon regard dans le tien! Ce que nous voyons ici passe comme l'éclair, et toi seule peux le comprendre. »

Du 15. — « Bonjour : — Vous ne devineriez jamais ce qui m'occupe. Un masque pour le bal de mardi.

« *Après-dîner.* — Je quitte la table pour venir te dire ce qui me trottait par l'esprit dans l'autre pièce, à savoir, que jamais aucune femme ne me fut aussi chère qu'Auguste. — Et mon costume? Ce sera l'ancien costume allemand, noir et jaune, haut-de-chausse, pourpoint, chapeau retroussé avec une plume. Combien je remercie le ciel de m'envoyer cette poupée pour deux jours, si toutefois cela dure autant!

« *Trois heures et demie.* — Tombé dans l'eau comme je le pressentais. Mon costume ne peut être prêt, et Lili ne va pas au bal. Je voudrais pouvoir me présenter à toi tel que je suis. Seigneur Dieu! en un pareil changement, toujours le même! »

Du 16. — « Des songes presque funestes m'ont inquiété toute la nuit. Ce matin encore, en m'éveillant de bonne heure, j'avais peine à les secouer; mais sitôt que j'ai vu le soleil, j'ai sauté à bas du lit et me suis promené de long en large dans la chambre; j'ai caressé mon cœur si doucement, si doucement! je me suis senti plus léger, et la conviction m'est venue que je guérirais, et que de moi sortirait encore quelque chose. Bon courage, donc, Auguste! — Ne nous en remettons pas à la vie éternelle; ici encore nous pouvons être heureux, ici encore il me reste à voir Auguste, la seule jeune fille dont le cœur batte vraiment dans mon sein.

« *Trois heures et demie après midi.* — Matinée ouverte et bonne; j'ai fait quelque chose pour Lili; elle avait du monde, et, comme une espiègle qu'elle est, m'a joué le tour de me pousser, en sortant de table, au milieu d'un cercle d'étrangers et de connaissances. Je pars à l'instant pour Offenbach, afin de ne pas la rencontrer ce soir au spectacle, demain au concert. J'emporte ma lettre, que je continuerai là-bas.

« *Offenbach, sept heures.* — Chère Auguste! — me voici encore à cette table où je vous écrivais avant d'aller en Suisse. Un jeune couple, marié seulement depuis huit jours, loge dans la chambre voisine, et j'entends soupirer sur son lit une jeune femme qui languit déjà dans l'espoir si doux d'être bientôt mère. Adieu pour ce soir; il est nuit, et le Mein brille entre ses rives sombres.

« *Offenbach, dimanche, dix heures du soir.* — Journée pénible et triste : en me levant, j'étais bien. J'ai écrit une scène de mon *Faust*; ensuite j'ai perdu deux heures, après quoi je suis allé faire ma cour à une jolie fille dont tes frères t'auront parlé, et qui est bien la plus singulière créature que je connaisse. J'ai mangé, dans une compagnie où je dînais, une douzaine de petits oiseaux, aussi vrai que Dieu les a créés ; puis je me suis promené sur le fleuve en dirigeant moi-même le canot (j'ai la fureur d'apprendre à naviguer), puis j'ai joué deux heures au pharaon, et me suis attardé deux autres heures à converser avec de braves gens, et maintenant me voici à ma table pour te dire bonsoir. Et cependant que d'angoisses et de troubles! Comment te dire ce que j'éprouvais au milieu de ces distractions. Je n'ai pas cessé de souffrir; j'étais comme un rat qui a mangé de l'arsenic : il court dans tous les coins, absorbe toute humidité, dévore tout ce qu'il rencontre sur son passage, tandis qu'une flamme intérieure, qu'une ardeur mortelle, inextinguible, lui consume le sang. . . . .

La scène de Faust dont il parle, ne serait-ce point celle des joyeux compagnons dans la taverne d'Auerbach, où cette idée se trouve reproduite mot pour mot dans la fameuse chanson du rat :

> Il rôde, il court, il trotte,
> Il boit à tous les pots,
> Mange, ronge et grignote
> Fenêtres et rideaux.
> Rien ne le désaltère,
> Comme si le compère
> Avait l'amour au corps [1].

Maintenant est-ce la prose de l'amant que le poëte a rimée, ou l'amant aurait-il, par hasard, fait servir l'inspiration du poëte à ses divagations sentimentales? Il y a là plus qu'une question de date à éclaircir. Du reste, si jamais grand esprit se montra en déshabillé, c'est à coup sûr Goethe dans ces correspondances; il y a même, dans ces façons de tenir mémoire de ses moindres gestes et d'enregistrer comment, par exemple, le 28 août 1776, étant à Weimar, il lui arriva de sortir le matin par un beau temps et de tuer un canard sauvage; il y a, disons-nous, dans ces préoccupations puériles, moins d'égoïsme que de faiblesse pour la mode du jour. C'était en effet l'usage, vers 1775, de se raconter entre soi de pareils badinages, et de s'asseoir à son pupitre pour écrire quel habit on portait au moment de tremper sa plume dans l'encre. Je reprends mes citations.

« *Lundi*, 18. — Mon petit navire attend, nous allons descendre le fleuve. — Splendide matinée! le brouillard est tombé, tout est frais et lumineux à la ronde. — Et moi je retourne à la ville, je vais reprendre le seau des Danaïdes! Adieu!

« Je respire librement la fraîche matinée! Chère Auguste, je le sens, mon cœur finira par s'ouvrir à la vraie volupté, à la vraie souffrance, et tôt ou tard cessera d'être ainsi ballotté, entre le ciel et l'enfer, sur les vagues de l'imagination et d'une sensibilité extravagante. Chère, écris-moi aussi un journal; il n'est que ce moyen de vaincre cette éternelle distance.

« *Lundi, minuit, Francfort, à ma table.* — Je rentre pour te dire bonsoir. J'ai erré, je me suis étourdi toute la journée. O chère, qu'est-ce donc que la vie de l'homme, et tant de biens qui s'amoncèlent à mes pieds, tant d'amour qui m'entoure? — J'ai vu Lili aujourd'hui après dîner, je l'ai vue au spectacle, et je n'ai pas eu un mot à lui dire, nous ne nous sommes pas parlé; ah! fussé-je délivré de cette angoisse! Et pourtant, Auguste, je tressaille à la seule idée qu'elle pourrait me devenir indifférente. En attendant, je reste fidèle à mon cœur et laisse faire.

« *Mardi, sept heures du matin.* — Dans les plaisirs et la dissipation! Auguste, je me laisse entraîner, et ne dirige le gouvernail que pour m'empêcher

---

[1] Als hätt' er Liebe im Leibe.

d'engraver, et cependant j'ai engravé et ne puis m'arracher à son influence. Ce matin, le vent souffle pour elle dans mon cœur ! — Grande et sévère leçon ! — Néanmoins je vais au bal pour l'amour d'une gracieuse créature, mais simplement, en domino. Lili n'y vient pas.

« *Trois heures et demie après midi.* — Toujours le même train, poussé par l'oisiveté vers les dominos et les chiffons à travers mille niaiseries. J'ai pourtant bien des choses à te dire encore. Adieu ; je suis un pauvre homme égaré et perdu !

« *Huit heures du soir.* — Je rentre du spectacle, et viens m'habiller pour le bal. — Ah ! chère Auguste, lorsque je relis cette lettre ! quelle vie ! Persisterai-je, ou bien dois-je en finir pour toujours ? Et pourtant, chère, lorsque je sens tant de parcelles se détacher de mon cœur, lorsque je vois se détendre cet état convulsif dont ma chétive et folle organisation était la proie, se rasséréner mon coup d'œil, mes relations avec les hommes gagner en sûreté, en force, en étendue, et cela sans que mon être intérieur s'amoindrisse, sans que mon cœur cesse d'être voué pour jamais à l'empire sacré de l'amour, qui peu à peu refoule tout élément étranger par cet esprit de pureté qu'il est lui-même, oh ! alors, je me laisse aller. — Peut-être me trompé-je ! n'importe, je rends grâce à Dieu. Bonne nuit, adieu ! »

Il n'y a pas à s'y méprendre : la guérison dès longtemps entrevue se déclare cette fois ouvertement. Voilà, nous pouvons le dire, une cure habilement conduite. Goethe, si on l'a remarqué, ne s'arrête pas aux expédients en usage chez les poëtes ordinaires ; dès le premier moment il tranche dans le vif, il a recours aux grands moyens. La dissipation, les voyages, les galanteries faciles, et, çà et là, aux bons moments, l'étude et le travail ; un homme du monde, roué aux intrigues, ne s'en fût pas mieux tiré. Il y a, dans ce joli roman, des contradictions qui me ravissent. Avez-vous jamais vu tant d'exaltation sentimentale, de poésie expansive, se marier à plus d'expérience et de jugement ? Comme il calcule et prévoit tout, comme sa raison n'abdique jamais, et cela même dans ses accès de délire ! Est-ce à dire qu'on doive accuser le poëte de n'être pas de bonne foi ? Non, certes ; c'est un des rares priviléges de cette organisation puissante, que l'homme et le poëte, loin de s'exclure, s'aident l'un l'autre et se complètent. Et voilà pourquoi, dans certaines occasions difficiles, celle-ci par exemple, quand un poëte ordinaire eût chanté, lui agit. La lettre qui suit constate un dernier progrès dans sa guérison, désormais radicale :

« J'ai passé la nuit au bal, et n'ai dansé que deux menuets, occupé que j'étais à tenir compagnie à une aimable personne qui toussait. Si je te disais mes relations nouvelles avec les plus douces, les plus nobles âmes féminines ; si je pouvais, de vive voix ! Non, quand je pourrais, je ne l'oserais, et tu n'y tiendrais pas. Moi aussi j'aurais succombé, si tout s'écroulait à la fois, et si la nature, dans sa prévoyance économe, n'avait soin de nous administrer chaque jour quelque grain d'oubli. Il est maintenant huit heures ; j'ai dormi jusqu'à une heure, j'ai dîné, pris quelques soins, je me suis habillé, présenté au prince de Meiningen, j'ai été à la promenade, au spectacle, dit sept mots à Lili, et me voici. Addio ! »

Cette lettre est la dernière où le nom de Lili soit prononcé ; déjà sa résolution était prise de se rendre à Weimar, où le jeune couple grand-ducal devait l'emmener à son retour de Carlsbad. Lui-même a pris soin d'expliquer les raisons qui le déterminèrent à cette époque. « J'avais reçu de ce côté tant d'accueil et de prévenances, écrit-il dans ses mémoires, que je gardais à Leurs Altesses une reconnaissance qui tenait presque de la passion. L'attachement que j'avais conçu dès l'abord pour le grand-duc, mon culte pour la princesse, que je connaissais dès longtemps, bien que seulement de vue ; mon désir de nouer des relations amicales avec Wieland, qui s'était conduit à mon égard d'une si noble manière, et de régulariser en temps et lieu mes désordres, moitié volontaires, moitié occasionnés par les circonstances : c'étaient là des motifs irrésistibles et faits pour agir même sur un jeune homme ayant le cœur libre. Mais, à cette époque, j'en étais venu à cette extrémité, qu'il me fallait fuir Lili d'une manière ou de l'autre, soit pour me diriger vers le sud, où les récits de mon père me représentaient chaque jour le plus beau ciel de la nature et des arts, soit pour me rendre dans le nord, où m'attirait un si glorieux cercle d'hommes éminents. »

Ainsi s'éteignit cet amour, sans rien tenir de ce que le monde en attendait, bien qu'au sens de Goethe il eût donné peut-être davantage, puisqu'il en résulta pour lui un centre d'activité plus solide et plus invulnérable.

On ne saurait nier que ce penchant de Goethe à s'appuyer sur la réalité ne lui ait considérablement profité dans ses œuvres, et c'est une folie de prétendre, comme l'ont fait en Allemagne certains coryphées d'une réaction avortée, que sans cette tendance pratique il eût été plus grand. C'est au contraire à cette tendance qu'il doit l'ordre de son esprit, la mesure de ses productions, et, comme il le dit lui-même, sans elle il risquait de se perdre. Qu'il eût touché au but atteint en épousant Lili ou qu'il l'eût dépassé, c'est ce qu'il ne nous appartient pas de discuter. Quoi qu'il en soit, il arriva à ces fraîches amours ce qui arrive à tant d'autres, qui s'en vont, nobles tiges dispersées par les vents de l'existence, porter ici et là, celle-ci dans un poëme ou dans un drame, celle-là dans les soins prosaïques du ménage, des germes chauffés au soleil d'une première passion. Lili se maria quelque temps après à M. de Türkheim, à Strasbourg, et mourut en 1815, le 6 mai. J'ai beau chercher dans les poésies de Goethe, je n'y trouve nul écho de cette mort. Il semble pourtant qu'une pensée mélancolique, une larme donnée à travers le temps à cette fraîche créature qu'il avait tant aimée ou cru aimer, eût bien fait dans le cycle des poésies assez nombreuses qu'elle lui inspira; mais Goethe, comme on sait, n'était pas l'homme des émotions rétrospectives : d'ailleurs, à l'époque où Lili mourut, la Suléika du *Divan* accaparait tous les trésors de son imagination.

Goethe arriva à Weimar en novembre 1775. Ici commence une vie nouvelle; les amitiés illustres se le disputent; on le visite, on l'entoure, on le choie, on l'accable d'honneurs et de prévenances; Charles-Auguste surtout ne le quitte plus un seul instant[1]; c'est un engouement, un fanatisme dont rien n'approche. Le nouveau Jupiter prend possession de son olympe, et dans cet inextinguible hurrah qui l'accueille à la table grand-ducale, transformée pour un jour en banquet des dieux, ses sensations antérieures s'émoussent et disparaissent. Lili, Auguste, il oublie tout et s'oublie lui-même; à peine s'il trouve le temps, entre deux coupes de nectar, de laisser tomber de sa plume ces lignes empreintes de ce trouble divin assez commun aux mortels qui se transfigurent :

Weimar, 11 février 1776.

« Puisses-tu, chère Auguste, interpréter mon silence ! Je ne puis, je ne puis rien dire ! »

La crise fut si violente, qu'elle faillit lui coûter la vie; quelques jours après avoir écrit ce billet, il tomba malade, et peu s'en fallut que la céleste mue ne s'accomplît chez lui plus radicalement qu'il ne le souhaitait. Cette maladie fut le coup de ton-

---

[1] Ce passage d'une lettre de Wieland à Merck (26 janvier 1775) donnera une idée de cet empressement : « Goethe est fixé ici à tout jamais; Charles-Auguste ne peut plus faire un pas sans lui. La cour, ou plutôt sa liaison avec le grand-duc, lui fait perdre un temps regrettable; et cependant, avec ce merveilleux homme de Dieu, rien n'est perdu. »

nerre après l'orage; elle changea la température, jusque-là inégale, et décida le beau, le calme, le ciel bleu sur lequel les nuages ne devaient plus que glisser. Une fois en convalescence, il songe à rentrer dans la vie, mais sous d'autres conditions. Aux désordres, aux vicissitudes d'une existence de jeune homme livrée à tous les vents qui passent, va succéder la méthode et l'économie domestique. Désormais le sentiment du bien-être et des relations commodes régnera dans son cœur à la place que les passions ont essayé d'occuper. C'est plaisir de le voir s'installer dans la jolie villa au bord de l'Ilm, qu'il tient de l'amitié de Charles-Auguste. Il dessine lui-même son jardin, arrange ses bancs de gazon *pour que le repos y descende sur son âme*, et le soir, assis devant sa porte, écoute les *oiseaux lui chanter quelque chose*. Peu à peu sa correspondance avec la comtesse Auguste se renoue, et l'homme heureux, l'homme qui a trouvé le chemin de la quiétude, vous apparaît à tout instant dans ces mille riens dont abonde ce journal, qui désormais raconte plus qu'il ne discute.

28 août 1776.

« Bonjour, Auguste. Ma première pensée, en sautant du lit, est pour toi. Une belle et riche matinée, mais fraîche; le soleil donne déjà sur mes prés. — La rosée flotte encore sur l'eau. Cher ange! pourquoi faut-il que nous vivions si éloignés l'un de l'autre? Je m'en vais jusqu'à la rivière, voir s'il y a moyen de tirer quelques canards sauvages.

« *Vers midi.* — Je me suis attardé à la chasse; j'ai surpris un canard. Je ne suis rentré que tout à l'heure, dans le mouvement de la journée, et maintenant me voilà complétement désœuvré jusqu'à demain. Adieu, cependant.

« *Quatre heures après-midi.* — J'attends Wield, sa femme et ses enfants. J'ai pensé beaucoup à toi aujourd'hui.

« *Sept heures du soir.* — Ils me quittent à l'instant, — et maintenant plus rien. — Dieu soit loué! un jour où je n'ai rien écrit, rien pensé, où je me suis laissé aller aux seules impressions de mes sens! »

Ainsi se prolonge quelque temps encore cette correspondance, où Goethe continua d'enregistrer jour par jour, heure par heure, toutes les sensations, tous les accidents de cette existence dont il écoutait les moindres pulsations, comme on ferait du mécanisme d'une montre. Cependant, vers l'époque du second voyage en Suisse, qu'il entreprit dans la compagnie de Charles-Auguste, une ombre vint offusquer ces relations jusque-là tout idéales. La manière un peu dégagée dont Léopold Stolberg en usa avec le grand-duc de Weimar (sur le chapitre de son grand-duc, Goethe n'admettait pas la plaisanterie) amena chez le poëte, susceptible au dernier degré, une réserve qui devait dégénérer en froideur. Peu à peu la correspondance se ralentit, et les relations finirent par devenir si rares, qu'à dater du voyage dont nous parlons on en perd la trace; quelques lignes en 78, quelques lignes encore en 80, un signe de vie en 82, puis plus rien. Là s'arrêtent les rapports de Goethe avec la comtesse Auguste, pour ne se renouer que quarante ans plus tard. Mais n'anticipons pas sur les événements, et tâchons d'éclaircir les motifs qui séparèrent, dans la maturité de l'âge et de la vie, ces deux grandes âmes, instinctivement portées l'une vers l'autre, et dont les sympathies, refoulées, mais non mortes, avaient encore à dire leur dernier mot dans une occasion bien solennelle.

Et d'abord, sans trop creuser le fond des choses, les mille occupations nouvelles qui sollicitèrent tout à coup l'activité de Goethe ne devaient plus beaucoup lui permettre de s'oublier ainsi à tout moment dans les aimables causeries d'une correspondance féminine. Au milieu de tant d'affaires hétérogènes auxquelles sa nature, à coup sûr, pouvait suffire, mais dont la vie qu'il menait à Francfort ne lui avait nullement donné l'expérience, c'en était assez pour lui que de se reconnaître. Quoi qu'il en soit, avec cette correspondance se relâchèrent tous les liens qui l'attachaient à la famille Stolberg. Un manque de parole de Frédéric-Léopold au grand-duc de Weimar commença, nous l'avons dit, à l'indisposer contre les deux frères, dont celui-ci, le plus jeune, était son favori. Le grand-duc Charles-Auguste, alors occupé à former autour de lui ce groupe d'esprits distingués dont son règne s'honore, avait offert au comte Léopold de prendre du service à sa cour. Léopold, flatté des avances du prince, s'engagea, puis, détourné par je ne sais quelles représentations acrimonieuses du vieux Klopstock, qui prétendait craindre pour son élève le séjour de Weimar, il changea brusquement d'opinion, et ne prit même pas la peine de motiver son refus. C'en était assez pour que Goethe, inexorable sur l'étiquette (et il y avait plus ici qu'un manque d'étiquette), ne lui pardonnât jamais. D'ailleurs, si on l'a remarqué, les relations qui existaient entre lui et les frères Stolberg n'avaient rien de bien sentimental. Nés aux deux extrémités de l'Allemagne, des affinités intellectuelles furent le seul mobile qui les rapprocha.

Il n'y eut rien, dans cet attachement de passage, dans cette liaison de plaisir et de mode, rien de cette estime raisonnée, de cette habitude de vivre ensemble, qui fondent la vraie amitié. Goethe et les Stolberg s'étaient rencontrés, non connus. Aussi s'explique-t-on sans peine comment, en les perdant de vue, Goethe les relégua au second plan de ses souvenirs, un peu dans le fond du tableau dont la jeune cour de Weimar occupait le devant. De leur côté, les Stolberg en firent autant. Christian, devenu bailli à Tremsbüttel, Frédéric-Léopold, aussi dans les emplois, l'un et l'autre avaient dit adieu aux rêves de jeunesse. Pour la comtesse Auguste, elle continua à vivre de la vie de famille, et, vers trente ans, épousa son beau-frère, le comte Andréas-Pierre de Bernstorff, alors veuf de sa sœur aînée. — En 1788, Léopold Stolberg perdit sa femme, après six ans de mariage, et cette mort porta toutes ses idées vers la dévotion. Après une jeunesse orageuse et quelque peu relâchée, Léopold avait trouvé le calme dans cette union avec une noble et excellente personne qu'il adorait; cette alliance une fois rompue, la fougue inquiète de sa nature se réveilla, et, comme il arrive presque toujours, se tourna vers d'autres fins extrêmes. Ses idées devinrent dogmatiques, et peu à peu il inclina au catholicisme, qu'il finit par embrasser avec une ardeur de prosélyte dont toute l'Allemagne fut émue. Une pareille conduite ne pouvait que déplaire à tous ses amis, qui ne tardèrent pas d'accueillir avec toute sorte de sarcasmes les tendances ultramontaines de leur ancien compagnon de plaisir. Je trouve dans la correspondance de Goethe avec Schiller, ainsi que dans le *Xenies*, petit recueil de satires et de bons mots qu'ils décochèrent en commun, on le sait, contre les travers de leur temps, littéraires et autres, plus d'une allusion mordante aux circonstances, plus d'un grêlon perdu de cette averse épigrammatique. Goethe haïssait trop ouvertement le mysticisme pour ne pas condamner dans l'âme toute espèce de tentatives faites de ce côté.

Cependant, autant qu'il le put, il se tint éloigné de la querelle. Quelques lignes égarées dans l'ensemble de ses poésies [1], et dont on ne saisit le sens qu'à la condition de se reporter vers les débats théologiques de cette époque, prouvent seulement à quel point lui répugnaient toutes ces controverses, qui ne servent qu'à fomenter les animosités et la discorde. Du reste, il observa

---

[1] Voir la pièce intitulée *Voss contra Stolberg*.

sa règle de conduite ordinaire, qui consistait à laisser faire et dire, et à méditer silencieusement sur ce qui se passait. Religion ou politique, il avait, à l'égard de toute polémique violente, une passivité dont il ne se départait pas. Alors, comme aujourd'hui, les hommes du mouvement, de la presse quotidienne comme on dit, lui faisaient un crime de son indifférence. Lui, qui doutait de tout, hormis de la raison humaine et de l'art, retournait en souriant à son œuvre, à cet Alhambra merveilleux qu'il construisait à distance des orages du siècle, et s'occupait, tandis que les autres s'entre-déchiraient, à creuser, pour les mille sources jaillissantes de sa fantaisie, des lits de cailloux fins sous des bosquets de myrtes et de lauriers-roses.

La famille Stolberg, originaire du Holstein, appartenait à ce protestantisme austère et rigoriste du nord de l'Allemagne ; on comprend dès lors quel coup dut lui porter la conversion éclatante de l'un de ses principaux membres au catholicisme. Cependant, si cruelle que fût cette épreuve, dont le scandale s'était emparé, la famille en ressentit moins d'indignation que de tristesse ; on raconte même qu'une sœur de Frédéric-Léopold suivit l'impulsion donnée et se fit catholique, pensant, dans son fraternel entraînement, qu'une religion que son frère bien-aimé s'était choisie devait avoir pour elle des trésors de grâce et de consolation que les autres ignorent. Mais le sens protestant du Holstein ne tarda pas à reprendre ses droits, et quinze jours s'étaient à peine écoulés depuis sa conversion, que la catéchumène irrésolue revenait à son ancienne croyance. Il y eut un moment où les querelles de religion semblèrent revivre. Le vieux protestantisme, mis en émoi par de nombreuses et de solennelles défections, releva la tête pour se défendre, et plus grandissait chez les uns cette fièvre de conversion, plus les autres jetaient feu et flamme. Vainement Goethe essaya de rétablir la paix entre les deux partis en s'écriant que, dans le royaume de l'autre monde, il y avait plus d'une province. Ces belles paroles, que nous retrouverons tout à l'heure dans sa dernière lettre à la comtesse Auguste, loin de calmer les esprits, suscitèrent chez les partisans de l'orthodoxie les réclamations les plus vives. L'impulsion était donnée, et pendant quelque temps les passions religieuses occupèrent à elles seules cet enthousiasme que les sentiments de nationalité devaient, avec plus de raison, enflammer peu après. Comme on pense, dans ce conflit universel, Goethe eut plus d'un assaut à soutenir ; sa répugnance insurmontable à se mêler à tout débat de ce genre, l'attitude froide et réservée qu'il affectait, son ironique indifférence, finirent par lui valoir les attaques des deux partis. Ce que voyant, il n'en devint que plus impassible et n'eut pas même l'air de s'en apercevoir, un peu semblable au commandant de cette forteresse construite au dernier pic du Iungfrau, et qui, tandis qu'on le bombardait de la vallée, laissait faire, bien certain que l'orage ne monterait pas jusqu'à lui. Plus d'une épigramme ayant trait à cette époque, et qu'il décochait d'en haut, comme on décharge par intervalles sa carabine sur un ennemi impuissant, prouve toutefois que, s'il se tint à l'écart des petites passions du moment, il n'en comprenait pas moins bien le fond de la question. Je citerai entre autres ce quatrain, composé évidemment pour la circonstance :

« Attachez-vous à suivre la voie sacrée de la vérité, et vous ne tromperez jamais ni vous ni les autres. Certaine dévotion laisse vivre le faux, et voilà pourquoi je la hais. »

Et celui-ci, où reparaît, sous le ton du badinage, cette espèce de culte qu'il professait partout pour la jeunesse et la santé :

« Si quelque jolie fillette veut bien prendre souci de mon salut, son tendre cœur est déjà voué à l'amour. Quant aux remontrances que la veuve d'un prêtre me débite du coin de son poêle, je n'y vois que vanité et chaos. — Je n'ai que faire de vos recommandations auprès du Sauveur, et l'homme sain le connaît mieux que les malades. »

Cependant, en présence de la démarche de Stolberg, son impassibilité ordinaire perdit un moment contenance. Il faut croire que cette conversion lui causa quelque douleur, qu'il en fut même affecté aussi vivement qu'il pouvait l'être. Un soir, dans une société d'Iéna, les dames, qui venaient de lire l'*Histoire de l'Église* de Stolberg, lui demandèrent son opinion sur cet ouvrage alors fort en vogue, et dont la grave Allemagne se préoccupait au moins aussi ardemment que nous pourrions le faire du roman du jour ; Goethe, jusque-là d'une humeur enjouée, fronça le sourcil dès qu'on le mit sur ce chapitre, et finit par donner pour toute explication qu'il fallait se méfier de semblables livres, bons seulement à fausser le jugement en matière divine et humaine, et à vous inspirer des préventions qui, le plus souvent, influaient sur les plus simples actes de l'existence ;

que du reste, pour lui, il en avait horreur. On raconte qu'après cette sortie, qui avait paru lui coûter beaucoup, il devint de plus en plus morose et taciturne, et que, bien qu'il se trouvât au milieu d'un cercle de femmes spirituelles et causant volontiers, il n'y eut plus moyen, tout le reste de la soirée, de tirer de lui autre chose que des monosyllabes.

Du reste, cette amertume de cœur survécut chez lui aux événements. En 1820, l'impression subsistait encore assez vive pour lui dicter ces lignes, qu'il écrivait dans un de ses moments de retour sur le passé :

« La querelle entre Voss et Stolberg me toucha sensiblement, et donna lieu pour moi à plus d'une réflexion. — Il arrive dans la vie qu'après vingt ans de mariage, un couple, en secret désuni, demande la séparation, et chacun de s'écrier alors : « D'où vient que « vous avez patienté si longtemps, et pourquoi ne point patienter « encore jusqu'à la fin ? » Cependant un tel reproche est ce qu'il y a de plus injuste. Quiconque a pris la peine de peser dans toute sa valeur la condition grave et digne que le mariage constitue dans une société moralement organisée, avouera combien c'est une chose dangereuse de se démettre d'une semblable dignité, et se posera cette question, à savoir, s'il ne vaut pas mieux se résigner aux désagréments du jour, et prendre son parti sur les tribulations qu'on est, la plupart du temps, en état de supporter, que de brusquer un dénoûment qui, après tout, s'offrira de lui-même en désespoir de cause. Il en est de même d'une amitié contractée dans la jeunesse. Ces liens formés dans les premiers beaux jours, dans ces jours qui se développent riches d'espérances, ces liens-là sont absolus. On n'entrevoit alors, ni pour le moment ni pour l'éternité, aucun sujet possible de discorde. Ce premier engagement se place bien plus haut qu'une alliance contractée à l'autel entre deux amoureux, car il est pur et ne se hausse sur aucun désir dont la satisfaction laisse craindre un pas en arrière ; et voilà ce qui fait qu'il semble impossible qu'on renonce jamais à une affection de jeunesse, même lorsque de menaçantes différences se déclarent et reviennent à la charge pour la battre en brèche.

« Quand on réfléchit à la situation de Voss vis-à-vis de Stolberg, il est impossible de ne pas être frappé d'une différence telle qu'elle ne permet pas d'espérer la moindre égalité dans les relations. Deux frères, jeunes patriciens qui se font remarquer au café des étudiants par la recherche du service et de la bonne chère, derrière qui se meut en sens divers toute une lignée d'aïeux, comment imaginer qu'un brave et rude autochthone, isolé de toute coterie, puisse former avec eux une liaison durable? Des deux côtés, les rapports sont précaires; une certaine libéralité de jeunesse et de cœur, jointe à de mutuelles tendances esthétiques, les rassemble sans les unir; car qu'est-ce qu'une communauté de poésie et de pensée contre des idiotismes innés, contre des différences dans la manière de vivre et la condition? »

Voss n'est-il pas un peu mis ici pour Goethe lui-même? Cette amitié de jeunesse, ces incompatibilités tardives, comme aussi la différence de rang et de fortune, tout cela ne rappelle-t-il pas la position du jeune Wolfgang vis-à-vis des comtes Stolberg lors du premier voyage en Suisse? L'identité des circonstances est remarquable, d'autant plus que le passage en question coïncide parfaitement avec un autre, écrit plus de quinze ans auparavant, et dans lequel il disait, en parlant cette fois de lui-même :

« La conversion publique de Stolberg au culte catholique brisa les plus beaux liens antérieurement noués. Quant à moi, je n'y perdis rien, mes rapports d'intimité avec lui ayant dès longtemps dégénéré en une bienveillance banale. Je m'étais senti de bonne heure, à son égard, une de ces franches inclinations qu'on a pour un homme vaillant, aimant et digne d'être aimé. Cependant je ne tardai pas à m'apercevoir qu'il ne saurait jamais s'appuyer sur lui-même, et finis par être convaincu qu'il cherchait, en dehors du centre de mon activité, son repos et son salut. Aussi l'événement n'eut-il pas de quoi me surprendre : depuis longtemps je le regardais comme un véritable catholique, et, en effet, il l'était par ses idées, par ses démarches, par son entourage; de la sorte j'envisageais d'avance avec calme le tumulte qui devait finir par jaillir de la manifestation ultérieure de nos secrets malentendus. »

Quant à la comtesse Auguste, il conserva d'elle, jusqu'à la fin, un souvenir plein de respect, mais trop intimement lié à certaines circonstances de jeunesse pour qu'il ne s'y mêlât point quelque amertume à mesure qu'il avançait en âge. Elle, de son côté, ne se démentit pas dans son affection. Elle était de ces âmes pieuses pour lesquelles un premier sentiment reste sacré lors même qu'un développement ultérieur, qu'elles ne peuvent adopter, les éloigne dans la suite de l'ami d'autrefois. Nous avons vu dans Auguste l'espiègle jeune fille, l'aimable enfant inspirant, sans le vouloir, une passion tout idéale dont elle accepte gaiement l'hommage sans fol empressement ni pruderie, en personne d'esprit et de cœur; je voudrais maintenant montrer chez elle la femme austère, la puritaine qu'un soin religieux préoccupe. Quelques passages d'une lettre de madame de Binzer, que la comtesse Auguste devait plus tard instituer dépositaire de sa correspondance avec Goethe, indiqueront ici, mieux que nous ne pourrions le faire, certains reliefs de cette noble figure de matrone, affable et souriante en son rigorisme.

« J'ai passé hier la soirée chez la vieille comtesse Bernstorff (Kiel, 28 mai 1830). Décidément, je ne saurais voir cette femme sans éprouver un sentiment de respect et de vénération profonde. Quelle noblesse et quelle dignité sur ce visage que le temps a pu flétrir, mais dont il n'enlèvera jamais le caractère auguste! Que de bienveillance et d'aimable résignation sur ce front couronné d'épaisses boucles de cheveux blancs! La comtesse est petite; mais tant de dignité, d'élévation respire dans son air! Sa simplicité surtout, sa douceur angélique, me ravissent. Je ne saurais dire combien j'ai en moi de sympathie pour ces natures délicatement pieuses qui, sous les dehors de la plus discrète tolérance, n'en conservent pas moins dans l'âme d'inébranlables convictions, qui mettraient plutôt en doute la renaissance des fleurs au printemps que la résurrection au dernier jour, et qui, laissant de côté toutes ces nuances frivoles dont nous nous payons, ne reconnaissent en fin de compte que deux choses, le bien et le mal, l'honnête et le déshonnête. Bien loin de blâmer à tout propos, elles travaillent à convertir chacun, car c'est pour elles une affaire de cœur de chercher à procurer aux autres la paix profonde dont elles jouissent. Nul malheur ne les abat, nul perte ne les décourage. Ce que ce monde leur refuse, elles espèrent le retrouver dans l'autre, et n'aperçoivent au delà des portes funèbres du tombeau qu'un royaume divin plein de joie infinie où il y a place pour tous, et où elles voudraient tous entraîner avec elles. La vieille comtesse a dans sa manière de s'exprimer une certaine solennité qu'on serait parfois tenté de prendre pour du pédantisme; mais ce ton de réserve absolue, cette façon de se tenir en garde contre toute vivacité inopportune, sont des particularités essentielles que je ne saurais oublier dans ce portrait. — J'aurai toujours devant les yeux ses beaux cheveux blancs argentés par l'âge, et ce noble front qui semble déjà ne plus donner asile aux émotions terrestres... »

On conçoit, d'après cela, que de cruels mécomptes attendaient dans la vie cette femme, ardente amie non moins que zélée protestante, et suivant, du fond de sa croyance austère et puritaine, Goethe pas à pas dans son développement intellectuel. Il suffit de parcourir l'œuvre de ce génie superbe, en lutte ouverte avec toute espèce d'autorité sacerdotale, et qui haïrait Dieu s'il le lui fallait voir sous le dogme d'une religion, pour sentir dans quelles perplexités, dans quelles angoisses dut tomber à son sujet une âme dévotement préoccupée du souci de l'éternité. Et sans aller chercher bien loin nos exemples, quel sens pouvaient avoir aux yeux de l'épouse fidèle *les Affinités électives;* de la protestante scrupuleusement attachée aux principes de la Bible, tant d'autres pièces qu'en dehors du point de vue philosophique on prendrait pour des défis jetés à l'impiété et à l'athéisme? Se figure-t-on l'amertume que doit endurer une âme sincèrement vouée aux pratiques de la religion en voyant à ses côtés un être qu'elle affectionne se damner de gaieté de cœur? A l'aspect de ce vieillard qui marchait ainsi vers l'éternité la tête haute et le cœur libre, gardant jusqu'à la fin son franc parler sur tout et ne reniant rien, la noble amie eut peur. Tant de raison aux portes du sépulcre l'épouvanta ; il est des moments où le calme d'un esprit fort peut être pris pour du vertige. Auguste tremblait pour l'âme de Wolfgang. Vingt fois elle fut tentée de lui venir en aide au bord de l'abîme, de lui jeter du fond de sa retraite une de ces paroles que la voix dit à Saul sur le chemin de Damas; mais je ne sais quelle fausse honte, quelle crainte de voir sa démarche mal interprétée l'avait toujours retenue. A la fin, cependant, son trouble augmente, elle songe au remords qui pèserait sur elle si l'avertissement arrivait trop tard, et sa conscience, assumant charge d'âme, lui dicte cette lettre qu'elle adresse à Goethe sur-le-champ.

LA COMTESSE BERNSTORFF A GOETHE.

Bordesholm, 15 octobre 1822.

« Reconnaîtriez-vous, si je ne me nommais, les traits du temps passé, cette voix qui vous était jadis si bien venue! Eh bien! oui, c'est moi, Auguste, la sœur des deux Stolberg si tendrement chéris, si amèrement pleurés et regrettés. Ah! que ne peuvent-ils, du sein de leur séjour de paix, de ce monde où il leur est donné de contempler celui auquel ils n'ont pas cessé de croire ici-bas, que ne peuvent-ils se joindre à moi pour vous dire : « Cher, cher « Goethe, tournez-vous enfin vers celui qui se laisse si volontiers trouver, « croyez en celui en qui nous avons cru tant que notre vie a duré! » Et ils ajouteraient encore, les bienheureux : « que nous contemplons désormais; » et moi je dis : qui est la vie de ma vie, la lumière de mes sombres jours, qui fut pour nous trois le sentier, la vérité, la vie, notre maître et notre Dieu! Je laisse encore parler mes frères, qui exprimèrent ce vœu si souvent avec moi : « Cher, cher Goethe, l'ami de notre jeunesse, jouissez, vous aussi, de

« ces biens qui, déjà sur la terre, étaient notre partage, l'amour, l'espérance, « la foi. » Et ils ajoutaient, les bienheureux : « La science et la paix éternelle « vous attendent ici. » Pour moi, je ne vis encore que dans l'espérance de cet avenir; bienheureuse espérance, tellement passée chez moi à l'état de certitude, que j'ai peine à apaiser le désir immense qui m'y porte. — Je relisais, ces jours derniers, toutes vos lettres, *the songs of other times*; la harpe de Selma résonnait à mes oreilles, je vous retrouvais bon pour la petite Stolberg, et moi aussi je vous aimais du fond du cœur. — Non, tout cela ne doit pas périr, mais vivre dans l'éternité; notre amitié, fleur de notre jeunesse, aura ses fruits dans l'éternité. Je l'ai souvent pensé, et cette idée m'est revenue en relisant la dernière de vos lettres. Dans une de vos lettres, vous me demandiez de *vous sauver*; je n'ignore pas aujourd'hui combien peu valent mes propres forces, mais je vous en supplie ingénument, vous-même sauvez-vous. N'est-il pas vrai que votre demande d'autrefois me donne quelque droit à cette demande? Je vous en prie, entendez dans mes paroles la voix de mes frères qui vous aimaient si tendrement. Il est un vœu qui me tient à cœur, un vœu dès longtemps exprimé, et dont j'ai bien des fois voulu vous faire part, ô Goethe, cher Goethe : renoncez à tout ce que ce monde a de petit, de vain, d'insuffisant; tournez vers l'Éternel vos regards et votre âme! Il vous a été beaucoup donné, beaucoup confié; quel crève-cœur ç'a été pour moi bien souvent de vous voir si facilement nuire aux autres dans vos écrits! — Oh! revenez au bien tandis qu'il en est temps encore. Implorez une assistance plus haute, et, je vous le dis, aussi vrai que Dieu existe, elle ne vous fera point défaut. — Il me semblait que je ne serais pas morte tranquille sans avoir répandu mon âme dans le sein de l'ami de ma jeunesse, et maintenant je crois que je m'endormirai plus doucement lorsque mon heure sonnera. — Ce ne sont pas les années seulement, mais aussi d'indicibles souffrances qui ont blanchi ma tête avant le temps. — Cependant jamais n'a chancelé une minute ma confiance en Dieu, mon amour ardent pour mon Sauveur. — A chaque fléau qui m'atteignait, j'entendais une voix s'écrier du fond de mon être : Dieu fait tout pour le mieux. — Le Dieu de ma jeunesse est resté le Dieu de mes vieux jours. — Autrefois, quand nous nous écrivions, j'étais la plus heureuse créature qui fût sur la terre. Riche par mes parents, adorée des meilleurs des frères, plus tard la compagne bien-aimée de l'époux de mon cœur! — Mais, hélas! quelles épreuves m'attendaient! le seul enfant auquel j'aie donné la vie, un garçon de quatre ans, mon amour, mon orgueil de mère, — puis-je dire que je le perdis? Ce qui fut un gain pour lui, mon cœur maternel n'a jamais pu le regarder comme une perte : il gagna le ciel; pour moi seule fut la douleur, et, dans l'excès de ma souffrance, je remerciai Dieu. — Plus tard, je perdis mon mari; oh! ce fut là un coup affreux, une douleur à laquelle rien ne se compare. Cependant mes frères me restaient. O mes nobles frères, chéris au delà de toute expression! un torrent m'emporta le plus jeune et brisa pour l'avenir l'organisation jeune encore de l'aîné. Cette perte cruelle suivit l'autre de si près, que je me sentis comme veuve une seconde fois. Même en mon désespoir je bénis Dieu, qui me les rendra tous dans son royaume, frères, époux, amis, enfant. Goethe, cher Goethe, faites aussi que j'emporte avec moi l'espérance de vous y retrouver. Encore une fois, je vous en supplie, vous ne repousserez pas celle que vous nommiez jadis une amie, une sœur. Je vous en supplie, éprouvez à quel point le Seigneur est bon et miséricordieux, et quelle joie attend celui qui se confie à lui.

« Je désire que ceci reste entre vous et moi. — Me répondrez-vous? Je voudrais bien savoir où vous êtes, ce que vous faites. Je vis pour la plupart du temps retirée à la campagne. Ma chère nièce, la fille de mon plus jeune frère, est auprès de moi. Elle a treize ans; c'est mon amour et mon bonheur. Je vous tends la main; votre souvenir ne s'est jamais éteint en moi, et mon intérêt pour vous reste le même. Je fais des vœux pour votre vrai bonheur, et, tant que je vivrai, ne cesserai de prier pour vous. Fasse le ciel que votre âme s'unisse à la mienne ! Mon Sauveur est aussi le vôtre; en dehors de lui, il n'y a ni salut ni félicité. Vous souviendrez-vous encore de moi? Je vous en prie, écrivez-moi deux mots. »

Puis en post-scriptum :

« Après être resté quelque temps sans m'écrire, vous me demandiez autrefois, dans une de vos lettres, de *renouer le fil de notre amitié*, ajoutant qu'il n'y avait qu'une femme pour s'acquitter d'un pareil emploi. Eh bien ! le voilà renoué, ce fil, ô Dieu ! et puisse-t-il s'étendre jusque dans l'éternité ! — Adieu donc, et ne méconnaissez pas mes intentions. »

Voici maintenant quelle fut la réponse de Goethe :

« J'ai été sensiblement ému de recevoir un si doux souvenir de l'ancienne amie de mon cœur, dont mes yeux n'ont jamais vu les traits, et cependant j'hésite et ne sais ce que je dois répondre. Permettez-moi de rester dans la généralité, puisque les conditions particulières nous sont réciproquement inconnues.

« Vivre longuement, c'est survivre à beaucoup, aux amis, aux ennemis, aux indifférents, survivre aux royaumes, aux cités, même aux bois, même aux arbres que nous avons semés et plantés dans notre enfance. Nous nous survivons à nous-mêmes, et célébrons avec reconnaissance les moindres facultés qui nous restent du corps et de l'esprit. Tous ces biens périssables nous captivent, et, pour peu que nous ayons toujours devant les yeux l'élément éternel, le temps qui passe n'a plus prise sur nous. Vis-à-vis de moi-même et des autres, mes intentions ont toujours été droites, et, dans tous les actes de mon existence, je n'ai jamais cessé de regarder là-haut. Vous et les vôtres en avez fait autant. Continuons de la sorte aussi longtemps que la clarté nous luit; pour les autres, un soleil aussi se lèvera; le jour viendra pour eux de s'y produire et de nous éclairer à leur tour.

« Croyez-moi, sur le chapitre de l'avenir restons sans inquiétude ! *Dans le royaume de notre père, il y a plus d'une province*, et lui, qui nous accorde sur la terre une hospitalité si douce, aura certainement pourvu à ce que là-bas tout soit bien. Peut-être alors nous sera-t-il donné, ce qui jusqu'à présent nous a manqué, de nous voir face à face, et par là de nous aimer plus foncièrement encore. Souvenez-vous de moi en pleine confiance.

« Ce qui précède était écrit peu de temps après la réception de votre chère lettre, mais je n'osais vous l'envoyer, me rappelant avoir jadis, par une manifestation semblable, offensé à mon insu, et bien contre mon gré, vos nobles et dignes frères. Cependant, comme je relève aujourd'hui d'une maladie mortelle et reviens à la vie, je vous l'adresse, afin qu'elle vous annonce directement que le Tout-Puissant m'accorde encore de contempler la lumière de son divin soleil. Je fais des vœux pour qu'à vous aussi le jour soit favorable, et que vous vous souveniez de moi avec tendresse, comme, de mon côté, je n'oublierai jamais ce temps dans lequel agissait, encore réuni, ce qui, plus tard, devait se séparer.

« Puisse tout se retrouver dans le sein du Père tout-aimant!

« Votre sincèrement affectionné,

« GOETHE. »

Weimar, 17 avril 1823.

Cette réponse, d'une si haute modération, où la dignité humaine touche en certains endroits à l'onction religieuse, est sans contredit le plus bel hommage que Goethe pût rendre à la mémoire de ses relations avec la comtesse. En effet, quiconque a pénétré un peu avant dans les secrets de cette organisation indomptable, quiconque n'ignore pas à quel point lui répugnaient les professions de foi de toute espèce, s'étonnera de la déférence, je dirai presque de la grâce avec laquelle il accepte la discussion. Évidemment, un prêtre n'en eût jamais tant obtenu, et nous devons voir là un des miracles qu'il attribue quelque part à ce don de faiblesse divine dont le mysticisme fait honneur aux femmes. Cependant, on l'aura remarqué, la politesse n'exclut pas les réserves, et si d'un côté il veut bien imposer silence, en faveur des circonstances, à l'esprit de révolte, à ces rumeurs prométhéennes qui grondent en lui chaque fois que la question métaphysique est agitée, de l'autre il n'accorde rien. Point de réticence, point de sarcasme ni de blasphème, mais aussi point de concession. Sa lettre est un chef-d'œuvre de diplomatie et de goût, et le dernier trait, *espérons qu'il nous sera donné de nous voir enfin là-bas*, en ramenant par une allusion ingénieuse le ton de la plaisanterie en si grave sujet, éloigne adroitement toute prétention au dogmatisme, et laisse aux choses je ne sais quoi de superficiel qui maintient les positions respectives sans que les plus rigoureuses bienséances en aient à souffrir. Du reste, la lettre si touchante et si vraie de la comtesse ne demandait pas moins. Je ne sais si je me trompe, mais il me semble que ce dialogue aux portes du tombeau a de la grandeur et de la solennité. C'est en finir dignement. Cette amitié tout intellectuelle, contractée au matin d'une jeunesse poétique et chaleureuse, qui s'assoupit un moment sur le midi, puis reparaît unie et calme au seuil de l'éternité, vous rappelle involontairement ces eaux vives et bondissantes qu'on perd de vue au sortir de leur source, pour les retrouver ensuite, fleuves puissants et généreux, au moment où la mer va les engloutir. Quel que soit le jugement qu'on porte de cette correspondance, on ne saurait assister sans être ému à la crise suprême qui la dénoue. Je mets ici à part toute question d'opinion religieuse, et prétends n'envisager que la grandeur morale des personnes; assurément, deux êtres capables de se retrouver et de se quitter ainsi n'avaient pas commencé de la veille à prendre la vie sous son côté sérieux, et de pareils exemples de tenue et de dignité humaines sont bons à reproduire au temps où nous vivons.

FIN.

TABLE DES MATIÈRES.

I.

DE LA POÉSIE LYRIQUE EN ALLEMAGNE.

Pages.

Le Lied. — Période populaire, période littéraire.................... 3

GOETHE.

Les Poésies. — Goethe et Schiller. — Efforts communs.............. 61

UHLAND.

Les Chants de Voyage.... 85
Caractère de la poésie d'Uhland. — Les Chansons patriotiques. — Les Lieds. — La fille de l'orfèvre. 90

JUSTIN KERNER.

Les Poésies. — Les Reiseschatten........................... 104
La Visionnaire de Prevorst................................. 124
Différents caractères de la poésie lyrique. — Les poésies de Kerner.... 139
Idéalisme et rationalisme. — Polémique. — Atmosphère fantastique de Weinsberg. — Le Jardin de Salomon. — Strauss et Kerner. — Conclusion.. 157

FRÉDÉRIC RUCKERT.

Ce que nous entendons par les Souabes. — M. Anastasius Grün. — M. Henri Heine. — M. Franz Dingelstedt. — Coup d'œil général. — Désaccord entre l'homme et le poëte. — Herder. — Schiller. — Goethe. — Grabbe. — Caroline de Günderode. — Rückert. — Caractère de la Muse de Rückert. — Son orientalisme opposé à celui de M. de Freiligrath... 168
Les Chants de Jeunesse..................................... 177
Hypérion.. 182
Les Sonnets cuirassés. — Max de Schenkendorf, Arndt, Théodore Koerner. — Sa mort. — Sa sépulture près de Ludwigslusht............... 185
Les Poëmes en sonnets. — Les Poésies mêlées. — Symptômes de transition à l'orientalisme. — Rückert et Uhland. — Les anciens et les nouveaux. — Les odes antiques de Platen........................ 190
Voyage en Italie. — Wilhelm Waiblinger. — Croisade poétique. — Les Siciliennes.. 198
Les Gazelles. — Le Jardin des Roses orientales. — Le Divan de Goethe et les Orientales de Victor Hugo............................ 203
Les Poésies diverses. — Le Panthéon........................... 214
Panthéisme de Rückert..................................... 217

Le Diamant et la Perle. — Flos et Blankflos...................... 221
Le Printemps d'Amour. — Les Chants domestiques. — M. Gustave
Pfizer. — Neusess et Berlin. — MM. Freiligrath, Herwegh, Wienbarg,
Heine, Gutzkow, Mundt, Hoffmann (de Fallersleben), Dingelstedt.
— Conclusion.. 227

ÉDOUARD MOERIKE.

Origine du mouvement romantique en Allemagne. — Tieck, Uhland,
Novalis, Wackenroeder. — Le romantisme de M. Édouard Moerike
opposé à celui de M. Henri Heine. — Les poëtes naïfs et les dilettanti. — Diverses tendances de l'école souabe. — Caractère de la poésie
de M. Édouard Moerike. — Son naturalisme. — Conclusion. 237

L'ÉCOLE SOUABE ET LES POETES POLITIQUES DES BORDS DU RHIN... 252

II.

ÉCRIVAINS ET POETES DE L'ALLEMAGNE.

JEAN-PAUL RICHTER.

Notes biographiques sur Jean-Paul. — Caractéristique de son style. —
Ses romans. — Les papiers du diable. — La Loge invisible. — Hesperus. — Quintus Fixlein. — Siebenkaes. — Physionomie humoristique
de Jean-Paul. — Ses rapports avec Merkel, avec Goethe, Wieland,
Herder et Schiller. — Titan. — Spiritualisme de Richter; la Vallée
de Campan.. 261

IMMERMANN.

Tentative de régénération de la scène allemande par le romantisme. —
Le mythe du saint Gral. — Le poëme de Merlin. — Les Épigones. —
Immermann et Michel Beer. — Leurs correspondances. — Quel effet
la révolution de Juillet produisit sur Immermann. — Son absolutisme
en politique opposé à ses idées libérales en littérature — École dramatique de Düsseldorf. — Immermann à Weimar. — Ghismonda. — La
scène allemande depuis Goethe et Schiller. — MM. Raupach, Julius
Mosen, Frédéric Halm, Kühne, Laube, Wienbarg, Gutzkow, Charles
Beck, Uechtritz. — Le roman de Münchhausen. — Le Journal de
voyage (Reisejournal). — Conclusion................................... 321

LOUIS TIECK.. 363

BETTINA D'ARNIM ET CLÉMENT BRENTANO............................. 371

GOETHE ET LA COMTESSE AUGUSTE STOLBERG........................ 390

Sous Presse :

LE FAUST DE GOETHE

TRADUCTION REVUE ET COMPLÈTE

Précédée d'un Essai sur Goethe, par Henri Blaze

ÉDITION ILLUSTRÉE DE 10 VIGNETTES PAR TONY JOHANNOT
GRAVÉES SUR ACIER PAR LANGLOIS

UN VOLUME GRAND IN-8

Prix, **12** francs, publié en **40** livraisons à **30** centimes.

GALERIE FLAMANDE ET HOLLANDAISE

CHEFS-D'ŒUVRE DES PEINTRES FLAMANDS ET HOLLANDAIS

Un beau volume in-4° illustré de 80 gravures sur acier,
D'APRÈS LES MEILLEURS MAITRES

AVEC UN TEXTE EXPLICATIF PUBLIÉ SOUS LA DIRECTION DE M. A. HOUSSAYE

50 LIVRAISONS A 30 CENTIMES.

EN VENTE :

BLUETTES ET BOUTADES

PAR M. J. PETIT-SENN

Avec un Avant-propos de M. LOUIS REYBAUD

UN VOLUME IN-18 FORMAT ANGLAIS

Prix, 3 fr. 50 cent.

www.ingramcontent.com/pod-product-compliance
Lightning Source LLC
Chambersburg PA
CBHW071103230426
43666CB00009B/1809